唐代家庭与社会

The Family and Society in Tang

张国刚 著

图书在版编目(CIP)数据

唐代家庭与社会/张国刚著. —北京:中华书局,2014.7
(2024.4 重印)
(国家社科基金后期资助项目)
ISBN 978-7-101-10132-4

Ⅰ.唐… Ⅱ.张… Ⅲ.家庭-历史-研究-中国-唐代
Ⅳ.D691.91

中国版本图书馆 CIP 数据核字(2014)第 088274 号

书　　名 唐代家庭与社会
著　　者 张国刚
丛 书 名 国家社科基金后期资助项目
责任编辑 孙文颖
责任印制 陈丽娜
出版发行 中华书局
(北京市丰台区太平桥西里 38 号　100073)
http://www.zhbc.com.cn
E-mail:zhbc@zhbc.com.cn
印　　刷 三河市中晟雅豪印务有限公司
版　　次 2014 年 7 月第 1 版
2024 年 4 月第 2 次印刷
规　　格 开本/710×1000 毫米 1/16
印张 24　插页 5　字数 370 千字
国际书号 ISBN 978-7-101-10132-4
定　　价 88.00 元

大杂院 莫高窟第 321 窟 南壁 初唐

雨中耕作图 莫高窟第 23 窟 北壁 盛唐

男女相对互礼图 莫高窟第 148 窟 南壁 盛唐

群童采花 莫高窟第 112 窟 西龛西壁 中唐

富家宅院图 莫高窟第 85 窟 南顶 晚唐

晚唐婚嫁图 莫高窟第 12 窟 南壁 晚唐

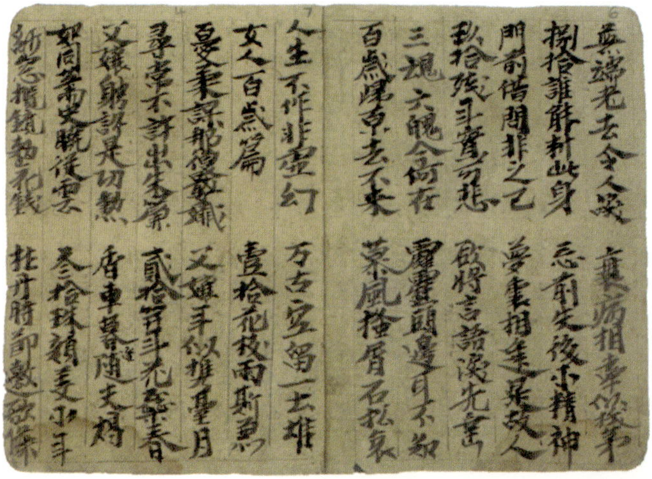

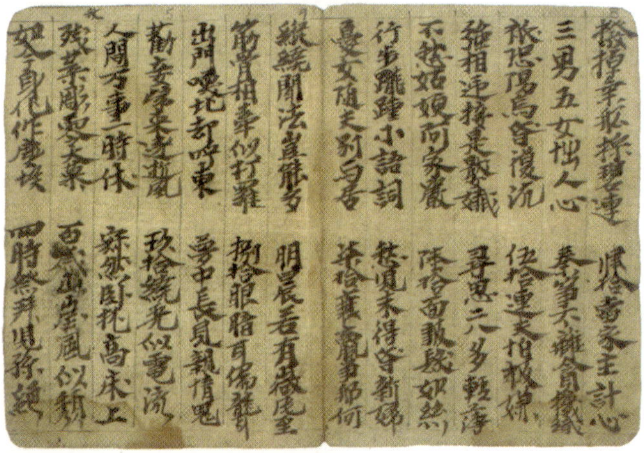

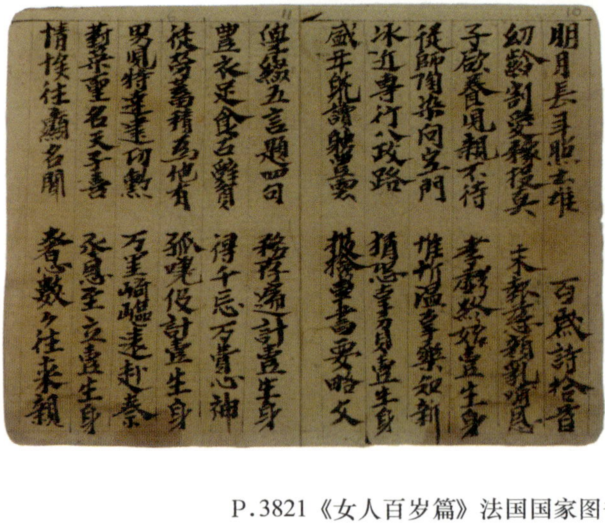

P.3821《女人百岁篇》法国国家图书馆藏

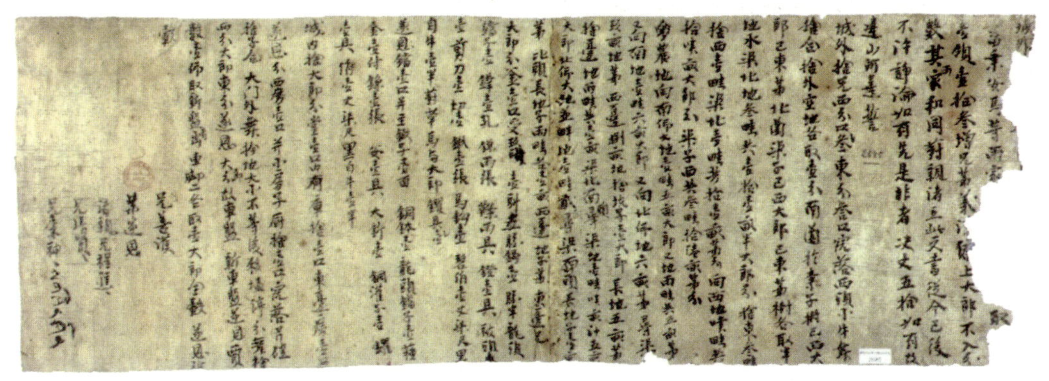

P.2685《戊申年四月六日沙州善护、遂恩兄弟分家契》法国国家图书馆藏

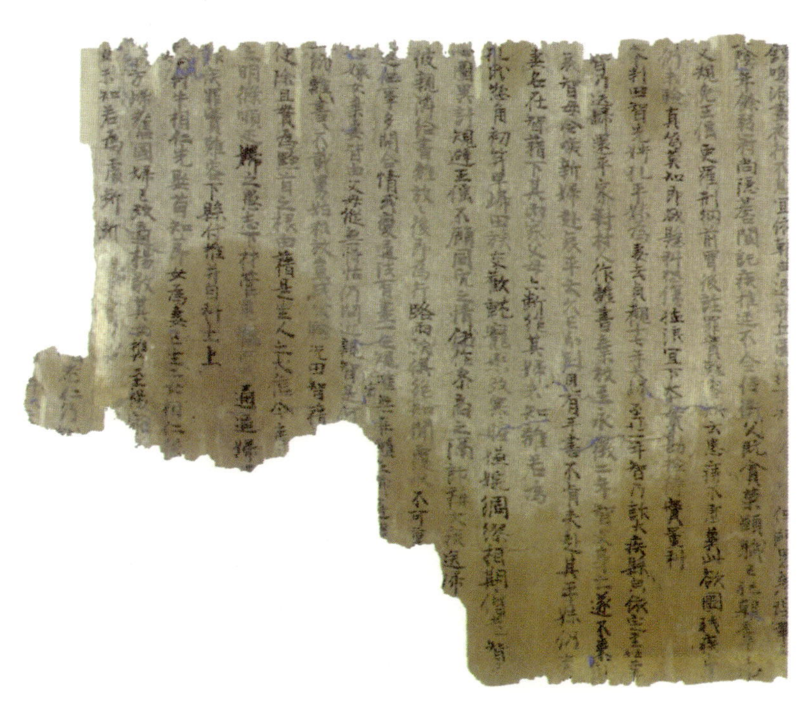

P.3813V《唐判集》残卷 法国国家图书馆藏

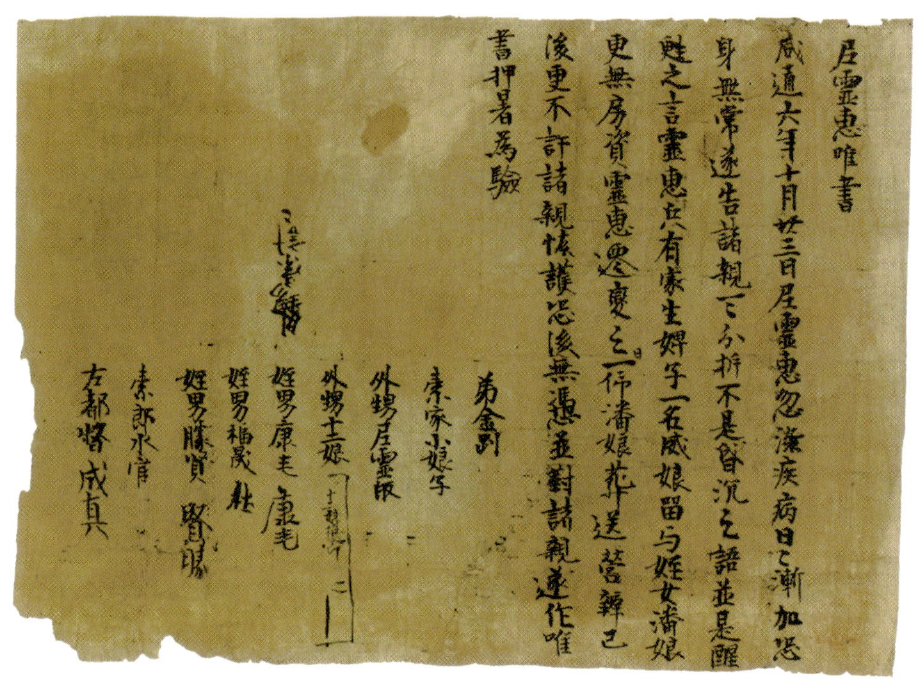
尼靈惠唯書
咸通六年十月廿三日尼靈惠忽染疾病日日漸加恐
身無常遂告諸親一一分析不是昏沉之語並是醒
甦之言靈惠只有家生婢子一名威娘留與姪女潘娘
更無房資靈惠遷變之日一仰潘娘葬送營辦已
後更不許諸親恡護恐後無憑並對諸親遂作唯
書押署為驗

弟金剛
索家小娘子
外甥尼靈皈
外甥十二娘 十二娘指節
姪男康毛 康毛
姪男福晟 晟
姪男勝賢 勝賢
索郎水官
左都督成真

S.2199《唐咸通六年（865）尼灵惠唯书》大英图书馆藏

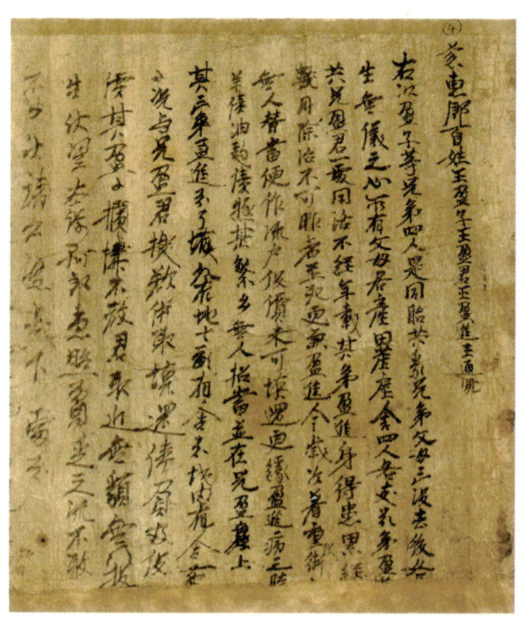

S.4654V《慈惠乡百姓王盈君请公凭取亡弟舍地填还债负诉状》大英图书馆藏

国家社科基金后期资助项目
出 版 说 明

后期资助项目是国家社科基金设立的一类重要项目，旨在鼓励广大社科研究者潜心治学，支持基础研究多出优秀成果。它是经过严格评审，从接近完成的科研成果中遴选立项的。为扩大后期资助项目的影响，更好地推动学术发展，促进成果转化，全国哲学社会科学规划办公室按照“统一设计、统一标识、统一版式、形成系列”的总体要求，组织出版国家社科基金后期资助项目成果。

全国哲学社会科学规划办公室

目　录

序　言 …… 1

第一章　唐代家庭形态的复合型特征 …… 1

一　关于唐代家庭规模的讨论与数据分析 …… 1

二　从“同居”的法律涵义看家庭形态的二元结构 …… 6

三　从家庭的析分看“同籍别居”的复合型家庭形态 …… 13

四　提出复合式家庭模式的意义 …… 19

第二章　论唐代的分家析产 …… 28

前言:问题的提出 …… 28

一　分家的意义——法律与现实的考察 …… 29

二　财产的析分——法律的若干准则 …… 38

三　家产析分模式——若干类型的分析 …… 47

四　小结 …… 63

第三章　唐代家庭与家族关系的一个考察

——一份敦煌分家析产文书的学习札记 …… 65

一　文书内容分析 …… 67

二　同居合活模式下的经济纠葛 …… 71

三　分家在法律与现实上的两重意义 …… 73

四　小结 …… 78

第四章　唐代农村家庭生计探略 …… 80

一　农家经济生活 …… 80

二　农家经济与市场的联系 …… 85

三　农家生产成本 …… 90

四 住房消费与其他大宗家庭开支 …… 92
五 唐代中等水准农家生活蠡测 …… 97
六 其他农家与城市居民家庭生活状况 …… 108
七 简短的结论 …… 118
第五章 “立家之道,闺室为重”
——论唐代家庭生活中的夫妻关系 …… 120
一 夫妻齐体 …… 121
二 “主中馈” …… 124
三 妻与妾 …… 129
四 婚姻与性爱生活 …… 139
五 离婚所反映的夫妻关系 …… 142
六 后论——纲常之外 …… 149
第六章 论唐代家庭中父母的角色及其与子女的关系 …… 151
一 父母角色:从胎教开始 …… 152
二 父母角色与儿童的社会化 …… 154
三 在室女、出嫁女与父母的关系 …… 160
四 嫡庶与外宅男 …… 166
五 继父母与子女的关系 …… 172
六 养父母与养子 …… 176
七 法律与人情之间——代结论 …… 181
第七章 墓志所见唐代妇女生活探微 …… 183
一 唐代家庭生活中的妾 …… 183
二 唐代妇女的婚龄 …… 190
三 唐代妇女的生育 …… 193
四 妇女与外家关系 …… 197
第八章 唐代寡居妇女的生活世界 …… 203
一 墓志所记妇女守寡现象的分析 …… 204
二 为什么有这么多妇女丧偶:老夫少妻的婚姻模式 …… 207
三 寡居妇女的家庭生活 …… 211
四 寡居妇女与家族的关系 …… 218
五 寡妇的精神世界 …… 221

六 寡妇改嫁与再婚 …… 227
七 后论:一个长时段的历史分析 …… 230
第九章 唐代男女婚嫁年龄考略 …… 234
一 文献中所见唐代婚姻年龄 …… 235
二 墓志中所见唐代女性结婚年龄 …… 237
三 唐代男子结婚年龄与晚婚问题 …… 241
第十章 中古佛教戒律与家庭伦理 …… 248
一 佛教戒律的伦理资源 …… 249
二 佛教的孝道观及其特点 …… 250
三 佛教戒律中的妇女观 …… 252
四 佛教戒律中的修养观 …… 254
五 佛教伦理与儒家伦理的融变 …… 258
六 佛教与礼法文化的下移 …… 265
第十一章 唐代世俗家庭的宗教生活
——跋房山石经题记《故上柱国庞府君金刚经颂》…… 277
一 内容分析 …… 277
二 写经的三种缘起 …… 280
三 家庭宗教生活的形式 …… 282
四 余论 …… 285
第十二章 《太平广记》所见中古民众的佛教信仰 …… 288
一 信众的构成分析 …… 289
二 民众信佛的表现方式 …… 291
三 民众观念中的佛教 …… 294
第十三章 唐代婚姻礼俗与礼法文化 …… 300
一 聘财与婚姻 …… 301
二 礼法与婚姻 …… 304
三 门第与聘财 …… 307
第十四章 汉唐“家法”观念的演变 …… 316
一 汉代推广儒家经书的章句之学:这种学问的
传承被称为“家法” …… 317
二 “家法”如何内化为儒家的家庭礼法:直接把

读经与做官挂钩 …… 318
三 士族家法的文本化:从分散走向统一 …… 320
第十五章 唐代乡村基层组织及其演变 …… 323
一 乡制的特色 …… 324
二 里正及其职能 …… 329
三 邻保与村坊 …… 337
四 乡治的困境 …… 344
五 结语 …… 348
附录:论“唐宋变革”与中国历史分期 …… 350
一 学术史的回顾 …… 350
二 唐宋变革与历史分期 …… 352
三 中国历史分期的两条线索 …… 354
主要征引文献 …… 359
一 历史文献 …… 359
二 研究专著 …… 363
三 研究论文 …… 366
四 国外论著 …… 369

图表目录

图表 1-1　唐代户均人口数趋势 …… 2
图表 1-2　生育不同子女的各家庭占总户数(661 户)百分比 …… 4
图表 1-3　唐代家庭子女夭折数据例表(统计户数:661 户) …… 4
图表 1-4　唐代家庭子女夭折比例图 …… 5
图表 1-5　唐代男女儿童出生、夭亡、存活比例对照表
(统计户数:661 户) …… 5
图表 4-1　唐农副产品加工增值估算 …… 87
图表 4-2　唐代基本农业生产工具价格表(单位:文) …… 91
图表 4-3　中古时期制度规定的官民住宅等级 …… 92
图表 4-4　敦煌文书所载唐代住房分布与面积(一) …… 94
图表 4-5　敦煌文书所载唐代住房分布与面积(二) …… 94
图表 4-6　唐代后期农家土地占有情况表 …… 100
图表 4-7　敦煌河西支度营田使文书所载
给粮标准(单位:石) …… 102
图表 4-8　敦煌河西支度营田使文书所载 29 户家庭情况 …… 103
图表 4-9　敦煌河西支度营田使文书所载 29 户家庭人口统计
(不含奴婢) …… 105
图表 4-10　唐代租庸调表 …… 106
图表 4-11　唐朝定户家庭资产表 …… 110
图表 9-1　《唐代墓志汇编》所载女子结婚年龄分布表 …… 237
图表 9-2　《唐代墓志汇编续集》所载女子结婚年龄分布表 …… 238
图表 9-3　《唐代墓志汇编》、《唐代墓志汇编续集》所载
女子结婚年龄统计表 …… 238

图表 9-4 唐代妇女成年婚嫁事例 …………………………… 239
图表 9-5 唐代妇女许婚与结婚之间时间差举例 ………… 240
图表 9-6 唐代男女结婚年龄对照表 ……………………… 242
图表 9-7 唐代结婚年龄分布表(据 41 例样本分析) …………… 243
图表 12-1 《太平广记》所见中古信众构成(193 人) …………… 289
图表 15-1 北魏隋唐基层组织简表 ……………………… 325

序 言

对于唐代家庭与社会问题的关注，已经有将近三十年的时间了。与我过去所研究的制度史相比，家庭史研究显得更为困难，主要表现为相关问题不易聚焦，理论视角比较多元，涉及材料更加分散。目前这部书稿，不是也不可能是对于唐代家庭与社会问题的全面讨论，而只是在各专题研究基础上整理而成的。

首先讨论的是家庭形态与结构问题。在对大量传世文献、墓志石刻以及出土文书进行了细致考察后，我提出了“二元性”复合家庭这样一个概念。在这种家庭形态下，家人们或许共同生活，构成一个经济单元，但同居的各成员却不在一个户籍上，即所谓“同财共活”；或许不在一起生活，但各“家”却拥有同一个户口，同一个名义上的“户主”，构成一个单独的社会管理单元，即所谓“同籍别居”。这两种情况，都表现为家庭形态与家庭功能的某种分离。我希望用这种探索，证明直接套用现代的、主要根据西方经验抽象出来的所谓直系家庭、旁系家庭等概念，是无法揭示中国古代家庭结构真相的。前贤曾提出“汉型家庭”、“唐型家庭”概念，也有值得讨论的余地。

唐代家庭结构之所以呈现这种二元式特征，与中古社会世家大族形态的变化密切相关。唐代家庭正处在一个社会大转折时期，此前魏晋南北朝世家大族“百室合户”、“千丁共籍”的荫蔽制度已然解体，而像后来宋代那种“敬宗收族”的新宗族制度又尚未建立起来。唯其如此，隋唐时代那些宗族或家族中血缘关系比较近的家庭之间，仍然保持着某种经济上的密切联系是十分自然的。这样既符合传统儒家的伦理精神，又与当时社会整合与调节的需要相适应。唐律规定“凡差科，先富强，后贫弱；先多丁，后少丁”，富室多丁是纳税服役中的不利因素。政府严禁父母在而别籍异居，既是为了宣扬儒家伦理教化，也有防止赋税流失的考虑。国家权力对家庭结构所进行的这种强力干预,反映在户籍制度上就是种种变通方法的出现:或者强令与尊亲合籍;或者承认同籍异财的合法地位,规定析户后仍然要负担析户前的差科;或者在派遣差科时通计本已分居的大家与小家的丁口来分派差役,诸如此类不一而足。这些并不是地方官府欺瞒中央在户籍问题上造假,而只是为了平衡儒家理想与现实生活、法律制度与世俗人情之间的巨大鸿沟。这就扭曲了分家析产后大家与小家的真实关系。于仕宦之家或为救助亲属的美谈;于普通人家则很可能像吐鲁番文书中所显示的那样,因“同居共活”而引起种种财产纠纷。

家庭是集生产与消费于一身的经济单元。家庭生计也可简称“家计”。敦煌一件关于家庭财产纠纷的文书中有“同心戮力,共荣家计”①的说法,所谓“共荣家计”,通俗地说就是一起好好过日子。家计是一个家庭为了满足家庭群体的日常消费而作出的生产和生活安排,是经济收入和消费开支等全部活动的总和。那么,究竟什么样的生活才是唐朝普通家庭的“生计”呢?我们试图通过分析家庭生活必需品所占收入比重,来重构一个“中人之家”的财产概念。在我看来,所谓中等农家应该是一个在保证基本温饱之外尚具备一定粮食盈余的阶层。从各种数据推测,中等农家实际粮食盈余最高大约在7石左右。孟浩然《过故人庄》反映的也许就是中等农户的日子:

> 故人具鸡黍,邀我至田家。绿树村边合,青山郭外斜。
> 开筵面场圃,把酒话桑麻。待到重阳日,还来就菊花。②

他们在没有天灾人祸的情况下,过着“种桑百余树,种黍三十亩。衣食既有余,时时会亲友”的田园生活③。

家庭成员之间的亲情与财产关系也是家庭史研究的重要内容。前引关于“共荣家计”的敦煌文书透漏出主人公氾再晟家复杂的家庭成员构成。氾

---

① 敦煌文书P.4992号《马军氾再晟状》,收入《法藏敦煌西域文献》(33),上海,上海古籍出版社,2005年,第343页上。参见唐耕耦、陆宏基编《敦煌社会经济文献真迹释录》(二),北京,全国图书馆文献缩微复制中心,1990年,第314页。

② [唐]孟浩然撰,佟培基笺注《孟浩然诗集笺注》卷下,上海,上海古籍出版社,2000年,第340页。

③ [清]彭定求等编《全唐诗》卷一三七,储光羲《田家杂兴八首》,北京,中华书局,1960年,第1387页。

再晟十三岁就成为孤儿，与寡母和三个妹妹生活。后来得知父亲生前竟然有一个外室，还生下了异母弟保保。保保归宗之后，大哥还给他娶了媳妇。案件涉及非婚生子女问题，同父异母兄弟和同母异父兄弟之间的感情及财产继承问题。本书第五、六、七、八章具体地讨论了这些问题。尤其是寡居妇女的生活世界，在前人研究的基础上，就一般印象之外的种种具相实貌，做了较全面的材料勾稽和专题讨论。

唐代是佛教繁荣发展的重要时代。佛教与唐人的家庭生活密不可分。本书第十、十一、十二章从不同侧面处理这一课题。我认为，在士族礼法门风普及与下移的过程中，佛教扮演了十分重要的角色。第十三、十四、十五章，论述的是唐代家法的演变、婚姻习俗以及国家对于家庭和人口的社会管理机制——乡村基层组织。

以上内容大多在《历史研究》、《中国史研究》、《中华文史论丛》、《唐研究》、《北京大学学报》、《清华大学学报》等杂志上以学术论文的形式发表过，收入本书时都做了修改，许多文章修改的幅度还比较大。竭泽而渔、尽可能详尽地搜罗零散资料，把家庭问题放在中国中古历史变革的大视野中，从社会史、法制史、经济史等多个维度进行探索，是我研究这个课题的初衷。现在奉献给读者的这部书稿，就是我在前贤研究基础上作进一步探讨的一孔之见。但是，唐代家庭史研究还有很大的讨论空间，我期待在今后的研究中做出进一步探索。本书的不足之处，敬请各位专家与读者朋友不吝批评指正。

感谢国家社科基金以及相关评委专家对本项研究的认可；感谢杨际平教授、冻国栋教授、荣新江教授的推荐，使本课题得以被列入后期资助；感谢我的学生李晓敏、蒋爱花、王炳文、李兮为本书的写作、校对与图片搜集所付出的辛勤劳动；感谢中华书局历史编辑室给予本书的种种支持。

张国刚

2013 年 10 月 8 日于北京清华园

第一章　唐代家庭形态的复合型特征

所谓家庭形态,从字面上理解是指家庭这一基层社会组织的规模和结构形式。前者对应的是一种数量关系,后者则属于一种类型分析。因此,家庭形态问题与一般所讨论的"五口之家"或者"八口之家"问题有所不同,因为它不只是关系到家庭人口的多寡,还涉及家庭类型的分析,尽管这两个问题密切相关。

本文提出二元性结构的复合型家庭形态概念,在进一步澄清"家户"与"家庭"概念的同时,将揭示唐代乃至古代中国家庭结构的特殊模式。在所谓复合型家庭形态中,或者是家人在一起生活,即所谓同财共活,构成一个生活单元,但同居的各成员却不在一个户籍上;或者是"家人"不在一起生活,但各"家"却拥有同一个户口,同一个名义上的"户主",构成一个单独的社会管理单元,即所谓同籍别居。这两种情况,都表现为家庭形态与其功能的某种悖离。这是一种用简单的核心家庭或联合家庭之类的概念无法加以说明的家庭现象,值得予以探讨。

一　关于唐代家庭规模的讨论与数据分析

关于唐代家庭规模与结构的研究,迄今大体有两种看法:一种意见认为以规模比较大的同居共财的家庭为主,其典型事例是江州义门陈氏①。20

① 《江州义门陈氏宗谱》,转自费成康主编《中国的家法族规》,上海,上海社会科学院出版社,1998年,第222~227页。据说这个家庭是南朝陈后主的后裔。从大和六年(832)迁居江州德安,到北宋嘉佑七年(1062)奉旨分家,二百多年间同居十余代。其著名的"义门家法"据说始订于大顺元年(890),但是,从其中的财产分配、人事管理来看,这不是典型意义上的家庭生活,而是一个变相的劳动组织,是血缘外衣下的经济和生活共同体。

世纪30年代就有学者认为，唐代既然表彰五世同居之家为“义门”，可见四世以下同居是民间常见现象①。后来，也有人总结出汉型家庭和唐型家庭的说法，认为汉型家庭以五口之家的小家庭为主，唐型家庭以八口之家的三代同居大家庭为主②。其所依据的有周村十八家之类的材料。唐麟德元年(664)怀州周村十八家造像记③，记载这十八家共131人，平均每户约7.28人。我们知道，唐代石刻造像题记中，一般都是以家庭为单位造像发愿，并不是真正意义上的家庭单位。一个家庭如果有出家者，通常与在家的父兄们共同举行礼佛活动。例如，房山石经《故上柱国庞府君金刚经颂》④，儿子庞德相等兄弟四人为父亲庞怀德造像。参加这次礼佛活动的除了亡者的直系亲属外，还有姻亲、姻亲的兄弟和本家叔伯。又如，《云居石经山顶石浮图铭并叙》：“清信佛弟子刘玄望，弟定辽、弟文立，侄男志敏，并出家妹法喜、法[澄]。”⑤刘玄望两个出家为尼的妹妹，与本家兄弟侄儿共同举行佛事活动。可见，造像题记中共同举行佛事活动的并非真正的一家人，同样，像周村十八家这样的“家”，并不是本文所考察的主要对象，类似的论据显然值得重新推敲。

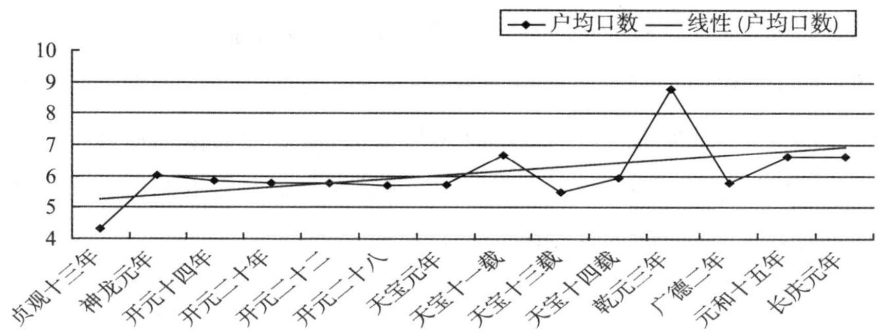

图表1-1　唐代户均人口数趋势

---

① 如陈鲲化《唐宋时代家族共产制度和法律》，《朝阳大学法律评论》第12卷第1、2期，1934年11月。

② 参见杜正胜《传统家族试论》，《大陆杂志》第65卷第2、3期；后以《传统家族结构的典型》为题收入《古代社会与国家》，台北，允晨文化公司，1992年。

③ 《金石续编》卷5《周村十八家造像塔记》，北京，中国书店，1985年影印《金石萃编》附，第5页。

④ 《房山石经题记汇编》，北京，书目文献出版社，1987年，第4~5页。

⑤ 《房山石经题记汇编》，第7页。

近年来,学术界关于"五口之家"和"八口之家"的热烈讨论中①,多数学者虽然也承认唐代有数世同居的官僚地主家庭②,但是不同意存在汉型家庭和唐型家庭的区分③,认为唐代绝大多数家庭以五口之家的小户为主,户至百口的官僚地主大家庭为数较少,一般官僚地主家庭的人口 20 个左右④。其根据首先是两《唐书·地理志》和《通典·食货典》等传世文献中的统计资料⑤。如果把唐代官方户口登记的资料以图表 1-1 所示的户均人口数趋势线来表示的话,唐代各时期户均人口数的整体趋势仍然维持在 5.3~6.9 人之间。

这样的数据当然比 8 口之家要少,但是平均 6 口左右的比例显然要比汉代的 5 口之家多出 20%。如果浏览梁方仲先生对于历代户口的统计资料,将会发现除了少数情况外,中国历代人口统计中,每户人口均在 5 口左右⑥。不仅如此,根据日本和欧洲中世纪的人口统计资料,其平均家庭人口也是在 4~5 口之间⑦。这种情况表明,关于唐代家庭人口规模的统计资料,尽管不及平均 8 口,但比历代户口平均数约多 20%以上。

此外,还可以从唐代家庭的生育情况进行分析。从唐代 5000 多方墓志中,我们找到 661 户家庭情况比较完整的资料进行统计,这 661 户平均每家生育有 3.58 个子女。其中以生育 3~4 个子女的家庭居多(共 229 个),约占 34.6%。子女数为 2~8 个的家庭(共 564 个)所占比例高达 85.3%;无子嗣及只有一个子女的家庭(41 个,约占 6.2%)和子女数在 9 个以上的家庭

① 如李根蟠《战国秦汉小农家庭规模及其变化机制——围绕五口之家的讨论》,收入张国刚主编《家庭史研究的新视野》,北京,三联书店,2004 年,第 1~30 页。

② 参见魏承思《唐代家庭结构初探》,《社会科学研究》1986 年第 2 期。

③ 参见熊铁基《汉唐文化史》第 5 章《家庭》,长沙,武汉大学出版社,1993 年。

④ 参见冻国栋《唐代人口问题研究》第 6 章,武汉,武汉大学出版社,1993 年。

⑤ 参见梁方仲《中国历代户口、田地、田赋统计》表 21、表 24,上海,上海人民出版社,1980 年。第 69~72、78~85 页;冻国栋《唐代人口问题研究》,第 90 页表 3~1,第 359 页表 6~6;葛剑雄主编,冻国栋著《中国人口史》第 2 卷《隋唐五代时期》,上海,复旦大学出版社,2002 年,第 372 页表 6~4。

⑥ 这里的少数情况,一是唐代安史之乱期间,一度平均每户 8 口以上,二是宋代许多时期每户不足 2~3 口,对于后者研究者已经有所解释,参见葛剑雄主编,吴松弟著《中国人口史》第 3 卷《宋辽金元时期》,上海,复旦大学出版社,2000 年。

⑦ 参见 Peter Laslett(ed.), Household and Family in Past Time, Cambridge, 1972. 中根千枝《家族の构造》,东京,东京大学出版会,1993 年,第 18~19 页。

(56个,约占8.5%)并不多见,总共约占14.7%①。有关数据可以用下图表来表示。

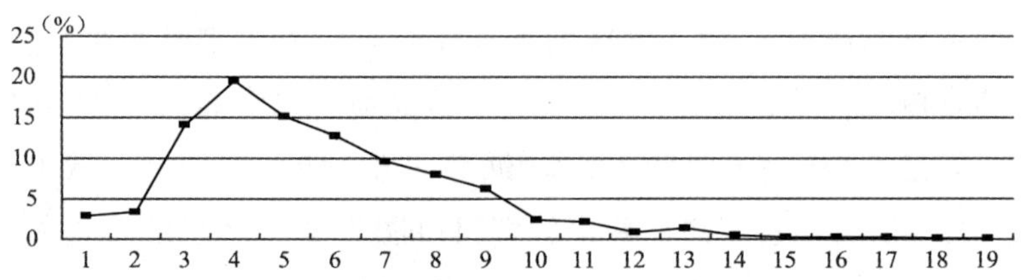

图表1-2　生育不同子女的各家庭占总户数(661户)百分比

说明:图中横轴表示生育各数目子女的家庭,纵轴为百分值,曲线为生育各数目子女的家庭数占总户数661户的百分值。

在儿童出生率统计中还要对其夭亡率有足够的估计。现代人口学上关于婴儿死亡率的统计,一般用来表示0~12个月的婴儿死亡数与0~12个月的婴儿总数之比例关系②。这样的数据在古代人口统计中很难找到,而且古代儿童死亡率不能仅仅统计周岁以内的婴儿,至少要考虑直至成年时期的少年死亡问题。因此,可以利用墓志资料大体计算一下其时的青少年男女死亡率(参见图表1-3)。

图表1-3　唐代家庭子女夭折数据例表(统计户数:661户)

A	0	1	2	3	4	5	6	7	8	9	10	11	12	13	14	15	16	17	20
B	19	22	93	129	100	84	64	53	41	16	14	6	9	3	2	2	2	1	1
C	0	3	14	21	24	17	11	15	13	5	5	0	3	0	0	0	1	0	1

说明:A:家庭生育子女数;B:生育各数目子女的家庭数;C:有子女夭亡记录的家庭数。

在有明确子女数目记载的661户中,133个家庭有子女夭亡的记录。生育2~8个子女的家庭有夭亡记录的比较多,其中又以生育3~4个子女的家庭夭亡记录最普遍。从总数上观察,大约有1/5的家庭有夭亡子女的记录而其中生育2~8个子女的家庭占86.46%的比重,而其中生育2~5个子女的家庭约占57%,3~4个子女的家庭又占33.83%,死亡比例最高。

① 本数据及下面的数据引自蒋爱花《唐代家庭人口研究》(南开大学2004届硕士毕业论文)。需要注意的是,这些家庭的子女数目中,除了个别是再婚妇女在两次婚姻中的生育子女总数外,还有不少是男子再娶乃至三娶以及正妻与别室共同生育的子女。因此,他们不能作为女性生育率的指标来看待,却是一夫多妻(妾)制度下家庭子女数目的参考资料。

② 彭立荣主编《婚姻家庭大辞典》,上海,上海社会科学院出版社,1988年,第505页。

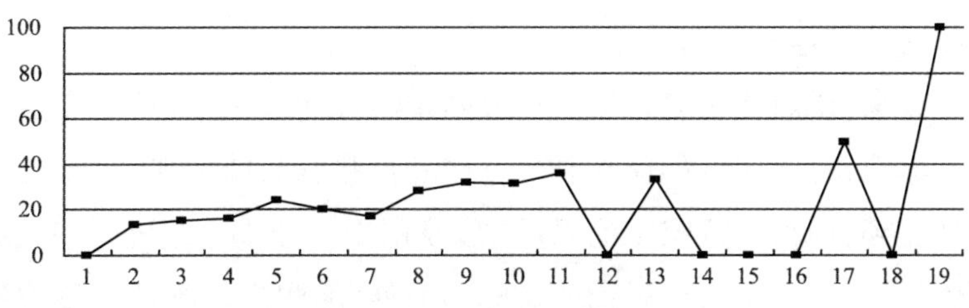

图表 1-4　唐代家庭子女夭折比例图

说明:图中横轴表示生育各数目子女的家庭,纵轴为百分轴,曲线为育有各数目子女的家庭中有夭亡记录的家庭各自的比例。

从图表 1-4 可见,总体而言,随着一家生育子女数增多,其子女夭亡的可能性就越高①。此外,还对统计对象的男女儿童性别比例进行了整理。全部 661 户中共有男孩 1607 名,女孩 1371 名。男性与女性小孩的比例是 117.21 : 100。如果再比较一下儿童实际存活率,避开是否存在溺婴现象不谈,单从墓志记载的儿童死亡数字看,虽然男孩比女孩多夭亡 26 人,占全体男女儿童夭亡数的 12.3%左右,但是,考虑男孩与女孩存活之比为 116.41 : 100,则仍然可以维持男女儿童性别比的动态平衡(参见图表 1-5)。

图表 1-5　唐代男女儿童出生、夭亡、存活比例对照表(统计户数:661 户)

统计户数	儿童总数	男性儿童	女性儿童	男 : 女
出生数	2978	1607	1371	117.21 : 100
夭亡数	210	118	92	128.26 : 100
存活数	2768	1489	1279	116.41 : 100

综合以上数据,大体可以这样说,唐代家庭子女生育数平均不足 5 个,其中男女性别比例大体平衡。以平均每家有 1~2 夭亡的子女被记录下来计算,则每个家庭生育 3~4 个孩子可能是当时的平均数。父母加上 3~4 个子女为 5~6 人,假如有一个祖父母辈分的老人存在则为 6~7 人。这说明从儿童出生率方面考察,大体可以看出唐代家庭平均人口在 5~7 人之间,这

① 比如图中显示生育子女总数为 2~6 个的家庭里,有 18%~19%有夭亡子女记录;7~9 个子女的家庭里,有 30%左右有夭亡子女记录;10~12 子女之家这一比例接近 35%;16 子女之家有 50%有夭亡子女;生有 20 个子女的家庭只有一个并且有夭亡记录,则比例为 100%。结合图 2 的分析结果,生育 2~6 个子女的家庭在唐代家庭中占绝对多数。图 3 又显示这些家庭发生夭亡情况的可能性大体相当。由此可以认为唐代有夭亡子女的家庭在全社会家庭中的比例接近 20%。对于有些多子女家庭没有夭亡子女记录的情况,只能认为作为此处统计对象的生有 11、13、14、15、17 个子女的几户家庭中没有夭亡子女或记录不全,不能推广为整个社会生有这么多子女的家庭不会出现夭亡现象。

一点与前面的其他数据基本相符。

由此看来,说唐代家庭人口平均数高于汉代5口之家,不是完全没有历史依据。那么,究竟应该如何来看待这些统计数据与结论呢?

前文提到,周村十八家中的"家",以及房山石经中一起进行宗教活动的亲属团体,均不是本文所要讨论的家庭。另外,那些户口统计和墓志资料中的"家",是否就是本文要研究的家庭呢?如众所知,"家庭"这个词是一个现代词汇,在古代文献里一般都称为"家"。然而,古代"家"的涵义又不完全对应于现代的"家庭"。因此,只有揭示出唐朝家庭的实际形态特征,对于唐代家庭人口规模的统计才会有意义。

为此,笔者提出二元性结构的复合型家庭形态概念。以下的论证,将先分析相关的法律条文,然后讨论与此类法律规定相对应的若干史实。

二　从"同居"的法律涵义看家庭形态的二元结构

按照一般的理解,"同居"是一个家庭的起码前提。但是,唐朝律令中作为法律概念的"同居"具有特定的涵义,与一般语词中把同居理解为一起生活有所不同。根据沈家本《同居考》的研究,"同居"作为法律用语最早见于《汉书》卷二《惠帝纪》的即位诏书:"今吏六百石以上父母妻子与同居。"颜师古注云:"同居,谓父母妻子之外,若兄弟与兄弟之子等见与同居业者,若今言同籍及同财也。"①沈家本认为:"'同居'二字,始见于此诏,《汉律》之名词也,汉人如何解释,已不可考。"②然云梦秦简中已经有"同居"一词,如:

1."同居",独户母之谓殹(也)。

2.可(何)谓"同居"?户为同居。③

有学者考证云:第一条中"同居"是指一户中同母之人,强调血缘亲属关系。

---

① [汉]班固《汉书》卷二《惠帝纪》,北京,中华书局,1962年,第85页。

② [清]沈家本《历代刑法考》"同居考",北京,中华书局,1985年。

③ 睡虎地秦墓竹简整理小组编《睡虎地秦墓竹简》,北京,文物出版社,1990年,第238页、第160页。

第二条则说同户籍者便被认为是同居。即秦律判断同居的标准有二，一是亲属关系，二是同户籍者。但两条中户籍更为重要。汉魏晋南北朝时期，同居法的判断标准仍然是户籍，包括亲属和依附人口都被算在同居范围之内①。

《唐律疏议》至少在如下两种不同的法律关系上使用“同居”的概念。

第一，用于法律连带责任上的“同居”概念。《唐律疏议》卷六《名例·同居相为隐》云：“诸同居，若大功以上亲及外祖父母、外孙，若孙之妇、夫之兄弟及兄弟妻，有罪相为隐。”疏议分三个层次解释云：

> “同居”，谓同财共居，不限籍之同异，虽无服者，并是。
>
> “若大功以上亲”，各依本服。
>
> “外祖父母、外孙若孙之妇、夫之兄弟及兄弟妻”，服虽轻，论情重。②

这里对“同居”概念的解释比较宽泛。第一层次是只要“同财共居”，即使无服③，也在法律上属于“同居”的范围。第二、三层次中所提到的属于亲属关系（均为有服者），即使其不共财，在法律上也属于同居者。这样三个层次的同居现象被律文称为“诸同居”。为了避免一般语词中的同居（共同生活）与法律术语的“同居”相混淆，律文使用了“共居”这个词作为一般语词，用“同财共居”来说明法律上的“同居”概念，这是值得我们留意的。仔细寻绎这条律疏，我们可以感觉到，唐朝人有同财共居的一些“家庭”，家庭成员之间是无服的（如外姻无服者），甚至不限“同籍”与否。这样的家庭，其实就是本文讨论的所谓“复合型”家庭形态。

第二，“虽复同住，亦为异居”的“同居”概念。《唐律疏议》卷二三《斗讼》“殴伤继父”条，疏议有“虽复同住，亦为异居”的说法，是指那些随母亲改嫁后的子女与继父之间的法律关系。它被细分为“同居”、“不同居”、“异

① 唐刚卯《封建法律中同居法适用范围的扩大》，《中国史研究》1989年第4期，第75页。

② ［唐］长孙无忌等撰，刘俊文点校《唐律疏议》卷六《名例·同居相为隐》，北京，中华书局，1983年，第130页。

③ 关于“无服”，可以找到一条旁证的解释，［宋］王溥编《唐会要》卷八三《嫁娶》：“永徽二年九月，纪王慎等议，堂姨母之姑姨，及堂姑姨父母之姑姨，父母之姑舅姊妹婿，姊妹堂外甥，虽并外姻无服，请不为婚，诏可之。”上海，上海古籍出版社，1991年，第1810页。

居”、“凡人”四个不同的关系层次。首先是同居，“谓妻少子幼，子无大功之亲，与之适人，所适者亦无大功之亲，而所适者以其资财，为之筑家庙于家门之外，岁时使之祀焉，是谓同居。”其次是不同居，“其不同居，谓先尝同居，今异者”。最后两种情况，“继父若自有子及有大功之亲，虽复同住，亦为异居。若未尝同居，则不为异居，即同凡人之例。”①

根据以上划分，只有在继父无子侄的情况下，才算同居关系。就是说，如果继父有儿子及侄子一类的亲属，即使子女与继父共同生活在一起，也不算法律上的同居关系。可见，这里对“同居”的界定，与前面“同居相为隐”中的界定并不完全一致。也就是说在不同的法律关系和民事案件中会有不同的解释。但是从这条律疏中，也可以看到“复合型”家庭的影子。那些随母亲改嫁的子女，尽管与继父共同生活如一家，但是，他们并不被官府承认为“同居”关系。

以上对于“同居”的分析告诉我们，在唐朝人的法律观念上，“同居”与“家”（家庭）之间不能完全划等号。同居者未必同爨共财，一家人（继父与子的场合）也未必都属同居。这样一种家庭充分反映了其复合型特征。下面分析具体事例。

敦煌文书 S. 4654V《慈惠乡百姓王盈君请公凭取亡弟舍地填还债负诉状》记载了兄弟分家后仍然同居共活的情况。文书云：

1 慈惠乡百姓王盈子、王盈君、王盈进、王通儿
2 右以盈子等兄弟四人，是同胎共气兄弟，父母亡殁去后，各
3 生无义之心，所有父母居产田庄屋舍四人各支分，弟盈进
4 共兄盈君一处同活，不经年载，其弟盈进身得患累，经
5 数月除治不可。昨者至死。更兼盈进今岁次着重役，街□
6 无人替当，便作流户，役价未可填还，更缘盈进病之时，
7 羊债油面债，总甚繁多，无人招当，并在兄盈君上□。
8 其亡弟盈进分了城外有地七亩，有舍□，城内有舍□，
9 □况与兄盈君投款，并取填还债负及役价。

① 《唐律疏议》卷二三《斗讼·殴伤继父》，第 419 页。此点滋贺秀三已经指出，见《中国家族法原理》第 70 页及注 69。刘俊文《唐律疏议笺解》（北京，中华书局，1996 年）卷二三对此点似未加措意，见该书第 1580~1581 页。

10　其盈子拦怜不放，君取近无□无□投生，伏望太保阿

11　郎惠照贫乏之流，不收□□伏请亦□□下处分。①

这件文书涉及一个兄弟四人分家后的家庭关系问题。大体是说，慈惠乡王盈子、王盈君、王盈进、王通儿四人是同胞兄弟，父母去世后分家。“所有父母居产田庄屋舍四人各支分，弟盈进共兄盈君一处共活”。不久盈进身患重病，不到一年病亡。可是盈进却在当年轮到要承担重役。由于无人承担，就被当做流户看待。流户的“役价”无法填还，乃由同居之户承担，而盈进生病时本来就欠了很多债务，也落在盈君头上。盈君不堪重负，提出要把盈进在城外的 7 亩土地和城内外的房舍用以“填还债负及役价”。下文内容不太清楚，大体是长兄盈子对于此事有不同看法，不让用盈进的房屋田地来抵债。假若如此，那么所有债负及役价就得由同居之户王盈君负担，为此盈君提出诉讼。

录文还有一个关键地方不太清楚。死者盈进与兄长盈君同居合活，其房产（居室与田亩）应该是合在一起的（即共同会计），那么，究竟是王盈君企图以抵还债务和役价的名义，独吞亡弟的田舍，激起其他兄弟（如盈子）的反对，还是王盈君真的很穷困，需要变卖亡弟田宅去填还盈进留下的债务和役价？就弟弟盈进的役价而论，人既已死，其役自当可免除；即使是官府照收役价了，还是可以提出免除的诉讼请求。而同居的弟弟因生病借债就纯粹是比较私人的问题，究竟借了多少债？借了谁的债？固然可以有一笔帐，但是，哪些是为弟弟治病借的债，哪些是日常花销，既然兄弟同居共活，似乎很难区分清楚。

然而，从状文内容看，王盈君也许确属“贫乏之流”。为了照顾弟弟而欠负债务。王盈子不同意变卖亡弟的房产，莫非希望对亡弟王盈进死后留下的田地房屋等财产处理也有自己一份好处？文书并没有直接说明这四个兄弟是否还保留着同一个户籍。我们可以做些推测。首先，既然盈君与弟盈进同居共活，政府派役却仍然分开来派（如弟弟盈进当年该承担重役云），说明乡里编排役事的时候是把盈进和盈君各作一个独立的户籍来排定的，

① 《英藏敦煌文献》(6)，成都，四川人民出版社，1990 年，第 217 页。《敦煌社会经济文献真迹释录》第二辑录文有缺误，考证此事在 946 年，见第 300 页。

这就间接证明他们兄弟二人是别籍共居的家庭模式。也只有在这种情况下,王盈君才有理由提出弟弟盈进的债务由变卖盈进本人的田产来偿还的诉求。其次,在王家兄弟眼里,盈进与盈君也是两家。否则,大哥盈子就不会反对变卖亡弟的财产以偿还债务。当然,同居的兄弟与别居的兄弟毕竟有所不同,所以盈进的役价和债务才会自动摊到同居的盈君头上。

总之,王盈君和王盈进同居别籍的情况表明,尽管同居的两家在实际经济生活上没有彼分此别,但是,在官府或本家兄弟的眼中,他们仍然是两家,构成一种复合的家庭形态。

以上这个例子是普通百姓同居合活家庭的田产关系问题。下面看看官员及地主同居合活家庭的土地问题。

《唐代墓志汇编》开成001《唐故邕管招讨判官试左清道率府兵曹参军清河崔公墓志铭并序》云:崔洧(783~836)"性贞独退默,态度不能与时世合,每安所安适所适而已矣。为孀姊、幼弟、孤侄主衣食,遂求署小职于淮泗间,仅十五岁。太和初,为戎府招,授试卫佐,竟以累牵,未及南行。府除。九年(835)冬,泝汴入洛",结果于开成元年(836)病死。"不幸不娶。有女三人:大吴、小吴、盛儿"①。可见,崔洧实际上并没有到邕府去任职,也没有结婚。其丧葬事是堂侄们帮助做的。他在世时"为孀姊、幼弟、孤侄主衣食",死后也由诸位侄儿办丧事。这样一些人在一起生活,实际上构成了一个复合的家庭形态。

再看其他例证。《新唐书》卷一二〇《杨玄琰传》:"生平无留畜,中外食其家常数十人。"②这个"食其家"的"家"是杨玄琰的小家,但是姻亲戚属"食其家",实即同居共活之意。《新唐书》卷一三〇《裴漼传》:从祖弟"宽兄弟八人,皆擢明经,任台、省、州刺史。雅性友爱,于东都治第,八院相对,甥侄亦有名称,常击鼓会饭"③。兄弟八院相对,构成八房小家,又常击鼓会饭,有共爨同居之实。《唐代墓志汇编》大和085《唐故朝散郎行河中府虞乡县尉李公墓志铭并序》:"家业丰厚,足自赡给,而宗族弟兄,远近咸至,同居

① 周绍良、赵超主编《唐代墓志汇编》开成001《唐故邕管招讨判官试左清道率府兵曹参军清河崔公墓志铭并序》,上海,上海古籍出版社,1992年,第2169页。

② [宋]欧阳修、宋祁《新唐书》卷一二〇《桓彦范附杨玄琰传》,北京,中华书局,1975年,第4315页。

③ 《新唐书》卷一三〇《崔漼附宽传》,第4490页。

共食,无所间异,不十数岁,荡然靡余。”①显然,宗族兄弟各有其家,但是他们又同居共食,构成一个大家。

最典型的是嗣曹王皋的母亲太妃郑中(711~782)的例子:“年十有四,归于公族。居廿四岁而先嗣王即世。王屋天坛之下,有别墅焉,太妃挈今之嗣王与女子子,洎夫族之叔妹未冠笄者,与本族凋丧之遗无告者,合而家之。居无生资,勤俭自力,仁以卹,智以图,使夫饥待我粒,寒待我纩,婚姻宦学蒸尝之礼,待我以时。”②这里所谓“合而家之”究竟应该如何理解,当然还可以研究,但是这被合的若干“小家”与合之以后的“大家”,显然构成了一种复合形态。

下面再就博陵崔众甫、崔祐甫一门的事例进行分析。博陵崔众甫的妻子李金(727~794)主持家政,墓志记载其事迹云:“抚甥侄慈,接姻戚义。”曾经一度“中外相依,一百八口。夫人上承下抚,言行无怨”。由于“既寓荒服,家素清贫,夫人有黄金数两,命货之,衣食孤幼,财不入己”。丈夫去世后,“夫人竭所有以奉丧……家既窘乏,依于季叔太傅,娣姒同居,甥侄皆在……家之百役,命先服其劳,恕而行之,故人归厚”③。这篇感人的墓志就是亲受其惠的侄子契臣撰写的。可见,崔家在宗妇李金的主持下,无论是中外相依的百余口,还是娣姒同居、甥侄皆在的大家庭,都是一种同居共活的家庭形式④。

当初,崔祐甫在江西幕府先后任庐陵郡司马和洪州司马,入朝为起居舍人,历司勋、吏部员外郎,墓志说是崔祐甫主动要求到南方江西幕府任职,以便照顾那里的亲戚的:“公叹曰:‘羁孤满室,尚寓江南,滔滔不归,富贵何有!’遂出佐江西廉使。”⑤可见,崔祐甫在朝廷做官的时候,李金等老老小小都还滞留在洪州。崔祐甫虽说是要到江南去照顾遗孤,但从“家既窘乏,依于季叔太傅”的话看,李金的“家”与崔祐甫的“家”并不是一回事,两家在这

① 《唐代墓志汇编》大和085《唐故朝散郎行河府虞乡县尉李公墓志铭并序》,第2157页。

② 《唐代墓志汇编》贞元005《唐赠尚书左仆射嗣曹王故妃荥阳郑氏墓志铭并叙》,第1840页。

③ 《唐代墓志汇编》贞元062《唐朝散大夫行著作佐郎袭安平县男□□崔公夫人陇西县君李氏墓志铭并序》,第1881页。

④ 这种家庭关系是比较难相处的,所以墓志又说:“夫人亲之以德,未尝忿竞。每叹曰:浸润之谮,阻诈之行,缉缉幡幡,谄以求媚,吾所甚恶也。于是宽柔以教,约己而申人,老安少怀,和乐而欣欣如也。”

⑤ 《唐代墓志汇编》建中004《有唐相国赠太傅崔公墓志铭》,第1823页。

以前本来并不是住在一起，他们是两家而不是一家。

大历十三年四月，也就是崔祐甫在朝中做中书舍人的时候，崔家重新修建坟茔。《唐代墓志汇编》大历058至大历063都是这次修建坟茔时留下的墓志，它们是：崔浑夫人卢梵儿墓志、崔浑嗣子崔众甫墓志、崔沔墓志、崔沔夫人王方大墓志、崔暟（崔浑、崔沔之父亲）墓志、崔暟夫人王媛墓志，同年十月，又补修了崔夷甫墓志（大历072）。这次的坟茔修缮事宜分两大块：李金携侄子等人重修婆婆和丈夫的坟墓；崔祐甫这一房重修父亲崔沔和母亲王方大的墓志。同时，两房又一起修缮祖父祖母崔暟、王媛的坟墓。最后在同年十月又补修李金丈夫的幼弟夷甫的墓志，夷甫的嗣子契臣自幼就受婶婶李金的照料。墓志由祐甫撰文，并且帮助了嗣子契臣办理修缮之事。

再比如荥阳郑鲁家：

> 其二仲为时名公，曰敬，官至绛州刺史；曰□易，官至工部郎中。……迨绛州、工部相继凋谢，府君顾谓诸子曰："善自位者，然后为用。前日家声不泯，翳吾二仲，而今而后，非我所及；度吾能者，奉先训，养诸孤，以谨家俵，其殆庶乎？"谓京师艰食，终不能衣食孷幼，往岁工部佐戎于荆，尝植不毛之田数百亩，芜废于兹亦一纪矣。府君乃喟然南来，复垦于是，疏卑为溉，陪高而亩，及今三年，而岁入千斛。是岁分命迓二嫂氏洎诸孤于二京。……（此时郑鲁已病重）诸子以（二嫂至）闻，则轩然而作曰："二嫂至矣，吾家毕集矣。吾于今而瞑，庶无愧矣。"①

这里值得注意的是，郑鲁虽然在兄弟去世后操持家事，照料两位嫂子和诸侄，但是，他用来复兴家业的数百亩土地，乃是曾官至工部郎中（或为带职）的二兄郑易在荆南节度使幕府时购置的田产。鉴于在京城生活昂贵，郑鲁迁徙到荆南去种植粮食（当然是雇用农民来种植），三年就达到岁入千斛的收成。这样可以把在京城的二嫂等家眷接来，从而"吾家毕集矣"。

总之，以上这些官宦地主之"家"，无疑都属于复合型的家庭模式，其特征是由两个或者两个以上的家庭组合在一起的复合形态，但又不同于联合家庭。联合家庭在政府的户口登记中只是一个家庭单元；而复合型家庭则

---

① 《唐代墓志汇编》残志031《唐故右金吾卫仓曹参军郑府君墓志铭并序》，第2558～2559页。

是两个或两个以上的家庭单元的组合。虽然以后它们会分拆开来（这不同于“分家”），但毕竟这些家庭在其家庭发展周期上的某一个阶段采取“同居共活”的复合家庭形式。

三　从家庭的析分看“同籍别居”的复合型家庭形态

唐代家庭的复合型二元结构，还可以从家庭析分的角度去观察。现代社会学家对于家庭的功能有种种分析，一般包括生育功能、经济功能、情感功能、娱乐功能等等。有一点可以肯定，“家庭”不仅仅是一个血缘和姻缘关系结合的生活单元，也是一个承担着广泛社会职能的基层社会组织。所以，一般教科书都指出：家庭是由婚姻、血缘或收养关系而产生的亲属间的共同生活组织。一个家庭的析分承继，不仅是财产的析分，而且也包括门户的析分和承继。因此，完整意义上的分家，应该包括获得独立的户籍（别籍）和财产会计（异财）两个内容。但是，唐朝的户籍人口法（《户令》）则把这两个问题分开来处理。《唐律疏议》卷一二《户婚律》“子孙别籍异财”条云：

> 诸祖父母、父母在，而子孙别籍、异财者，徒三年。若祖父母、父母令别籍及以子孙妄继人后者，徒二年。子孙不坐。
>
> 【疏】议云：若祖父母、父母处分，令子孙别籍及以子孙妄继人后者，得徒二年，子孙不坐。但云“别籍”，不云“令其异财”，令异财者，明其无罪。

这条法律说明，一个家庭若不改变户籍的登记形式（别籍），祖父母、父母做主为子孙分割家产，即“同籍异财”是合法的。因此，父母主持下的“同籍异财”，也成为常见的家产析分方式。同卷《户婚律》“相冒合户”条还规定：

> 诸相冒合户者，徒二年……即于法应别立户而不听别，应合户而不听合者，主司杖一百。
>
> 【疏】议曰：“应别”，谓父母终亡，服纪已阕，兄弟欲别者。

由此规定可见，只要父母尊长去世，而且居丧期已过，每一个兄弟都有权向官府提出别籍的要求，分立门户是一种合法的行为。

根据这两条律文，分家就有了民间和官方的二重意义。从民间来说，异财就已经是分家，如敦煌文书中各种分家文书只涉及财产的分割问题；从官方而言，只有别籍才是分家，甚至有强令与尊亲合贯的事情。① 官府默认财产上的分家，而拒绝户籍上的分家，于是分家的行为被从经济关系和政治（行政管理）关系两个层面割裂了。别籍是一种政治上和行政上的权利和义务的承担，异财是一种经济上和财政上的权利和义务承担。异财可以是很隐弊的，别籍则完全是公开的。唐代的法令对百姓别籍异居有诸多限制，但又为同籍而实际异财的家庭开方便之门。正是这种法律上的运作空间，使得实分名不分的家庭析分现象在唐代层出不穷，从而出现各种"二元式"家庭结构。也就是笔者说的"同籍别居"的复合型家庭模式。这种家庭模式主要有如下特征：他们在户籍登录中属于一个家庭，但是在现实生活中却是两个或两个以上的家庭组合。试举例如下。

吐鲁番出土文书有一则涉及一位名叫严令子的同籍别居之家的田产纠纷案，文书云：

26 景□[三]年十二月　　　日宁昌乡人严令子妻白辞
27 　夫堂弟住君
28 县司：阿白夫共上件堂弟同籍，各自别居。一
29 户总有四丁，三房别坐。籍下见授常田十
30 亩已上。除夫堂兄和德为是卫士，取四亩分
31 外，余残各合均收。乃被前件夫堂弟见
32 阿白夫并小郎等二人逃走不在，独取四亩
33 唯与阿白二亩充二丁分。每年被征阿白
34 两丁分租庸，极理辛苦，请乞处分，谨辞。②

① 敦煌所出《唐开元十年（722）沙州敦煌县玄泉乡籍》有"开元七年籍后被其年十二月十三日符从尊亲合贯附"等字样。池田温解释说：合贯"即将籍贯合并为一"。参见池田温《中国古代籍帐研究》，龚泽铣译，北京，中华书局，1984年，第233页。

② 75TAM239:9/3《唐景龙三年（公元七〇九年）十二月至景龙四年（公元七一〇年）正月西州高昌县处分田亩案卷》，《吐鲁番出土文书》［叁］，第556页。

这是景龙三年(709 年)的一份讼辞,文书的下文说"安乐坊,严住君,右奉判付坊追住君过对者。依追到,今将随送,依状言。"县司受理了这个案件,命安乐坊追严住君调查审理。下面是坊正追问严住君后得到的供词:

59　一段二亩王渠　　一段二亩杜渠,一段二亩半樊渠,充伯及
堂兄一丁一老丁分
60　一段二亩樊渠　　充兄令子分　一弟新丁,未授地
61　　一段一亩王渠　　一段一亩匡渠
62　　　右同前上件地住君分
63　　三易部田总廿三亩伯老一丁,每易授六亩。二丁,每易各授二亩　　令子、住君
64　牒辩被问得堂兄妻阿白辞称云籍下田地
65　诉有□得者。县判准状问者。谨审。但住君
66　据见种田地段亩数如前。三家同籍别财,其
67　地先来各自充分讫,不敢编併授田。去八月
68　内北庭府史匡君感与堂兄妻阿白钱一千文,
69　充匡感弟迦吕□介见付人康伏生、匡君政母
70　□□知。被问依实谨牒。
71　　　　景龙三年十二月　　日严住君牒
72　三易部田,总廿三亩,常田六亩,和德□□佃□亩住
73　君佃种。更有二亩,弟令子佃种。其逃人迦吕元
74　未给授田地。三易部田,人各每年佃食二亩。被问
75　依谨辩。①
　　[实]

严住君的供词否认了他多占阿白土地的情况,并且列出土地段亩详细说明,

① 75TAM239:9/7(a)、8(a)《唐景龙三年(公元七〇九年)十二月至景龙四年(公元七一〇年)正月西州高昌县处分田亩案卷》,《吐鲁番出土文书》[叁],第 558~560 页。按,本段及下段所引两部分文书较残,为论述及行文之便,笔者在原先录文基础上,结合图片及上下文义,将原录文中部分缺失文字予以补全。另,本段 75 行下"实"字、下段 167 行下"坊"字据文义知为夺字,一并补正。

某处多少土地属于某人名下佃种等内容。最后，县司汇总两方面的证词而得出审理结论：

159　夫堂弟住君

160　　右得严令子妻白辞称夫共上件堂弟

161　　同籍，各自别居。一户总有四丁，三房别坐。籍

162　　下见授常田十亩已上。除夫堂兄和德为

163　　是卫士，取田四亩分外，余残各均合收。乃被

√

164　　前件夫堂弟见阿白夫并小郎等二人

165　　逃走不在，独取四亩惟与阿白二亩充二丁分，每

166　　年被征阿白两丁分租庸极理辛苦，请

167　　处分者。判付安乐追住君过对。得坊正

［坊］

168　　白君才状送，问得款：王渠二亩，杜渠二亩，樊

169　　渠二亩半，充伯及堂兄一丁，一老丁分。樊渠二亩，

170　　充兄令子分。一弟新丁，未授地。王渠一亩，匡渠

171　　一亩，充住君分。三易部田总廿三亩，伯老一丁每易

172　　六亩，令子、住君二丁每易各授二亩。其地据□

173　　种收如前。三家同籍别财，其地先来各□

174　　均分讫，不敢编併授田。去八月内北庭府史□□

……………………………………………………………………

175　　感与堂兄□□□钱一千文，充堂弟迦

176　　□见付□□□□匡君政母等具知①

① 75TAM239:9/15(b)《唐景龙三年（公元七〇九年）十二月至景龙四年（公元七一〇年）正月西州高昌县处分田亩案卷》，《吐鲁番出土文书》［叁］，第566页。

综合以上文书所显示的内容可知，严令子与弟弟小郎和堂兄严和德、堂弟严住君均属于“丁”，实际是分为三家居住，即严令子与小郎一家，严和德卫士一家（与父亲同住，即所谓伯父者），严住君一家，所谓“三房别坐”。但三家却是“同籍别居”。原告阿白称，在这个户籍之下一共被授有10亩土地，除严和德因为是卫士独得4亩外，另外6亩地三丁均分，各得2亩，也承担相应的租庸调。现在由于阿白的丈夫和小郎外逃，住君强占4亩，而只留给阿白本人2亩，“充二丁分”（另外4亩为卫士严和德名下）。为此阿白提出诉讼。但是，被告的辩辞则不同。被告严住君说，在这些土地中，本来严令子和他本人就各只拥有2亩地。另外还有一弟是新丁，尚未授地。这个新丁可能是逃走的小郎。住君还引出一个新线索说，北庭府史匡君感给阿白1000文钱，充“堂弟迦吕□价”。这个关键的“□价”在图录本上无法看清，以致不能作出判断究竟是地价，还是逃户租庸之价（迦吕是逃人，没有被授田）。住君辩辞总的意思是说，他本人没有独取4亩地。至于阿白独纳二丁之租庸，似乎另有隐情。住君还举出了证明阿白接受了那一千文钱的两个证人康付生和匡君政母。由于文书后面残缺，我们无由知悉案情最后怎么发展。

这个案子的起诉和立案给我们提出了许多可供思索的问题。

首先，严氏兄弟四人是伯叔兄弟（即同祖父的从兄弟）。父亲那一辈也许就已经分居，伯父仍在。但是，三家还是在一个共同的户籍之下。根据唐朝的法律，“诸户主皆以家长为之”①。这种同籍别居之户，其户主与家长由谁出任呢？即使是名义上的家长，也会带来许多连带的法律责任②。当然，从本案的情况看，地方官府显然是对这种家庭形态采取认可的态度，不仅乡里如此，即使是在向县司诉讼也不回避此类家庭纠纷。

其次，四个丁口，一共只有常田10多亩地，三易部田23亩③，可见授田严重不足，这也许是严令子和小郎逃走的原因。原告阿白说，四丁之中，因严和德是府兵，分得土地4亩；被告住君则说，因为老人伯父在，分常田6亩

---

①　[唐]杜佑撰《通典》卷七《食货七·丁中》，王文锦等点校，北京，中华书局，1988年，第155页。此条虽是开元二十五年（737）户令，但唐代当通行此制。

②　《唐律疏议》卷五《名例·共犯罪》规定：“若家人共犯，止坐尊长。”（第115页）如此之类。

③　文书云三易部田，伯父老一丁每易6亩，令子、住君每易各2亩，则三易之田总数为30亩，与23亩不合，待考。

半;三易之部田每易6亩。这里有2亩之差,一说是在严住君名下,一说原本就在伯父一家名下。我们当然无法分别究竟谁是谁非。但是,这里涉及同一个户籍内土地和赋役的公平分配问题,它是使别居异财的几个分居家庭发生经济纠纷的重要原因。此外,一个户籍内的土地分配,有向府兵或有老人一方倾斜的分配原则,似乎无论官府还是当事者本人都认可这件事。文书上说:"三家同籍别财,其地先来各□均分讫,不敢偏并授田。"似乎这个土地是坊正主持授田事务之时已经根据家有老人、有府兵的原则划定的,这样"不敢偏并授田"的话才有所指。

再次,租庸调的负担本来就是按照丁口数来交纳的,唐朝官方严格禁止人丁逃亡,措施之一是逃亡者家属要代交其租庸。唐朝户令:"诸户逃走,令伍保追访,三年不获除帐,其地还公。未还之间,邻保近亲,均为佃食,租庸代输。户内丁口逃走者,同户代输,三年(或六年)不获,亦除帐,地准上法。"①全家逃走,亲邻代输;户内有人逃走,其他亲人代输,所以,阿白才必须为逃走的丈夫等输纳二丁租庸。与此同时,逃亡者的土地仍然保留。这就是阿白的诉讼要求保持丈夫等份内的土地、控告堂弟严住君多占了其土地的法律根据。因此,她既不需要隐瞒逃亡之事,除非土地被收回,否则也不能要求免交逃亡亲属之租庸。此外即使如阿白控告的情况,严住君不过多占了两亩地,却"每年被征阿白两丁分租庸"。两亩地征两丁分租庸是否值得?是按照"每丁授田百亩"的原则规定交纳租庸呢,还是因为授田少有所减免?学术界认为西州授田不足,田租或减至六斗,其赋役制度有特殊性②。笔者推测是按照每丁百亩的标准统一交纳。后来发展起来的地税青苗钱,按照实际种植面积征收,就是弥补原来租庸征收方式不足之故。

总之,阿白及其与严住君的纠纷实际涉及作为同一个户籍下,从官府那里获得土地分配与赋役负担的分摊配额问题。由于他们在名义上只有一个家长、一个户主,不仅会带来法律上的责任纠葛,而且会在户籍内人口发生

---

① [日]仁井田陞、池田温《唐令拾遗补》,东京,东京大学出版会,1997年,第525~526页;参见宋家钰《唐朝户籍法与均田制研究》,郑州,中州古籍出版社,1988年,第44页。

② 参见杨际平《北朝隋唐均田制新探》,长沙,岳麓书社,2003年,特别参见第357页所引吐鲁番文书。

变化时产生土地与赋役的再分配危机①。因此,同籍别居绝不仅仅止于名义,而是有实质的法律与经济内容,从而使这种“大家庭”并不是一个形式上的户籍家庭,而是带有互相关联的社会组织。这样的结构带有二元式复合型特征。

四　提出复合式家庭模式的意义

复合式家庭形态其实反映了中古家庭的重要特征——家族之内的家庭边界具有模糊性,或者说家庭与家族关系的依存度很高。

现代家庭的边界是比较清晰的,古代则未必。文书中关于户籍的记载是清楚的,但现实生活中则未必是一家人。前举严令子一家,如果制作手实或登载在户籍册上,就可能是:户主严令子,白丁四人,老男一人,丁妻一人。我们根本看不出其别居的情况。前举王盈子家的户籍簿上很可能记载着“户主王盈子,白丁四人”之类的话。也看不出四兄弟分家别过,其中有两个兄弟同居共活的情况。只有乡里的户籍主管里正,或者县司的主管官员是掌握“同籍别居”异财和别籍而“同居共活”的真实情况的。

我们下面举几个具体例子来分析一下户籍上的家庭人口。例如《神龙三年(707年)高昌县崇化乡点籍样》记这样一户:

60　户主竹畔德年五十　　卫士
61　　口大小总九　丁男二　寡妻一　丁妻一　小男一　小女三　丁女一
62　　　丁弟僧奴年卌二　卫士
63　　合已受田一十七亩卌步②

户主竹畔德50岁,弟僧奴42岁,却又有一寡妻,当是亡故的一位兄弟留下

① 例如,武德令规定:“世业之田,身死则承户者便授之。”(《令集解》卷一二《田令》)那么,在同籍别居的情况下,谁在法律上有继承户主“承户”的权利?当然只能按照现实的财产关系来约定,即需要按照实际情况做相应的变通,才会避免不必要的纠纷。

② 64TAM35:51(a)《唐神龙三年(公元七〇七年)高昌县崇化乡点籍样(一)》,《吐鲁番出土文书》[叁],第537页。

的遗孀（父辈留下的年轻后母的可能性也不完全排除）。丁妻是健在的兄弟中谁的妻子不清楚，寡妻是否被健在的兄弟中之一人收继为妻也不清楚。但是，结合我们在上面所列举的“同籍别居”的家庭模式，特别是阿白作为嫂子控告诸叔的情况，我们有理由推测，这样的兄弟二人与寡嫂（或寡弟媳、寡后母）同财共居的可能性比较小。

同一点籍样又有如下一户人家：

95　户主安善才年五十　　勋官
96　　口大小总八　丁男三　丁妻二　丁女一　中男一　黄女一
97　　　丁男难及年卌　卫士①

这里丁男与户主的年龄仅差10岁，他们是父子关系还是兄弟关系就很难判断。还有一位丁男，年龄当略小，也许与户主有父子关系。户中有丁妻2人，则至少是两个所谓核心家庭的组合。还有一丁未婚、一丁女未嫁。我们也有理由怀疑这一家有同籍别居的可能性。

再如，《唐开元十九年（731年）西州柳中县高宁乡籍》记有一户：

1　柳中县………………………………
　□□□□□□……
2　　女脩思　年拾肆岁　[小]□
3　　弟大智　年贰拾捌岁　废疾开元拾□年▭
4　　□□意　年叁拾壹岁　丁女空
5　　妹小　　年贰拾叁岁　丁女空
6　　伯母韩　年陆拾捌岁　老寡空
7　　姑汉足　年柒拾玖岁　老寡。开元拾陆年籍柒拾②

文书的下文详细列举了该户的应受田106亩，其中永业田15亩，居住园宅

① 64TAM35：53（a）《唐神龙三年（公元七〇七年）高昌县崇化乡点籍样（一）》，《吐鲁番出土文书》［叁］，第539页。

② 72TAM228：15《唐开元十九年（公元七三一年）西州柳中县高宁乡籍（一）》，《吐鲁番出土文书》［肆］，第193页。

70步已受。按，这个户籍里的户主当是一个丁男。与女儿以及成年的弟弟、妹妹生活在一起，甚至还有伯母和姑母。伯母为老寡，是否分家后再合户，我们无从猜测。但姑母为老寡，说明是出嫁后回到娘家的。墓志中有许多出嫁后丧夫归本家、寄养于父母或叔侄家的例子，出嫁的女子回到子侄当家的娘家如何登载入户籍？我们在史料里看不到相关的记载。唐朝法令规定："诸鳏寡孤独、贫穷老疾，不能自存者，令近亲收养。"①则68岁的伯母和79岁的姑母作为寡居之老人被侄子收养合户，乃是法律要求的事情。至少我们可以把它算作本文前面提到的"同居"的一个例子，即直系与旁系血亲关系都在一个户籍内，构成同居关系。文书中弟大智、姑汉足后面都另有注记，注明开元十六年如何如何，颇疑与合户之事有关。如此看来，这个家庭很可能是从同居别籍的复合型家庭发展到同居同籍的单一家庭，显示了复合型同居家庭发展到单一家庭的一种可能性。

再看《唐开元十年(722)沙洲敦煌县悬泉乡籍(草案)》记有一户人家的情况：户主郭玄昉年56岁，白丁，下下户，课户现输。其家庭成员有妻李氏50岁，开元七年从尊合贯附。即三年前从尊亲而合附于户贯的。妻子是合贯的，那么丈夫也应该是合贯的，其下儿子思宗22岁、儿子思楚17岁、女儿伏力19岁，都写明是开元七年从尊亲合贯附，这就有些奇怪了。除非是三年前郭玄昉的父母或其中的一方仍然在世，若然，则也会在簿籍上写明的。但不管如何，我们在这里又发现了一个复合式家庭发展成单一家庭的例子。

另外，吐鲁番文书武周载初元年(690年)西州高昌县手实中有户主为康才宝的一户人家：

1　户主康才宝年肆[拾]▭

2　女胜姜年[贰]▭

3　　度弟妻▭

4　　女行檀年拾贰[岁]　□□

5　　弟才艺年叁拾肆岁　白丁

① ［宋］窦仪等撰，吴翊如点校《宋刑统》卷一二《户婚律》，北京，中华书局，1984年，第190页。

6　妻高年叁拾岁　丁妻
7　弟真宝年叁拾陆岁　丁[妻]
8　婢真珠年伍拾贰岁　□□
9　　右　件　口　旧　有□
10　　男玄应年拾□□□
11　　男玄素年柒□□□
12　　男玄寿年肆岁　[小]□
13　　女普敬年陆岁　小女
14　　男玄忠年伍岁　小男
15　　姪男怀文年伍岁　小男
16　　　右件口漏籍请□□□
17　合受常部田
18　　一段三亩半六十步(后略)
24　□□□□□□□□户主康才宝牒①

文书最后缺略的文字如果补足的话,根据其他手实的行文格式应该是:

牒件通当户新旧口并田段、亩数、四至,具状如前。如后有人纠告,隐漏一口,求受违敕之罪。谨牒。

载初元年一月　日户主康宝才牒

这样一个新旧14口的人户(户口记载可能有文字的伪误),是至少由三个成丁的兄弟及其亲属组成的大家庭。根据前面的分析,不能排除有三房别住、同籍别居的可能性。

最后,笔者描述一下所谓"复合型"家庭形态的基本特征,其典型形态有二。

第一,"同居共活型"。这种家庭形态,形式上采取联合家庭的形式。虽

① 64TAM35:64(a)《武周载初元年(公元六八九年)西州高昌县宁和才等户手实(六)》,《吐鲁番出土文书》[叁],第507~508页。文书中武周新字改回;另第24行录文作"康宝才",据上文及图片知应为"康才宝",今一并改正。

然户籍上并不是一户,赋役也分别承担;但是在实际生活中,却同生活在一个屋檐下,共同承担生活负担,生活上采取合伙的形式。其主要特点是,财产有分有合:对于官府而言是分的,对于家庭而言是合的;对于小家而言是分的,对于大家而言是合的。

第二,"同籍别居型"。这种形态的家庭对于官府而言,只有一个户主,一个家长。但是,对于内部来说,却是各家独立过日子。他们之间也有财产纠纷,主要表现为在共同承担或者分摊国家赋役时的配额问题。显然,如果根据这种情况统计家庭人口规模就会发生偏差。

"同居共活"的家庭模式往往在官府簿籍上是分家的、别籍的,但是在实际生活中却表现为一个家庭的形式。"同籍别居"的家庭模式在官府的簿籍上是不分家的,但是在实际生活中则是别居异财的。

如果问题到此结束也就简单多了。问题是,在"同居共活"的情况下,官府在实际管理工作上,也会把它作为一个家庭来管理,比如王盈进本人的役价就由同居者来承担;而在私人生活领域,分居的兄弟,还不承认同居的兄弟有单独处理同居弟弟的遗产的权力。在法律的连带责任上,官府也执行只要同财共居,"不限籍之异同"的规定。

在"同籍别居"的情况下,官府在授田时实际按照分家后的原则来分配土地;而在私人领域,分开过日子的严住君仍然可以干预别居的严令子家的土地佃种份额,在户内人口发生变动时,往往引发重新分配土地与赋役负担的纠纷。总之,不管在哪一种情况下,"同"和"别"都是相对而言的。而复合的家庭形式由此得以凸现。

"同籍异居"型和"同居别籍"型两种不同的复合型家庭在不同的阶层具有不同的社会意义。在富裕家庭和上层社会,同居别籍主要是因为家族之间的关照的需要,所谓依养型家庭就是如此①,是一种过渡的家庭形态;同籍异居则是因为兄弟父子在不同地域做官或者乡村地主本家与外地做官的子弟之间的自然分异所造成的。有人借用艾伯哈(Wolfram Eberhard)的概念②,认为唐代的上层官僚家庭形态具有从城乡双家形态向两京(长安和

① 参见李润强《唐代依养外亲家庭形态考察》,收入张国刚主编《家庭史研究的新视野》,第71~102页。

② Wolfram Eberhard, "Social Forces in Medieval China", Leiden, 1965.

洛阳）双家形态的转变[①]。墓志显示，唐代高级官僚家庭确实有很多数代同居的事例[②]。这与当时朝廷的提倡，以及国家对于五品以上官僚全家免税的优惠政策有十分重要的关系。但是，就是在这些家庭里，实际上也存在一种复合型的家庭结构模式。例如上文所举博陵崔众甫、崔祐甫的例子。在基层普通民众家庭里，同籍异居是为了避免官府反对所谓“生分”（父母在而别籍异财）而造成的。同居别籍则是在分家之后，由于经济和生产上的需要而保持的一种“同居合活”的家庭形态[③]。

综合以上考察，不仅我们在统计唐代家庭人口结构的时候，不能简单从户籍上的数据出发。而且即使是确定了的家庭人口，由于古代亲族之间的经济、财产和政治、法律关系十分复杂，二元式复合型家庭结构恐怕是古代家庭结构的常态，而不是变态。除了那些单丁之户外，其他的家庭在诞生和发展的过程中，都会不同程度的出现“同籍别居”和“同居共活”的复合式结构。在这种复合型家庭结构中，所谓核心家庭、主干家庭或联合家庭，只是构成了家庭单元，而不是家庭本身。一个复合型家庭由若干个核心、主干或联合家庭单元组合而成。各个家庭单元之间存在复杂的社会和经济、法律关系。

那么，这样的复合型家庭究竟占有多大比例呢？我们下面推测一下这种情况的普遍性。

根据对墓志资料的统计，唐朝夫妇的寿命，男性为 62 岁，女性为 64 岁[④]。唐朝人的结婚年龄，我们有一个基本估计[⑤]。姑且以男性在 20 年龄

---

① 毛汉光《中古家族之变动》，收入《中国中古社会史论》，台北，联经出版事业公司，1988 年；［日］翁育瑄《七世纪—十世纪初の中国における上流阶级の家族形态——墓志を中心に》，《お茶の水史学》44 号，2000 年 9 月，第 20 页。

② ［日］翁育瑄《七世纪—十世纪初の中国における上流阶级の家族形态——墓志を中心に》，《お茶の水史学》44 号，2000 年 9 月，第 1~49 页。

③ 宋代有很多家庭为了降低户等，规避按照户等差派的役事，故意分家而未必异爨，当作别论。

④ 前引蒋爱花论文依据 5100 余方墓志的统计，认为唐人平均死亡年龄为 59.25 岁，经过计算夫妻样本的平均死亡年龄，男性平均为 62.36 岁；女性平均为 64.25。又，李燕捷《唐人年寿研究》（台北，文津出版社，1994 年）的结论：唐人死亡年龄为 57.55 岁，夫妻寿命男性为 60.38 岁，女性为 58.45 岁。

⑤ 男大女小是基本模式，女子结婚的高峰期集中在 13~22 岁，男子结婚的高峰期为 17~30 岁；一般女子笄年订婚到过门出嫁之间会有两三年的间隔，而夫妻之间男大女 4~8 岁为常见；男女婚嫁推迟主要是经济原因，但是，结婚前男子普遍有妾等性伴侣，使那些奔竞仕途的官员有可能推迟结婚，他们取得功名后常有老夫少妻现象。参见张国刚、蒋爱花《唐代男女婚育年龄考略》，《中国史研究》2004 年第 2 期。

段结婚生子,那么父亲在 40 年龄段,祖父为 60 年龄段。换言之,当孙子孙女在笄冠之年,大多数祖父辈的人物已经不在。于是 40 年龄段的已经为人父母的兄弟们按照法律的规定可以正式异籍分家①,结束了原来父母在世时的复合家庭形态。但是,他们很快又与自己的下一辈——20 年龄段的儿子们保持“同籍异财”的复合家庭形式。以此往下推,父母在、子孙同籍异财乃是一种常态,而非变态。

再从文献上考察。《宋书》卷八二《周朗传》说到南朝的家庭状况:“今士大夫以下,父母在而兄弟异计,十家而七矣。庶人父子殊产,亦八家而五矣。”②这里用“异计”和“异财”来分别说明士大夫与庶人的家庭状况,措辞是很准确的。所谓异计,当指士大夫之家虽然同居,各个家庭单元都有自己独立的生计;所谓异财当指一般平民之家分开过日子。而这样的家庭比例达到了“十家而七”、“八家而五”的比重,说明是相当普遍的!有人形容是“共甑分炊米,同铛各煮鱼”。即所谓“同炊异馔”,说明南方许多人家分财却未必分居。这样做的原因有两个:一是住房的限制,即兄弟乃至父子之间虽然分家了,但是迫于经济条件还没有办法使其中的一家搬出去住。二是官府政策的限制,即不允许父母在而成年儿子分家另过,因此不得不保持一个家庭的形式外壳。这种风俗也传到了北方。例如《魏书》卷七一《裴叔业附从子植传》云:“(裴)植虽自州送禄奉母及赡诸弟,而各别资财,同居异爨,一门数灶,盖亦染江南之俗也。”③由此可见,同居而异财的家庭在唐代以前已经很普遍。《唐律疏议》只不过是承认和反映了当时的社会现实罢了。

那么,为什么会出现这种情况呢?

隋唐政府总体上说是鼓励同籍共居,反对分家析户的。朝廷曾经对此三令五申,甚至采取种种税收上的优惠政策来鼓励大家庭的生活。当然,这有防止降低户等、流失赋役方面的考虑④。但是,我想这其实也是古代社会

---

① 参见《唐律疏议》卷一二《户婚·相冒合户》律文及疏议,第 240~241 页。

② [梁]沈约《宋书》卷八二《周朗传》,北京,中华书局,1974 年,第 2097 页。

③ [北齐]魏收《魏书》卷七一《裴叔业附从子植传》,北京,中华书局,1974 年,第 1571~1572 页。

④ [宋]王钦若等编《册府元龟》卷四八六《邦计部·户籍》万岁通天元年敕:“天下百姓,父母令外继别籍者,所析之户等第,并须与本户同,不得降下。其应入役者,共计本户丁中,用为等级,不得以析户蠲免。其差科,各从析户祗承,勿容递相影护。”(北京,中华书局,1982 年)这说明父母与儿子别居,在一定条件下是允许的,但别居后的两个家庭仍然通计派役,这样势必造成一种复合式的家庭关系。

保障体系的重要制度内容。官府拿出一部分税收减免,来鼓励社会建立一种以家庭为核心的“鳏寡孤独废疾者皆有所养”的生活保障制度。从这个角度理解唐代官府极力反对父母在而子孙分家析产,就可以更清楚地理解国家政权的基本职能。正是出于这种考虑,官府不仅对于同籍而异财别居的复合式家庭采取放任的态度,而且对于民间“同居共活”的互相救助式的复合型家庭模式,采取容允和鼓励的态度,儒家知识分子更是把它视作孝悌和仁义之举。正是这种情况,使中国古代家庭关系包含有一层在近代社会所逐渐褪去的温情脉脉的面纱。

如果稍作深度分析,还有两个方面的原因需要注意。一是与中古转型时期家族形态密切相关。在魏晋南北朝传统世家大族门阀制度下,或百室合户,或千丁共籍,大家族对于宗族属党的荫蔽十分普遍。隋统一后,命令“大功以下,兼令析籍”,目的就是要消解世家大族的势力。传统世家大族制度由于隋唐时期的打击逐渐走向解体,而在宋代“敬宗收族”新的宗族制度建立之前,宗族或家族中血缘关系比较近的家庭之间,仍然保持着某种经济上的密切联系是十分自然的。这样既符合传统儒家的伦理精神,也符合社会整合与调节的需要。

第二是与中古转型时期,特别是唐代的法律制度密切相关。小家庭从大家庭中裂变出来,本来是古今中外家庭演变的基本轨迹。唐代法令“凡差科,先富强,后贫弱;先多丁,后少丁”①,又更加使富室多丁之家为规避徭役采取分家析产的方式。然而无论是从儒家的孝义出发,还是基于防止赋税流失的考虑,政府都是禁止父母在而别籍异居的。国家权力对家庭结构进行强力干预的结果,反映在户籍制度上就出现了种种变通办法:或者强令与尊亲合籍,或者承认同籍异财的合法地位,规定析户后仍然要负担析户前的差科;或者在派遣差科时通计本已分居的大家与小家的丁口来分派差役等。这些并不是地方官府欺瞒中央在户籍问题上造假,而只是由于儒家理想与现实之间、法律与制度之间存在着巨大的差距,从而导致分家析产后大家与小家关系的复杂化。于仕宦之家或为救助亲属的美谈;于普通人家则很可能像吐鲁番文书中所显示的那样,因“同居共活”而引起种种财产纠纷。

唐宋时代赋役制度发生了重要变化,特别是从以人丁为本到以资产为

---

① 《唐律疏议》卷一三《户婚·差科赋役违法及不均平》,第251页。

宗的征收赋役原则的改变，促使国家权力逐渐地不再十分在意分家析产所带来的赋税损失，亦即不再着意于将分开的家庭在差科簿上人为地结合在一起。这样国家对于家庭制度的行政干预也就相应地减弱了。宋代以后的法律虽然也反对父母在而分家析产，但是只是具文而已，象唐代那样强令与尊亲合籍的事不再出现。宋代以后新的宗族制度建立了族学、族产与族田，也力图从制度上保证大家族之外贫困小家庭的生存问题。通过宗族内部成员救助行为的规范化，反而简化了分家析产后大家与小家的关系，从而也带来了社会上家庭结构相应的变革。于是唐代盛行的士大夫之家个人的救助行为变成宗族内部规范化的救助行为，中国古代社会保障制度也发生了新的变化。这些都从一个侧面表现出了唐宋社会变革的时代特征。

第二章　论唐代的分家析产

前言:问题的提出

中国历史上的宗族结构,五服内外是亲疏关系的一个分水岭。五服之内的亲属关系都可以称为“家”。这样的“家”有三个大的同心圆:父、己、子构成同心圆的最核心结构,是为核心直系家庭;上下推及祖、孙,旁及堂兄弟,是同心圆的第二层次,若同居,是为四世或五世同堂的家庭;同心圆的最后一圈从曾祖到玄孙,若同居,是为九代之“家”,比如唐代的张公艺和江州义门陈氏,这样的“家”只是特例①。出了五服制度,不再保持亲属关系,但仍然属于同宗。所谓分家在绝大多数情况下是指五服之内的成员析财异居,他们分家后虽然不再是一个家庭,但是仍然可以称为“家族”。

以上只是从原则上来讨论。就实际情况而论,数世同居的家庭毕竟只是理想状态,唐代家庭的析分大都在第一同心圆范畴内已经完成,因此,父、己、子三代是否同居,乃是唐代家庭结构问题的关键。换句话说,父母在,成年兄弟结婚生子后是否分家,乃是决定唐代家庭结构的主要因素。

从家庭生活实际来观察,成年兄弟结婚之后仍然在一起生活,最大的变数来自两个方面:一个是成年兄弟有了自己的经济收入或者比较独立的劳动能力,不再完全倚赖于父母,从而产生离心倾向;另一个是兄弟结婚后,在

① 江州陈氏义门从唐朝大和年间起至宋代嘉祐七年(1062)奉旨分家,同居十余代,已经超过五服的范围,此事当为特例。而且这种情况的家庭恐怕已经失却其本义,而类似于一个共产的生产合作社。参见江州义门陈氏家谱,见费成康主编《中国的家族法规》,上海:上海社会科学出版社,1998年,第238页。

家庭引进了非血缘关系的成员，这个成员只是与婚姻当事人有休戚与共的亲缘关系，与其他家庭成员反而处在一种竞争关系，比如妯娌之间就是最难相处的关系；另外媳妇进门后儿子最亲密的人是老婆，从而使从小受父母庇护的儿子与父母产生了距离，尤其会使婆婆难过，于是婆媳之间形成了一种竞争关系，也很难处。这些现实因素导致家庭成员在生产组织和经济效益最大化上受到挑战。总之，兄弟成婚后维持大家庭有相当难度，分家析产成为家庭发展周期上的一个现实的自然趋势。传统的家庭伦理提倡容忍和克制，强调尊卑上下有序，这种伦理要求在《唐律》中也有反映，那就是规定父母在，子孙不得分家。

法律与现实之间的矛盾怎么样解决呢？我曾经撰文揭示唐朝家庭的复合型结构特征。之所以出现这样的家庭结构，重要原因之一乃是为应上述情况而生。于是，同籍与异财被分割开来，家和户的内容也发生了悖离，从而使唐朝人的分家也有了不同的特殊意义①。

一　分家的意义——法律与现实的考察

不管人们如何定义家庭的概念，都无法否定，家庭是在婚姻前提下、以血缘或者姻亲关系为基础的、同居共爨的生活单元，是人类社会的基本细胞或者说是最基本的社会组织②。在家庭的这些构成要素中，婚姻前提下的血亲或姻亲关系是基础，同居共财的生活单元是实质，而作为社会组织的外显形式则是户籍。虽然有些家庭并不同时具备这三种要素，也可以看成是它的变态形式③。在诸种要素之中，财产的共有关系乃是家庭最本质的关系。“同居共爨”的真正意义，主要是看家庭成员在财产上是否有统一的收

---

① 国内学者关于唐代分家的研究，主要论文有冻国栋《读姚崇〈遗令〉论唐代“财产预分与家族形态”》，收入朱雷主编《唐代的历史与社会》，武汉：武汉大学出版社，1997 年；邢铁《唐代家产继承方式述略》，《河北师范大学学报》2003 年第 3 期；邢铁《宋代家庭研究》下篇，上海：上海人民出版社，2005 年。然本文所讨论的角度和重点有所不同。关于日本学者仁井田陞、滋贺秀三、中田薰等的研究成果，本文的下文有具体讨论。

② 如《中国大百科全书・民族卷》给家庭下的定义是：“建立在婚姻和血缘基础上的社会组织，构成人类最基本的社会生活内容之一。”北京，中国大百科全书出版社，1986 年，第 197 页。

③ 例如，收养关系的家庭是拟制的血亲关系；因为求学、经商或者出仕而不能同居共爨的家庭，其实是财产共有的。

支方式,而不是指他们形式上是否有统一的居住空间。特别是在中古时代二元制家庭结构中,判断那些具有血缘或亲缘关系的人们是否构成一个家庭,关键是看他们是否共财,而非同籍。但是,户籍的独立获得毕竟是一个新家庭的社会组织能完善的标志,也是一个家庭拥有独立社会责任和义务的标志,例如成为独立的赋税徭役征收单位之类。于是,我们所谓的家庭析分虽然首先是指财产的析分,但是也不能忽视独立户籍的获得。下面我们结合唐代的法律来分析这个问题。

1. 别籍与异财

如上所述,完整意义上的分家,应该包括获得独立的户籍(别籍)和获得独立的财产会计(异财)两个内容。《唐律疏议》卷一二《户婚·子孙别籍异财》云:“诸祖父母、父母在,而子孙别籍、异财者,徒三年。若祖父母、父母令别籍及以子孙妄继人后者,徒二年。”疏议云:“若祖父母、父母处分,令子孙别籍及以子孙妄继人后者,得徒二年,子孙不坐。但云‘别籍’,不云‘令其异财’,令异财者,明其无罪。”①这条法律说明,一个家庭若不改变户籍的登记形式(别籍),祖父母、父母做主为子孙分割家产,即“同籍异财”是合法的。因此,父母主持下的“同籍异财”,是常见的家产析分方式。别籍是一种政治上和行政上的权利获得,异财是一种经济上和财政上的权利获得。别籍说明析分的小家庭得到官府的承认;异财说明析分的小家庭创造的财富再也不需要汇入大家庭之中,小家庭成为独立的经济核算单元。可见异财的决定是一个家庭的家长自己就可以作出的;别籍的操作并不由家长自己决定,家长决定了还要被判刑。异财可以是很隐蔽的,别籍则是一种很公开的行为。正是基于这些因素,唐代的法令是严格限制百姓别籍异居的,违者被处以徒刑;但是又不立法处分同籍而实际异财的家庭。正是这种法律上的运作空间,使得实分名不分的家庭析分现象在唐代层出不穷,从而出现各种“二元式”家庭结构。

同一《户婚律》“相冒合户”条还规定“诸相冒合户者,徒二年,……即于法应别立户而不听别,应合户而不听合者,主司杖一百”,疏议曰:“应别,谓父母终亡,服纪已阕,兄弟欲别者。”由此规定可见,只要父母尊长去世,而且

---

① 《唐律疏议》卷一二《户婚·子孙别籍异财》,第236页。

居丧期已过,每一个兄弟都有权向官府提出别籍的要求,分立户头。这说明只要父母尊长亡故,兄弟或者媳妇中间,只要有人要求另过,分家就是一种不可阻挡的合法行为。所以我们前面说维持五服之内第二和第三个同心圆的家族成员同居是很困难的事。

根据这样两条法律,分家就有了民间和官方的二重意义。从民间来说,异财就已经是分家,从官方来说,只有别籍才承认是分家。在敦煌文献中甚至还出现了强令与尊亲合贯的事情,说明国家对于父母在而别籍的禁止是非常严厉的①。国家默认财产上的分家,而拒绝户籍上的分家,于是分家的行为被从经济关系和政治(行政管理)关系两个层面割裂了。

这样官方和民间两种分家行为的过渡关系,在唐代户籍中的三状注记中有所表露。所谓三状注记是指该户籍的户主往后逆推三代户主,但是不包括居丧期间分开的临时户主。唐代一般老百姓中,在父亲去世后,因为没有了法律的障碍,兄弟同时分家,于是每个兄弟都成为分家后的新户主。但是,在居丧期间和正式分开之前的两年中(唐律规定,丧服期内不得分家),户籍上的户主就是长兄,其他兄弟都在此户贯下②。而在实际上,这些兄弟未必只是在父母去世那一天才分家,也许早就已经异财分爨了。父亲生前也不过是名义上的户主,但死后连这个名义也不可能,于是长兄成为过渡时期的户主。分家也就从过去的“异财”发展到“异籍”的阶段。

2. 家长的权力

家庭的分与合,不仅要服从国家的权力,而且也是家长的权力领域。

“家长”一词早在先秦诸子的著作中就出现③。唐朝法令一般称为尊长,但尊长是一个复数,包括父母祖父母,而家长则只有一人,一般就是户主,唐玄宗开元二十五年(737)令:“诸户主皆以家长为之。”④这里的家长与

---

① 敦煌所出《唐开元十年(722)沙州敦煌县玄泉乡籍》有“开元七年籍后被其年十二月十三日符从尊亲合贯附”等字样。池田温解释说:合贯“即将籍贯合并为一”。参见池田温《中国古代籍帐研究》,第233页。

② [日]北原薰《唐代敦煌的三状注记所见兄弟之间的析户和合户》,《中嶋敏先生古稀记念论集》上卷,东京,汲古书院,1980年,第125~155页,此处见第136页。

③ 如《商君书·垦令》:“大夫家长不建缮则农事不伤。”《墨子·天志上》:“恶有处家而得罪于家长而可为也?”

④ 《通典》卷七《食货七·丁中》,第155页。

户主的分别,其实就是对于家庭的两种定位的分别,家长是作为一个血缘婚姻单元的首长,户主是作为一个社会基层组织的首长。法律认为,他们应该是同一个人。

关于家长的权力,日本学者仁井田陞认为有四个方面,即申告户口;输纳租税;不得荒芜田畴;家人犯罪时的连坐责任①。此外,王玉波等也对此有专门的讨论②。高明士总结诸家观点,提出唐朝法律规定的家长或户主的责任是:祭祀祖先;教养子孙;申告户口;输纳租税;主婚权与责任;家人共犯而独坐家长的责任③。以上这些讨论都没有涉及家长对家庭财产的处理权问题④。

一般印象认为家长是家庭事务的主宰,包括财产的处置在内。日本学者则有分歧的意见。究竟是家族共产,还是家长独自拥有财产权,日本学者仁井田陞(包括中田薰)与滋贺秀三各有不同看法。仁井田陞和中田薰都从父家长权威去解释父亲的财产处理权,中田还另外加了父亲的教令权的概念⑤。滋贺秀三与之不同,他强调从社会学意义上说,家庭成员是共同拥有全部家庭财产,或者对如何处置家庭财产具有发言权,但是,从法律意义上说,只有男性长辈家长拥有独立地处置家庭财产的权力。滋贺秀三特别强调作为家长的父辈在处理财产文书上的签字权。只要父亲签字而无需儿子连署,这说明财产属于父亲所有⑥。此外,从家庭负债的角度说,儿子负债只有在父亲默许的情况下才可以成为家庭的债务,而父亲的债务儿子却必须无条件地偿还⑦。尽管父亲可能随心所欲地决定是否分家以及给自己预留多少养老份额,但是却无法改变诸子财产均分这样的事实。即使是有父亲的遗嘱,在分配财产上也不能有随意性。滋贺秀三解释说,由于中国人有父子一体的观念,认为家庭的传承表现为祖先和子孙的连续关系,家庭的生

---

① 仁井田陞《中国身份法史》,第417~421页。

② 王玉波《中国家长制家庭制度史》,天津,天津社会科学院出版社,1989年,第250页。

③ 高明士《唐律中的家长责任》,载高明士主编《唐代身份法制研究——以唐代名例律为中心》,第40页。

④ 张中秋则认为家长的权力首先就表现在财产上。见张中秋《唐代经济民事法律述论》,北京,法律出版社,2002年,第220页。

⑤ 参见[日]中田薰《法律史论集》第Ⅲ卷,东京,岩波书店,1943年,第1331~1334页;仁井田陞《中国身份法史》,第450~453页。

⑥ 参见滋贺秀三《中国家族法原理》,第127~132页。

⑦ 滋贺秀三《中国家族法原理》,第141页。

命就是通过男性子孙的血脉延续来完成的，财产继承只是这个传续过程的一个方面①。

从法律的原理层面说，滋贺秀三的分析可以说是相当深刻的。它是剥离了各个具体情形后所进行的纯粹的理论分析。但是缺陷也正在于此，这个理论既缺乏历史感又缺乏现实性。历史上中国家庭的财产关系并不完全符合这个原理，就本书要讨论的唐代的情况来说，滋贺秀三所举的那些例子几乎是不适合的，我们在敦煌借贷和债务文书中就发现家长与家庭成员同时签名的例子②。在现实中家长在处理财产时绝大多数场合并非不考虑其他家庭成员的意愿，也力求处分公允，所谓“一碗水端平”。但是，这与家长是否拥有绝对的财产处置毕竟不同。唐初功臣刘弘基于永徽元年(650)卒，“弘基遗令给诸子奴婢各十五人，良田五顷。谓所亲曰：‘若贤，固不藉多财；不贤，守此可以免饥冻。’余财悉以散施”③。刘弘基并没有把家庭财产全部处分给儿子，而是散施给外人。可见家长处分财产的权力是独立于其财产继承人的意志的④。即使其他家庭成员判断，家长在某个家庭财产处置行为上会造成重大的经济损失，其他家庭成员除了劝告外，并无有效的法律手段加以阻拦。相反，卑幼则不经家长许可无权随意处置家庭财产。《唐律疏议》对此的规范是：“凡是同居之内，必有尊长。尊长既在，子孙无所自专。若卑幼不由尊长，私辄用当家财物者，十疋笞十，十疋加一等，罪止杖一百。”⑤

3. 国家政策与民间风俗

关于隋唐五代时期国家的家庭政策(或称家族法)已经有学者进行过细致的考察，一些基本史料都已经做了梳理⑥。大致说来，隋朝和唐朝以及五

---

① 滋贺秀三《中国家族法原理》，第169~179页，特别参看177页。

② 例如，我们后面列举的敦煌文书中，家庭成员都在家庭财务契约上签字画押并不鲜见；又如父亲遗嘱在财产处理上有相当的主观因素。见《敦煌社会经济文献真迹释录》第二辑所收有关文书。

③ [五代]刘昫等撰《旧唐书》卷五八《刘弘基传》，北京，中华书局，1975年，第2311页。

④ 滋贺秀三否定家长有这种处置财产的权力，见前引书第161~165页。按《唐律疏议》卷一二《户婚·同居卑幼》对于“同居应分，不均平者，计所侵，坐赃论减三等”的规定，只是适用于“兄弟均分”的场合，对于父亲的财产处分权不构成限制。

⑤ 《唐律疏议》卷一二《户婚·同居卑幼》，第241页。

⑥ 参见冻国栋《隋唐时期的人口政策与家族法》，载《唐研究》第四卷，北京，北京大学出版社，1998年，第323~328页。

代都从正面评价累世同居的家庭模式。从实际操作层面上说，不同时期会有不同的侧重的。

隋文帝开皇年间进行大规模户口调查："是时山东尚承齐俗，机巧奸伪，避役惰游者十六七。四方疲人，或诈老诈小，规免租赋。高祖令州县大索貌阅，户口不实者，正长远配，而又开相纠之科。大功已下，兼令析籍，各为户头，以防容隐。"①这种政策是针对当时的户口不实的情况而施行的。因为山东自北齐以来大量户口隐漏、丁口不实，影响了赋役征发，影响了国家的财政收入。隋文帝下令大规模"貌阅"，特别是将大家族析分，一个家族之中，大功以下亲属，即属同一祖父的堂兄弟，必须另外建立户籍。结果新增人口 164 万余人，其中的丁男多达 44 万余人。这虽然纠正了当时户籍中隐瞒丁口的情况，但是，却是与国家一贯推行的奖励大家族同居的政策相矛盾的。因此，我们倾向认为隋文帝在统一后在北方地区大力推行户口调查，甚至不惜强令大功之家析籍，只是一种权宜之计，并不是说隋朝鼓励小家庭模式。

从社会风俗习惯上说，南北朝时期北方地区盛行大家族制度②。南方地区则是另外一种情况。《宋书》卷八二《周朗传》说到南朝的家庭状况："今士大夫以下，父母在而兄弟异计，十家而七矣。庶人父子殊产，亦八家而五矣。凡甚者，乃危亡不相知，饥寒不相恤，又嫉谤谗害，其间不可称数。宜明其禁，以革其风，先有善于家者，即务其赏，自今不改，则没其财。"可见，南方的家庭析分无论在上层还是下层都是相当普遍的。小家庭结构在整个家庭结构中占到了"十家而七"、"八家而五"的比重。

南朝末年，北齐卢思道出使陈朝，酒席间宾主联句作诗。卢思道讽刺南方分家之俗说："'共甑分炊米，同铛各煮鱼。'为南人无情义，同炊异馔也。"据说，卢思道的句子使"吴人甚愧之"③。吴人是否甚愧之，还不好说。但是这个例子却说明南方许多人家分财却未必分居。也就是还在一个厨房里做饭，但是，饭菜却是分开做。当然肯定还是住在一个屋檐下了。这样做的原因只有两个：一是住房的限制，即兄弟乃至父子之间虽然分家了，但是迫于经济条件还没有办法使其中的一家搬出去住。二是国家政策的限制，即国

① ［唐］魏征等《隋书》卷二四《食货志》，北京，中华书局，1973 年，第 681 页。

② 参见冻国栋《北朝时期的家庭规模结构及相关问题论述》，《北朝研究》1990 年第 1 期。

③ ［宋］李昉等编《太平广记》卷二四七《卢思道》，北京，中华书局，1961 年，第 1915 页。

家政策不允许父母在而成年儿子分家另过,因此不得不保持一个家庭的形式外壳。

南方这些小家庭之间并不排斥互相救助。例如《魏书》卷七一《裴叔业附从子植传》云:裴“植虽自州送禄奉母及赡诸弟,而各别资财,同居异爨,一门数灶,盖亦染江南之俗也”。这样一种兄弟分家过日子,但仍然奉养老母、赡及兄弟的做法被士大夫目为“江南之俗”,可见当时北方确实是另外一种风俗①。《裴植传》后面还有一句话:“植母既老,身又长嫡,其临州也,妻子随去,分违数岁,论者讥焉。”从这个话里面可以看出,士大夫之家的嫡长子为官,要么应该把老母接去同住,如果母亲愿意留在乡下,至少应该把妻子留在母亲身边侍养。否则,就会受到舆论的批评。河东裴氏是北方著名士族,裴叔业归魏前,祖父三代仁于南朝,难免入乡随俗,在家庭的组建方式上受到了南方的影响。

唐代民间诗人王梵志的诗歌以写实著称。他一方面说:“兄弟相怜爱,同生莫异居。”“兄弟须和顺,叔侄莫轻欺。财物同箱柜,房中莫畜私。”②可见他是不主张兄弟分居异财的。但是,另外一方面他又细致地观察到:“造作庄田犹未已,堂上哭声身已死。哭人尽是分钱人,口哭元来心里喜。”③从这样比较矛盾的材料可以窥见当时的社会心理于一斑:从社会舆论上说,大家都主张兄弟叔侄应该和睦不分家,但是,即使在父母在世之日,成年兄弟已经在巴望分家另过了,所以“口哭原来心里喜”。如此说来,南北朝时期分家析产还只是风行南方,到了唐代也成为北方居民的普遍诉求了。

在这种情况下,官府还能做什么呢?唐朝官府一贯通过旌表的手段来鼓励民间数代同居,有时候还给予实质性的奖励。例如开成三年(838)十一月,“户部侍郎李珏奏庐州舒城县太平乡百姓徐行周,叔伯兄弟五代同居,请免其同籍户税,从之”;后唐末帝曾经颁令对镇州和晋州的许多乡里予以旌表,用“仁孝乡”、“旌义里”、“敦俗乡”等命名了那些产生累世同居的孝义人家的地方,还“版署文参之名”(即授予一个名誉官衔)④。又是减免税收又

① 如果把隋文帝统一天下不久就下令按照“江南之俗”的做法强制分家析口,看成是整个国家推行“江南化”(南朝化)政策的一部分,似乎也有些求之过深。

② 《王梵志诗校注(增订本)》卷四《兄弟相怜爱》、《兄弟须和顺》,第381页、380页。

③ 《王梵志诗校注(增订本)》卷六《造作庄田犹未已》,第642页。

④ 参见《册府元龟》卷一四〇《帝王部·旌表四》,第1696、1699页。

是授予官职，目的就是敦励风俗，建立一道阻止分家析产的道德堤防。

综合上面的讨论，可以看出，隋唐时代总的政策仍然是鼓励同居共籍的大家庭，除了隋代初年一度为了防止大户包荫而在户口检查中命令三代同居家庭（大功以下）析户外，唐朝甚至反其道而行之，下令父母在而析户的家庭要与尊亲合贯。从民间实际的家庭生活模式来看，南朝时期"士大夫以下父母在而兄弟异计"和"庶人父子异产"的情况可能是相当普遍的，而《唐律疏议》中的法律条文不过是对这种状况的认可罢了。

4. 虚假的分家与合户

分家还涉及到更为复杂的利益关系。国家限定民间分家析产除了伦理名教上的因素，还有赋役征收上的考量；民间也试图通过改变家庭外显形式来谋求经济上的好处。于是，就有所谓虚假的"分家"和"合户"。

虚假的合户在唐律上叫做"相冒合户"，是法律明令禁止的行为："诸相冒合户者，徒二年；无课役者，减二等。"疏议解释："既为同居有所蠲免，相冒合户，故得徒二年。无课役者，或籍资荫赎罪，事既轻于课役，故减二等，得徒一年。注云'谓以疏为亲'，律、令所荫，各有等差，若以疏相合，即失户数；规其资荫，即失课役。如斯合户，得此徒刑。"①这条律疏实际谈了两种情况，一种是普通家庭为了逃避赋役，通过以疏为亲的办法把本来是两家合为一户，从而获得蠲免上的好处。另外一种情况是那些本来没有课役的官宦人家，通过合并两家为一户，从而获得刑罚减免上的待遇。

至于通过分家来获得赋役上的好处主要是因为唐朝前期实行"先富强，后贫弱；先多丁，后少丁"的差科派役政策②，富室多丁之家户等也高，那么分家可以减少家庭的丁口和财产的数额，从而可以减少或逃避差课。为了防犯这种情况泛滥危及国家赋役，武则天万岁通天元年（696）七月二十三日敕云："天下百姓，父母令外继别籍者，所析之户等第，并须与本户同，不得降下。其应入役者，共计本户丁、中，用为等级，不得以析生蠲免。其差科各从析户祗承，勿容递相影护。"③这则敕文的针对性很强。它要求因为外出继承绝户而分家析出之户，要与分家之前的户等相同，不得因析分而降下，分

① 《唐律疏议》卷一二《户婚·相冒合户》，第240~241页。

② 《唐律疏议》卷一三《户婚·差科赋役违法》，第251页。

③ 《唐会要》卷八五《定户等第》，第1845~1846页。

派差役也不得因析户而人丁的减少有所减免。即户等的确定、丁中役事的分派都要按照分家之前的状态进行。可见国家一方面关注的是分家析户引发的国家赋役的变化，另一方面大约也是为了惩戒无端分家者，让其不能从中得到好处。但是从效果上看，似乎并不很明显，未必能完全解决民间分家析户的趋势。所以，唐玄宗一再发出禁令，甚至不惜以刑罚相威胁①。说明其实际效果很有限。

唐代后期实行两税法，赋役征收原则及户籍制度都发生了一些变化。建中元年(780)宰相杨炎上疏建议实行两税法，“户无土客，以见居为簿；人无丁中，以贫富为差”，虽然两税法仍保留了原来三年造籍的旧制，“州县常存丁额，准式申报”②，但徭役征发不再以人丁为本，而“唯以资产为宗”，资产少者则其税少，资产多者则其税多，也就是说原则上家庭财产成为赋役征发的主要根据。陆贽对于这一点是抱有相当的保留态度的。他的意见主要集中在家庭财产的确认上：“资产之中，事情不一，有藏于襟怀囊箧，物虽贵而人莫能窥。有积于场圃囤仓，直虽轻而众以为富。有流通蕃息之货，数虽寡而计日收赢；有庐舍器用之资，价虽高而终岁无利。”③我们可以想象，理论上说，家庭财产的分割应该是有利于降低纳税基数的。

也有人认为两税法实行后以户口的增殖为考核地方官政绩的做法，直接导致了析户之风的盛行。宪宗元和六年(811)二月制文指出：“自定两税以来，刺史以户口增减为其殿最，故有析户以张虚数，或分产以系户名，兼招引浮客，用为增益。至于税额，一无所加。”④从这里可以看出，分家析产并不会给官府带来更多的赋税收益，却会给地方官带来管内户口数增加的虚名。我们还无法完全判定地方官强制老百姓分家析产成为普遍事实，但是，至少可以这样说，他们对于民间的自然分家应该不会持强烈阻止的立场。

---

① 《唐会要》卷八三《租税上》天宝元年(742)正月一日敕文：“如闻百姓之内，有户高丁多，苟为规避，父母现在，乃别籍异居，宜令州县勘会。其一家之中有十丁已上者，放两丁征行赋役，五丁已上者放一丁。即令同籍共居，以敦风教。其侍丁孝假，与免差科。”(第1817页)《册府元龟》卷五九《帝王部·兴教化》天宝三年(744)十二月制：“其有父母见在，别籍异居，亏损名教，莫斯为甚。亲殁之后，亦不得分析。自今已后，如有不孝不恭、伤财破产者，宜配隶碛西，用清风教。”(第662页)《册府元龟》卷五九《帝王部·兴教化》肃宗乾元元年(758)四月诏：“百姓中有事亲不孝、别籍异财、玷污风俗、亏败名教，先决六十，配隶碛西。有官品者禁身闻奏。”(第663页)

② 《唐会要》卷八三《租税上》，第1820、1818页。

③ 陆贽《均节赋税恤百姓六条》，[清]董诰等编《全唐文》卷四六五，北京，中华书局，1983年，第4749页上。

④ 《唐会要》卷八四《杂录》，第1839页。

官府处心积虑建筑的道德堤防也就无法发挥作用。

二　财产的析分——法律的若干准则

分家析产作为家庭生命周期中的一个正常现象,其最复杂的环节莫过于家庭财产的分割。所谓分家本质上其实就是财产的重新分配和重新会计。这个问题也可以这样来讨论,即哪些人可以享受财产上的继承权利?哪些财产可以列入析分的范围?如何进行析分?等等。对此,唐朝法律都有所规定:

> (1)诸应分田宅及财物,兄弟均分。(其父祖亡后,各自异居,又不同爨,经三载以上,逃亡经六载已上,若无父祖旧田宅、邸店、碾硙、部曲、奴婢见在可分者,不得辄更论分。)
>
> (2)妻家所得之财,不在分限。(妻虽亡没,所有资财及奴婢,妻家并不得追理。)
>
> (3)兄弟亡者,子承父分。(继绝亦同。)兄弟俱亡,则诸子均分。(其父祖永业田及赐田,亦均分;口分田,即准丁、中、老、小法。若田少者,亦依此法为分。)
>
> (4)其未娶妻者,别与娉财。姑、姊妹在室者,减男娉财之半。寡妻妾无男者,承夫分。若夫兄弟皆亡,同一子之分。(有男者,不别得分,谓在夫家守志者。若改适,其见在部曲、奴婢、田宅不得费用,皆应分人均分)。①

以上是唐代法律关于分家析产的基本原则,那么这些纸上的制度是否在现实中得到了贯彻执行呢?下面就结合敦煌吐鲁番文书等有关资料,就其中重点涉及到的几个问题,加以分析讨论。

---

①　《唐律疏议》卷一二《户婚·同居卑幼》,第241~242页;《宋刑统》卷一二《户婚律·卑幼私用财》,第197页。参见仁井田陞《唐令拾遗·户令第九》。

1. 享受家产析分和继承权利的亲属范围

哪些人可以参与分家析产？根据令文的规定，首先是父母亡故后的兄弟具有均等的财产继承权利。他们是第一顺序继承人。如果兄弟中有人身亡，那么其子孙享受继承权利。这就是“兄弟亡者，子承父分”。如果是没有子嗣而通过收养关系而立的“继绝之户”，也获得同样的继承权利。对于未婚的兄弟，要在均分之前，预先留下娶亲的聘财。假设诸位兄弟都已经亡故，那么“诸子均分”，也就是说诸位孙儿辈均分得家产。换句话来说，在儿子作为第一继承人的这一辈，唐律实行按照房支（一个兄弟为一房支）均分的原则，在孙儿作为第二继承人的这一辈，则实行按照孙辈人数均分的原则。也就是说，孙子多的人会分得比较多的财产。

那么，哪些人被排除在财产继承的范围之外呢？首先是指那些已经多年离开父母而单独生活的兄弟。唐律规定是分开过三年以上，逃亡后六年以上，就不得参与财产的析分。这主要是因为这些实质上分居的兄弟离家后，家庭财富的增值与他们的劳动毫无关系。唐律为了防止家庭的兄弟们的劳动成果被已经分居的兄弟所分割，所以才做出此等规定。但是，律文同时补充说，“若无父祖旧田宅、邸店、碾硙、部曲、奴婢见在可分者，不得辄更论分”。意思是，如果家里仍然有父祖留下的财产，那么即使已经离家或者分居若干年的兄弟，还是可以分享这些遗产的。这样就既防止了已经分居的兄弟分享尚未与父母分家的兄弟的财富，又防止了尚未分家的兄弟独享父祖遗产。应该说当时法律条文的规定是比较严密的。

此外，财物所有人生前的外宅妻儿未入户籍者无财产继承权。根据唐天宝六载（747）五月二十四日敕节文：“百官、百姓身亡殁后，称是别宅异居男女及妻妾等，府县多有前件诉讼。身在纵不同居，亦合收编本籍，既别居无籍，即明非子息。及加推案，皆有端由。或其母先因奸私，或素是出妻弃妾，苟祈侥幸，利彼资财，遂使真伪难分，官吏惑听。其百官、百姓身亡之后，称是在外别生男女及妻妾，先不入户籍者，一切禁断。辄经府县陈诉，不须为理，仍量事科决，勒还本居。”①这则敕文并不是要剥夺外宅妻儿的财产继

① 《宋刑统》卷一二《户婚律·卑幼私用财》，第197～198页。同书下文又引天宝七载（748）十二月十二日敕又补充云：宗室王公以下“在外处生男女，不收入宅，其无籍书，身亡之后，一切准百官、百姓例处分”（第198页）。

承权，而是为了防止伪冒私生子而引发财产诉讼。其实这个规定在实际的生活中往往比较复杂。那些生前并没有入籍的外宅男女往往仍然可以通过诉讼获得财产继承权，所以至《元典章》，就干脆规定分家时，“奸良人及幸婢子各一分”①。

关于兄弟均分的实际事例，我们可以举出 P. 2685 号《戊申年（828）四月六日沙州善护、遂恩兄弟分家契》②，契约不全，但仍可以看出“缘起与立誓”、“财产分割”、“签字画押”三部分。而财产分割又分城外和城内房屋、田园等，逐项分列。

（前　缺）

1　城外[　　]□□[　　]

2　畜乘安(鞍)马等两家[　　　　]取[　　]

3　壹领壹拾叁增，兄弟义让，□上大郎，不入分

4　数。其两家和同，对亲诸(诸亲)立此文书。从今已后，

5　不许诤论。如有先是非者，决丈(杖)五拾。如有故

6　违，山河违(为)誓。

7　城外捨(舍)：兄西分叁口·[弟]东分叁口；院落西头小牛舞(庑)

8　捨(舍)合捨(舍)外空地，各取壹分；南园，于李子树已西大

9　郎，已东弟；北园渠子已西大郎，已东弟；树各取半。

10　地水：渠北地叁畦共壹拾壹亩半，大郎分；捨(舍)东叁畦、

11　捨(舍)西壹畦、渠北壹畦，共拾壹亩，弟分；向西地肆畦，共

12　拾肆亩，大郎分；渠子西共叁畦拾陆亩，弟分。

---

① ［元］佚名撰，陈高华等点校《元典章》卷一九《户部五·家财·吴震告争家财》，北京，中华书局；天津，天津古籍出版社，2011 年，第 688 页。

② 文书年代据 S. 11332《沙州善护、遂恩兄弟分家契》确定，录文见《敦煌社会经济文献真迹释录》第二辑，第 142～144 页。

13　多农地向南仰大地壹畦五亩，大郎；又地两畦共五亩，弟。
14　又向南地壹畦六亩，大郎；又向北仰地六亩，弟。寻渠
15　玖亩地，弟；西边捌亩地、捨坑子壹·大郎。长地五亩，弟；
（舍）　[亩]
16　捨边地两畦共壹亩，渠北南头寻渠地壹畦肆亩，计五亩，
（舍）
17　大郎。北仰大地并畔地壹畦贰亩·寻渠南头长地子壹亩，
[兄]；

……………………………………………………………纸缝

18　弟。北头长地子两畦各壹亩：西边地子弟，东边兄。
19　大郎分：釜壹受玖斗，壹斗五胜锅壹，胜半龙头
20　铛子壹，铧壹孔，镰两张，鞍两具，镫壹具，被头
21　壹，剪刀壹，灯壹，锹壹张，马钩壹，碧绢壹丈柒尺，黑
22　自牛壹半对草马与大郎，鑊壹具。
23　遂恩：铛壹口并主鏊子壹面，铜钵壹，龙头铛子壹，种
24　金壹付，镰壹张，安壹具，大釿壹，铜灌子壹，鑊□
25　壹具，绢壹丈柒尺，黑牸牛壹半。
26　城内捨：大郎分，堂壹口，内有库捨壹口，东边房壹口；
（舍）　（舍）
27　遂恩分：西房壹口，并小房子厨捨壹口。院落并硙
（舍）
28　捨子合大门外舞捨地大小不等，后移墙停分。舞捨：
（舍）　（庑）（舍）　（庑）（舍）
29　西分大郎，东分遂恩。大郎分故车盘，新车盘遂恩，贾
30　数壹仰取新盘者出。车脚二，各取壹。大郎全轂，遂恩破
31　轂。
32　兄善护
33　弟遂恩
34　诸亲兄程进进
35　兄张贤贤

36 兄索神神(藏文署名)①

从这则兄弟分家契约中,我们可以清楚地体会所谓兄弟均分的确切内涵。尤其是“黑牸牛壹半”的提法,简直令人难以置信。这个黑牸牛一人一半,是共同使用于耕地呢,还是其中一人将其所分得的半条牛折价给对方呢?从文书内容本身完全看不出。参考敦煌文书 S. 2174《天复九年(909)董加盈兄弟三人分家契》,董加盈分得“玖岁婴牸[牛]一头,共弟怀子合”,董怀子分得“玖岁瞿牸[牛]一头,共兄加盈合”②。也就是说他们兄弟二人共同分得耕牛一头,明确地说是“合”有的财产。可以想见在实际的耕作或者运输过程中,这两个兄弟还必须合用一条耕牛,形成一种合作的关系。类似的情况可能也适用于水井之类物品。如敦煌文书 P. 3121《沙州万子胡子宅舍田园图》所示③,在园场和屋舍中间有井一口。此井当既可以提供饮用水,也可以浇园。在分家析产的情况下,这口井大约也是无法分割的。所以,P. 3744《年代未详(840)沙州僧张月光兄弟分书》中的“车𣱢井水合”,当是指车和井水是两家合用的意思。总之,在兄弟均分家产过程中,有些大型财产如车、牛、水井仍然兄弟共用,大约也是比较常见的情况。P. 2685《年代未详沙州善护、遂恩兄弟分家契》还有“兄弟义让,□上大郎,不入分数”的话,虽然句子不完整,大约也可以看作某些家产是作为弟弟的礼让给兄长的意思,不划作均分范围。

至于究竟是如何决定大郎和遂恩,谁获得两份财产中的哪一份?文书中也没有显示,但是作为分书样本的敦煌 S. 5647 号文书中以“抛钩为定”亦即类似于抓阄的办法④,恐怕在当时的民间分家活动中是很普遍采用的做法。

2. 被析分和继承的家庭财产的界定

父母亡故,哪些财产可以作为分家的内容?律文只说是田宅和财物,上

---

① P. 2685《年代未详(公元八二八年?)沙州善护、遂恩兄弟分家契》,《敦煌社会经济文献真迹释录》第二辑,第 142~143 页。

② S. 2174《天复九年(909)董加盈兄弟三人分家契》,《敦煌社会经济文献真迹释录》第二辑,第 148 页。契约中的婴牸[牛]、瞿牸[牛]疑是同一字之讹误。

③ P. 3121《年代未详(公元九世纪末或十世纪)沙州万子胡子宅舍田园图》,《敦煌社会经济文献真迹释录》第二辑,第 487 页。

④ S. 5647《分书(样式)》,《敦煌社会经济文献真迹释录》第二辑,第 169 页。

面引用的《年代未详沙州善护、遂恩兄弟分家契》也具体展示了家庭大到耕牛房屋，小到剪刀、马钩，都是分割的对象。一般住宅和财物比较好平均分割，土地的分割在唐朝涉及到一些法令上的障碍。因为均田制法令里，只有永业田和赐田是可以留传给子孙的，而口分田则要身死还公。但是，我们知道，在实际上，唐代均田制度并没有严格地按照田令来进行土地的还授，因此实际的分家析产就只能按照现实的家庭土地占有状况来划分。由于永业田及赐田是完全的私产，所以“父祖永业田及赐田，亦均分”有充分的法律依据①。至于口分田，武德七年(624)令规定世业之田“身死则承户者便授之”的同时，又规定“口分则收入官，更以给人”。因此，《户令》所说的“口分田，即准丁、中、老、小法。若田少者，亦依此法为分”，并没有违背均田制的原则精神。所谓“口分田，即准丁、中、老、小法”，意思是说，口分田的分配原则应该是，按照参与分家人员的实际年龄及其相应的受田权限来分配，而不是均分。也就是说如果是丁男或 18 岁以上中男，将获得相应的口分田，如果尚未入丁中就没有或者只能较少地分得口分田。令文又补充说“若田少者亦依此法为分”，就是说如果口分田很少，也可以采取均分的办法。我们看到敦煌文书中有口分田归入百姓家庭财产析分的事例。例如敦煌文书 P. 3744 号《年代未详(840)沙州僧张月光兄弟分书》云：兄僧月光“口分地取牛家道西叁畦共贰拾亩”，弟日兴“口分地取七女道东叁畦共贰拾亩”，弟和子的口分地情况因为后文缺而不知，从契约中说“庄园田地林木”都要“就庄对邻人宋良升取平分割”看②，应该说这里的三位兄弟都按照平均数的办法瓜分了口分地。虽然这是唐朝末年归义军统治下的沙州，此时此地的“口分田”的含义早已不是均田制时代的口分田，但是，它也许说明历史上的口分田实际可以被百姓当作家产予以析分的。

唐代家庭财产析分中要排除两类资财。一是媳妇们从娘家带来的财产不参与分家。就是说妇女的嫁妆、陪嫁之类是妇女个人支配之物，不归大家庭所共有。同样唐代出嫁女在特殊情况下也有一定的财产继承权，这类财

① 《唐会要》卷八三《租税上》：武德七年(624)律令：“世业之田，身死则承户者授之。”第 1813 页。[唐]李林甫等撰《唐六典》卷三《尚书户部》：“凡官人受永业田，亲王一百顷……皆许传之子孙。”陈仲夫点校，北京，中华书局，1992 年，第 75 页。《通典》卷二《食货二·田制下》开元二十五年(737)令：“诸永业田皆传子孙，不在收授之限，即子孙犯除名者，所承之地亦不追。”第 30 页。

② P. 3744《年代未详(840)沙州僧张月光兄弟分书》，《敦煌社会经济文献真迹释录》第二辑，第 146~147 页。

产当亦属于妇女个人所有,不得拿来当作父祖财产充分家之用。但是,如果媳妇已经亡故,则此财产并不属于媳妇的娘家,理应归媳妇的丈夫或儿子所有①。二是父祖的官爵和分封的土地。《唐六典》规定:"诸王公伯侯子男,若无嫡子及罪疾,立嫡孙。无嫡孙,以次立嫡子同母弟。无母弟,立庶子。"②又规定:"凡食封皆传于子孙。"具体遗传办法是:"食封人身没之后,所封物随其男数为分;承嫡者加与一分","若非承嫡房,至玄孙即不在分限,其分物总入承嫡房"③。也就是说,嫡长子或者长孙拥有优先的继承父祖爵位的特权,也拥有在诸子中多获得一份封物的特权。我们知道汉武帝实行"推恩令",旨在分割和削弱各个封国的势力。唐代的官爵和封户的承袭完全不同于汉代的情况。唐律此制乃是为了防止过度析分,使家族宗祧的承嗣及爵位的因袭一直由宗族的嫡长子承担,从而使主祭之权保证在嫡长子手里。

3. 妇女的财产继承问题

唐代妇女的财产权比较复杂,需要专门讨论④。女性也并不以独立的身份参与分家活动,即使是孤寡妇女,也是以未亡人或者孩子母亲的身份来参与分家的。但是,这并不排除妇女在分家过程中有权获得自己的财产。唐代法令对于女性家庭成员的财产继承权利大体有以下几个原则规定。

首先,关于未婚室女的妆奁钱的预留问题。姑姑和姊妹未婚者获得嫁妆钱,数额为男性兄弟为娶媳妇所花聘财的一半⑤。敦煌文书 S. 6537(5V6V)《慈父遗书一道(样式)》:以病重之时"留嘱遗言……吾以生存之

---

① 敦煌文书 P. 3774《丑年(821)》十二月沙州僧龙藏牒》提到"妻阴二娘死,其妻阴二娘衣服夹禄(绿)罗裙一腰,红锦袴一,罗衫子一,碧罗被子一,皂绫袄子一,剪刀及针线等物,并大哥(阴二娘的丈夫)收拾"。这里明确说妻子的财物为丈夫所拿。但是,龙藏把这件事抖搂出来,似乎表示自己对妇女私财不归大家有所不满。见《敦煌社会经济文献真迹释录》第二辑,第 283 页。

② 《唐六典》卷二《尚书吏部》,第 37~38 页。

③ 《唐六典》卷三《尚书户部》,第 79 页。

④ 前举邢铁《宋代家庭研究》下篇第 2 页论及妇女财产继承,虽然以宋代为中心,也涉及到唐代的内容。大泽正昭《唐宋时代の家族・婚姻・女性》序章则完全是关于宋代妇女财产继承的讨论。东京,明石书店,2005 年,第 13~44 页。

⑤ P. 3774 号《丑年(821)十二月沙州僧龙藏牒》记载:"齐周嫁女二,一张家,一曹家。各得麦廿石……宜子娶妻,妇财麦廿石。羊七口,花毡一领,布一匹,油二斗五升,充妇财。"这后面的"羊七口,花毡一领,布一匹,油二斗五升"是用来"充妇财"二十石麦的。可见当地风俗嫁女与娶妻的陪嫁和聘财的数目大体都为二十石麦。上引文书录文见《敦煌社会经济文献真迹释录》第二辑,第 285 页。

时，所造家业”，包括“舍田、家产、畜牧等”，分配给“长男某甲、次男某甲、某女。右通前当自己内分配指领已讫，后时更不得啾唧”①。这里父亲晚年在分割家产时，除了两个儿子外，还为在室女分配了一些财产，虽然作为样书我们无法知道女儿所获家产数额，但应该是作为嫁资而留下的。正是因为它是样本的缘故，更说明民间为在室女预留家产作为嫁妆是相当真实和普遍的事情。对于有封赠的官宦人家，《唐六典》卷三《尚书户部》还规定：“食封人身没之后，所封物随其男数为分……虽有男，其姑姊妹在室者，亦三分减男之二。”②可见未婚的姑姑和姐妹也能继承到三分之一的封物作为出嫁时的私产。

其次，寡妻与妾的继承问题比较复杂。这里关键是要确认寡妻妾在析分前后家庭里的身份。唐朝法律分别了如下几种不同情况：一是寡妇有子嗣或者有养子的情况下，子嗣或养子获得丈夫名下的那一分财产，寡妇除了自己的私财外不另外分得财产；二是寡妇而无子嗣的情况下，可以继承丈夫应该得的那一分财产；三是寡妇无子嗣，同时丈夫的兄弟也都死亡的，寡妇面对的是丈夫的诸位侄儿的时候，那么寡妇可以作为全体继承人中的一员也与诸位侄儿一样分得一份家产；四是寡妇无子嗣而改嫁的场合，寡妇本人必须放弃所有从丈夫家继承的财产，不另外获得财产。这些财产当重新进入再分配。这就是所谓“寡妻无男者……若改适，其见在部曲、奴婢、田宅不得费用，皆应分人均分”③。

寡妇改醮，其在夫家继承的财产必须留下。我们在吐鲁番文书《高昌延寿四年（公元六二七年）参军汜显祐遗言文书》可以找到一个例证。该文书内容残缺，大意是参军汜显祐临死时留下一份遗书，处分家庭财产之事。参与财产分配的人有“夷母”、名叫欢资的“俗人女”、失名的“师女”④。夷母当即姨母，文书应该是根据参军汜显祐生前的遗言而制作的，所以是以孩子们的口气写的。这个姨母其时是汜显祐的小妾。遗书对宅舍、葡萄园和“作人”等财产分配如下：“石宕渠葡萄壹园与夷（姨）母，东北放（坊）中城里舍

① S. 6537v5v6《慈父遗书一道（样式）》，《敦煌社会经济文献真迹释录》第二辑，第182页。

② 《唐六典》卷三《尚书户部》，第79页。

③ 《宋刑统·户婚律·卑幼私用财》，第197页。参见仁井田陞《唐令拾遗》卷九《户令》。

④ 文书断片还出现了女孙阿某、婆某，是否另外的家庭成员不详。但从后文关于遗言文书的保存来看，瓜分财产的只有姨母和两个女儿。

壹□区与俗人女欢资，作人征得与师（女）。”值得注意的是阿姨对财产关系的说明：“阿夷（姨）尽身命，得舍中柱（住）。若不舍中柱（住），不得凭舍与余人。舍要得壹坚（间）。阿夷（姨）身不出，养生用具是阿夷勿（姨物）。若阿夷（姨）出趣余人去，养生用具尽□□。”显然，这些规定一方面使阿姨有生活上的保障，另一方面也为了防止阿姨离开家庭（如改嫁他人），氾家的财产不至于流失。文书的末尾有“夷（遗）言文书，同有贰本，壹本在夷（姨）母边，壹本在俗人女、师女贰人边”。这份文书似乎获得了公证，故有“民部”的证明说“是氾显祐存在时守（手）卷卌日卷（券）”①。这件文书还是唐太宗平定高昌以前的事情，反映了北朝及隋代民间分家的习俗与唐代基本相同②。

在墓志中，妇女的财产往往被鼓励用来资助家庭用度和亲友。墓志中有大量妇女以私产充大家公用的美德义举。如武则天圣历二年(699)，费婉出嫁给慕容氏，墓志赞扬她的嫁妆“宝箱绮箧，不为己物；绣缕金针，咸与众共”③。如贞元年间李氏，“时先公频有天伦之戚，既寓荒服，家素清贫，夫人有黄金数两，命货之，衣食孤幼，财不入己，皆如此类”④。再如大中年间的韦氏，“府君抱疾，越□年，药饵饮食，尽妆奁箧笥之有无，以冀疾愈”⑤。还有一位史氏嫁给张家后，“孝勤舅姑，劳辛动静，饮膳清温，沐汤几屦，寝兴侍宴，靡不亲馈。顷岁公宦未芳，郁抑私怀，孑身京洛。夫人尽自房饰资用，前达显重，亦由兹肇。又，公女弟属适他氏，搜索衣玩，饯足行具，如是均施，外内荣润”⑥。也就是说，张家的这位媳妇不仅孝敬公婆，操持家务，而且在丈夫穷困潦倒的时候，能够出私房钱补贴家用。又在小姑（丈夫的妹妹）出嫁时，尽量给足陪嫁用品。这样的媳妇究竟有多少不得而知，但是，我们可以知道，那是唐朝社会正面提倡的为妇之道，应该只属于榜样的范围。

---

① 64TAM10：38、41、42《高昌延寿四年（公元六二七年）参军氾显祐遗言文书》，《吐鲁番出土文书》[贰]，第204~205页。

② 根据唐代田制规定，寡妻妾也可以受田：“寡妻妾各给口分田三十亩，先永业者，通充口分之数……寡妻妾当户者，各给永业田二十亩，口分田二十亩。”（《通典》卷二《食货二·田制下》，第29页）如果寡妇再嫁，此条自然不会适用。因为寡妇受田是从夫家获得，因而也必须放弃。

③ 《唐代墓志汇编》圣历033《慕容君妻费氏墓志铭》，第951页。

④ 《唐代墓志汇编》贞元062《唐朝散大夫行著作佐郎袭安平县男□□崔公夫人陇西县君李氏墓志铭并序》，第1881页。

⑤ 《唐代墓志汇编》大中143《唐故太原王府君韦氏墓志铭并序》，第2363页。

⑥ 《唐代墓志汇编》大中005《大唐张公故夫人史氏墓志铭》，第2255页。

三　家产析分模式——若干类型的分析

以上我们对唐代家庭财产析分中的若干制度规定进行了逐一分析,但是,在现实生活中,究竟一个家庭是如何发生分家的,其具体情况可能千差万别,不能一概而论。敦煌文书中有一些分书或者遗书的样本,也可以叫做书仪,是供人选用的一种范文。既然是一种范文,说明它涵盖了比较多的现实情况,比较具有代表性。敦煌和吐鲁番文书中还有一些实际的分家契约类文书,弥补了作为样本书仪的不足。现保存的隋唐五代时期的家庭财产分割文书及分书样本主要有以下数件:

64TAM10:38、41、42《高昌延寿四年(公元六二七年)参军汜显祐遗言文书》①

S.0343《析产遗嘱(样式)》②

S.5647《遗书(样式)》二件、《分书(样式)》一件③

S.6537《遗书(样式)》、《分书(样式)》、《慈父遗书一道(样式)》各一件④

S.4374《分书(样式)》一件⑤

S.2174《天复九年(909)董加盈兄弟三人分家契》⑥

S.2199《唐咸通六年(865)尼灵惠唯书》⑦

S.4577《癸酉年(973)十月五日杨将头遗物分配凭据》⑧

S.6417《年代不详(10纪前期)孔员信三子为遗产纠纷上司徒

① 本件为吐鲁番文书,见《吐鲁番出土文书》[贰],第204~205页;以下其余文书录文均见《敦煌社会经济文献真迹释录》第二辑。

② 《英藏》(1),1990年,第150页。参《辑校》第523~524页。

③ 《英藏》(9),第21~26页。参《辑校》第460~465页。

④ 《英藏》(11),第92~93、95~96页。参《辑校》第458~459、521、528页。

⑤ 《英藏》(6),第49页。参《辑校》第455~456页。

⑥ 《英藏》(4),第35页。参《辑校》第441~443页。

⑦ 《英藏》(4),第36页。参《辑校》第515~516页。

⑧ 《英藏》(6),第159页。参《辑校》第514页。

状》①

P. 2685《年代未详沙州善护、遂恩兄弟分家契》②

P. 3410《年代未详(840)沙州僧崇恩处分遗物凭据》③

P. 3774《丑年(821)十二月沙州僧龙藏牒》④

P. 3744《年代未详(840)沙州僧张月光兄弟分书》⑤

除此之外,敦煌吐鲁番文书中涉及到分家时的财产纠葛或债务纷争的文书更多,它们也透露了家庭财产关系中的重要信息。除了上面提到的 P. 3774、S. 6417 外,主要还有:

P. 3257《后晋开运二年(945)十二月河西归义军左马步押牙王文通牒及有关文书》⑥

P. 4992《年代未详(10 世纪后期)马军氾再晟状》⑦

P. 3501《后周显德五年(958)押衙安远进等牒》⑧

S. 4498《宋雍熙二年(985)六月慈惠乡百姓张再通牒(稿)》⑨

以上文书虽然不都属于唐朝时期,但是按照术界一般的理解,大体可以作为我们研究唐代家产析分问题的资料基础。仁井田陞曾经对其中的"遗言状"文书(遗嘱)的内容及形式有所论述⑩。总体说来,各种分家析产文书大体包括分家订立契约的日期、当事人、事由和财产分配原则、内容以及遵行契约的要求(惩罚措施)等。如果我们研究一下主要的文书样本和契约的内容,就会发现隋唐五代的家产析分形式主要包括以下三种类型:一是父亲生

---

① 《英藏》(11),第 66 页。参《辑校》第 517~518 页。

② 《法藏》(17),第 244 页。参《辑校》第 431~434 页。据 S. 11332 号文书,则此契约签订于戊申年(828)四月六日。两者当为同一契约的两份。

③ 《法藏》(24),2002 年,第 129~130 页。

④ 《法藏》(28),第 10~11 页。

⑤ 《法藏》(27),第 223~224 页。参《辑校》第 436~439 页。

⑥ 《法藏》(22),2002 年,第 317~318 页。参《真迹释录》第二辑,第 295~298 页。

⑦ 《法藏》(33),2005 年,第 343 页。参《真迹释录》第二辑,第 314 页。

⑧ 《法藏》(24),第 365~366 页。参《真迹释录》第二辑,第 302~303 页。

⑨ 《英藏》(6),第 112 页。参《真迹释录》第二辑,第 307 页。

⑩ [日]仁井田陞《唐宋法律文书の研究》第二编第十四章第三节,东京,东京大学出版会,2001 年,第 619~649 页。

前立遗嘱模式;二是长辈死后兄弟分家模式;三是长兄死后多年叔叔与侄子的分家模式。此外作为上述模式的补充,还有多次分家模式。下面结合文书样本逐一讨论。

1. 直系家庭遗嘱分家模式

如前所述,唐朝法律禁止父母在兄弟分家,为了防止引起纷争,父母死前立遗嘱是常见的一种分家模式。敦煌文书 S. 0343 号就是这样一个《析产遗嘱(样式)》范本:

1　吾今桑榆已逼,钟漏将穷,疾病缠身,暮年不差,日日承忘
2　痊损,月月渐复更加。想吾四体不安,吾则似当不免,吾
3　与汝儿子孙侄家眷等,宿缘之会,今为骨肉之深,未得安
4　排,遂有死奔之道。虽则辜负男女,逝命天不肯容,所是
5　城外庄田、城内屋舍家活产业等,畜牧什物,恐后或有不
6　亭争论、偏并,或有无智满说异端,遂令亲眷相憎,骨
7　肉相毁,便是吾不了事。今吾惺悟之时,所有家产、田
8　庄、畜牧、什物等,已上并以分配,当自脚下。谨录如后。

……………………………………………………………………

9　右件分配,并以周讫,已后更不许论偏说剩。如若违吾语者,
10　吾作死鬼,掣汝门镗,来共汝语,一毁地下,白骨万劫,是其
11　怨家;二不取吾之语,生生莫见佛面。谨立遗书,限吾嘱矣。①

这件文书的基本结构分三层:一是作遗嘱分家的原由,乃因老父(遗嘱主人)年老,担心来日无多,为防止死后骨肉纷争,乃作此分家遗嘱。二是家庭财产分配内容,因为是样文,所以,这里没有具体一一列出,需要使用这份样文的人家自己按照实际情况填补。三是对于所有当事人遵守遗嘱规定的要求。此件样文作者受佛教影响很深,因此对违约者的惩处带有因果报应的色彩。

虽然官府的政策禁止父母在兄弟分家,但是民间实际的生活逻辑未必

① S. 0343v11《析产遗嘱(样式)》,《敦煌社会经济文献真迹释录》第二辑,第 159 页。

完全遵从,父母在而子孙异居仍然大有人在。但是,为了逃避官府的惩处,一般平民之家不免有实际分家而表面不分家,也有胆大或者天高皇帝远而径直在父母在时就分开过日子的。法律对此也是网开一面:“若祖父母、父母处分,令子孙别籍及以子孙妄继人后者,得徒二年,子孙不坐。但云‘别籍’,不云‘令其异财’,令异财者明其无罪。”①可见,父母子女表面在同一个户籍,实际上经济和财务分开过日子并不触犯法律。

那些有身份的人家比较讲究礼法约束,或者比较谨小慎微的人家担心法律的惩处,就要等到父母去世才分开过日子。为了避免届时引起家庭内部的财产纠纷,这些家庭往往在父母去世前采用遗嘱的方式预分家产。唐初刘弘基“遗令给诸子奴婢各十五人,良田五顷”就属于此类。开元初年,姚崇遗令“先分其田园,令诸子侄各守其分”,并且训诫子孙说:“比见诸达官身亡以后,子孙既失覆荫,多至贫寒,斗尺之间,参商是竞。岂维倚,或致荒废。陆贾、石苞,皆古之贤达也,所以预为定分,将以绝其后争,吾静思之,深所叹服。”②姚崇所担心的兄弟纷争并非无的放矢。睿宗时曾官至宰辅的李日知,“事母至孝”,“卒后少子伊衡,以妾为妻,费散田舍,仍列讼诸兄”③。与诸兄打官司很可能就是家庭财产之事。普通农家,因分家引发的家产纠纷也是司空见惯:“买庄田,修舍屋,卖尽人家好林木……才亡三日早安排,适向荒郊看古道。送回来,男女闹,为分财物不停怀(懊)恼。”④假如父祖生前已经立下遗嘱,分割财产,就可以避免为分财物“男女闹”的局面出现。

唐朝法律对于亡者生前对自己财产的处分权持尊重的态度⑤。实际事例如《唐咸通六年(865)尼灵惠唯书》:

1　尼灵惠唯书。

① 《唐律疏议》卷一二《户婚·子孙别籍异财》,第236页。

② 《旧唐书》卷九六《姚崇传》,第3026~3027页;又见《全唐文》卷二〇六《遗令诫子孙文》,第2083页。

③ 《旧唐书》卷一八八《李日知传》,第4926~4927页。

④ 王重民等编《敦煌变文集》卷五《无常经讲经文》,北京,人民文学出版社,1957年,第656页。

⑤ 《宋刑统》卷一二《户婚律·户绝资产》引唐开元二十五年(737)《丧葬令》处分户绝者的丧事时规定其财产继承人的顺序依次是:“所有部曲、客女、奴婢、店宅、资财,并令近亲转易货卖,将营葬事及量功德之外,余财并与女;无女,均入以次近亲;无亲戚者,官为检校。若亡人在日,自有遗嘱处分,证验分明者,不用此令。”(第198页)可见“遗嘱”对于财产继承具有很大的法律效力。参见仁井田陞《唐宋法律文书の研究》,第622页。

2　咸通六年十月廿三日，尼灵惠忽染疾病，日日渐加，恐

3　身无常，遂告诸亲，一一分析。不是昏沉之语，并是醒

4　苏之言。灵惠只有家生婢子一名威娘，留与侄女潘娘，

5　更无房资。灵惠迁变之日，一仰潘娘葬送营办，已

6　后更不许诸亲悋护。恐后无凭，并对诸亲，遂作唯

7　书，押署为验。

8　弟金刚

9　索家小娘子

10　外甥尼灵皈

11　外甥十二娘　十二娘指节

12　外甥索计计　侄男康毛　康毛

13　侄男福晟　（押）

14　侄男胜贤　胜贤

15　索郎水官

16　左都督成真

（后残）①

尼灵惠大约未婚就出家，没有自己的儿女，从遗书看她的亲人有弟弟、外甥、侄子等多人，但她并没有按照常理将遗产留给弟弟、侄子或外甥等近亲，而是将奴婢作为财产给了侄女潘娘，并且找了许多亲戚和证人来公证这份遗嘱。

2. 联合家庭兄弟分家模式

父亲生前没有立遗嘱，死后若干年内尚没有分家，形成联合家庭，但是随着时间的推移出现了离心因素，兄弟之间要订立契约分家。敦煌文书S. 4374号《分书（样式）》就是适合这种情况的一个样本：

1　分书

2　兄某告弟某甲，累叶忠孝，千代同居。

---

① S. 2199《唐咸通六年（865）尼灵惠唯书》，《敦煌社会经济文献真迹释录》第二辑，第153页。

3 今时浅狭,难立始终。恐后子孙乖角,不守

4 父条。或有兄弟参商,不识大体。既欲分荆

5 截树,难制颓波,□领分原,任从来意。家

6 资产业,对面分张。地舍园林,人收半分。

7 分枝各别,具执文凭,不许他年更相斗

8 讼。乡原体例,今亦同尘;反目憎嫌,仍须禁

9 制。骨肉情分,汝勿违之;兄友弟恭,尤须

10 转厚。今对六亲商量底定,始立分书,

11 既无偏坡,将为后验。人各一本,不许重

12 论。

13 某物 某物 某物 某物 某物

14 车牛 羊驼马 驼畜 奴婢

15 庄园 舍宅 田地乡籍 渠道四至

16 右件家产,并以平量,更无偏党丝发

17 差殊。如立分书之后,再有喧悖,请科重罪。

18 名目入官,虚者伏法。 年月日

19 亲见

20 亲见

21 亲见

22 兄

23 □

24 □

25 妹①

这份样文分为五部分。一是签订契约的缘起,这里着重强调兄弟本来和睦相处,同居共活,但是,如今世道浇漓,人心不古,为了防止日后子孙纷争,乃实行兄弟分家。二是强调分家的原则是要均平、要和气。所谓:“家资产业,对面分张;地舍园林,人收半分。分枝各别,具执文凭,不许他年更相斗讼。

① S. 4374《分书(样式)》,《敦煌社会经济文献真迹释录》第二辑,第185~186页。

乡原体例,今亦同尘,反目憎嫌,仍须禁制。骨肉情分,汝勿违之。兄友弟恭,尤须转厚。”三是关于家庭财产的分割内容。四是关于违反分家契约的处罚:“如立分书之后,更有喧悖,请科重罪,名目入官,虚者伏法。”五是分家契约签订的见证人和当事人的签名。

许多家庭不仅在父辈兄弟没有分家,堂兄弟仍然同居,甚至在父辈兄弟中有人去世之后,叔伯父仍然与子侄辈一起过日子。但是,随着时间的推移出现分家的事也是很常见现象,这份契约文本就是为这样的情况准备的,说明在当时也很常见。我们在敦煌的一些借贷文书中发现兄弟借贷的责任关系文书,可以窥见兄弟之间经济关系之一斑。如 P. 3458《辛丑年(941)四月三日罗贤信贷生绢契》:罗贤信从范庆住那里借得生绢一匹,规定将来要还本利两匹,就要借贷人的弟弟罗恒恒承担还贷责任①。又如 P. 3472《戊申年(948)徐富通欠绢契》:

1　戊申年四月十六日,兵马使徐富通往于西州充使,所有
2　些些小事,兄弟三人对面商议,其富通觅官
3　职之时,招邓上座绢,恩择还纳,更欠他邓上
4　座绢价叁匹半。或富通身东西,仰兄富庆
5　弟盈达等二人面填还,更不许道说东西。恐后
6　无信,故立此契,用为后定。
7　　　　　　　　兄富庆(押)
8　　　　　　　　弟盈达(押)
9　　　　　　　　见人弟富住(押)②

这里明确提到,徐富通在到西州出使之前,就他本人几年前所借债务的偿还问题,与兄富庆和弟弟盈达三人面对面地进行了商议,因而订立了这个担保性的契约。其中另外一位弟弟富住只是以见人(证人)的身份出现,说明这份契约除了满足债主邓上座之外,还要约束两位兄弟承担还债义务的。我推测这兄弟三人可能并没有分家。P. 3004《乙巳年(945)徐富通欠绢契》就

① P. 3458《辛丑年(941)四月三日罗贤信贷生绢契》,《敦煌社会经济文献真迹释录》第二辑,第 119 页。

② P. 3472《戊申年(948)徐富通欠绢契》,《敦煌社会经济文献真迹释录》第二辑,第 123 页。

是三年前徐富通向邓上座借贷的契约文本，当时签名的人是：

8　　还绢人兵马使徐富通知
9　　还人徐富庆同知
10　　还绢人弟徐盈达知
11　　见人索流住十①

这里兄弟三人都有签名，“见人”是非本家兄弟，说明是与邓上座签订的契约，而前面那个契约则是邓上座担心徐富通万一死亡或者不回，借贷出去的绢无法收回而要求兄弟间签订的契约。这类情况的出现表明，尽管兄弟之间没有分家，但是，在债务偿还问题上，人们还是担心出现偿还信誉和义务上的法律漏洞。即使在父债子还的场合，有时候也要将契约加以约束。如 S. 5632《辛酉年（961）陈银山贷绢契》②：陈宝山向弟弟僧银坚借贷绢一匹，“其绢限至来年九月一日填还本绢。若是宝山（当即陈银山）身东西不在者，一仰口承人男富长祗当，于尺数还本绢者。”签字画押的人分别是：贷绢人男富长、贷绢人兄陈银山③、知见人兵马使陈流信。这是兄弟之间的借贷，借贷一年并没有说利息，只说要还本钱。大约是因为兄弟的关系。正因为是兄弟之间，所以要求儿子在父亲不能偿还的情况下，要替父亲还给作为出贷人的叔叔。还有 P. 3565《甲子年（904 或 964）氾怀通兄弟贷生绢契》④也是兄弟共同借贷：“当巷氾怀通兄弟等，家内欠少匹白（帛），遂于李法律面上贷白生绢壹匹”，当年秋天要还利息麦四石，次年二月再还本绢。若到时还不能还，另外“于看乡元逐月生利”。这里的借贷主体是兄弟四人，签字画押的也是四人：“贷绢人文达、贷绢人怀达、贷绢人怀住、贷绢人兄怀通。”这里借贷的四兄弟显然没有分家，所以他们共同承担借贷还贷的责任和义务⑤。

① P. 3004《乙巳年（945）徐富通欠绢契》，《敦煌社会经济文献真迹释录》第二辑，第 122 页。

② S. 5632《辛酉年（961）陈银山贷绢契》，《敦煌社会经济文献真迹释录》第二辑，第 127 页。

③ 此处的贷绢人“兄”是从出贷人的身份讲的。陈银山为出贷人僧银坚之兄。

④ P. 3565《甲子年（964 或 904）氾怀通兄弟贷生绢契》，《敦煌社会经济文献真迹释录》第二辑，第 128 页。

⑤ 在敦煌的许多举钱契约中，借债人往往举家签字画押，例如 S. 5867《建中三年（782）马令痣举钱契》的签字人在“钱主”后相继是：“举钱人马令痣年廿，同取人母苑二娘年五十，同取人妹马二娘年十二。”（《敦煌社会经济文献真迹释录》第二辑，第 140 页）表明这些签字画押人员都是借贷家庭的成员。

敦煌文书 S. 4489 号背记载了慈惠乡百姓张再通与房兄富通的财产纠葛①。张再通上诉早年被房兄张富通卖身给贾丑子,得绢六匹。其钱全部被兄富通拿走,"再通寸尺不见"。几年过去后,再通仍然是穷光棍(单贫),回到甘州,想"收赎本身,诤(争)论父祖地水、屋舍"。这些显然都是在没有分家的情况下发生的事情。现在的问题是,兄富通可能已经死亡,而"其养男贺通子不肯割与再通分料舍地"。而兄张富通先前又"广作债负,买(卖?)却再通所有父祖地水,不割支分"。这里有误字(文书另一处已经把买与卖写错),大约是指张富通卖掉了再通父祖的耕地,不留一点给再通。现在债主早晚催逼还债,再通无法,请求官府做主,要富通的养子来还卖身钱和父祖的土地房屋。这个案子其实还是涉及财产分割和吞并问题,养子要承担债务问题,还有卖身、赎身问题。根据前引唐朝律令,儿子分家另过三年、逃走六年就不得参与家庭财产分割,除非有父祖遗产在内。现在富通把父祖的田产卖掉,使再通无法继承。但是,留下的债务却要再通还债。这自然是极其不合理的事情。所以,再通要求富通的养子来偿还债务。

还有一件文书涉及兄弟间的债务分担问题。P. 3501(6V)的内容是②,后周显德五年(958),百姓王员定提出:员定、员奴、员集兄弟三人虽是同父母的兄弟,但是,由于家里贫穷,各人都在外边营生("三个与人边寄贷")。现在,员奴、员定已经"口承新乡",即落户到新的地方去了。三人的债负已经分割完毕,其余剩下的债务由员定来负责偿还,作为报偿,员定得到房舍一间、城外园舍地三亩,为了不使员奴、员集今后来要这份产业,员定请求官府给一个凭判。我们无法判定这些兄弟是否同籍还是异籍,显然他们在父母死亡时并没有分家是可以判定的。只是在员定、员奴已经到新的地方落户,自然分家之后,他们涉及处理共同的父祖遗产和债务问题。

S. 4654V 也有一个关于兄弟债务问题的文书③。慈惠乡王盈子、王盈君、王盈进、王通儿四人是同胎共气的胞兄弟,父母去世后分家。"所有父母居产田庄屋舍四人各支分,弟盈进共兄盈君一处同活"。不久盈进身患重

---

① S. 4489V《宋雍熙二年(985)六月慈惠乡百姓张再通牒(稿)》,《敦煌社会经济文献真迹释录》第二辑,第 307 页。

② P. 3501V《后周显德五年(958)押衙安员进等牒》,《敦煌社会经济文献真迹释录》第二辑,第 303 页。

③ S. 4654V《丙午年(946)前后沙州敦煌县慈惠乡百姓王盈子兄弟四人状(稿)》,《敦煌社会经济文献真迹释录》第二辑,第 300 页。

病,数月而亡。可是盈进却在当年当着重役。由于无人承当,就被当做流户看待。流户的“役价”无法填还,应由同居之户承担。现在的问题是,盈进生病时本来就欠了很多债务,这些债务都由盈君在承担。而盈进本来只分了城外七亩土地,房舍一间,“城内有舍(缺),况与兄盈君□□□取填还债负如后”。这里有缺文,详细内容不得而知。大体是希望减免盈进所承担的重役的“役价”,为此特把盈进和盈君所负担的债务负担开列如后。盈进与盈君两兄弟“一处同活”的权利和义务问题值得在这里探讨。实际上是兄弟四人分家,但是老二和老三仍然同居一室,合为一个居住户。这里的情况显然比较清楚,那就是已经分家的兄弟,他们各个偿还个人的债务。而此处所涉及的债务,原则上说只是盈进本人的债务,但是由于同居共活的关系,盈君难免被牵扯进去。他要求卖掉弟弟的财产偿还债务。可是大哥盈子似乎不同意。我们可以设想,此处盈进显然没有家室,他死后便成了绝户,绝户的财产是可以有近亲收管的,只要盈进没有遗嘱给盈君,那么财产就可以几个兄弟共同瓜分。这也许就是盈子不同意轻易卖掉弟弟财产的意图所在。

3. 旁系尊亲叔侄分家模式

这种家庭模式是,父辈和睦共处,兄弟同居共财,后来长兄亡故,子女幼小,孩子们由叔叔鞠养,及至子侄辈长大成人,于是发生分家。适合于此种情况的文书样本见于敦煌文书 S. 5647《分书(样式)》:

> 盖闻人之情义,山岳为期。兄弟之恩,劫石不替。况二人等,忝为叔侄,智意一般;箱柜无私,畜(蓄)积不异。结义之有(友)尚□(怀)让金之心。骨肉之厚,不可有分飞之愿。叔唱侄和,万事周圆。妯娌谦恭,长守尊卑之礼。城隍叹念,每传孔怀之能;邻里每嗟,庭荆有重滋之瑞。已经三代,不乏儒风。盖为代薄时滴,人心浅促。佛教有氛氲之部,儒宗有异见之僭。兄弟之流,犹从一智。今则更过一代,情义同前。恐怕后代子孙,改心易意,谤说是非。今闻家中殷实,孝行七传,分为部分根原,免后子孙疑悮(误)。盖为侄某乙三人,少失父母,叔便为亲尊。训诲成人,未申乳哺之恩,今生房分,先报其恩,别无所堪,不忏分数,与叔某物色目。(中衍数字)已上物色献上阿叔,更为阿叔殷勤,成立活计,兼与城外庄田车牛驼马家资什物等,一物已上分为两分,各注脚下,

其名如后：

右件分割家私活具十（什）物，叔侄对坐，以诸亲近，一一对直，再三准折均亭，抛钩为定。更无曲受人情，偏藏活业。世代两房断疑，莫生怨逕，然则异门，前以结义，如同往日一般。上者更须临恩，陪（倍）加忧恤；小者更须去（趋）义，转益功（恭）勤。不令有唱荡五（忤）逆之子，一则令人尽笑，二乃污辱门风。一依分书为凭，各为居产。更若后生加谤，更说偏波，便受五（忤）逆之罪，世代莫逢善事。兼有不存礼计，去就乖违，大者罚绫锦，少者决肉至骨。分析为定，更无休悔。如若更生毁佂，说少道多，罚锦壹匹，充助官门。恐后子孙不省，故勒分书，用为后凭。①

这份样文结构基本与其他契约相同，但文字较长。主要是长在解释侄子与叔叔分家的原因所在。此外在关于财产分配的内容上与其他分书或遗嘱不一样的地方是，先拿出一部分财产报效叔叔的养育之恩，然后再把家产均分作两份。一份当然是给叔叔的，另外一份才是三个侄儿们的。这种叔侄分家文书的特别之处在于，兄弟一方亡故之后，遗留下的孩子比较幼小，因此叔叔承担了哺育孤儿寡母的义务。等侄儿们长大成人，方才分开过日子。这样的分家方式作为一种样本存在，也同样说明当时社会上有大量的类似家庭财产分割事件。P. 3774《丑年（821）十二月沙州僧龙藏牒》有如下段落：

8　一去丙寅年至昨午年卅年间，伯伯私种田卅亩，年别收斛斗卅驮。

9　已上并寄放，合计一千驮，尽是大哥收掌。伯伯亡之日，所有

10　葬送追斋，尽在大家物内，齐周针线寸尺不见。

11　一称床九张者，伯伯共　父分割之日，家中房室总有两口，其

12　床在何处安置，此乃虚言。

13　一先家中无羊，为　父是部落使，经东衙算赏羊卅口、马一疋、

① S. 5647《分书（样式）》，《敦煌社会经济文献真迹释录》第二辑，第164～171页。按，因该文书原件每行字数过少，兹整合为两段。

14　耕牛两头、㹀牛一头、绯毯一。齐周自出牧子，放经十年。后群

15　牧成，始雇吐浑放牧。至丑年羊满三百，小牛驴共卅头，已上

……………………………………………………………………

16　耕牛十头，尽被贼将。残牛一头，驴一头。①

从这里可以看出，齐周（僧龙藏）在与大哥发牒文论分家财产问题之前是与伯父在一起生活的。

还有一种情况是长辈临死前把年幼子女托付给亲属（有可能是兄弟，也可能是其他亲戚），形成一种依养型的家庭结构。孩子成年后，希望结束托管关系，要求自主管理父祖遗产，这在形式上也类似分家。如敦煌文书S. 6417《年代不详（十世纪后期）孔员信三子为遗产纠纷上司徒状（稿）》："三子幼少，不识东西，其父临终，遗嘱阿姨二娘子，缘三子少失父母，后恐成人，忽若成人之时，又恐无处活命，嘱二娘子比三子长识时节，所有些些资产，并一仰二娘子收掌。若也长大，好与安置……其三子不是不孝阿姨，只恐姨老难活，全没衣食养命，其父在日，与留银钗子一双，牙梳壹，碧绫裙壹，白绫壹丈五尺，立机一疋，十二综细褐六十尺，十综昌褐六十尺，番褐壹段，被一张，安西牒二丈……青铀镜子……"这是侄女与阿姨二娘子的财产纠纷案。孔员信妻子先前已经故世，他临终把三个年幼的女儿托付给名叫二娘子的姨娘看管。这个姨娘或许是其妻子的妹妹。父亲当初托付时给了姨娘首饰和衣物用品作为报酬。现在三个女孩已经长大，不仅白白的给姨娘干活（"虚纳气力"），而且姨娘并不打算归还父亲留下的财物。故写状请求官府做主，归还父亲留下的财产②。

叔叔欺负孤儿寡母的事例并非没有。P. 2504《年代未详（10世纪）龙勒乡百姓曹富盈牒（稿）》③，是一个叔父以富贵欺负贫弱的寡嫂和侄儿的事

① P. 3774《丑年（821）十二月沙州僧龙藏牒》，《敦煌社会经济文献真迹释录》第二辑，第283页。按，原录文第9行错将"大哥"录为"大歌"，今据图径改。

② S. 6417v《年代不详（10世纪前期）孔员信三子为遗产纠纷上司徒状（稿）》，《敦煌社会经济文献真迹释录》第二辑，第299页。

③ P. 2504《年代未详（10世纪）龙勒乡百姓曹富盈牒（稿）》，《敦煌社会经济文献真迹释录》第二辑，第313页。

例。事情的原委是:龙勒乡百姓曹富盈从小失去父亲,与寡母相依为命。家里最值钱的财产只有八岁种马一匹。前日被身为都押牙的叔父卖掉。判定值绢两匹。其中一匹断麦粟 27 石,这里面的 12 石折成布两匹,又欠 7 石。另外一匹绢断牛一头。交割完价钱之后,都押牙叔父领去。前一日曹富盈与寡母去索取卖马的价钱,却被他骂了一顿。口出粗言,甚至要挥拳相对。曹富盈母子告发的内容是:寡母是他亲房婶婶,怎么能无视尊卑长幼,辱骂贫穷?“不是浪索马价,实乃有其辜欠”。我们虽然是亲戚,但是,平日得不到半点好处。在这个案件里,买卖以绢论价格,但是实际支付的时候则是麦粟、布匹和牲畜。其中麦粟似乎也是作为价值手段来计算的。比如一匹绢当 27 石麦粟,而其中的 12 石麦粟又用布两匹来支付。究竟是叔父欠 7 石麦粟未给呢,还是所有的马价都独吞了?文书不详。而叔父都押牙的辩词也不清楚。也许他会强调这匹马是他与亡兄共同的财产,也未可知。即使不是,曹富盈让当官的叔父去卖马,或许是希望可以获得一个好价钱。文书还透露给我们,分家后当官的叔父,对于贫民寡嫂(婶婶疑为兄长的妻子)和侄儿(曹富盈)的生活是没有接济的。

P. 3257《后晋开运二年(945)十二月河西归义军左马步押衙王文通牒及有关文书》中关于寡妇与诸叔侄土地产权纠纷的案例①。这份文书说的是:阿龙向官府控告诸叔侄侵占其土地。阿龙丈夫早亡,有儿子索义成,孙子索幸通。案子涉及的是孩子的叔叔和侄子侵占其地产的事情。同样在探讨唐代复合型家庭形态时,我们也曾对吐鲁番出土文书中严令子家庭纠纷做过深入分析。我们看到严令子家在伯父之外还有若干个侄子,同一个户籍实际上已经分财别居,这个家庭的田产纠纷也涉及分田不均而赋役分摊不均的问题②。

总之,由于以上案件都只是一面之词,我们无法了解整个事件的原委,但是,这样一些各种各样的财务纠纷,已经可以说明,唐代普通家庭里并不都是像墓志资料所显示的那样,总是温情脉脉。通过分家契约的方式来解决和防范家庭财产纠纷确实是很必要的,这也就证明了那些分书和遗书的

---

① P. 3257《后晋开运二年(945)十二月河西归义军左马步押衙王文通牒及有关文书》,《敦煌社会经济文献真迹释录》第二辑,第 295~298 页。

② 75TAM239:9/7(a)、8(a)《唐景龙三年(709)十二月至景龙四年(710)正月西州高昌县处分田亩案卷》,《吐鲁番出土文书》[叁],第 559~560 页。

样本在社会上有着很高的需求。

4. 多次分家模式

唐以前父祖尊亲在世时预先将家产按照一定份额分给子孙,或者以遗嘱方式处分身后家财并非仅见的事例①。也有家长根据家庭财产及相关情况的变易,改动补充遗嘱内容,使得最家产析分更加合理。例如南齐的张岱,“初作遗命,分张家财,封置箱中,家业张减,随复改易,如此十数年”②。张岱在自己还没有糊涂以前就预先“分张家财,封置箱中”,写成秘密遗嘱,遗嘱的内容也有改动。这样做的目的是为了避免将来出错,是那些办事仔细的家长为生前预分做的准备工作,还不属于多次分家。

唐代家庭的财产析分之所以往往多次而非一次完成,其原因是多方面的。我想父母在不得分家而可以异财,恐怕是导致此类现象的重要原因。这样做的后果就是同籍异财而不分居。法律限制分家,或者因居住条件的限制不能立居,都有可能导致这种状况。如 P. 3744《年代未详(840)沙州僧张月光兄弟分书》云:“是故在城舍宅,兄弟三人停分为定。余之资产,前代分擘俱讫,更无再论。”③这里讲得很清楚,这次只是第二次就城内的住房进行“停分”,至于其他资产,早已经在上辈老人那里就分割完毕,“更无再论”。因此,我估计这里的兄弟三人也许是堂兄弟三人,所以在他们的父亲辈就已经分完城外的家产,城内的房子还是共同居住。敦煌地区城内居民常在城外有带庄园的舍宅,供劳动和管理田间生产而用,与城内的住房主要供家庭眷属居住不同。

又如,敦煌文书 S. 4577《癸酉年(973)十月五日杨将头遗物分配凭据》:“癸酉年十月五日申时,杨将头遗留与小妻富子伯师一口,又镜架匮子,又舍一院。妻仙子大锅壹口。定千与驴一头,白叠袄子一,玉腰带两条。定女一斗锅子一口。定胜鏊子一,又匮壹口。”④从这份遗嘱看,杨将头生前可能已

① 冻国栋《读姚崇〈遗令〉论唐代“财产预分与家族形态”》,载朱雷主编《唐代的历史与社会》,武汉,武汉大学出版社,1997 年。

② [梁]萧子显《南齐书》卷三二《张岱传》,北京,中华书局,1972 年,第 581 页。

③ P. 3744《年代未详(840)沙州僧张月光兄弟分书》,《敦煌社会经济文献真迹释录》第二辑,第 145 页。

④ S. 4577《癸酉年(973)十月五日杨将头遗物分配凭据》,《敦煌社会经济文献真迹释录》第二辑,第 154 页。

经与妻仙子分开生活,而与小妾富子住在一起,所以在他死前,把身边的财产又进行了一次分配。留给小妾富子的宅院又可能就是杨将头现在与富子共同居住的房子,妻子或其他儿女分别得到一些牲畜或衣服、锅之类的生活日用品。此文书大约“只是正式析分田产之外的补充”①,所以,只说是“杨将头遗物分配凭据”,而不属于正式的家产分割。

还有一种“同居共活体”的复合家庭,其中大家小家并存,或者同籍共活,或者异籍共活,或者异籍共活,既有大家的共同财产,又有小家的私有财产,也会导致多次分家。如敦煌文献 P. 3774《丑年(821)十二月沙州僧龙藏牒》中记载的家庭,这个家庭由齐周及其从兄的两个小家组成,虽然他们有自己的妻子儿女,有各自小家的私产,甚至大哥的小家曾经“析出为户”,但他们却实际上一直“同居合活”,“大家”有共同的“什物及房室畜生”,由“大家”承担“输纳”“差税身役”②,构成一个事实上的家庭实体。一旦发生新的纠纷,就会出现再次分家的可能③。

5. 关于分家契约执行的保障与效果

敦煌文书中的分书样本或遗嘱文本的契约性质是很典型的。如何保障这些契约内容得到落实,保证分家析产在合法的范围内得到实施,这是问题的关键所在。

民间的契约要符合《户令》为主的分家析产法令要求,同时也不违背地方习俗(所谓“乡原体例”),这自然是保证契约和遗嘱实施的基础④。除此之外,我们注意到,以上契约文书或者范本还特别强调两点:第一是特别强调当事人是在神志清醒的状况下作出的决定,第二是特别要求有乡邻或者亲友做见证人。这样做的目的都是为了避免诉诸官府时发生怀疑遗嘱可靠性的问题。如 S. 6537(2V、3V)《遗书(样式)》“今醒素之时,对兄弟子侄诸

---

① 邢铁《唐代家产继承方式述略》,载《河北师大学报》2003 年第 3 期。

② P. 3774《丑年(821)十二月沙州僧龙藏牒》,《敦煌社会经济文献真迹释录》第二辑,第 284~286页。

③ 参见张国刚《唐代农村家庭生计探略——一份敦煌分家析产文书的学习札记》,载《中国社会历史评论》第三卷,北京,中华书局,2001 年。

④ 《唐律疏议》卷一二《户婚·同居卑幼私辄用财》:“即同居应分,不均平者,计所侵,坐赃论减三等。”(第 241 页)《宋刑统》卷一二《户婚·卑幼私用财》同。(第 196~197 页)这条法律并非专门针对家产析分不均的情况。但是,官府判案,此条当可以作为比照条款。

亲等遗嘱，房资产业庄园宅舍，一一各支分数，列名如下”；S. 2199《唐咸通六年(865)尼灵惠唯书》“尼灵惠忽染疾病……不是昏沉之语，并是醒苏之言。……并对诸亲，遂作唯书，押署为验”；P. 3744《年代未详(840)沙州僧张月光兄弟分书》中记载的参与者，有当事人之外的兄弟、姐妹、侄子、邻人等八名，还有见证人七名；S. 2174《天复九年(909)董加盈兄弟三人分家契》中签押的“见人”有“阿舅石神神”、“耆寿康常清”和“兵马使石福顺”三人①，前者是自家亲戚，后二人显然是地方社会说话有分量的实力派人物。

家产析分文书中列出见证人，对于保证分家的公平和契约法律意义的完善以及执行都有很重要的意义。乡邻和亲戚见证分家事件，可以起一个舆论监督作用，抑制无谓的争论。如敦煌 S. 2174《天复九年(909)董加盈兄弟三人分家契》：“右件家业，苦无什物，今对诸亲，一一具实分割，更不得争论。”②意思是有“诸亲”作证，分家当事人不得也无须争论。另一方面，也有因为外人的干预更引起家庭争论的，如敦煌诗人王梵志《兄弟义居活》诗称：“外姓能蛆妒，啾唧由女妇。一日三场斗，自分不由父。”③又如 P. 3774《丑年(821)十二月沙州僧龙藏牒》就抱怨说，“昨大哥取外人之言，妄说异端，无种喧竞，状称欺屈”④。外人挑唆是一回事，外人监督则是另外一回事。更何况还有第二点，当诉讼打到官府时，见证人可以出面说话。

为了保证各项规定得到落实，契约也写明了一些惩处办法，例如罚钱物入官、鞭打遣责以及发誓诅咒等。如敦煌文书 S. 6537《分书(样式)》：“更不许道东说西，□说□仗，后有不于此契诤(争)论者，罚绫壹疋，用□(入)官中；仍麦拾伍硕，用充军粮。”⑤P. 3744《年代未详(840)沙州僧张月光兄弟分书》：“一一分析，兄弟无违。文历已讫，如有违者，一则犯其重罪，入狱无有出期；二乃于官受鞭一阡。”⑥S. 6537《慈父遗书一道(样式)》：“吾若死后，不许相诤。如若不听母言教，愿三十三天贤圣不与善道，眷属不合，当恶壤

① 分见《英藏》(11)，第 93 页；《英藏》(4)，第 36 页；《法藏》(27)，第 223 页；《英藏》(4)，第 35 页。参《辑校》第 521、515、437～438、443 页。

② 《英藏》(4)，第 35 页。参《辑校》第 442～443 页。

③ 《王梵志诗校注(增订本)》卷二《兄弟义居活》，第 215 页。

④ P. 3774《丑年(821)十二月沙州僧龙藏牒》，《敦煌社会经济文献真迹释录》第二辑，第 286 页。

⑤ S. 6537v3《分书(样式)》，《敦煌社会经济文献真迹释录》第二辑，第 181 页。

⑥ P. 3744《年代未详(840)沙州僧张月光兄弟分书》，《敦煌社会经济文献真迹释录》第二辑，第 145～146 页。

憎，百却（劫）他生，莫见佛面，长在地狱，兼受畜生。”①S.0343《析产遗嘱（样式）》：“右件分配，并以周讫，已后更不许论偏说剩。如若违吾语者，吾作死鬼，掣汝门镫，来共汝语，一毁地下，白骨万劫，是其怨家；二不取吾之语，生生莫见佛面。”②民间自订的这些方法多少有一些恫吓色彩，可以作为官府法律裁决和民间舆论监督的一个补充。

我们在敦煌文书中看到的一些分家文书，其措辞相当冷静，看来并不都是通过打官司或者大打出手、撕破脸皮而分家的。例如S.6537（3V）《分书（样式）》写道：“夫以同胎共气，昆季情深。玉叶金枝，相美兄弟。将为同居一世，情有不知，鸟将两成，飞分四海。堂烟习习，冬夏推移，庭前荆树，犹自枯觜。分离四海，中归一别……自今已后，别开门户，树大枝散，叶落情疏。恒山四乌，亦有分飞。”③即使“同胎共气”的兄弟，“同居一世”之间，亦“情有不知”之处，而且随着“堂烟习习，冬夏推移”，与“树大枝散，叶落情疏”、“鸟将两成，飞分四海”等自然现象一样，“中（终）归一别”、“别开门户”、分割家产也是家庭生活的必然结局。

四　小　结

在唐代官方的家庭政策和人口政策的作用下，唐代民间的分家行为往往被分割为“别籍”与“异财”两个过程，从而使分家具有了官方和民间的不同意义。这种现象突现了家庭作为一个生活单元和社会组织的不同功能，也构成了我们观察到的唐代家产析分的重要特点。根据唐朝法律规定，只要父母去世，其他家庭成员就有权利提出分家另过，任何人不得阻挠。这样，“别籍”的唯一前提条件就是父母过世以及当事人的自觉自愿。但是，“异财”则比较复杂。

异财首先是指家产的析分，家产析分就要确定家产的范围、参与析分的家人范围及其获得的权益比重。唐朝关于家庭异财、析产的法律精神是“诸

① S.6537v5v6《慈父遗书一道（样式）》，《敦煌社会经济文献真迹释录》第二辑，第182页。

② S.0343v11《析产遗书（样式）》，《敦煌社会经济文献真迹释录》第二辑，第159页。

③ S.6537v3《分书（样式）》，《敦煌社会经济文献真迹释录》第二辑，第181页。

子均分”,它可以解读为按照房支进行均分。即第一,在以儿子作为第一继承人的层面,实行按照房支均分,在以孙辈作为第二继承人的层面,则按照人数(孙子的数目)均分。妇女在分家过程中保有获得妆奁钱的权利,寡妇获得与其身份相称的那部分财产,其中的关键在于是否有子嗣、是否改嫁。

唐代分家析产的模式主要有直系核心家庭的分家模式、联合家庭兄弟分家模式、旁系尊亲叔侄分家模式,在许多情况下还有多次分家模式。唐代“分书”的契约功能和法律意义已经相当完善。因此,总体说来,我们可以作出这样的判断:唐代家庭财产析分和家户的分离大都是在法律的框架下进行的。

第三章　唐代家庭与家族关系的一个考察
——一份敦煌分家析产文书的学习札记

为了使我们的讨论有一个比较一致的基础，我们有必要对于家庭、家族和宗族的概念进行界定①。就唐代而论，“家庭”这个词《隋书》、《新唐书》里还没有出现过，《旧唐书》仅有一例，意思是家中的庭院。今日的家庭，古代就称为“家”。但是中古“家”的含义也是很复杂的。主要有两个，其基本含义是同居共爨的血缘、亲缘或姻缘关系组合的社会单元。“家”的另外一个含义就是指关系密近的家族共同体，例如史籍里的合家百口、二百余口、三百口等等，都是指比较大的近亲集团。“家”的后面这种含义严格讲应该属于家族的范围。从社会组织形式和法权上说，家庭是同居共财共爨的血亲或拟制血亲的共同体，而家族则一般不同居共财共爨，但是在政治、经济和法律上都有密切的联系。家族与宗族的区别在于，前者是血缘关系比较密近的亲族集团，而后者则包括血缘关系比较疏远的同姓宗亲。大体可以规定五服之内为家族，超出五服的共祖同姓为宗族。当然，也有家族与宗族互称的情况。家族之间不仅有道德上的关系，而且有政治、经济或法律上的连带责任，而宗族一般只有道义上的联系，没有法律上的连带责任。

古代的“家”既指家庭，有时又指家族，反映了“家”的内部的复杂关系。现代社会学把夫妇及其子女组成的基本生活和生产单元称为核心家庭，主干家庭则还要加上祖父母，构成三代直系血亲关系。联合家庭是指两个以上的兄弟各自的核心家庭组合在一起。主干—核心家庭则是在祖父母之

① 冯尔康等学者对宗族的概念有所分疏，参冯尔康等《中国宗族社会》“绪论”第二节，杭州，浙江人民出版社，1994年，第7~11页。

下，有两个以上的儿子各自的核心家庭组合在一起。显然，核心家庭在许多情况下，会是联合家庭经过分家析产后产生的。被分出来的家庭成为新家或小家，它与老家或大家有着千丝万缕的联系和十分密切的关系。小家与大家的关系或者说小家庭与大家族的关系，是考察家庭形态和家族（宗族）制度的一个重要依据。鉴于分家析产是家庭裂变的关键内容，因此，家庭与家族关系在经济上有最集中和最本质的体现。这就是本文以分家析产文书进行分析的一个原因。

敦煌文献里有若干分家析产文书。唐耕耦等编辑的《敦煌社会经济文献真迹释录》第二辑第一部分契据类的第陆目“析产和处分遗产文书”中的7件文书有4件是谈分家析产；第捌目中有3份“分书（样式）”属于书仪性质。在第三部分关于遗产纠纷等牒状中也有一些涉及到分家析产的文书。这些文书的综合研究需要另文讨论，这里只就阅读P. 3774号文书即被题名为“丑年（821）十二月沙州僧龙藏牒”的一些体会略作讨论。

P. 3774号虽然本身没有被列入分家文书一类，但是它却能够对分家析产后引发的家庭财产关系问题提供一份详细的材料。韩国磐先生最早在《根据敦煌吐鲁番发现的文件略谈有关唐代田制的几个问题》的文章中简略地提到这份文献①，池田温《丑年十二月僧龙藏牒——介绍九世纪初敦煌家产分割诉讼文书》②也有介绍，《中国古代籍帐研究》中有录文。唐耕耦、陆宏基《敦煌社会经济文献真迹释录》基本参考了池田的录文。池田教授的文章考出了突、突税、突课、突田与藏语 dor 的关系，着重就经营农地、自开酒店等经济活动进行了研究③。但是，本件文书主要内容是关于龙藏出家前后家庭中的一些经济纠葛。因此对于其时家庭与家族的经济关系实具有重要意义。杨际平、郭锋、张和平《五——十世纪敦煌的家庭与家族关系》也转录了这件文书并做了研究。本文拟在前贤研究的基础上，作进一步的讨论。

---

① 韩国磐《根据敦煌吐鲁番发现的文件略谈有关唐代田制的几个问题》，《历史研究》1962年第4期；收入氏著《隋唐五代史论集》，北京，人民出版社，1979年，第212页。

② 《山本博士还历纪念东洋史论丛》，东京，山川出版社，1972年，第25~29页。

③ 池田温的原作至今未得寓目，此据姜伯勤《论池田温先生的唐研究》，载池田温《唐研究论文选集》，北京，中国社会科学出版社，1999年，第20~21页。

一　文书内容分析

先转录文书原文：

□□□叠并柒盘□□事，所有缘身什□□

□□后经一年，空身却归沙州来，娶妻阴二娘，又分家中什物。

□□□至阎开府上，大番兵马下，身被捉将。经三个月，却走来，在家中潜藏六个月。齐周咨上下，始得散行。至佥牟使算会之日，出镤(钿)贝镜一面与梁舍人，附在尼僧脚下。后妻阴二娘死，其妻阴二娘衣服夹绿罗裙一腰，红棉袴一，罗衫子一，碧罗被子一，皂绫袄子一，剪刀及针线等物，并大哥收拾。

一、去丙寅年至昨午年卅年间，伯伯私种田卅亩，年别收斛斗卅驮。已上并寄放，合计一千驮，尽是大哥收掌。伯伯亡之日，所有葬送追斋，尽在大家物内，齐周针线尺寸不见。

一、称床九张者，伯伯共父分割之日，家中房室总有两口，其床在何处安置，此乃虚言。

一、先家中无羊，为父是部落使，经东衙算赏羊三十口、马一匹、耕牛两头，牸牛一头，绯毯一。齐周自出牧子、放经十年。后群牧成，始雇吐浑放牧。至丑年羊满三百，小牛驴共卅头，已上耕牛十头，尽被贼将。残牛一头，驴一头。

一、其时大哥身著箭，宣子病卧。贼去后，齐周请得知己亲情百姓，遮得羊一百卅口、牛驴共十一头。又知己亲情与耕牛：安都督一头、赵再兴一头、张英玉一头、安恒处二齿牛二。博得大牛两头，人上得牛五头。

一、未得牛中间，亲情知己借得牛八具，种涧朵地至毕功。其年收得麦一十七车，齐周自持打。

一、其丑年后，寅年、卯年大兄纳突，每年廿驮，计四十驮，并取大家物纳。

一、齐周于官种田处，种得床，寅卯辰三年，每年得床三车。巳年两支种得麦三车。已上计床麦一十二车,并入家中共用。

一、齐周身充将头,当户突税差科并无。官得手力一人,家中种田驱使,计功年别卅驮。从分部落午年至昨亥年,计卅年,计突课九百驮,尽在家中使用。

一、大兄初番和之日,齐周[附]父脚下,附作奴。后至佥牟使上析出为户,便有差税身役;直至于今。自齐周勾当之时,突田大家输纳。其身役知更远使,并不曾料。

一、先家中种田不得丰饶,齐周自开酒店,自雇人,并出本禾粟卅石造酒。其年除吃用外,得利刈价七十亩、柴十车、麦一百卅石。内卅五石,齐周买釜一口,余并家中破用。

一、齐周差使向柔远送粮却回得生铁熟铁二百斤已来,车钏七只,尽入家中使。内卅斤贴当家破釜,鏊写得八斗釜一口,手功麦十石,于裴俊处取付王菜。

一、齐周差瓜州送果物并分种田麦。其时用驴一头,布半匹买得车一乘。又麦十驮,八综布一匹,买车毂三只并钏,并入家中。

一、大兄嫁女二,一氾家,一张家。妇财麦各得廿石,计卌石,并大兄当房使用。

一、齐周嫁女二,一张家,一曹家。各得麦廿石,并入大家使用。

一、宣子娶妻,妇财麦廿石。羊七口,花毡一领,布一匹,油二斗五升,充妇财。

一、大兄度女平娘,于安都督处买度印,用驴一头,牸牛一头。

一、宣子趁入所由印,用麦八驮,付张剑奴,驴一头与部落使乞心儿。

一、齐周去酉年看丝绵硙所得斛斗,除还外,课罗底价,买鏊一面,及杂使外,余得麦粟一百卅石,并入大家用。

一、齐周后母亡后,有新夹缬罗裙一腰,新白锦裤一腰,新罗衫子一,新罗被子一,已上物并大哥收用。

一、城南佛堂并油梁,及大乘寺明觉房内铛、鏊、釜、床、什物等,并不干大家之事,一一尽有来处。

一、齐周所是家中修造舍宅,竖立庄园,犁铧锹镬、车乘钏锏、靴鞋,家中少小什物等,并是齐周营造。自尔已来,用何功直,一一请说。

右齐周不幸，父母早亡。比日以来，齐周与大哥同居合活，并无私己之心。今见齐周出家，大哥便生别居之意。昨齐周与大哥以理商量，分割什物及房室畜生等，所有好者，先进大哥收检，齐周亦不争论。昨大哥取外人之言，妄说异端，无种喧竞，状称欺屈者，此乃虚言，妄入仁耳。复云，齐周用度家中物者，亦有用大家物者，亦有外边得者。今大哥所用斛斗、财物、牛畜及承伯伯私种斛斗，先经分割财物，约略如前，一一并无虚谬。更有细碎，亦未措言。比者已来，齐周所有运为斛斗及财物、畜生、车牛、人口，请还齐周。今大哥先经伯伯数度分割财物，各有处分。今更论财，似乖法式。伏望仁明详察，请处分。

牒件状如前谨牒。

丑月十二月日僧龙藏牒

文书所涉及到的财产纠纷，内容比较复杂，现在略加梳理。文书中提到了23件事。

第一条前缺，大致是讲齐周的大哥因缘何事来到沙州，所有缘身什物大约都损失了。后经一年，空身回到沙州来，娶妻阴二娘，“又分家中什物”。

第二件事讲齐周的从兄——大哥被差科至阎开府处上番，正值大番兵马下，“身被捉将”。经三个月逃回，在家中潜藏六个月。是齐周多方打点（所谓“咨上下”），才得以露面。又在佥牟使算会之时，出镜一面给梁舍人，才被附在尼僧脚下（可以免去差税）。大哥之妻阴二娘死，其衣物“夹绿罗裙一腰、红锦袴一、罗衫子一、碧罗被子一、皂绫袄子一、剪刀及针线等物”，都收归大哥。

第三件事讲齐周的伯伯自己种田30亩，每年收粮30驮，加上“寄放”的收入共1000驮，都是由大哥收掌。伯伯去世，所有送葬追斋费用，尽出在大家物内，但是齐周却丝毫见不到伯伯的财物。

第四件事是辩称所谓伯伯与父亲（齐周的父亲）分家时有九张床，完全是无稽之谈，当时家里总共只有两间房屋，哪里去安放这么多床？

第五件事讲先前家里无羊，先父为部落使，获赏羊30口，马1匹，耕牛两头，牸牛1头，绯毯一。齐周自出放牧人，放牧10年后才雇请吐浑放牧。到丑年，羊满300头，小牛驴共30头。但是都被贼将去，仅剩牛1头、驴1

头。其时大哥中箭，宣子（另一从兄弟）卧病。贼去后，齐周请得知己亲情百姓，遮夺回羊130口、牛驴共11头。其中一部分给予了亲情知己。

第六件事说齐周在大哥中箭、宣子得病的情况下，联络亲朋独力在贼去后遮夺得牛羊百十头。

第七件事是说没有得牛的时候，从亲情知己借得牛八具，耕种涧桀地至毕功，当年收得麦17车，齐周自己持打（脱粒）。

第八件事是说丑、寅、卯三年大哥交纳突税，每年20驮，计30驮（？），“并取大家物”。即从大家共同的财物中交纳。

第九件事是说齐周于官种田处种得床，寅、卯、辰三年得床三车，巳年两支渠种得麦三车，共计床麦12车，“并入家中共用”。

第十件事是说齐周作为将头，可以免除当户突税、差科。官府分配得手力（勤务员）一人，在家中种田驱使，“计功年别卅驮。”30年间计突课九百驮，“尽在家中使用”。

第十一件事是说大哥当初“番和”之日（即被吐蕃捉去），齐周附父脚下，附作奴，后来“析出为户，便有差税、身役；直至于今。自齐周勾当之时，突田大家输纳。其身役知更远使，并不曾料。”

第十二件事是说由于在先家中种田收获不丰，齐周自开酒店，自雇人，并出本床卅石造酒。其年除吃用外，得利刈价七十亩、柴十车、麦一百卅石。其中除用卅五石为齐周卖釜一口外，“余并家中破用。”

第十三件事是说齐周差使向柔远送粮，换回（？）得生铁、熟铁二百斤和车钏七只，都被用于家中。内卅斤贴当家破釜熬泻得八斤釜一口，手功麦十石，于裴俊处取付王菜。

第十四件事是说齐周差瓜州送果物，并分种田麦。其时用驴一头，布半匹，买得车一乘。又麦十驮，八综布一匹，买车毂三只并钏，并人家中。

第十五件事是讲大兄嫁两个女儿给氾家和张家。得到彩礼即所谓“妇财麦”各廿石，共四十石，都是归大哥当房使用。

第十六件事讲齐周嫁女二人，分别是张家和曹家。也各得麦廿石，却都归于大家使用。

第十七件事是说宣子娶妻，需要妇财麦廿石。于是用羊七口、花毡一领、布一匹、油二斗五升，抵充妇财。这些财物看来是从大家中支出的。

第十八件事是，大兄度女平娘为尼，于安都督处买度印，用驴一头，牸牛一头。

第十九件事是，宜子趁入所由印，用麦八驮，付张剑奴；驴一头，与部落使乞心儿。

第二十件事是，齐周去酉年看丝绵硙，所得斛斗除还外，课罗底价，买鏊一面，及杂使外，余得麦粟一百卅石，并入大家用。

第二十一件事是，齐周后母亡后，有新夹结罗裙一腰，新白锦裤一腰，新罗衫子一，新罗被子一，已上物并大哥收用。

第二十二件事，城南佛堂并油梁，及大乘寺明觉房内铛、鏊、釜、床、什物等，并不干大家之事，一一尽有来处。

第二十三件事是说，齐周所有家中修造舍宅，竖立庄园，犁铧锹钁、车乘钏锏、靴鞋，家中少小什物等，都是齐周所营造的。

关于发生以上这些纠葛的原因，齐周解释说：由于齐周父母早亡，齐周与大哥同居合活，并无私己之心。今见齐周出家，大哥便有别居异财之意。于是齐周与大哥以理商量，分割什物及房室畜生等。尽管齐周在家财分割中，优先让大哥收检，并不争论。但是，大哥却听取外人之言，妄说分配不公平，齐周期屈了他。又说，"齐周用度家中物者，亦有用大家物者，亦有外边得者。今大哥所用斛斗、财物、牛畜及承伯伯私种斛斗，先经分割财物，约略如前，一一并无虚谬。更有细碎，亦未措言。比者已来，齐周所有运为斛斗及财物、畜生、车牛、人口，请还齐周。今大哥先经伯伯数度分割财物，各有处分。今更论财，似乖法式。"看来兄弟之间曾经为财产分割发生争论。争论中涉及到齐周自家的财产和"同居共活"的大家的财产问题。

二　同居合活模式下的经济纠葛

齐周与从兄这样的家庭关系反映了"同居合活"情况下的经济纠葛。所谓"同居合活"，按照法律规定，有"户为同居"和"同财共居，不论户之异同"的区别①。"同居"作为一种法律术语，沈家本《历代刑法考》有"同居考"。在汉代，"同居"指同一户籍的居民，即"户为同居"，在唐代则偏重共财，而

① 参见唐刚卯《封建法律中同居法适用范围的扩大》，《中国史研究》1988 年第 4 期。

不管其同一户籍与否。

我们讨论的这份文书大约是当事人龙藏写给当地官府以请求作出仲裁的。齐周的父亲与伯父大约早就分房而过，有各自的家庭。但是齐周仍然与从兄大哥一家“同居共活”。文书作于吐蕃统治时期，其事大约属于唐代“同财共居，不论户之异同”的情况。在这里两家仍然有分有合。有大家公共的财务，也有各自的财务。现在提出要“别居”，就有一个再次分家的问题。“同居共活”在敦煌又叫“合活”、“同活”①，也就是说本来不是一家人，但是却在一起共同生活，因而其财产有分有合，容易发生纠纷。从齐周与大哥的情况来看，他们的父辈本来已经分家，但是齐周又与伯父及从兄弟一家“同居合活”。所以才出现在财产上纠葛不清的情况。这些纠葛主要是：

第一，在婚嫁及丧葬所涉及的财务问题上，嫁女所得财礼归小家使用，而有关开支却用“大家”的财物，娶妻所纳财礼从大家中出，而妇人死后的衣物等却归小家所有。伯伯在世时耕种私田30亩，收获全部归大哥之家，而伯伯的丧事开支却从大家中支付。

第二，在过去分家遗留的财务问题上，父辈的财产分割有争执。如谓齐周父亲分得九张床，实际上当时家里仅两间房子，如何能安得下九张床之类。

第三，在同居合活期间各自所得财产的分配问题上，齐周所获得的牲畜以及耕种土地、经营酒店等的收益供大家中使用，而大兄纳突税并取大家的财物交纳。

第四，强调齐周本人拥有的财物，都另外有财产来源，不是从大家中得到。诸如庄园舍宅、家中什物，“并是齐周营造”。

总之，无外乎婚嫁丧葬及家庭经济生活问题。发生以上这些冲突的关键原因，乃是大家之中还有小家，大家与小家的财产时分时合，所以在“别居”时会有许多财产不清的糊涂帐。

在中古时期，类似这种“同居共活”的家庭结构关系具有普遍意义。

《旧唐书》卷一二〇《杨玄琰传》：“生平无留蓄，中外食其家常数十人”。这个“食其家”的“家”是杨玄琰的小家，但是姻亲戚属“食其家”实即同居共

① 参见郝春文《唐后期五代宋初敦煌僧尼的社会生活》，北京，中国社会科学出版社，1998年，第83~88页。

活之意，又共同构成了一个大家。

《新唐书》卷一三〇《裴漼传》：从祖弟"宽兄弟八人，皆擢明经，任台省州刺史。雅性友爱，于东都治第，八院相对，甥侄亦有名称，常击鼓会饭。"兄弟八院相对，构成八房小家，又常击鼓会饭，有共爨同居之意，构成一个大家。

《唐代墓志汇编》大和085《唐故朝散郎行河南虞乡县尉李公墓志铭并序》："家业丰厚，足自赡给，而宗族弟兄，远近咸至，同居共食，无所间异，不十数年，荡然靡余"。显然，宗族兄弟是各有其家的，但是他们又同居共食，成了一个大家。又郑鲁在兄弟去世后抚育孤孀，将外地侄嫂迎来一起过活，说"吾家毕集矣"①。显然郑鲁与兄弟本来各有其家，但是他们又共同组成一个大家，在一起生活后，这个"吾家"才算"毕集"了。

嗣曹王皋的母亲太妃郑中（711～782），"年十有四，归于公族。居廿四岁而先嗣王即世。王屋天坛之下，有别墅焉，太妃挈今之嗣王与女子子，洎夫族之叔妹未冠笄者，与本族凋丧之遗无告者，合而家之。居无生资，勤俭自力仁以恤，智以图，使夫饥待我粒，寒待我纩，婚姻宦学蒸尝之礼，待我以时"②。这里的所谓"合而家之"究竟应该如何理解，当然还可以研究，但是这被合的若干"小家"与合之以后的"大家"应该还是有些区别的。

总之，以上正史及墓志中的材料都表明，像齐周与伯父及兄弟那样在各自的小家之外，又有一个在一定时期或一定程度上的同居共活的大家，是比较普遍的现象。以上墓志或史传留下的都是美谈，说明实际生活中并不是典型的例子，而是少见的事情，比较普遍的可能是象齐周和他的伯伯从兄那样，由于大小家的不分，造成财产上的纠葛③。

三　分家在法律与现实上的两重意义

为什么会出现像齐周那样"大家"与"小家"之间的冲突？为什么分居

---

① 《唐代墓志汇编》残志031《唐故右金吾卫仓曹参军郑府君墓志铭并叙》，第2558～2559页。

② 《唐代墓志汇编》贞元005《唐赠尚书左仆射嗣曹王故妃荥阳郑氏墓志铭并叙》，第1840页。

③ 敦煌分书或关于分家析产的文书中特别信誓旦旦强调的一点就是财产分割之后，日后不得再发生争论，否则予以处罚。这恰好证明分家引发的纠纷是很普遍的事情。

了的家庭又要同居共活？“齐周现象”是某种个别的现象，还是普遍的现象？是一般的家庭纠纷，还是有更深层的原因值得探讨？

一般说来，分家析产是无代无之的事情，但分家析产后大家与小家的关系却会因时代而异：在中国古代，大家与小家的关系要受到三重因素的左右。一是中央集权制度与地方大族势力关系的制约；二是国家赋税征收制度的影响；三是儒家伦理思想的作用。

秦朝商鞅变法的重要目标之一是要削弱旧贵族的势力，壮大编户齐民力量，因此商鞅的第一次变法便令“民有二男以上，不分异者，倍其赋”。在第二次变法令中甚至“令民父子兄弟同室内息者为禁”①。汉代贾谊批评秦人分家析产的社会风气说“家富子壮则出分；家贫子壮则出赘。借父耰锄，虑有德色；母取箕帚，立而谇语”②。可见，商鞅的政策产生了很大的影响力。秦汉时代的父子核心家庭结构主导地位，便是所谓“汉型家庭”结构。

汉武帝独尊儒术，使儒家伦理价值成为社会上占统治地位的主流伦理价值，鼓励维系大家族成为社会的时尚。东汉时期“举孝廉，父别居”成为社会舆论讽刺的对象。这一方面固然说明了名不符实的背离儒家道德教条的社会现实，另一方面也表明统治者提倡的父子同居共爨的家庭模式被社会认同为正面的伦理价值，“父别居”不为社会正统意识形态所认可③。

曹魏时期正式废除父子异籍的条文，所谓“除异子之科，使父子无异财”④。是从法律上正式肯定汉代以来社会鼓励大家族制度的逻辑结果。于是主干家庭与联合家庭成为社会倡导的家庭形态。但是魏晋南北朝时期特殊的社会政治环境却使大家族制度超出了常规的发展轨道，出现了所谓或百室合户、或千丁共籍的非常态形式。世家大族荫蔽宗党族人，强化了地方分裂势力。尽管这些世家大族内部各个小家庭的组合形态仍然十分复杂，但是从户籍制度上说，他们以一个家庭单元的面目出现。

隋朝统一全国，结束了魏晋南北朝的分裂局面。为了加强中央集权，要对世家大族的势力进行遏制，但又不能不充分认同传统儒家伦理观念，反对

---

① ［西汉］司马迁《史记》卷六八《商君列传》，北京，中华书局，1982年，第2230、2232页。

② 《汉书》卷四八《贾谊传》，第2244页。

③ 杜正胜曾比较东汉较西汉每户的人口数为多来说明儒家观念的普及对于家庭结构的影响，可参。杜正胜《传统家族试论》上，《大陆杂志》第65卷第2期。

④ ［唐］房玄龄等撰《晋书》卷三〇《刑法志》，北京，中华书局，1974年，第925页。

父母在而别财异居。这就形成了其家庭政策上的矛盾性：即一方面举行"貌阅"，"大功以下，兼令析籍，各为户头，以防容隐"①；另一方面又鼓励旨在敦睦风俗的"合籍共居"②。于是父子不得异财别居，主干家庭及共祖家庭便成为魏晋隋唐时代家庭结构的常态，学术界称之为"唐型家庭"结构③。

隋唐时代继承和发展了北朝的均田制度和赋税制度，在租庸调制度下，丁男是纳税和授田的基本单位。但是户等却与户内人丁数量有关，而户殷丁多又是差科派遣的优先条件。因此分家析产可以带来降低户等的好处。唐朝的律令是禁止父母在而别籍异居的："诸祖父母、父母在，而子孙别籍、异财者，徒三年"④。但是尊亲在世而析户的现象仍然十分严重⑤。于是我们在户籍资料上能看到一些国家权力干预的痕迹。例如《唐开元十年(722)沙洲敦煌县悬泉乡籍》于郭玄昉户下的22岁儿子思宗和17岁儿子思楚、19岁女儿伏力及郭妻50岁的李氏下均有"被开元七年十二月十三日符从尊合贯附"⑥的字样，说明政府检括户口，对于已经析籍的有勒令合籍的情况。⑦ 天宝十载敦煌差科簿中，在记载各户差科时，将兄弟、子侄乃至侄孙中的丁男、中男登记在一起，表明差科分派中，合籍共贯的家族原则仍然得到了贯彻⑧。但是，在实际操作上，无论是开元十年敦煌悬泉乡的情况，还是天宝十载敦煌差科簿的场合，合贯前后的大家与小家或者析户后的大家与小家的关系都十分复杂，我们不能认为合户能够贯彻到底。有两种情况可能会发生，一种是从户籍簿或者差科簿上做帐面工夫，即表面上是合籍了，实际上仍然是分居异爨。另一种是像齐周与其兄那样，虽然合居共活，但是大家与小家的财产分别不清，于是，分家的兄弟子侄也构成为一个大家的形态。这个大家的各个小家之间有千丝万缕的经济关系，为日后的财物纠葛埋下了种子。值得注意的是，根据唐朝的法律，父母或祖父母与子孙不

① 《隋书》卷二四《食货志》，第681页。

② 参见冻国栋《隋唐时期人口政策与家族法》，《唐研究》第4卷，北京，北京大学出版社。

③ 关于汉型家庭与唐型家庭的区别参见杜正胜《传统家庭结构的典型》，收入《古代社会与国家》，台北《美术考古丛刊》1，1992年。

④ 《唐律疏议》卷一二《户婚・子孙别籍异财》，第236页。

⑤ 参见冻国栋《隋唐时期人口政策与家族法》。

⑥ 唐耕耦、陆宏基编《敦煌社会经济文献真迹释录》第1辑，第146页。

⑦ 池田温《中国古代籍帐研究》，第234页，中华书局，1984年。

⑧ 西魏大统十三年(547)瓜州敦煌县效谷乡(S.613背)的户口中也有类似的家庭，如白丑奴、白武兴兄弟二人，共有15口人家，又有老母在堂。在户籍上是联合家庭，但在现实中不排除两个家庭有独立的财务，存在大家与小家的关系。

别籍而异财者不坐,即形式上不分家实际上分家不算违法行为。《唐律疏议》卷一二《户婚律》云:“若祖父母、父母令别籍……者,徒二年,子孙不坐”。疏议云:“但云别籍,不云令其异财,令异财者明其无罪。”如果说户籍上同居,而生活中异爨,那么这样的户籍资料反映的家庭结构就十分值得怀疑。如果形式上同居,实际上分爨,那么家庭结构中势必形成大家与小家的复杂关系。为了证明这种情形的存在,我们还可以举吐鲁番文书为例。吐鲁番阿斯塔那191号墓出土的《唐永隆二年(681年)卫士索天住辞为兄被高昌县点充差行事》①:

1 永隆二年正年日校尉裴达团卫士索天住辞
2 兄智德
3 府司:天住前件兄今高昌县点充
4 行讫,恐县司不委,请牒县知,谨辞。

索天住等人的这件上诉被折冲府作了批示:

9 差兵先取军人
10 君柱等,此以差
11 行讫。准状别牒高
12 昌、交河两县,其
13 人等白丁兄弟,请
14 不差行。吴石仁
15 此以差行讫,牒
16 前庭府准状,
17 余准前勘。待
18 举示

这件文书一般用来说明,卫士具有首先被差充征行的义务。索天住等卫士已经被差行,其白丁兄弟,当县不应差行。但是这些卫士与白丁是什么关

① 《吐鲁番出土文书》第6册,第559~560页。

系？如果是同居共爨的关系，为何当地地方官府却不清楚其卫士兄弟已经差行？按照规定，卫士差行应该知会当地州县，我们的解释是这对兄弟不见得是在一个户籍内，很可能是别籍异居或同籍异财，所以地方官府才会忽略了其兄弟已经作为卫士服役的情况。但是在分派差科的时候，他们又有理由要求按照一户人家来派役。《册府元龟》卷四八六《邦计部·户籍》万岁通天元年敕："天下百姓，父母令外继别籍者，所析之户等第，并须与本户同，不得降下。其应人役者，共计本户丁中，用为等级，不得以析户蠲免。其差科，各从析户祗承，勿容递相影护。"这段话可以作三重意义的解读：第一，父母与儿子别居，在一定条件下是允许的；第二，别居后的两个家庭仍然通计派役；第三，这样造成的另一形式的大家与小家关系，仍然会产生财务上的纠纷。

儒家伦理价值观念对于家庭结构的影响也不可小视。儒家作为中国传统宗法文化的代表，强调宗法的亲亲、尊尊原则，以别贵贱、辨亲疏，从而建立一个上下有序、尊卑分明的社会等级伦理关系，达到家族和睦，社会稳定、统一的目的。儒学世家尤其重视大家族（房族）互相赡养救济的伦理价值。王勃《送劼赴太学序》云："且吾家以儒辅仁述作存者八代矣，……使吾徒子孙有所取也。……吾被服家业，沾濡庭训。切磋琢磨，战兢惕厉者二十载矣。幸以薄伎，获蠲戎役，尝耻道未成而受禄，恨不得如古君子四十强而仕也。而房族多孤，饦粥不继，逼父兄之命，睹饥寒之切。解巾奉檄，扶老携幼。今既至于斯矣，不蚕而衣，不耕而食，吾何德以当哉！至于竭小人之心，申犹子之道，饮食衣服，晨昏左右，庶几乎令汝无反顾忧也。"①

又如唐休璟"初得封时，以绢数千匹分散亲族，又以家财数十万大开茔域，备礼葬其五服之亲，时人称之。"②卢倜（727～790）在父母去世后，"处妹四人，未行他族，携持鞠养，皆选择贤良士，咸得其所；兼领诸孤待府君为命者凡六十人。婚嫁即毕，优游淮楚"③。

引据以上诸例旨在说明，大家族中某一优秀成员对于本家族其他成员在婚嫁与赡养上的照顾和救助，是唐代家族制度的特征，也是魏晋南北朝以来某一世家大族荫蔽其他穷困家族成员之积习的遗留。宋代以后建立了比

① 《全唐文》卷一八一，王勃《送劼赴太学序》，第 1837 下～1838 页上。

② 《旧唐书》卷九三《唐休璟传》，第 2980 页。

③ 《唐代墓志汇编》元和 146《唐故大理评事赐绯鱼袋范阳卢府君墓志》，第 2052 页。

较完备的宗族制度,族人中家庭艰难者有族产来抚恤,有族学来保证儿童得到教育。家族之间的救助关系规范化了。其实,在唐代已经有一些士大夫之家努力谋求收族敬宗,建立家族之间的密切联系。著名的于邵《河南于氏家谱后序》可以为此提供一个注脚①。虽然于邵纂述的族谱传世无闻,但是其收族敬宗的基本精神却在宋代得到了实现。

四 小 结

综合以上论述,现把本文的主旨概述如下。

从敦煌文书中,我们发现其时分家析产后的"同居共活"现象。透过这一现象,我们观察到中古时期大家和小家确实具有一种似分似合、亦分亦合的特殊关系,其具体表现为两者在经济与社会生活上有密切联系。

主要有两个方面的原因可以解释。一个原因是与中古转型时期家族形态密切相关。传统的世家大族门阀制度下,或百室合户,或千丁共籍,大家族对于宗族属党的荫蔽十分普遍。隋朝统一以后,命令"大功以下,兼令析籍",目的上消解世家大族的势力,在传统世家大族制度在隋唐中央集权的打击下逐渐走向解体。在宋代"敬宗收族"新的宗族制度建立以前,宗族中或家族里血缘关系比较近的家庭之间仍然保持着某种经济上的密切联系,是十分必要的。这样既符合传统儒家的伦理精神,也符合社会整合与调节的需要。

第二个原因是与中古转型时期特别是唐代的法律制度密切相关。小家庭从大家庭中裂变出来,本来是古今中外家庭演变的基本轨迹。唐代法令"凡差科,先富强,后贫弱,先多丁,后少丁"②,又更加使富室多丁之家为规避徭役采取分家析产的方式。然而无论是从儒家的孝义出发,还是基于防止赋税流失的考虑,政府都是禁止父母在而别籍异居的。国家权力对家庭结构进行强力干预的结果,反映在户籍制度上就出现了种种变通办法:或者强令与尊亲合籍,或者承认同籍共财的合法地位,规定析户后仍然要负担析

① 《全唐文》卷四二八,于邵《河南于氏家谱后序》,第4366页。

② 《唐律疏议》卷一三《户婚·差科赋役违法》,第251页。

户前的差科；或者在派遣差科时通计本已分居的大家与小家的丁口来派遣差役，等等。这些并不是地方官府欺瞒中央在户籍问题上造假，而只是由于儒家理想与现实之间、法律与制度之间存在着巨大的差距。传统的家族制度还无法反映这种差距，从而导致分家析产后大家与小家关系的复杂化。于仕宦之家，或为救助亲属的美谈；于普通人家，则很可能象齐周那样导致因“同居共活”引起的种种财产纠纷。

分家析产后大家与小家的关系，表面上是家庭内部的关系，实际上是家族内部的关系。表面上是家庭结构和家庭形态问题，实际上是家族结构与家庭、家族与国家权力的关系问题。宋代以降新产生的宗族制度，通过宗族内部成员救助行为的规范化，反而简化了分家析产后大家与小家的关系，从而也带来了社会上家庭结构相应的变革。

唐宋时代赋役制度发生了重要变化，特别是从以人丁为本到以资产为宗的征收赋役原则的改变，促使国家权力逐渐地不再十分在意分家析产所带来的赋税损失，亦即不再着意于将分开的家庭在差科簿上人为地结合在一起。这样国家对于家庭制度的行政干预也就相应地减弱了。宋代以后的法律虽然也反对父母在而分家析产，但是只是具文而已，象唐代那样强令与尊亲合籍的事不再出现。宋代以后新的宗族制度建立了族学、族产与族田，也力图从制度上保证大家族之外贫困小家庭的生存问题。于是唐代盛行的士大夫之家个人的救助行为变成宗族内部规范化的救助行为。唐代大家与小家之间常见的经济纠葛也因此而减少。

当然分家析产带来的家庭经济纠纷是古今皆然的事情，只是在中古时期有其更为独特的背景条件，所以表现的比较突出，因而结合敦煌文书略为拈出，敬请方家教正。

第四章　唐代农村家庭生计探略

敦煌文书P.4992号《马军氾再晟状》记载了一件案情：氾再晟在父亲故世时年仅十三岁，与寡母和三个妹妹艰辛度日。后来得知父亲生前竟然有一个外室，生同父异母弟保保。双方认了骨肉之亲，氾家还做主为保保娶了媳妇，“承望同心戮力，共荣家计”①。这是一个外宅男归宗之后引起的案情。后来的发展涉及到非婚生子女问题，同父异母兄弟和同母异父兄弟之间的感情关系、财产继承等一系列问题，于此姑且暂时勿论。“同心戮力，共荣家计”乃是这个家庭的奋斗目标。

家庭是一个生产单元，更是一个消费群体。所谓家计，又称家庭生计，俗话叫“过日子”。它是一个家庭为了满足家庭群体的日常消费而作出的生产和生活安排，是经济收入和消费开支等全部活动的总和。究竟一个家庭在经济上怎么过日子？有哪些经济和消费上的安排和活动？涉及的问题非常多。本文仅选取家庭日常生活面临的几个主要问题进行讨论。

一　农家经济生活

根据《四时纂要》及其他有关资料的记载，唐代一般家庭餐桌上的主食，主要有粟麦稻。中国自新石器时代以来就逐渐形成了北粟南稻的粮食格局。唐代大田粮食作物最重要的变化就是稻逐渐取代粟在粮食生产中的主导地位，麦的种植面积也不断扩大，粟在农家产品中的地位被冲淡。例如，

---

① 《法藏敦煌西域文献》(33)，上海古籍出版社，2005年，第343页上。下简称《法藏》。参见唐耕耦、陆宏基编《敦煌社会经济文献真迹释录》(二)，北京，全国图书馆文献缩微复制中心，1990年，第314页。下简称《真迹释录》。

在贾思勰的《齐民要术》中，谷（即粟）被列为各种粮食作物的首位，麦稻的位置明显靠后。而在唐人编撰的《四时纂要》关于大田农事活动安排的记载中，粟、麦、稻都在农家生活中占重要位置，而以大小麦的记事最多①。敦煌买卖文书中，以麦子为计价单位的文书多于粟，有人断定河陇地区麦和粟的收入比例大约是三比二，认为麦子是更为普遍的农产品②。

当然，农家种植什么，不种植什么，要受到各方面条件的制约。除了自然条件、历史传统、栽培与种植技术的限制外，主要取决于两点：一是国家赋税的征求，二是农家生活的需求。虽然唐代农业生产的总体情况较南北朝变化不大，但是，麦子的种植比重明显变大。更重要的是，在唐代还出现了稻麦复种的两熟制。如岭南有双季稻，吐鲁番盆地是谷麦两熟制，在黄河流域，也有两年三熟制的稻麦或谷麦复种制，以及绿肥作物与谷类作物的复种，只是还不太普及。此外还有各种豆类和胡麻等杂粮。值得指出的是唐代粮食产品中有叫做薯蓣和薏苡的新品种。薯蓣俗称山药，是一种根块作物，含有丰富的淀粉和蛋白质等营养成分。薏苡是一种草本植物，果仁俗称薏米，富含淀粉，可以加工成面食，也可以入药。杜甫《发秦州》诗中有"充肠多薯蓣，崖蜜亦易求"③的话，说明当时薯蓣是穷人家食用的粮食，但也流露出更喜爱粟麦稻等五谷粮食的意思。

土地和农具是农家最重要的生产资料。学者一般认为，唐代社会的自耕农仍然占相对的多数④。出现这种情况的原因很多，从客观上说，唐代仍然属于可耕土地有待开发的时代，农民具有一定的生产能力就有可能获得土地，或者到官方去请射土地，或者去耕种无主荒地。唐代的均田制其实就是基于这种客观情况而颁行的。

与作为一种自然资源的土地不同，耕牛和铁制农具却是一种需要财力购买才能获致的生产资料，也是唐代一般农家最缺乏的生产资料。例如敦

① ［唐］韩鄂撰，缪启愉注释《四时纂要》关于大田农事的记载中，对于麦子的记载有 7 条，粟和稻的记载各 4 条，显示出麦子的种植技术和农事安排比其他粮食作物更加受到农家关注。北京，农业出版社，1981 年。

② 参见郑学檬等《中国经济通史》第四卷（杨际平执笔），长沙，湖南人民出版社，2002 年，第 407～409 页。

③ ［唐］杜甫撰，［清］仇兆鳌注《杜少陵集详注》卷八《发秦州》，北京，文学古籍刊行社，1955 年，第四册第 76 页。按，该书系文学古籍刊行社据民国商务印书馆万有文库十册本重印，合订为四本。这里所说册数是就原书十册而言，下同。

④ 参见张泽咸《唐代阶级结构研究》，郑州，中州古籍出版社，1996 年。

煌书仪有云:“农具既多,[所耕自广,此皆]相公为霖救旱,如渴指梅。”意思是只要有了农具,就可以耕种更多的土地。“又缘种莳,例乏耕牛,农器之间,苦无钢铁。先具申请,未有处分。冬不预为,春事难济”①。意思是说由于缺乏钢铁农具和耕牛,需要冬季预先有所准备,方可保证春耕需要。正是由于这个原因,地方官员扶持农民的重要措施之一就是给他们提供生产农具。宪宗元和时期,凤翔节度使李惟简为了发展农业生产,“益市耕牛,铸鎛钐鉏劚,以给农之不能自具者,丁壮兴励,岁增田数十万亩”②。徐申在韶州的情况也类似,由于“比屋庸亡,公田为芜,公乃假之耕牛,赋与种食,人人自占”。六年后,该州人户从最初的七千户增加到一万八千户③。可见对于当时的农民来说,从事农业生产的主要障碍有时候并不是缺少土地,而是缺少耕牛和农具等生产资料。可以想见,如果像罗珦在庐州那样,“有不耕之田,有能兴耒耜者听耕之,所耕之田因为之主”④,那些劳力多的农民家庭,只要有了耕牛和农具,自己的产业就会扩大。

农耕生产中最重要的工具是犁铧。犁铧一类的农具最早是从耒耜发展而来的,耒耜从木石到金属(如铜)的发展,特别是春秋战国时期铁器农具以及畜力耕作技术——牛耕的出现,改变了农业生产的面貌,是社会发生巨大进步的动力和标志。秦汉时代牛耕更加普及,魏晋南北朝时期二牛抬杠式的耕作方式比较普及。唐朝陆龟蒙有《耒耜经》,是中国古代最早也是最详备的关于犁铧的文献。该文所记载的江东曲辕犁是当时最先进的农具。

根据现代学者对陆龟蒙江东犁的研究,它的优点是改变了耕牛的挽拉方式。不再是二牛抬杠式的牵引,把横架在两牛之肩上的横轭(即犁衡)改成了单牛脖子上的曲轭。曲轭与犁辕之间通过可以转动的犁盘以软套相连,从而大大缩短了犁辕的长度,犁架的重量也因而减轻,耕地时转动更加灵便。虽然江东犁还有需要改进之处,例如,其犁身似乎过长(“辕修九

① S. 1483V《吐蕃占领初期汉族书仪》,赵和平《敦煌写本书仪研究》,台北,新文丰出版公司,1993年,第443、455页。

② 《韩昌黎集》卷三〇《李公墓志铭》。

③ 权德舆《金紫光禄大夫检校礼部尚书使持节都督广州诸军事兼广州刺史御史大夫充岭南节度支度营田观察处置本管经略等使东海郡开国公赠太子少保徐公墓志铭并序》,《全唐文》卷五〇二,第5109页;李翱《唐故金紫光禄大夫检校礼部尚书使持节都督广州诸军事兼广州刺史兼御史大夫充岭南节度营田观察制置本管经略等使东海郡开国公食邑二千户徐公行状》,《全唐文》卷六三九,第6458页。

④ 杨凭《唐庐州刺史本州团练使罗珦德政碑》,《全唐文》卷四七八,第4884~4885页。

尺”,“犁之终始丈有二”),似乎很难说灵便。但是,它是由一牛挽拉似乎可以定论。在《耒耜经》这篇六百多字的文献里还介绍了其它几件重要农具。比如“耙”、“砺礋”等,用以破土块、碾地面。

曲辕犁的出现,对于小农家庭最重要的意义是,它摆脱了二牛抬杠式的笨重结构,从而更方便配置。犁盘和软套的使用,牛轭的相应改进,使它在狭窄的田头地弯均可以转圜自如,适用于小块土地上耕作。于是,一家一户的农业耕作方式具备了更加独立和便利的条件。但是,曲辕犁的记载出现在晚唐时期,究竟在唐代的普及程度如何,还不十分清楚。北方地区是否使用江东曲辕犁,尚无材料证明。从敦煌壁画的有关记载来看,二牛抬杠式的大型犁铧还在使用。樊绰《蛮书·云南管内物产第七》更说:“从曲靖州已南,滇池以西,土俗惟业水田……每耕田用三尺犁,格长丈余,两牛相去七八尺,一佃人前牵牛,一佃人持按犁辕,一佃人秉耒。”①这里的畜力耕作活动需要三个劳动力。因此,西汉的贫民“木耕手耨,土耰淡食”②,不能说唐代完全没有。是木耕手耨或人力的耦耕,抑或是使用单人耕作的曲辕犁,还是使用河西二牛抬杠式耕犁,乃至樊绰《蛮书》中的二牛三人的老式犁?这都对当时农村家庭生产会有不同的影响。我们可以设想一下,只有几亩、十几亩土地的农户,很难有力量使用牛耕技术。从《四民月令》、《氾胜之书》到《齐民要术》、《四时纂要》,我们会得到一个强烈的认识,就是汉唐时代的北方农民很可能通过精耕细作提高单位面积产量来增产增收。汉代区田法就是通过投入大量劳动力,以达到提高粮食单产量的技术③。

唐代小块土地使用的耕作工具主要有长镵(当即长铲),也就是踏犁。杜甫的诗句“长镵长镵白木柄,我生托子以为命”④,所言的长镵大约与后世的铁锹相似。镢和铁耙、铁搭也是土地耕作中常用的农具。此外有斸(劚),松土除草的农具,属锄类。聂夷中《田家》之一“父耕原上田,子劚山下荒”⑤,北魏贾思勰《齐民要术·种芋》引《氾胜之书》:“芋生根欲深,劚其

① [唐]樊绰撰,向达校注《蛮书校注》卷七,北京,中华书局,1962年,第171页。

② [汉]桓宽撰,王利器校注《盐铁论校注》卷六《水旱》,北京,中华书局,1992年,第430页。

③ 万国鼎《区田法研究》,载《农业遗产研究集刊》第一册,北京,中华书局,1958年,第7~50页。

④ 《杜少陵集详注》卷八《乾元中寓居同谷县作歌七首》,第四册第87页。

⑤ 聂夷中《田家二首》,[清]彭定求等编《全唐诗》卷六三六,北京,中华书局,1960年,第7300页。

旁，以缓其土。"[①]这些都不是唐代发明的新农具，在汉代甚至以前就已经使用，但是，仍然是唐代农家必备之物。

收割方面的农具主要有钐，这是一种长柄的大镰刀。尤其是唐代北方农民家庭大量种植麦子，相关的重要农具就是钐，供收割麦子时使用。麦子的广泛种植还带来加工麦子的动力问题。唐代碾硙的推广，就是随着小麦的广泛种植而发展起来的。稻谷的食用可以不用水磨，但是，麦子却要磨成粉才好食用。碾硙不是每个农民家庭都能置办的，这就引发普通农家经济交换的需求。

水稻的种植还带来灌溉工具的发展。大的水利工程，当然须政府来主持。地方长官的德政之一也就是兴修水利。所以，在政治清明、社会安定的情况下，政府主持的水利工程可以为许多中小农户家庭提供水利上的援助。国家设立渠长、斗门长，由 50 岁以上的勋官和停家职资有干才的人担任，"至溉田时，乃令节其水之多少，均其灌溉焉"[②]。在南方池塘湖汊比较多的地方，小型灌溉农具一般为农家所必备之生产资料。前代使用的戽斗、桔槔、辘轳、翻车（水车的一种）等仍然是农民家庭的主要灌溉工具。戽斗是用藤条、竹蔑等做成的灌水工具，可一人使用，也可以两人使用。桔槔是用杠杆原理从井中汲水的一种装置，它比抱罐打水是一种进步，在春秋时期已经普遍应用。辘轳是利用滑轮原理的提汲机械，比较原始的辘轳在汉代即已广泛施用。翻车是水车的一种，后世的龙骨车应该是其改进型。唐代一般农民家庭无力置办大型农具，只好仍然因陋就简。比如戽斗一直到明清时期还是江南农家的常用农具。桔槔、辘轳更不用说了。宋人陆游《喜雨》："水车罢踏戽斗藏，家家买酒歌时康。"其《村舍》之四："山高正对烧畲火，溪近时闻戽水声。"当然，这里的"戽水"未必是以戽斗汲水，乃泛指浇灌。黄梅戏《天仙配》里的挑水浇园也是农家常用的灌溉方式。徐光启《农政全书·水利·戽斗》："凡水岸稍下，不容置车，当旱之际，乃用戽斗。"[③]其所附戽斗图展示两人对举戽斗从池塘舀水溉田。新增加的水车品种是筒车。这种筒车与纺车相似，只是将竹筒绑在车的传动带上，利用水流冲击的力量，

① [北魏]贾思勰撰《齐民要术》卷二《种芋第十六》，北京，农业出版社，1963 年，第 31 页。

② 《唐六典》卷二三《将作都水监》，第 599 页。

③ [明]徐光启撰，石声汉校注《农政全书校注》卷一七《水利·戽斗》，上海，上海古籍出版社，1979 年，第 435 页。

将水从低处转出到高处。南方的圩田的开发就是建立在水利灌溉技术提高的基础上的。总之,个体农民的灌溉方式从唐宋以降并没有太大的变化。

二 农家经济与市场的联系

古代农家经济是一种混合的综合经济,除了农业生产外还有畜牧业、林业、渔业和副业。只是不同地区不同时期各种经济所占的比例不一样而已①。总体而言,中国古代农桑并重,汉地农家主要采取男耕女织的经济生活模式,蚕桑与纺织是家庭最重要的副业。有诗描写其时农家夫妻生活云:"夫是田中郎,妾是田中女。当年嫁得君,为君秉机杼。筋力日已疲,不息窗下机。如何织纨素,自着蓝缕衣。"②这首诗的前面三句是讲农家夫妇辛苦地过着男耕女织的生活。最后一句则暗示出,农家身上穿的是自家生产的粗布衣服,而精细的丝织品则被迫出售或者交纳给官府。

中国的养蚕技术起源很早③。中古时代蚕桑业的中心在黄河流域,但南方的蚕桑业已经有一定的发展。中古的均田制度都有桑田或者种桑树若干棵的规定,可见蚕桑业的发达。《氾胜之书》中桑树苗的种植没有用嫁接的方法,但已经有黍、桑混种的④。唐代桑树苗木的繁殖方法也还是以种椹和压条为主,一般实行田间的间作栽培。根据《四时纂要·正月·移桑》的记载,由于采取修剪和压枝等技术培养出树干低矮的桑树,桑树栽培已经出现专业化和园圃化的倾向。这样,农家的桑树苗就有可能通过市场化的途径获得。

"一夫之耕,才兼数口;一妇之织,不赡一家。"⑤蚕桑等副业收入究竟在家庭生活中占有多大比例,是很难一概而论的。北魏最初的均田制设计,一个农户拥有的桑田20亩,种桑50棵(出麻布之乡则给麻田10亩),其实是桑树之余,尚可以种植粮食作物。也就是说,桑树和粮食作物是混种关系,

① 张泽咸《汉晋唐时期农业》就分区对各地主要农业经济成分进行了描述。北京,中国社会科学出版社,2002年。

② [唐]孟郊《孟东野诗集》卷二《乐府下·织妇辞》,上海,上海书店,1987年,第11页。

③ 参见章楷、余秀茹《中国古代养蚕技术史料选编》,北京,农业出版社,1985年。

④ [汉]氾胜之撰,万国鼎辑释《氾胜之书辑释》,北京,农业出版社,1963年,第168页。

⑤ 《唐会要》卷八三《租税》,第1815页。

并非桑田只是植桑，其余农田才种粮①。蚕桑业的收入主要是为了完税的需要，有余则供自家使用。但是，正如前面孟郊《织妇辞》所显示的那样，也有一些农家除了普遍自用的纺织品外，应该还有一部分可以向市场出售。更有一些专业技术精良的织户，成为向官府提供上贡纺织品的专业户。

蚕桑的种植，根据杨际平的研究，《齐民要术》时代是每亩 2.4 株，《四时纂要》记载北方地区的专业桑园是每亩植 9~10 株②。前引“种桑百余树”则是有桑田 10 亩左右，与“种黍三十亩”之间的比例大体还是相称的。如果说“故人具鸡黍”描写的是小康生活的水准，那么富裕人家则是更上一层楼了。

此外的家庭副业还有果树和材用树木的种植，竹木器物的编织制作，酒、酢、酱、豉等的酿造，以及家畜家禽的饲养等等。家畜之中，羊、猪最普遍；家禽之中，鸡、鸭最普遍。唐朝益州新昌县令夏侯彪之初到任，“问里正曰：‘鸡卵一钱几颗？’曰：‘三颗。’彪之乃遣取十千钱，令买三万颗，谓里正曰：‘未便要，且寄鸡母抱之。遂成三万头鸡。经数月长成，令县吏与我卖。’一鸡三十钱，半年之间，成三十万。”③这个贪官荒唐的敛钱法姑且不论，大约百姓养鸡，卖鸡蛋或者肉鸡，都可以赚钱。只是价格在这里有比较大的问题。鸡蛋一钱三颗已经比较贵，肉鸡一只无论如何不应该值三十钱。唐太宗禁止御史到州县食肉，以免扰民，但是，御史马周吃鸡，则不算违禁④。据《夏侯阳算经》卷下《说诸分》，5 文钱可以买鸡 3 只⑤，鸡价似乎又太低了些。粗略估算，肉鸡的价格总在 2~30 文之间⑥。

据《云仙杂记》卷三《蓄鸭》记载，有人养鸭万只，每喂一顿食，需要饲料 5 石米⑦，则每养一只鸭，每顿饲料要 0.05 升米，大约相当于 1 两米左右。

---

① 邢铁《均田制与租庸调关系的辨析》，载《云南民族学院学报》1991 年第 2 期。

② 杨际平《唐田令的“户内永业田课植桑树五十根以上”——兼谈唐宋间桑园的植桑密度》，《中国农史》1998 年第 3 期。

③ 《太平广记》卷二四三《夏侯彪之》，第 1880 页。

④ 《新唐书》卷九八《马周传》，第 3901 页。

⑤ 《夏侯阳算经》，文渊阁四库全书本，第 797 册，第 243 页下。

⑥ ［唐］段成式《酉阳杂俎》续集卷八《支动》记载，唐穆宗时有一只斗鸡被禁军威远营监军用十四绢强买得，又说还有价值二百万钱的斗鸡。北京，中华书局，1981 年，第 275 页。农家自养的鸡无法与斗鸡的价格相比，但斗鸡价格如此之高并不可信。

⑦ 《云仙杂记》，四部丛刊续编本，第 54 册，上海，上海书店影印，1984 年，叶 9A。关于唐代民间家畜与家禽饲养情况，参见乜小红《唐五代畜牧经济研究》第六章，北京，中华书局，2006 年。

一只鸭一次喂食 1 两米，应该是可信的。可见圈养家禽的成本其实是很高的。总之，尽管家禽的养殖成本高，收益并不很高，但是，它却可以成为农家获取货币的最方便途径，是农家比较普遍的副业。

唐代是一个商品交换相当发达的时代。不仅许多非农家庭要依靠市场获得家庭的生活必需品和奢侈品，而且农家生活也离不开商品交换。即使是农村家庭消费和生计也打上了浓厚的商品经济的烙印。

图表 4-1　唐农副产品加工增值估算

原料	单位	加工项目	产品数量	原料成本价值	产品估算价值	附注
糯米	每斗	酿酒	一斗四升	80 文	150x1. 4	
大豆	每斗	造豉	一斗五升	35~40 文		
小麦	每斗	造曲	五斤	49 文		
麻	三斛三斗	作油	一斛	55x33		
糙米	一斗五升	熟米(碾)	八升	90 文		糙米每斗估价 60 文
糙米	一斗	熟米(舂)	九升	60 文		
丝	五两	织纱	一匹	5x170 文		

资料来源:《夏侯阳算经》卷下《说诸分》。

谷物加工需要碾碎机械。中古时代碓、磨、碾等机具加工体系获得进一步发展，尤其是水力动力机械的发明堪为重要成就①。一般农村家庭，男劳动力在田间劳作，家中的妻子和未出嫁的女儿少不了要承担粮食加工的任务，即所谓“田家秋作苦，邻女夜舂寒”②。麦子的广泛种植使加工动力问题更加突出。粟米的食用可以不用水磨，但是，麦子却需磨粉食用。所以，唐代碾硙(包括石碾和水磨)的推广，就是随着小麦的广泛种植和对于精细稻米加工需求的增长而发展起来的。农村的动力系统除了人力之外，当然主要是畜力、水力。一般农家未必需要配置碾硙这样的装置，于是市场化经营成为必然，从而就带来普通农家经济交换的需求。城市里有专门的以替人进行谷物加工的所谓“磨家”，使用牛作为加工的动力工具③。而像高力士

① 参见王利华《中古华北饮食文化的变迁》，北京，中国社会科学出版社，2000 年，第 147~160 页。

② [唐]李白撰，[清]王琦注《李太白全集》卷二二《宿五松山下荀媪家》，北京，中华书局，1977 年，第 1024 页。

③ 《太平广记》卷三六三《王愬》，第 2884 页。

等人占据渭水好的地势，设置水碾（硙），以提供小麦的加工服务①，显然也是基于社会上有这个需求。

城乡居民还有许多生活用品，需要从市场获得，比如食盐的消费曾经是唐代后期一个严重的社会问题。市场上的盐价很高，政府管制食盐的生产与销售不力，不法奸商私贩牟取暴利，盐成为许多普通家庭食桌上昂贵的消费品。还有布匹的染色，虽然根据《四时纂要·五月·燕脂法》的记载可知，一般家庭已掌握一些简单的染料制备和染色工艺②，但是，体面一些的面料的纺织与染色，还是需要比较专门的织染技术与机械，这也需要到市场上获得。

促使农家经济生活与市场发生联系的还有以下因素。唐代社会需要从市场上获得农副产品的家庭和人口有一个庞大的规模。唐代的县级城镇数以千计，州府级行政中心不下三百。这些城镇居民有相当多不事农业生产，而是从事商业、饮食、旅店、娱乐、工艺等行业的。唐代军队人数大约在百万左右，官吏之家亦以万计，僧侣、道士等不耕而食、不蚕而衣的宗教人士更是数量巨大，这些人或者他们家庭餐桌上的食品和起居的服装，当然不都是从市场上购买而来，但是，至少是从不同的途径交换或者变相交换而来。这就说明农家的产品具有比较广阔的市场空间。因此，在农业生产技术已于农业增收中占有较大的比重时，农村家庭的相对专业分工有可能超过我们想象而比较广泛地存在。也就是说，农民家庭种植自己最拿手的作物能够取得最大的收益。这种情况又进一步加强了市场的发育和农家生计与市场的密切联系。《齐民要术》已经提到住在城市附近的人家，“务须多种瓜菜茄子等，且得供家，有余出卖。只如十亩之地，灼然良沃者，选得五亩，二亩半种葱，二亩半种诸杂菜，似邵平者，种瓜、萝蔔”③。各种蔬菜的经营管理十分复杂。这些菜蔬于自家食用之外，还可以卖给城里人，从中可以看出城郊农村家庭与城市经济的联系。我们看到唐人小说《定婚店》中的陈婆就是种植蔬菜的，而且送到城里去卖。小说《张老》中主角娶了一个士族家的女儿，

① 《旧唐书》卷一八四《宦官传·高力士》，第4758页。
② 《四时纂要校释》夏令卷之三《五月·燕脂法》，第137页。
③ 《齐民要术》卷首《杂说》，第2页。

他的职业也是种菜①。白居易《卖炭翁》中以卖炭为生的老人的家庭主要消费品未必是自己种植的。

贾思勰《齐民要术》中还提到这样一件事：

> 一顷收花，日需百人摘；以一家手力，十不充一。但驾车地头，每旦当有小儿僮女百十余群，自来分摘。正须平量，中半分取。是以单夫只妻，亦得多种。②

能够种植一顷花的农户，至少是专业养花户，或者是有独立生活地位的富裕农户。他们利用农村贫穷人家的童工得以从事规模较大的花卉种植业（种花用来制作染料香料等）。这里的"中半分取"可以看做是童工的工酬③。这虽然是北魏人的记载，但是，无疑也可以看到中古时期农村家庭在农业生产之外，从事多种经营的一些蛛丝马迹。《太平广记》有一则故事说："九陇人张守珪，仙君山有茶园，每岁召采茶人力百余人，男女佣功者杂处园中。"④这位种植茶园的家庭恐怕也属于农村多种经营的专业户。

此类事也说明农村家庭临时雇佣情况，而这正好可以与敦煌和吐鲁番的许多雇佣契约文书相印证。比如北凉玄始十二年（423 年）"翟定辞：昨廿一日顾（雇）王里安儿、坚强耕床到申时，得大绢□疋"⑤。这显然是家庭雇佣，这种情况并不少见。如 Дx. 12012 所见的那样，农民家庭雇佣的主要原因大都是"缘家内欠少人力"，于是雇佣某人"营作九个月"，雇价一般每月一驮麦，并供给工作时所穿的皮鞋类物品⑥。

总之，唐代一般农民家庭经济生活，并不是一个完全封闭的经济体，它

---

① ［唐］李复言撰，程毅中点校《续玄怪录》卷四《定婚店》，第 186 ~ 188 页；［唐］牛僧孺撰，程毅中点校《玄怪录》卷一《张老》，北京，中华书局，2006 年，第 8 ~ 11 页。

② 《齐民要术》卷五《种红花蓝花栀子第五十二》，第 72 页。

③ 此说参见石声汉《从齐民要术看中国古代的农业科学知识》，北京，科学出版社，1957 年，第 64 页。

④ 《太平广记》卷三七《阳平谪仙》，第 235 页。

⑤ 《北凉玄始十二年（公元四二三年）翟定辞为雇人耕床事》，中国文物研究所、新疆维吾尔自治区博物馆、武汉大学历史系编，唐长孺主编《吐鲁番出土文书》［壹］，北京，文物出版社，1992 年，第 39 页。

⑥ 《敦煌社会经济文献真迹释录》第二辑、沙知《敦煌契约文书辑校》收入此类文书甚多。此处所引见《俄藏敦煌文献》第 16 册，上海，上海古籍出版社，2001 年，第 22 页下。参见余欣《新刊俄藏敦煌文献研读札记》，《敦煌学辑刊》2004 年第 1 期，第 18 页。

们与市场有千丝万缕的联系。这种状况大致是与唐代城市里坊市界限被打破,农村墟市、草市等地方小市场逐渐兴盛的历史趋势相一致的。

三 农家生产成本

农家生产成本主要是耕牛、农具和种子。有人曾经计算唐代官营生产成本,可以作为我们考察农民生产资料配置的参考①。据《宋会要辑稿》食货三之一七《营田》载,政府安置"归正人"所提供的农具有:每两个种田的劳动力提供耕牛一头,犁、耙各一副,锄、锹、镢、镰刀各一件。每三头牛配开荒銐刀一副。若干家(五家)提供踏水车一部和石辘轴二条,木勒泽一具②。我们可以设想唐宋时代农家平均两个劳动力,其生产工具的最起码配置参用此例。

先说耕牛。耕牛的价格,根据《唐律疏议》卷一五《厩库》,一牛"直上绢五疋"③。这可以说是内地的情况。大谷文书 3786 号记载开元时期西州用练买牛:8 岁的黑色犍牛(乌伯犍)用 9 匹练;6 岁的灰犍用 7 匹练④。根据大谷文书 3097 号记载的西州绢价是:大练每匹,上值钱 470 文,次 460 文;生绢每匹,上值钱 470 文,次 460 文⑤。则每头 8 岁的黑色犍牛的价值为 4000 文左右,6 岁的灰犍为 3200 文出头。这个价格与大谷文书 3451 号所载西州牛的价格相当,该文书记载的价格是:细犍牛一头,上值钱 4200 文,次 4000 文;次犍牛一头,上值钱 3200 文⑥。

再看农具。锄、锹、镢、镰刀的价格,根据大谷文书 3082 号的记载是:锄

---

① 孙彩云《唐代屯田、营田费用与效益的量化分析——以官营粮食生产为中心》,《中国社会经济史研究》2003 年第 3 期。

② [清]徐松辑《宋会要辑稿》第一二二册《食货三之一七·营田》:"(孝宗隆兴)五年正月十七日,徐子寅言:今往楚州界内相视到空闲水陆官田,敦请到归正头目人傅昌等,劝谕归正人王琮等四百二名,情愿结甲徒官中给借耕牛农具屋宇种粮,请田耕种。今措置条具下项。……每种田人二名,给借耕牛一头,犂杷各一副,锄锹钁镰刀各一件;每牛三头用开荒銐刀一副,每一甲用踏水车一部,石辘轴二条,木勒泽一具。"北京,中华书局,1957 年,第 4844 页上。

③ 《唐律疏议》卷一五《厩库·官私畜产》,第 283 页。

④ 大谷 3786(1)《西州用练买牛簿》,[日]龙谷大学佛教文化研究所、小田义久编《大谷文书集成》[贰],日本,法藏馆,1990 年,第 153~154 页。

⑤ 大谷 3097《物价文书(帛练行)》,《大谷文书集成》[贰],第 23~24 页。

⑥ 大谷 3451《物价文书》,《大谷文书集成》[贰],第 99 页。

一孔,上值钱 55 文,次 50 文,下 45 文①。再根据大谷文书 3100 号的记载是:三斤重的斧一孔,上值钱 110 文,次 100 文,下 90 文;钢镰一张,上值钱 55 文,次 50 文,下 45 文②。犁铧的价格不清楚,犁铧由金属、木头和绳索组成,姑且以 5 倍于斧子的价格计算,大约是 550~450 文之间③。

图表 4-2　唐代基本农业生产工具价格表(单位:文)

名　称	上等价	中等价	下等价	备　　注
耕牛	4200	4000	3200	
犁具	550	500	450	以 5 倍于斧价计算
耙	550	500	450	以等同于犁价计算
锄	55	50	45	
钢镰	55	50	45	
锹	110	100	90	以等同于斧价计算
镢	110	100	90	以等同于斧价计算
合计	5630	5300	4370	

以上只是几种最主要的农业生产资料,其中间价值在 5300 文。但是,还需要其他农具,例如土地平整工具(耙之外,有耢、辘轴等),施肥、灌水工具(桶、戽斗、水车之类),脱粒、碾磨工具(如连枷、簸箕、杵臼之类)④。此外,像锄、镰刀等除草和收割工具,一个农家也不能只是准备一把,而是要两三把。因此实际农家必备生产资料成本远远大于此处的 5300 文,姑且再增加 50%~100%,那么农家生产资料的价值当在 8000~11000 文之间。各种农具的使用寿命很不一样,姑且平均以 8 年为准,则平均每年的折旧消耗在 1000~1400 文上下。唐代粮食价格根据各种资料估算,除了特殊的丰年和灾荒之外,内地一般在斗粟 50 文上下的水准;敦煌地区一般为 27~33 文⑤。我们这里的农具价格是依照敦煌地区估算的,那么粮食价格也应该按照敦

① 大谷 3082《物价文书》,《大谷文书集成》[贰],第 19 页。

② 大谷 3100《物价文书》,《大谷文书集成》[贰],第 24~25 页。按,以上所引大谷文书又见池田温《中国古代籍帐研究——概观·录文》相关部分,可参看。

③ 上引孙彩云文章以《浦柳农咨》中所云 1000 文代替,今不取。

④ 关于唐代农具的概述参见郑学檬等《中国经济通史》第四卷(杨际平执笔),第 345~355 页。

⑤ 王仲荦《金泥玉屑丛考》卷五,北京,中华书局,1998 年,第 124~132 页;卷六,第 190~193 页。

煌价格折算,则1000文相当于粮食3石3斗到4石7斗之间。这就是农家基本的生产资料消耗。

四　住房消费与其他大宗家庭开支

像任何时代一样,住房都是农民家庭最重要的"生活成本"。贾思勰《齐民要术》引谚曰:"家贫无所有,秋墙三五堵。盖言秋墙坚实,土功之时,一劳永逸,亦贫家之宝也。"①住房历来是农家生计安排中最重要的生活基础。

唐代社会仍然是一个等级社会。官民的住宅从法令上说都有制度的规定。例如,《营缮令》就规定,三品以上,堂舍不得过5间9架,厅厦两头房舍,不得过5间5架。四品、五品官员的居宅,其堂屋不得过5间7架,门屋不得过3间2架。至于六品以下官员的住宅,其堂屋限制在3间5架,门屋限1间2架。普通百姓之家的房子规定堂屋不得过3间4架,门屋不得过1间2架②。从宅基地来说,唐朝也有规定,大体是家有3口以下给地1亩,每增加3口就增加1亩,贱口5人1亩③。这是法律规定的园宅地面积,当然不是居宅的建筑面积用地。

至于实际居宅情况,官员与普通百姓之家差别其实很大。长安高官的豪宅姑且勿论,就是白居易在洛阳履道里的居宅也达十七亩④。其中当然不光是住房,还有园池林竹之类附属设施。

图表4-3　中古时期制度规定的官民住宅等级

品官	正房	门屋
一二三品	五间九架	五间五架
四五品	五间七架	三间两架
六七品	三间五架	一间两架
庶人	三间四架	一间两架

① 《齐民要术校释》卷一《种谷》,第46页。

② 《唐会要》卷三一《杂录》,第671页。

③ 《唐六典》卷三《尚书户部》,第74~75页。

④ 《旧唐书》卷一六六《白居易传》,第4354页。

一些家住城里的官绅人家，会在远郊或者乡村盖有别墅，并且偶尔前往居住。“杜陵韦氏子家于韩城，有别墅在邑北十余里。开成十年秋自邑中游焉。”①“江南军使苏建雄，有别墅，在毗陵，恒使傔人李诚往来检视。”②这位军官大约比较忙，就常让自己的勤务兵（傔人）前往照看别墅。《太平广记》还记载，元和中，计真在陕州郊外迷路，见一朱门森然，问曰：“此谁氏居？”答曰：“此李外郎别墅”。据说这个李某“尝从事于蜀，寻以疾罢去，今则归休于是矣”，而计真本人则“家侨青徐间”。他在李家“卜日就礼”成亲后，“留旬月，乃挈妻孥归青徐（不当就有孥）。自是李君音耗不绝”。说明妻子与娘家保持密切的联系。后来，计真挈家调选至陕郊，把妻子留在丈人家，自己来到京师，“明年，授兖州参军，李氏随之官。数年罢秩，归齐鲁”③。这里计真自己和他的丈人家都住在侨居的别墅，而妻子与娘家及夫家之间的往来也很频繁。

除了寺院外，现在很难看到唐朝住房的形制，从出土的住宅模型结构来看，仍然是四合院式为主格调。在坐北朝南的四合院的正中轴线上，分别是南向的大门、中堂、后院和寝房。东西两边的厢房由廊屋组成，后院还有假山。房子的庭院还有栽种树木的。敦煌壁画所见院落旁边还有马厩④。当然一般平民住宅不会有如此排场。富人圈养马匹的地方在农家也许是一排鸡舍或者猪窝，北方有些地方也许是羊圈。农家的门口大都有宽敞的场屋，门后或许有花果园圃。“开轩面场圃，把酒话桑麻”，就是其生活场景的写照。

具体平民住房情况，我们可以看看敦煌文书中几个关于居宅买卖的实例，虽然时代稍晚，但是，一般认为可以作为唐代后期情况的参考。

（1）宋开宝九年（976）敦煌莫高乡郑丑挞的一个卖宅舍契记载的住房分布与面积⑤：

① 《太平广记》卷四五四《韦氏子》，第3712页。

② 《太平广记》卷三九五《李诚》，第3160页。

③ 《太平广记》卷四五四《计真》，第3707～3709页。

④ 参见黄正建《唐代衣食住行研究》，北京，首都师大出版社，1998年，第119页；吴玉贵《中国风俗通史·隋唐五代卷》，上海，上海文艺出版社，2001年，第185页。

⑤ 北生25V《宋开宝九年（976）莫高乡百姓郑丑挞卖宅舍契》，沙知《敦煌契约文书辑校》，南京，江苏古籍出版社，1998年，第32～34页。

图表 4-4　敦煌文书所载唐代住房分布与面积(一)

房舍内容	东西长度(尺)	南北长度(尺)	面积(平方尺)	折合平方米
堂	12.5	28.6	357.5	32.1
上西房	17.9	17.9;21.05	约 384.6	34.6
下西房	38.4	13	499.2	44.92
厨舍	15	16	240	21.2
残地			38.9	3.5
院落	不详	不详		

(2)一个年代不详的卖宅舍契记载的住房分布与面积:

图表 4-5　敦煌文书所载唐代住房分布与面积(二)

房舍内容	东西长度	南北长度	面积	折合平方米
堂	19.9	12.7	252.73	24.1
东房	10.4	18.4	191.36	18.35
小东房子	10.4	8.5	88.4	8.5
西房子	13.1	11.1	145.41	13.97
厨舍	11.1	15.8	175.38	16.86
院落	21	25.7	539.7	51.87
内门道	10	11	110	10.57
外门曲	12	9.4	112.8	10.84
庑舍	12.4	13.8	171.12	16.44
总计面积			1786.9	171.7

总计面积"已前计地皮一千八百三十六尺九寸,合著物五百五十一石七升"①。

(3)S. 3877V《唐乾宁四年(897)平康乡百姓张义全卖舍契》所记载的东房情况:

1　永宁坊巷东壁上舍东房子壹口并屋木,东西一丈三尺伍寸□

2　基,南北贰仗(丈)贰尺伍寸并基。东至张加闰,南至氾文君,西至张义全,北至吴翁翁。又房门外院

① S. 4707+S. 6067《年代不详卖宅舍契》,沙知《敦煌契约文书辑校》,第 46~47 页。平方米的折算参见黄正建《唐代衣食住行研究》,第 142 页。

3　落地并簷棲柱，东西肆尺，南北壹伕（丈）壹尺叁寸。又门道地，南

4　北二尺，东西三丈陆尺五寸。其大门道叁家共合出入。（后略）①

这个契约虽然是习字用的，但内容当反映了当时的真实情况。文书中并有西房的情况："政教坊巷东壁上舍壹院，内西房壹口。东西併基贰仗（丈）伍尺，南北併基壹仗（丈）贰尺三寸。"②从该房舍四至的姓名都不是买卖房舍之人来看，这个房舍似乎只有一间住房。

从敦煌所出 S. 3876 号文书《宋乾德六年（968）释门法律庆深买舍请判凭牒》看，绝户的住房似乎归官府所有。如释门法律庆深因为祖业较少，居止不宽，看中了儒风坊中"张清奴绝嗣舍两口"，在官府缴纳屋价后，要求给与凭由，"以免再有搅扰"③。穷人之家当多住茅屋。申屠澄为汉州什邡县尉，赴任途中，就看见后来成为他岳父的家，乃在"路旁茅舍中"，又称"草舍"④。德宗建中初，青州北海县北有"取鱼人"（渔民）张鱼舟，"结草庵止其中"⑤。有恩于一个有灵性的老虎，某夜老虎"衔绢一匹而来"，草庵"忽被虎拆之，意不欲鱼舟居此，鱼舟知意，遂别卜居焉"，老虎是善待渔舟的灵物。这个衔一匹绢大约就是拆迁张鱼舟草庵的价值。可见一般的草棚并不很贵重，大约决不值一匹绢。

唐代农家非常性大宗家庭开支主要是丧葬费用和婚嫁费用。丧葬费用包括购买墓地的开支和办丧事的花销。就墓地而论，依时代、地区和地段而有很大差异，风水好的墓地价格贵于农田⑥。墓志中可以看到若干关于墓地面积和价格的数据。平民陈子珍的妻子龚氏（744～804）死后，他与儿子少儒为此买一块宅基地做墓地："葬于吴城东北干将乡和合坊界。买陈昭宅

① S. 3877V《唐乾宁四年（897）平康乡百姓张义全卖舍契（习字）》，沙知《敦煌契约文书辑校》，第 8 页。

② S. 3835V《宋太平兴国九年（984）莫高乡百姓马保定卖舍契（习字）》，沙知《敦煌契约文书辑校》，第 39 页。

③ S. 3876《宋乾德六年（968）九月释门法律庆深牒》，《敦煌社会经济文献真迹释录》第二辑，第 305 页。

④ 《太平广记》卷四二九《申屠澄》，第 3487 页。

⑤ 《太平广记》卷四二九《张鱼舟》，第 3486 页。

⑥ 周绍良、赵超主编《唐代墓志汇编续集》天复 002《阎君墓志》，上海，上海古籍出版社，2001 年，第 1168 页。

地一所，东西各长四步半，南北各长四步半”①。平民徐及（751～834）以84岁高龄去世，生前与夫人刘氏养育有五男二女。他们的合祔墓地的面积较大：东面41步，西面41步，南面24步，北面24步。共花了13500文。其中墓穴的面积是四方各13步。这块墓园地于大和五年（831）三月十四日立契购下②。墓地方984步，相当于4.1亩。显然具有很大的规模，足以成为家族的墓地，价值超过了13贯。唐代后期的粮食价格变动很大。贞元时为斗150文③，文宗时的粟价为每斗70文④。如此则墓地价格当相当于粟12～19石之间。徐家男丁较多，而且有两个儿子还在地方上有一定的身份，所以家境比较好。按照这个价格比较，陈子珍家只有一个儿子，家境当较差，其墓地只需要花278文钱，相当于1.8到3.9石粟的价值。

买墓地对于官宦人家当然不是大事，生前早就有所安排⑤。但是那些孤寡人家，丧事的各项开支足以倾家荡产。元和十五年（820）向某的妻子宋氏（759～819）死后，其儿子和女儿等“乃强扶力，苟延残息，罄竭家产，而修葬仪”⑥。

婚丧的开支与前面几项有所不同的是，它一般不属于一个家庭经常项目下的支出。一个家庭的周期中会发生几次。对于那些温饱家庭，每当有婚丧支年，就会有入不敷出之虞。而正常年成则会有所赢余。因此，民间有时候通过结社合作的形式来解决婚丧吉凶突然增大的开支问题。敦煌文书所见的社邑条文，有通知为本社丧事纳财务的“社司转贴”。如索押牙之妻亡，社司通知每个社员纳粟一斗，饼二十个，柴一束，绫绢色物二丈⑦。另外一个纳赠历中总计33户成员纳油31合，饼560枚，粟2石，柴31束。分摊下来大体与上例的数目相当⑧。那么这个数目也许是一般北方农村办丧事

---

① 《唐代墓志汇编》贞元131《唐故龚夫人墓志铭并序》，第1934页。

② 《唐代墓志汇编》大和096《唐故东海徐府君夫人彭城刘氏合祔铭并序》，第2164页。

③ ［宋］司马光编撰，［元］胡三省音注《资治通鉴》卷二二三贞元三年七月条：“计岁食粟二百四万斛，今粟斗值百五十，为钱三百六万缗。”北京，中华书局，1956年，第7493页。

④ 《唐会要》卷九二《内外官料钱下》，第1978页。

⑤ 如李德裕大和三年（829）为爱妾徐盼（807～829）撰写的墓志说：“余自宦达，常忧不永，由是树槚旧国，为终焉之计”。（《唐代墓志汇编》大和025《滑州瑶台观女真徐氏墓志铭并序》，第2114页）

⑥ 《唐代墓志汇编》元和147《广平郡宋氏夫人墓志》，第2053页。

⑦ P.5530号文书，参见池田温《敦煌的社会》，《讲座敦煌》3，东京，大东出版社，1980年，第474页。

⑧ S.2472V号文书，参见池田温《敦煌的社会》，第471～472页。

的基本开支。

婚姻的费用，包括聘财和婚礼开支。聘财的支出，小说中的数字高达500缗①，甚至《霍小玉传》中的聘礼高达千缗②，在此无法进行讨论。唐高宗曾规定平民之家，聘财不得超过50匹绢③。唐代后期民间有利用丧期的所谓借吉成婚，以便简化成婚礼仪节约开支。因为婚姻的礼仪也需要很大的开支。后唐时期沙州阴家小娘子结婚招待来宾的《甲午年五月十五阴家小娘子荣亲客目》，仅残卷中的名单就有450多人④，这个官府人家结婚的排场自然不是一般农家可以相提并论。但是，一般农家的吉凶之事的开支，大约可以与之旗鼓相当。

与婚丧相关的还有送礼的问题。根据敦煌文书S.4609《邓家财礼目》，所送财礼大体有各种质地的套服（包括裙、衫和帔或巾之类）6套，各种丝织品（锦、罗、绫、绢）共12匹，被褥等6面（张），油酥4驮、麦4载、羊2玖、驼2头、马2匹，此外，还有布畳1玖、联盏1副⑤。礼单的落款称"亲家翁"，显然不是订婚的聘财，而是结婚时所送的礼品。

五　唐代中等水准农家生活蠡测

现代社会我们常有中产阶级的提法，这是包括收入和职业身份、教育水准综合考量的社会分层概念。古代社会的层级与现代不同，政治社会身份与经济地位时相分离的现象比较突出，就是说最贵者有时不一定最富，最富者也未必最贵。唐朝初年《氏族志》和《姓氏录》的编修，就是官方试图用政治手段强行确定各个家族的社会等级。但是，这并不是说，社会上没有从经济层面进行分层的意识。例如，天宝年间公主、贵戚竞向唐玄宗进食，"一盘

① 《玄怪录》卷一《张老》，第8页。

② 《太平广记》卷四八七《霍小玉传》，第4008页。

③ 《通典》卷五八《公侯大夫士婚礼》，第1653页。

④ 见S.4121、S.4643、S4700，载《英藏》（5），第255上；《英藏》（6），第198页上，第241页下。

⑤ 《英藏》（6），第161页下。参见谭蝉雪《敦煌婚姻文化》，兰州，甘肃人民出版社，1993年，第21页。

费中人十家之产"①。白居易《秦中吟》第十首《卖花》云:"一丛深色花,十户中人赋。"②所谓中人的家产是指在家庭经济处于中等水准,所谓"中人赋",虽然偏重于赋税方面,但也可以理解为其家境的殷实程度处于中等水平。

(一)中等农家的产业与收入

上引《资治通鉴》与《明皇杂录》所谓中人之家产是安史之乱前的情况。当时农村中人的家产是多少?颇缺乏具体的数字指标。我们不妨再根据当时的零星记载对农家土地的占有情况进行一个大致的推算。

唐代前期实行均田制度。均田制并不是在剥夺私人土地所有权的前提下,由国家按照丁口多寡对民户实际占有的土地进行予夺。"田令"的文字规定只是说明,一个 18 岁到 60 岁之间的男子,只要没有身体缺陷,就有权利获得 100 亩土地。至于这份土地如何取得,则可能有很大的不同,它可能是私有土地的帐面调整,也可能是对私人开垦荒地的数额限制,当然也可能是国家把少数绝户或无主土地拨付给无地者。所以,均田的意义其实是反映了国家政权在不触动土地私有制度的基础上,企图对民间土地占有作一种限制和调节。它可以作为我们了解唐代普通农民家庭土地占有情况的一个参考。

同样是限制和调节,也有宽乡和狭乡的区别。宽乡是土地充足而人口稀少的地方,狭乡是土地较少而人口较多的地方。宽乡每个青壮年男子可以受田 100 亩,狭乡就只能有 60 亩。当然这只是纸面的规定,具体到各地来说又要因地制宜。比如,吐鲁番资料显示高昌地区,人均实际占田只有 9 亩多,有学者根据资料考察,发现这个地方的官府制定了一个自己的授田标准,大约是丁男、中男 10 亩,老男、寡妇 4 亩,小男、丁女 5 亩。而属于宽乡地区的敦煌平均每户占地 44.9 亩,根据敦煌文书中显示的信息,大约丁男、中男授田标准是 20 亩,小男、老男是 10 亩,而勋官等则是 30~35 亩③。当

① 《资治通鉴》卷一一六天宝九载二月条,第 6898 页。《明皇杂录》补遗所载略同,北京,中华书局,1994 年,第 47 页。

② [唐]白居易撰,朱金城笺校《白居易集笺校》卷二《秦中吟十首并序·买花》,上海,上海古籍出版社,1988 年,第 96 页。

③ 参见宁可主编《中国经济通史·隋唐五代卷》(宋家钰执笔),北京,经济日报出版社,2001 年,第 223~224 页。但是,有学者认为吐鲁番的这个授田是官田授受,不属于一般均田制范围。见杨际平《北朝隋唐均田制新探》,第 3 章第 4 节,第 356~365 页。

然这只是官府确定是否欠田、是否有权申请受田的地方标准,并不意味着那些超过这个标准的当地官民人户要把现有的私人占田归还官府。我们现在在出土文书中发现的那些退田记录绝大部分是死亡、户绝或者逃亡的人家退回的土地。

唐代一个农民家庭究竟占有多少土地?迄今有各种不同的计算方法。均田制是一种推算法。有学者认为均田制情况下,桑田(永业田)其实就是农家真正拥有的熟地,一丁20亩,在一般由两个男丁组成的小农家庭里,其土地财产当在40亩左右①。还有从实际均田文书进行统计估算的方法。例如张泽咸先生依据武周大足元年(701年)到大历四年(769年)的户口进行了一个统计,在全部50家农户中90亩以上的7户,50亩以下的22户,其余的为50亩以上,有21户。每户平均有地大约40亩②。这个数字与宁可先生的统计基本相符。宁先生分析"每个农户的垦田数"使用了两个途径。一个是从有关史料中来分析。根据律令制的有关规定,50亩地应该是狭乡的上限,宽乡的下限。而在狭乡的基本授田情况是每个农户垦田20~30亩。两相平均得出的平均数是每户40亩。另外一个统计方法是从全国土地和人口的平均数中去推求。杜佑计算出全国垦田数为620万顷,天宝末年的实际户口为1400多万户,则是每户平均有垦田44亩,与第一种演算法的40亩相差无几③,相互之间都有暗合之处。

还有一些零星资料反映唐代内地农家的土地占有情况。唐太宗贞观年间,发现首都附近的偏僻农村地区,有受田只有20~30亩的。唐玄宗开元时期宣州刺史裴耀卿提出对于那些外地到来的浮户,"丁别量给五十亩已上为私田,任其自营种"④。看来20~30亩在北方算土地少的,50亩在南方为一个劳动力可以耕作的土地数量。不过,这种分给逃户的土地必然是生荒之地,不是熟田。唐代仍然有易田和三易田的耕作制度。因此完全凭土地数量来分析农民的家庭经济有不准确的地方。在"高山绝壑,耒耜亦满"⑤的盛唐时代,农民中的富裕阶层户数应该是比较多的。一般自耕农家五口

① 邢铁《均田制与租庸调关系的辨析》,《云南民族学院学报》1991年第2期。
② 张泽咸《唐代阶级结构研究》,第244页。
③ 宁可主编《中国经济通史·隋唐五代卷》,第26~31页。
④ 《唐会要》卷八五《逃户》,第1853页。
⑤ [唐]元结《元次山文集》卷七《问进士第三》,四部丛刊缩印本,第145册,第37页下。

之家占有40~50亩土地当属比较普遍的情况。

这种估计在唐朝后期一些资料中也可以得到印证。如杨际平根据敦煌文书中壬申年(912或972)敦煌乡官布籍所记载的土地情况对唐代后期的农家土地占有情况统计出如下表格:

图表4-6 唐代后期农家土地占有情况表

土地规模(亩)	户数	户数比例	土地面积(亩)	土地比例
20以下	24	17.3%	292	3.2%
20~130	103	74.1%	4773	53.2%
130~300	10	7.2%	3373	36.4
300以上	2	1.4%	848	9.4
小计	139	100%	8976	100%

在这个统计表中,每家占地20~130亩可以看作是自耕农或半自耕农,占地130~300亩可以看作比较富裕的人家,占地300亩以上可以看作是地主之家。至于占地20亩以下可以看作是贫困人家。总体说来,平均每户占有土地65亩,据此,我们推测,唐代后期乃至五代宋初,农村自耕农或者半自耕农还是占多数①。换句话说,构成唐朝帝国大厦的不是我们想象的衣衫褴褛的贫苦农户,而是相对比较富裕的自耕农和半自耕农,否则唐朝的富庶与繁华是不可想象的。

由此看来,一个家庭有40~60亩土地应该就是中人家产的基本数字。下面,我们要进一步对农民家庭的收入作一些推测。

首先涉及到唐代的粮食亩产量问题。对此迄今已经有了各种不同的估计。大体说来,开荒之地,亩产粟米不足一石。但是,一般情况下,“一亩之田,以强并弱,水旱之不时,虽不能尽地力者,岁不下粟一石”②。因此,有人估计亩产粟一石二斗为华北旱作农业的普遍情形③。

南方水稻产量有所不同。有学者认为早稻、中稻和晚稻三大品类在唐代已经形成,它们分别从三、四月(早稻),五月(中稻)和六月(晚稻)移栽到成熟,各大约需要80天、90天和100多天。长江流域冬小麦在头年九、十月

① 《中国经济通史》第四卷(杨际平执笔),第221页。按各户土地总数有拆分的迹象,但是,总体而言不会影响统计结论。

② 李翱《平赋书并序》,《全唐文》卷六三八,第6439页上。

③ 参见吴存浩《中国农业史》,北京,警官教育出版社,1996年,第666~667页。

间播种，来年四、五月成熟，正好可以作为与中、晚稻复种的品种。当然，这个时期的稻麦复种并不广泛①。范仲淹说："中稔之利，每亩得米二石至三石。"②也就是说，亩产 2~3 石米可以看成是宋代中叶南方稻作在中等土地中等年成的收成。唐代中期贞元八年（792）江南良田有"亩收一钟"的记录③。一钟为六石四斗，按照谷物折稻米一般 70% 计算，是为折米四石以上。这大约是南方上等稻田上等年成的罕见收成，只能算特例。

笔者倾向于认为唐代旱作土地上，正常年成每亩产粟大约一石左右，好的情况（上等土地和风调雨顺的情况下），可以达到亩产一石半到二石的高产。江南水稻亩产量一般约为三石是获得比较多的学者认同的。尽管在唐代何种程度上推广了稻麦复种制，学界有分歧意见，但持否定意见者也在一定程度上肯定有两年三熟的情况。就《齐民要术》、《四时纂要》所达到的精细耕作水准来说，在稻麦复种或者两年三熟制的情况下，粮食收成达到四石以上应该是完全可能的。④ 这里的亩产量的差异当反映了南北地域、精耕细作和粗放经营以及种植品种等等不同所产生的差别。一般认为，唐代平均气温比较于低温的南北朝来说，要高出 2℃，气象学家认为在同等条件下，平均温度升高 1℃，会相应地增加粮食产量 10%，那么唐代粮食单产普遍比前代提升应该是有科学根据的⑤。

总而言之，由于自耕农之家，土地相对较少，可以做到精耕细作，因此产量相对比较高，即一般产粟地区平均亩产可达 1.5 石；产稻及稻麦复种的南方 3~4 石也应该不算高估。这样，即使南方只有 10~20 亩水田的农户，也有可能与北方 40~60 亩土地的农户一样，每年获得 60~80 石左右的粮食。

（二）中等农家的生活指数

根据现代社会发展指标理论，人们的基本生活费支出在全部收入中所

---

① 《太平广记》卷四七六《陆颙》："麦自秋始种，至来年夏季方始成实。"第 3921~3922 页。参见张泽咸《试论汉唐间的水稻生产》，《文史》第十辑，北京，中华书局。

② 《范文正公集·政府奏议》卷上《答手诏条陈十事》。

③ 《文献通考》卷六《田赋六》。

④ 参见胡戟《唐代粮食亩产量》，《西北大学学报》1980 年第 3 期，收入氏著《胡戟文存》，北京，中国社会科学出版社，2000 年，第 369~372 页；李伯重《唐代江南地区粮食亩产量与农户耕田数》，《中国社会经济史研究》1982 年第 2 期；杨际平《唐代尺步、亩制、亩产小议》，《中国社会经济史研究》1996 年第 2 期；宁可主编《中国经济通史·隋唐五代经济卷》，第 32~34 页。

⑤ 参见刘磐修《盛世探源：汉唐农业发展研究》，南京，江苏古籍出版社，2001 年，第 80 页。

占有的比例亦即恩格尔系数是测定人们生活富裕程度的指标之一。毫无疑问，古代社会生活和消费与现代社会有所不同，现代社会恩格尔系数的绝对值无法移植来说明古人生活品质和水准，但是，它毕竟可以作为我们了解古代家庭生活状况的一个参数。那么，唐代家庭的生活必需品的消费比重究竟占其收入的多少呢？下面试图依据现有资料作一粗略的估算。

史籍上关于人均粮食消费的记载并不统一。唐代军队士兵的给粮标准是每月支粟一石，每年就是12石①。按照6折的比率换算成米就是7石2升。《唐六典》记载的官府给奴婢的口粮标准曰："丁口日给二升，中口一升五合，小口六合。"②这里是指米，则丁口一年365日的粮食消耗也是米7石3升。可见青壮年劳动力每天米2升是唐代标准的粮食消耗水准。敦煌文书中有《唐年次未详(八世纪中期)河西支度营田使户田给谷簿》，不仅记载了给粮标准，而且还有家庭人口数字，对于我们的讨论很有价值。该文书中的给粮标准是，男子60岁以上年给粮6石，59岁以下到18岁中男年给粮8石，成年妇女15岁以上年粮5石。男孩15岁给粮7石，11~14岁给粮5石，6~10岁给粮4石，5岁以及5岁以下的小男孩给粮3石。女孩11~14岁给粮4石，6~10岁给粮3石，5岁及5岁以下的小女孩给粮2石③。现列表如下：

图表4-7 敦煌河西支度营田使文书所载给粮标准④(单位：石)

年龄	60岁以上	18~59岁	15~17岁	11~14岁	6~10岁	1~5岁
男性	6	8	7	5	4	3
女性	5	5	5	4	3	2

从丁壮劳动力的粮食标准8石看，似乎比一般给粮标准高10%，但这里的给粮品种是小麦、青麦、豆、粟、禾和麻子六种，只有个别人户缺青麦品种。如

① 李筌《神机制敌太白阴经》卷五《人粮马料篇》。[日]日野开三郎曾发表《米》的文章，根据陆贽关于边军储粮的奏议，认为唐代军人一天食粟为三升三合三勺余，一月一石，一年十二石。见《西日本史学》9，1952年1月，收入《日野开三郎东洋史学论集》第十三卷《农村と都市》，日本，三一书房，1993年，第473页。

② 《唐六典》卷六《尚书刑部·都官郎中》，第194页。

③ 池田温《中国古代籍帐研究——概观·录文》，第498~500页。参见姜伯勤《上海藏本敦煌所出河西支度营田使文书研究》，《敦煌吐鲁番文献研究论集》第二辑，第374页。

④ 文书中并没有资料显示男子17、18岁以及59、60岁作为给粮分界线年龄，此处乃依据丁中和入老的年龄界限推断的数字。又，文书中最末一户令狐思忠之父智伯年龄82岁，未写给粮数。

果折合成米，也应该是大体相当的水准。

现将 29 户家庭情况列表如下：

图表 4-8　敦煌河西支度营田使文书所载 29 户家庭情况

户主(岁)	妻(岁)	父母(岁)	子女①	儿媳	兄妹②	弟媳	侄·孙③	奴婢	口粮④
唐定兴 43	张 19								13/2
安庭晖 41	问 41		4+1						32/7
索文端 46	康 41		0+2						21/4
李光俊 39	刘 31		5+2					2+2	59/9
骆元俊 41	张 36								13/2
陈崇之 56	张 41		0+3						21/5
马九娘 38			2+2						20/5
曹进玉 36	贺 31		0+2		31	孟 31	1		无/7
王子进 15	画 15	母 36			1+2			1+1	33/8
张元兴 78	吴 46⑤		3+0	2			(2)		48/9
康敬仙 36	石 33		2+4		0+(1)				39/9
冯毛奴 43	赵 36		4+1						30/7
曹典昌 62	毛 41								11/2
姜忠勖 31	荆 21	母 61	0+1						20/4
徐游岩 46	王 36		1+0		弟 33	李 21			29/5
高加福 46	贺 36		1+1						18/4

① 此栏数字表示孩子数目，+号前为男性，+号后为女性。

② 此栏数字表示年龄，置括号中是兄或姐的年龄，无括号是弟或妹的年龄。

③ 此栏中的数字表示户主的孙辈，无括号表示是侄辈。

④ 此栏斜杠前数字为全家口粮，斜杠后数字为人口数。

⑤ 此夫人为再婚夫人，因为其儿子、儿媳年龄比夫人还大。再婚后可能又生两个年小的儿子。元配的长子已亡，留下长媳徐氏 56 岁及孙儿庭俊 14 岁。

续表

户主(岁)	妻(岁)	父母(岁)	子女	儿媳	兄妹	弟媳	侄·孙	奴婢	口粮
张钦□ 45	翟 34		1+2						21/5
梁升云 36	齐 21								13/2
宋光莘 44	程 34		4+1	媳 18				2+2	56/12
吴庭光 49	冯 36	母 76	4+4	媳 21	弟 36	李 26	1+(1)	1+1	81/18
曹奉进 31	氾 36								13/2
张奉障 41	唐 39		1+1						19/4
石秀林 31	曹 34		0+2		弟 31	曹 16			33/6
张汉妻 31		母 61	2+0						16/4
郭怀得 34	安 35		2+1						22/5
安庭玉 36	韩 31		1+1						20/4
张令皎 43	王 33		1+1						19/4
石秀金 31	史 31		0+2						15/4
令狐思忠 42	郭 41	父 82	不详	不详	弟 31	不详	不详	不详	不详

这个营田给粮文书是按照人口多少和年龄大小的不同标准给粮的,奴婢也按照年龄给粮,因此家庭人口数目和年纪的记载应该是比较实在的。家庭人口结构也比较真实,因为分家析产与不分家析产都不影响给粮数。在数据完整的全部28户中,其家庭结构可以归纳如下:

主干家庭(三代同堂即与父母一方和子女同居)	5户
主干家庭(四代同堂即上有父下有孙)	1户
联合家庭(与结婚的兄弟在一起的)	4户
核心家庭(有未婚弟妹)	1户
核心家庭(有未婚姐姐)	1户
核心家庭(父母及子女)	16户

图表 4-9　敦煌河西支度营田使文书所载 29 户家庭人口统计(不含奴婢)

人口数	2	4	5	6	7	8	9	16	平均
家庭数	5	8	6	2	3	1	2	1	5.25

由此可见 4 口、5 口之家最多,占 14 户,加上夫妻 2 口之家 5 户,共有 19 户。占全部人户的 68%。而 6 口~9 口以上只有 8 户,10 口以上仅有一户,两者占 32%。

4 口、5 口之家各有一个单亲家庭以外,都是两代人组成的核心家庭。人口在 10 口以上的那一家是四世同堂而且兄弟结婚后也共居的联合主干家庭。人口在 6~9 口的家庭,或者是子女众多,或者是弟妹众多,或者是兄弟婚后仍同居,或者是长子婚后仍与父母一起过。

这份资料中除了奴婢之外,平均每个家庭获得的粮食为 25 石左右。假设按照这样一个夫妻加二男一女三个孩子的五口之家计算,每年全家的口粮是 25 石。我们现在无法确知各种粮食作物之间的换算关系。姑且均以粟与贮米的折算率来算,是 25 石相当于 40 石粟。这大约也就是一个普通家庭的口粮消费水准。

于是假如一个有 60 亩土地的农家,其平均收入是 90 石粟。那么,家庭粮食消费约占总收入的 44%。

(三) 中等农家的赋税与盈余

再谈赋税负担问题。我们姑且把"中人赋"就看成是"中产之家"的赋税负担。唐代赋税制度前后有变化。在租庸调时代,规定农家每丁要交租粟二石,调则随乡所产交绫绢絁各二丈,布则加五分之一,输绫绢絁的要另外交绵三两,输布者则交麻三斤。这里除了纺织品的地区差别之外,在租上似乎是全国统一的标准——全部纳粟。对于岭南诸州农户则例外,税米一石二斗到六斗不等。① 庸是指每年要为国家无偿服役 20 天。"若不役者收庸,每日絁绢各三尺,布三尺七寸五分。须留役者,满十五日免调,三十日租调俱免,通正役并不得过五十日"②。如果做一个等价折算的话,租与调的价值各值 15 个劳动日,加上庸,等于是 50 个劳动日。此外还有地税、户

① 《旧唐书》卷四八《食货上》,第 2088 页。

② 参见仁井田陞《唐令拾遗·赋役令第二十三》,第 668 页。

税和各种杂科(税柴草之类)。通而计之,相当于60个劳动日。假设每个丁男正常有效劳动时间是300天,则赋税负担约占五分之一的劳动日,即20%。

图表4-10　唐代租庸调表

21~60岁男丁每年向国家缴纳	租	粟2石
	庸	绢60尺代替服劳役20天
	调	绢2尺、绵3两或布2长5尺、麻3斤

两税法情况下,全国本来没有统一的税率与税额,两税法前的大历时期(建中定两税是根据大历年间最高税额而定),淮南舒州有户33000(这里姑且都算作家,下同),税钱30万贯①,平均每户8.9贯。宝历时和州有户18000余,输钱16万贯②,平均每户8.8贯。根据建中元年(780年)勘定两税时的统计,全国有户310万,税钱3000万贯,粟1600万斛③。是平均每户纳钱9.677贯,纳粟5.16斛。粟的价格按照每斛500文计算,不考虑除陌(交易税)和脚价(运输费)等因素,则两税法下平均每户的刚性赋税负担相当于24.5石(斛)粟。约占粮食总收入90石的27%。这个数字显然比贞观、开元之治世的比例高出7%左右。

同样作为成本还要扣除种子、肥料等费用。关于种子的成本费用,《齐民要术》提到"粟、黍、穄、粱、秫,常岁岁别收,选好穗纯色者,劁刈高悬之。至春,治取别种,以拟明年种子",注曰:"一斗可种一亩。"④在另外两处,又提到良地一亩需要种子5升⑤。说明北方种植谷物,一般一亩地需用种粮5升到1斗之间。则60亩地需要种子3~6石之间。

从以上的粗略的推算当中,就大体可以说,唐代一个中产之家的赋税开支约占27%,即24.5石。扣除种子的成本5石(姑且略作高估),扣除生产资料的损耗5石(加上饲料和肥料费用),各项成本总和是:

① 《毗陵集》卷一八《答杨贲处士书》。

② 《刘禹锡全集编年校注》卷一六《和州刺史厅壁记》,长沙,岳麓书社,2003年。

③ 《通典》卷六《赋税下》。《新唐书》卷五二《食货二》数字稍异,第1351页。

④ 《齐民要术》卷一《收种第二》,第5页。

⑤ 《齐民要术》卷一《种谷第三》:"良地一亩用子五升。"卷二《大小麦第十》也有同样说法。是稻麦都是每亩需要种粮5升。

成本总和=种子+赋税+农具损耗(包括饲料和肥料)=5+24.5+5=34.5(石)

则中等农家的纯收入是54.5石,其中基本的粮食消费40石,约占纯收入的73%。剩余粮食14.5石①。这样一个相对的盈余,可以支持中等农家从事一些其他的活动,比如宗教信仰、子女教育、结婚和生子、寿庆和丧葬以及住房建筑等温饱之外的开销。真正的储蓄积累或者用于扩大再生产(比如购置土地),就很有限了。这就是我们粗略推算的唐代一个农村中产之家的基本经济情况。

在吐鲁番出土《唐永淳元年(682)西州高昌县下太平乡符为百姓按户等贮粮事》文书中,政府要求上上户每户贮粮15石,上中户12石,上下户10石,而中上户则为7石,中中户5石,中下户4石,下上户3石,下中户1石半,下下户1石。文书说这是"判准家口多少各贮一年粮"。则这个贮粮数字是考虑到经济能力和人口两个因素的②。这些户等中,哪些属于中等农家还不好说,但是,至少可以说明中等农家确实是具备粮食盈余的一个阶层。如果我们把前面提到的各种温饱之外的弹性消费(即根据家庭经济情况而定的开销)暂定为盈余的一半,则中等农家实际上能够做到的粮食贮备的平均数也许最多7石左右。

关于唐代农家生活状况,我们熟悉的孟浩然《过故人庄》云:

故人具鸡黍,邀我至田家。绿树村边合,青山郭外斜。
开筵面场圃,把酒话桑麻。待到重阳日,还来就菊花。③

另外也有描写南方农家生活的诗歌云:"若有水田过十亩,早应归去狄江村。"④诗人描述的理想生活是:"种桑百余树,种黍三十亩。衣食既有余,时

① 当然,我们这里所计算的还不是农家的全部收入与全部开支。比如收入方面还有桑麻等经济作物收入,手工业收入;作为开支还有衣服、副食等生活必需品开支。我们姑且认为它们可以互相抵消。

② 64TAM35:24《唐永淳元年(682)西州高昌县下太平乡为百姓按户等贮粮事》,《吐鲁番出土文书》[叁],第487页。

③ [唐]孟浩然撰,佟培基笺注《孟浩然诗集笺注》卷下,上海,上海古籍出版社,2000年,第340页。

④ 《全唐诗》卷七〇五,黄滔《长安书事》,第8110页。

时会亲友。"①

以上推算的一个中产之家的生活状况,是否达到了这些诗歌所描述的"田家"衣食有余、时会亲友的生活境界呢?许敬宗曾经为高宗立武则天为皇后辩解说,田舍翁多收十斛麦,尚欲易妇,何况天子乎②?就是说,如果每年增收十斛麦子,对于农村家庭来说,是一个很可观的数字。如此看来,我们认定中等农家在温饱之外有十多石的粮食盈余、在弹性消费满足后还有若干石粮食的贮备应该是有一定客观基础的推测。

六 其他农家与城市居民家庭生活状况

与任何时代一样,唐代农村各个家庭之间的经济水准和生活状况是有很大差别的。唐朝把城乡居民分成九等。九等户虽然不完全是按照财产划分,"户"与"家"也很不一样③,但户等制度基本上可以作为我们考察家庭经济情况的一个参考。

关于唐代户等的划分,特别是户等是否包括田产问题,学术界有不同的意见。一种意见认为,户等既然按照资产划分,而土地是农民的最大资产,那么当然包括土地④。另一种意见认为从文献资料考察,从来就没有说明定户等之时的资产包括土地⑤。其实,如果我们仔细分析一下有关记载,则会发现问题其实比这两种认识都要复杂。

首先,我们要明白唐朝初年定户等的本意。户等制度虽然从北朝的九

① 《全唐诗》卷一三七,储光羲《田家杂兴八首》,第1387页。

② 《资治通鉴》卷一九九永徽六年九月,第6292页。

③ 参见抽文《唐代乡村基层组织及其演变》,《北京大学学报》2009年第5期。收入黄宽重主编《中国史新论》"基层社会分册",台北,联经出版公司,2009年,第182~217页。

④ 日野开三郎即持此看法,见《唐代天宝以前における土户の资产对象》,原载《东方学》17,1958年11月,收入《日野开三郎东洋史学论集》第十一卷《户口问题と籴买法》,日本,三一书房,1988年,第166页。日野先生还曾发表《玄宗时代を中心として见たる北支禾田地域の八、九两等户について——主として土地关系を中心に》(载《社会经济史学》21卷5、6号,1956年4月)一文,根据那波利贞和仁井田陞著作中提供的敦煌户籍数据考察了玄宗时代八、九等户的占田问题,认为华北地区八等户平均占田75亩左右,九等户占田45亩左右。该文又收入上书第237页。户等资产包括土地又见张泽咸《唐代阶级结构研究》,第2~12页。

⑤ 认为户等不包括土地的有王永兴《敦煌经济文书导论》,台北,新文丰出版公司,1994年,第390页;李锦绣《唐代财政史稿》上卷第2分册,北京,北京大学出版社,1995年,第491~495页。

品混通开始，历代都有，其主要目的也都是与赋役制度有关，但是，重点还是有所不同。唐朝前期实行均田制度和租庸调制度，丁口之数与受田顷亩以及租庸调的输纳都直接挂钩。然而，由于各种原因，家庭的贫富状况并不完全与丁口情况一致，而且也无法直接从均田制度中反映出来。户等制度就是为了界定均田制度之外，各个家庭人户贫富状况的制度，所以，无须包括地产。

第二，唐代前期均田制的情况下，土地从理论上说是国家财产，土地的还授按照丁口增减进行，不属于私家财产。所以，按照资产定户等时是不应该把从国家那里授受的土地计算在内的。

第三，唐代前期定户等的目的，是为了排定分派差役的顺序以及租庸调之外的差科先后。因为它在正额赋税之外，所以，富户（浮财）和多丁成为重要的考虑因素①。

那么，唐朝定户等究竟包括哪些资产呢？我们来看被论者反复引用的《唐开元二十一年(733)西州蒲昌县定户等案卷》：

11　蒲昌县

12　　当县定户

13　　　右奉处分：今年定户，进降须平，仰父老等

14　　　通状过者。但蒲昌小县，百姓不多，明府对

15　　　乡、城父老等定户，并无屈滞，人无怨词，

16　　　皆得均平。谨录状上。②

下面残留了4家的户等记载：

17　肆　　户　　下　　上　　户　［下残］

18　　户韩君行年七十二老　部曲知富年廿九　宅一区　菜园坞舍一所

① 鲍晓娜《略论汉唐间户等与田产的关系》认为唐代定户等与田产有关系，但是，只是与私田有关系。见鲍晓娜《耕耘集》，第120～129页。

② 73TAM509:8/20《唐开元二十一年(733)西州蒲昌县定户等案卷》，《吐鲁番出土文书》［肆］，第311页。

19　　车牛两乘　青小麦捌硕　床粟肆拾硕

20　户宋克儁年十六中　婢叶力年卅五丁　宅一区　菜园一亩　车牛一乘

21　　牸牛大小二头　青小麦伍硕　床粟拾硕

22　户范小义年廿三五品孙　弟思权年十九　婢柳叶年七十老　宅一区

23　　床粟拾硕

……………………………………………

24　户张君政年卌七卫士　男小钦年廿一白丁　赁房坐　床粟伍硕

25　　已　上　并　依　县①

我们把以上四家户等内容整理成表格如下：

图表 4-11　唐朝定户家庭资产表

户主	家人	奴婢	住宅	菜园	生产工具	粮食
韩君行（72 岁）		部曲知富（29 岁）	宅一区	菜园坞舍一所	车牛两乘	青小麦 8 硕禾粟 40 硕
宋克儁（16 岁）		婢叶力（35 岁）	宅一区	菜园一亩	车牛一乘 牸牛大小二头	青小麦 5 硕禾粟 10 硕
范小义（23 岁）（五品孙）	弟思权（19 岁）	婢柳叶（70 岁）	宅一区			禾粟 10 硕
张君政（47 岁）（卫士）	弟小钦（21 岁）		赁房住			禾粟 5 硕

研究这些资料我们发现，这四户“下上户”中各户的财产虽然很不相称，但是，财产少的两家，丁口比较多。财产比较多的两户，都是没有成丁之家。因此，可以这样初步推测，户等的评定是考虑到家财和丁口两个因素的。而土地的授予就暗含在丁口这个因素之中了。总之，富户与多丁是唐朝定户等的基本标准。

唐代在实行两税法之后，均田制度进一步在理念上也被放弃。两税法

① 73TAM509:8/3(a)《唐开元二十一年(733)西州蒲昌县定户等案卷》,《吐鲁番出土文书》[肆],第 312 页。

在定户等的原则上是要“约丁产，定等第”①。由于当时的唐代中央完全没有在全国大规模调查各家各户土地占有情况的能力，所以文献上也没有留下这方面的蛛丝马迹。由于唐代前期的青苗钱即所谓地税，是按照实际种植面积来征收的税目。这样，两税法的地税和户税就分别变成了土地征收的税种和按丁口资产所征收的税种。这样两项税种的加大以及取代租庸调而成为主要的国家赋税来源，是伴随着均田制的空泛不实而自然形成的。赋税制度上的这种变化带来的问题是，由于户等的划分中包含了丁中的成份，而丁中又与土地的占有脱节，导致了严重的赋税不均。从唐朝官员的言论考察，唐朝前期派役不均问题比较严重，唐代后期赋税不均现象比较突出，其原因盖在于此。

关于各个户等的实际财产情况，文献上鲜有具体记载。根据我们前面引用的吐鲁番文书中高昌县太平乡百姓的粮食贮备数字，政府要求上上户每户贮粮15石，上中户12石，上下户10石，而中上户则为7石，最低下下户为1石②。这当然不是这些人家的经济实力的真实反映，但是至少说明，户等高的人家是有比较多的粮食贮备的农户。实际生活中，这些农户大多有一些公共职务在身。一方面是官府把一些地方上有责任的事务交给上户人家去做，比较有经济上的保障，同时，富裕农户一般在乡村也比较有号召力。例如，唐朝初年，“置胥士七千人，取诸州上户为之”③。玄宗时期，富裕人户被征为诸郡的“租庸脚士”④，或者充当从水路押送轻货运到京城的船户⑤。乡村上户当任这些职事，一方面获得了某种赋役上的减免，但另一方面也面临了很大的风险。

有中等就有上等和下等。农村的上户人家是：

富饶田舍儿，论情实好事。广种如屯田，宅舍青烟起。
槽上饲肥马，仍更买奴婢。牛羊共成群，满圈养肫子。

---

① 《唐会要》卷八三《租税上》，第1818页。

② 64TAM35:24《唐永淳元年（公元六八二年）西州高昌县下太平乡符为百姓按户等贮粮事》，《吐鲁番出土文书》[叁]，第487页。

③ 《通典》卷三五《职官·禄秩》，第963页。

④ 《旧唐书》卷一〇五《王铁传》，第3229页。

⑤ 《旧唐书》卷四八《食货志》：“韦坚……请于江淮转运租米，取州县义仓粟，转市轻货，差富户押船，若迟留损坏，皆征船户。关中漕渠，凿广运潭以挽山东之粟，岁四百万石。”（第2086页）

窖内多埋谷，寻常愿米贵。里正追役来，坐著南厅里。
广设好饮食，多酒劝遣醉。追车即与车，须马即与马。
须钱便与钱，和市亦不避。索面驴驮送，续后更有雉。
官人应须物，当家皆具备。县官与恩泽，曹司一家事。
纵有重差科，有钱不怕你。①

农村的极贫之家则是：

贫穷田舍汉，菴子极孤恓。两共前生种，今世作夫妻。
妇即客舂擣，夫即客扶犁。黄昏到家里，无米复无柴。
男女空饿肚，状似一食斋。里正追庸调，村头共相催。
幞头巾子露，衫破肚皮开。体上无裈袴，足下复无鞋。
丑妇来恶骂，啾唧搦头灰。里正被脚蹴，村头被拳搓。
駈将见明府，打脊趁回来。租调无处出，还须里正倍。
门前见债主，入户见贫妻。舍漏儿啼哭，重重逢苦灾。
如此硬穷汉，村村一两枚。②

总之，农民家庭一般可以分成三类，一类是属于乡村地主和比较富裕的农户，大约在户等中列入上户。一种是简单的自耕农和半自耕农，通过土地或者其它多种经营，能够维持基本的生活。还有一种，属于佃种他人的土地或者通过雇佣劳动来养家糊口的农民家庭，是最贫困的人家。从敦煌所出雇工契约可以看出，“岁作”的长工，雇价当在每月 1 石麦。另外雇主还要提供雇工个人的饮食和衣服③。一个雇工一年获得 12 石的收入，勉强可以供给四口之家糊口，即妻子 5 石，年少的子女各一人共 6~7 石。但是，如果按照许多契约中只是正月至九月共九个月的雇约，雇工所得仅 9 石，还只能养活一妻一子的三口之家勉强度日。吐鲁番文书中上烽一次 15 天的雇价在 4~

① ［唐］王梵志撰，项楚校注《王梵志诗校注（增订本）》卷五《富饶田舍儿》，上海，上海古籍出版社，2010 年，第 553 页。

② 《王梵志诗校注（增订本）》卷五《贫穷田舍汉》，第 558 页。

③ 杨际平《敦煌吐鲁番出土雇工契研究》，《敦煌吐鲁番研究》第 2 辑，北京，北京大学出版社，1997 年，第 220~221 页。

10 文之间，当与上烽远近有关，也与雇佣季节不同有关①。如果按照每文换 4 斗计算，5 文可以获得 2 石粮食②。但是，因为上烽是危险的差役，雇主且不付口粮和衣服，故所得较一般农田劳动为多。

还有一些雇工实际上是一种互助和换工的性质。原因是土地资源的整合需要以及耕牛和农具的缺乏，导致了农家之间的某种互助合作形式的活动。即使从官府请射得土地，是否有耕牛就是一个大问题。玄宗就说过一些农民"虽有垄亩，或无牛力"③。加上土地分散，不便耕作，于是"莲畔"之地，当有互相交换土地以便耕种的可能④。

西嶋定生指出，西州地区的租佃文书反映出，那里由于土地授受地域分散，农民无法耕种，存在互相佃种的现象。贷主（地主）与借者（佃人）之间的经济责任和关系是平等的。这个意见得到仁井田陞的支持。池田温也从高昌出土的舍园买卖文书中证明了这一点⑤。仁井田陞又指出，除了这种租佃关系之外，还有第二种租佃关系，即显示贷方占优势地位而借方处于劣势地位，并说这种租佃形态只见于贞观十七年（643）的文书中。

显示西州地区农民之间存在互助合作关系的有吐鲁番出土《唐龙朔三年（663）西州高昌县张海隆夏田契》：

1　龙朔三年九月十二日武城乡人张海隆于
2　同乡人赵阿欢仁边夏（假）取叁肆年中、
3　五年、六年中，武城北渠口分常田贰亩。海
4　隆、阿欢仁二人舍佃食。其耒牛、麦子，
5　仰海隆边出。其秋、麦，二人庭分。若海隆
6　肆年、五年、六年中不得田佃食者，别（罚）钱伍拾文
7　入张；若到头不佃田者，别（罚）钱伍拾文入赵。

① 吴震《吐鲁番出土契券文书的表层研究》，《敦煌吐鲁番研究》第 1 辑，北京，北京大学出版社，1996 年，第 257 页。

② 杨际平《敦煌吐鲁番出土雇工契研究》，《敦煌吐鲁番研究》第 2 辑，第 216 页。

③ ［宋］李昉等编《文苑英华》卷四六〇《处分十道朝集使敕》，北京，中华书局，1966 年，第 2342 页。

④ S. 0466《后周广顺三年（953）莫高乡百姓龙章祐兄弟出典地契》，沙知《敦煌契约文书辑校》，第 339～340 页。

⑤ 池田温《中国古代买田、买园券的一个考察》，载《西嶋定生博士还历记念·东亚史上的国家和农民》，日本，山川出版社，1984 年，第 259～296 页。

8 与阿欢仁草玖围。契有两本,各捉一本。两

9 主和同立契,获(画)指□记。

10 田主赵阿欢仁———

11 舍佃人张海隆———

12 知见人赵武隆———

13 知见人赵石子———①

这里比较明显地体现出小块土地所有却缺乏耕牛和种子的农民,与缺少土地却有牛、种的农民之间的互助合作关系。双方各自投入自己拥有的生产资料,共同耕作,然后均分所收获的粮食。

不过王梵志诗中所言的那些被雇佣的极贫之家,还是要交纳租庸的。这是其极端贫困的重要原因。否则,雇佣收入应该可以养家度日。这种人家虽然到处都有,但比例似乎也不大,王梵志的观察是每村一两户的样子。当然,广种如屯田的“富饶田舍儿”也是少数。毛汉光先生曾经研究过西域地区农家的生活状况,认为敦煌地区在小康生活线上的居民约占36%。在生存线上的40%,在生存线下的占24%。吐鲁番地区在生存线上的居民也是40%,但是,小康与生存线下的居民比重与敦煌调换了个,前者24%,后者36%,即总体情况比敦煌还差②。我们无法讨论唐代具体各个阶层农家的比例关系,何况这种比例关系不可能三百年间没有变化。但是,总体而言,中等农家在太平的时候应该是占农家的多数的。

唐代是商品经济相当发达的社会,财富转移很快,唐人笔记中对此不乏记载。商品经济是加速农家经济分化的重要催化剂。敦煌吐鲁番文献中有许多民间借贷资料,举钱、典当等活动在农村也很频繁。比如阿斯塔那四号墓出土的《唐显庆五年(660)张利富举钱契》,记载该年天山县南平乡人张利富向高昌县崇化乡左憧熹借钱拾文,以家资杂物为保③。唐朝政府对这种借贷的利息有法令加以规范,开元二十五年(737)令就明确规定:“诸公

① 60TAM337:18(a)《唐龙朔三年(663)西州高昌县张海隆夏田契》,《吐鲁番出土文书》[贰],第229页。文书中四个括弧内字系笔者所加,以便文义通顺。关于这件文书,池田温、堀敏一都有讨论,参见伊藤正彦《七、八世纪吐鲁番的田主佃人关系》,载《中嶋敏先生古稀记念论集》上卷,东京,汲古书院,1980年,第97~124页,此处特别见第120~121页并注26、27。

② 项楚、郑阿财主编《新世纪敦煌学论集》,成都,巴蜀书社,2003年,第330页。

③ 《吐鲁番出土文书》[叁],第209页。

私财物出举者,任依私契,官不为理,每月取利不得过六分,积日虽多,不得过一倍。"①多数材料显示,实际利率在月息10%、年息100%以上②。而这一点在城市居民生活中更为明显。

城市人家的消费需求与农村有很大不同。许多东西,农村人家自己制作(如防雨器具"油衣",《四时纂要·六月·制油衣》有其制作的详细记载③),城里人就要买。如一件防雨的油衣,根据马行街油作铺的价格表,入朝避雨衫、芭蕉裤,一副二贯。一双安州产的丝履(男用鞋),大约每双可以卖300文④。长安城著名的娱乐区北里,其酒席一般每桌300~400文,如果是晚席价钱就要加倍⑤。

由于城市生活在在要钱,贫民之家急于用钱,求助于典当的情况就更加普遍。吐鲁番出土的一份质库资料就反映了这种情况。该资料记载到质库借债的主要是城市居民,也有少数城郊的村妇。帐历上所见到的近三十人的借钱数都不大,大多只有数十文、百余文,最小的一笔是杨二娘用一条"故白小绫头巾"借钱20文,罕见的最大一笔为宋守慎用5件丝织品借取1800文。按照唐朝前期的长安米价水准,20文钱最多不过能买4斗米,物价贵时甚至只能买几升。借钱期限少则几天、十几天,多不过一两个月,很少超过半年以上的。说明城市居民在日常生活上往往需要一些现金,用来购买粮食或者供其他不时之需⑥。

如果与非农家庭生计相比较,我们就发现城市居民生活其实确实不易。那么城市生活成本到底有多大?我们试举几条笔记材料略加讨论。

唐于逖《灵应录》曰:"陈太者,先家贫,贩纸为业。"有一僧谓陈曰:"尔有多少口,要几许金便得足?"陈曰:"弟子幼累二十口,岁约一百缗粗备。"⑦以此计算,平均每人每年至少需5000文。相比之下,中官董秀说其家每月

---

① 《宋刑统》卷二六,第412页。

② 参见陈国灿《唐代的经济社会》,台北,文津出版社,1999年,第190页。

③ 《四时纂要校释》夏令卷之三《六月·制油衣》,第162页。

④ 见王仲荦《金泥玉屑丛考》,第141页。

⑤ 见王仲荦《金泥玉屑丛考》,第144页。

⑥ 参见73TAM206:42/10《唐质库帐历(?)》,《吐鲁番出土文书》[贰],第328~340页;陈国灿《从吐鲁番出土质库帐看唐代的质库制度》,载唐长孺主编《敦煌吐鲁番文书初探》,武汉,武汉大学出版社,1983年。

⑦ 《应灵录》,收入《说郛三种》(8),上海古籍出版社影印,1988年,第5403页下。参见王仲荦《金泥玉屑丛考》,第176页。

需钱超过千余贯①,不仅是人口多、生活奢华,恐怕还有索贿纳贿的嫌疑。有人献议裁汰僧道说“一僧衣食岁计约三万有余”②。这是像陈太这样贫穷人家的平均每人每年 5000 文开销的六倍。元和初,一位叫宋衎的穷举人,因病废除了明经举业,找到一份在河阴县盐铁院做书手的工作,月收入是二千文,乃“娶妻安居,不议他业”。干了一年多,一个偶然的机会,他获得为过三门的大米纲运管理帐簿,“月给钱八千文”,却几乎因为翻船丢了姓名;后来他儿子被当地节度使任为武职,获得“食月给五千”的报酬③。这个例子表明,一个读书人找到一份抄写员的工作,月入 2000 文,年入 24000 文,足可以使一般夫妻小家庭获得比较安稳的生活保障。月入 8000 文则一般是具有很大风险的职业。而一般藩镇武职可以获得月入 5000 文的稳定收入,自然足可以养家糊口。

由于城市生活消费指数高,唐代一般中下级官员家计生活并不轻松。元稹说他的兄长“自二十年来,以下士之禄,持窘绝之家,其间半是乞丐羁游,以相给足”,“始亡兄集,得尉兴平,然后衣服、饮食之具粗有准,而犹卑薄俭贫,给不假足”④。

家庭人口众多,是生活艰难的原因之一。

李济(776~825)是李唐皇室疏属。其夫人是京兆华原县令刘偃女,先于李济十四年去世。留下九个儿子、六个女儿。“生子九人,长曰同辰,右司御率府仓曹参军,次同师、同赞、同玄、同行、同文、同泰、同宾、同证;女六人,长弟廿二,已下五人皆未字也”。李济“初任试太祝,次转金吾仓曹,迁监察御史,赐绯鱼袋,为成德军节度巡官,转殿中为推官,又改侍御史,仍带旧职,迁户部外郎,转为判官”。德宗贞元初,王武俊因为倒戈有功,朝廷妻以宗室之女,此女正是李济的从伯姊,故墓志云:“以赵帅太师大变艰危,……礼加宠崇,许婚宗族。公从伯姊得至于赵。”由于这点沾亲带故的关系,李济得到一些好处,官升至“外郎”,即尚书员外郎。墓志后文提到王承元离开成德归国,是得到伯姊的支持,而他本人似乎在其中也有一份功劳。因此朝廷擢拜

① 《旧唐书》卷一二六《陈少游传》,第 3563 页。

② 《旧唐书》卷一二七《彭偃传》,第 3580 页。

③ 《太平广记》卷一〇六《宋衎》,第 719~720 页。

④ [唐]元稹撰,冀勤点校《元稹集》卷三〇《诲侄等书》,卷五九《告赠皇考皇妣文》,北京,中华书局,1982 年,第 355、616 页。

李济为宗正少卿，由此转到长安任职。但是，到长安任职，俸禄上未必比在基层高。也许由于家里孩子多，李济在经济上一直都不算宽裕："公自筮仕至于登朝，曾无兼月之粮，尽入俸而足也。及兹丧殁，僦宇莫容。伯姊晋国太夫人哀伤生疾，彻虚正寝，安公柩焉。"①可以看出，李济在长安是租屋居住，以致办丧事，灵柩为"僦宇莫容"，还是那位伯姊帮助腾出了房子才安放了灵柩。

还有没有结婚却也负担沉重家累的。如崔洧(783~836)是不善交际的本分人，"为孀姊、幼弟、孤侄主衣食，遂求署小职于淮泗间，仅十五岁。太和初，为戎府招，授试卫佐，竟以累牵，未及南行。府除。九年冬，溯汴入洛"，于开成元年病死。"不幸不娶。有女三人：大吴、小吴、盛儿"②。崔洧实际上并没有到邕府任职，也没有结婚，其丧葬事是由堂侄们办的。

类似的例子很多，例如江某(786~812)是左金吾卫兵曹江泳之子。"君少而俊拔，材力过人，交结豪右，使气任侠"。父亲希望他读书修文。"由是敛迹读书，非有命使，未尝出门"③。可能是长期苦读而影响健康，结果在二十七岁时去世。江某并没有结婚，但是已经有六岁的男孩和二岁的女儿，也是未婚而生子。只是江某的父亲与祖父皆在，他还可做一个"啃老族"。

假如男主人去世，给这些家庭生计就会带来严重的负面影响。唐德宗贞元十一年(795)，润州延陵县丞李某死于任上。年仅三十七岁的夫人吕氏此后守寡三十年，于宝历元年(825)辞世。儿子李孜写的墓志回忆当年父亲去世后家里的艰难情况时说：

> 于时孜幼妹三人，孜未成名，妹未从事，孤茕在疚，旅寄江湄。泣对灵轝，归路无日。先妣情由义激，智以通谋，虽囊无一金，而途出万计。乃携孤孺，以元和十一年七月护丧归洛，以其年八月葬于河南县伊洛乡万安之北原。明年，长女十九娘适彭城刘惟丰，又明年，次女廿娘适吴郡张郧。④

① 《唐代墓志汇编续集》宝历004，第872页。志文所云"伯姊晋国太夫人"当是《新唐书》卷二一一《王承元传》的"祖母凉国夫人李"，第4787页。

② 《唐代墓志汇编》开成001《唐故邕管招讨判官试左清道率府兵曹参军清河崔公墓志铭并序》，第2169页。

③ 《唐代墓志汇编续集》元和039《唐故济阳江君墓志铭并叙》，第828页。

④ 《唐代墓志汇编续集》宝历005《唐故润州延陵县丞李府君夫人东平吕氏墓志铭并序》，第873页。

吕氏后来就终于洛阳县柏仁里的私舍，说明他定居在这里（吕氏与丈夫合葬在河南县伊洛乡万安之北原的墓地）。寡母携带孤儿，能够归葬夫君，出嫁两个女儿（少不了儿子还要成亲），这个寡母确实非同寻常。吕氏的两个兄长和一个弟弟都是县尉级别的下级官员，其帮助当亦有限。

在这种情况下，有的家庭就选择离开长安这样的繁华都市，迁徙到新开发的南方去过农家生活，荥阳郑鲁就是如此。郑鲁在分别任绛州刺史、工部郎中的二位兄长去世之后，"谓京师艰食，终不能衣食嫠幼"，乃到荆南去耕种"不毛之田数百亩"，"疏卑为溉，陪高而亩，及今三年，而岁入千斛。是岁分命迓二嫂氏洎诸孤于二京"①。

甚至还有一些低级官员放弃职位，去乡下农村当地主。如出身城南杜氏家族的杜诠罢江夏县令之后，毅然卜居于汉北泗水之上。杜诠做官的收入是极为有限的，不足以使他在北方再添置什么产业，而分家的财产和做官时正当非正当的收入，却足以帮助他在江汉垦荒。他"烈日笠首，自督耕夫，而一年食足，二年衣食两余，三年而室屋完新，六畜肥繁，器用皆具。凡十五年，起于垦荒，不假人之一毫之助，至成富家翁"②，完全建立了一个新的家业。

总而言之，看来古代的家训都强调要以农为本，认为只有农业才是最可靠的生业，在新的生产方式没有出现之前，这不能说没有其现实的原因。

七　简短的结论

唐人的农书说："夫有国者，莫不以农为本；有家者，莫不以食为本。"③从以上的情况来看，以农、食为本的生活哲学，把农业当作最可靠的生业，并非古人的主观意愿，而是有其现实因由的！我们提出唐代中等农家生活的概念，是为了计量性地描述唐代多数农民的生计状况，通过粗略计算，大约中等农家的纯收入是 54.5 石，其中基本的粮食消费 40 石，约占纯收入的

---

① 《唐代墓志汇编》残志 031《郑府君墓志铭并序》，第 2558～2559 页。

② 杜牧《唐故复州司马杜公墓志铭并序》，《樊川文集》卷九，上海，上海古籍出版社，1978 年，第 142 页。

③ 《四时纂要序》，第 1 页。

73%。剩余粮食 14.5 石。对此，有如下几点补充说明。第一，这不是农家的全部收入与全部开支，如收入方面还有桑麻等经济作物收入，手工业收入；开支方面还有衣服、副食等生活必需品开支，暂时认为收支互相抵消。第二，农业经济社会，一般农家的财富积累是十分有限的。以上计算中的盈余部分，大多会用于宗教信仰、子女教育、结婚或生子、寿庆或丧葬等温饱之外的开销，真正的储蓄积累或者用于扩大再生产（比如购置土地）是很有限的。第三，农家经济生活很脆弱，唐代水旱蝗灾以及中后期的战争严重影响农家生计，而且分家析产也是影响农家经济力量的一个因素，如果把上述温饱之外的弹性消费（即根据家庭经济情况而定的开销）暂定为盈余的一半，则中等农家实际上能够做到的粮食贮备的平均数也许最多 7 石左右。然而，人口的增殖和分家析产很容易使一个中等农家入不敷出乃至陷入贫困的边缘。所谓“富不过三代”就包括这个原因。这些都是我们分析唐代农家生计要考虑的因素。当然，政府和民间为了防止天灾人祸的影响，也都有一些救灾措施。比如，州县常平仓制度的建立、民间社邑成员之间救助、寺庙的慈善事业等等，关于这些问题，已经超出本文讨论的范围，前贤亦多有研究，在此就不多说了。

第五章 “立家之道，闺室为重”
——论唐代家庭生活中的夫妻关系

“立家之道，闺室为重”。这句话用现在常见的话来解释就是，家里没有女人就不像一个家！女人对于古代家庭的重要应该不亚于现代。这句话出自谯郡名士曹义的一位夫人郑氏（797～858）的墓志。曹义没有官职，但“名闻当时”。他“前后凡经五娶”，但真正留下子嗣的只有这位荥阳郑夫人及另一位宋夫人①。对于唐人来讲，“立家之道，闺室为重”是家庭组建的首要考虑因素，生育子嗣等其他各种婚姻内容均需建立在这一基础之上。

夫妻关系是家庭生活的核心，所谓“立家之道，闺室为重”。唐朝人娶妻未必就是为了子嗣，有子女未必需要结婚，而仅有子女而无妻室（未娶）则一般不算成家。历来的唐代社会史研究中，于夫妻关系本来就很少关注，即使讨论妇女史涉及于此，也主要着重于婚姻缔结，婚后之夫妻生活，反而受到漠视；“夫为妻纲”的儒家伦理教条或者依据这些教条编纂的“七出”之类法典总是成为批判的出发点，而且成为研究的归结点。之所以出现这种情况，除了想当然的原因之外，大约还与此类细节资料相当稀少有关。唐代官宦人家或者富室大户的家庭生活，夫妻之外，还有妾媵，如果说夫妻关系的缔结，讲究门当户对，这突出地反映了婚姻关系在社会层面的意义；而妾媵的介入，则使家庭生活添加了许多的变数，娶妻和纳妾的目的有着明显的不同。

本文纠集墓志及笔记中的有关材料，拟就唐代家庭中夫妻、夫妾、妻妾等方面的关系问题作一探讨②，试图从夫妻家庭生活这个特定的侧面，探讨

---

① 《唐代墓志汇编续集》大中067《唐故曹府君夫人荥阳郑氏墓志铭并序》，第1019页。

② 关于这个问题迄今的主要成果是从妇女史的角度所作讨论，见姚平《唐代妇女的生命历程》，上海，上海古籍出版社，2004年，第92～172页；岑静雯《唐代宦门妇女研究》，台北，文津出版社，2006年，第56～184页。

唐代家庭生活中儒家伦理、人伦亲情和成文法律诸方面的互动关系。

一 夫妻齐体

唐代家庭实行一夫一妻多妾制。夫妻关系是家庭关系的主轴。夫妻关系的基本原则有两条,一是夫为妻纲,强调妻以柔顺为准则,尊阳抑阴,所谓“妻以夫为天”就是这个意思;二为夫妻一体,“妻者齐也,秦晋匹也”,强调夫妻之间的对等位置。有人统计唐律中提到夫为妻天的有 3 处,而强调夫妻敌体的则有 6 处之多①。过去的妇女史研究,比较片面地强调了夫为妻纲的意识形态方面,而多少忽略了夫妻敌体的一面。

白居易元和三年(808 年)37 岁结婚,娶弘农杨氏(友人杨虞卿、杨汝士之从父妹)为妻。新婚期间,白居易赋诗《赠内》云:

生为同室亲,死为同穴尘。他人尚相勉,而况我与君。
黔娄固穷士,妻贤忘其贫。冀缺一农夫,妻敬俨如宾。
陶潜不营生,翟氏自爨薪。梁鸿不肯仕,孟光甘布裙。
君虽不读书,此事耳亦闻。至此千载后,传是何如人?
人生未死间,不能忘其身。所须者衣食,不过饱与温。
蔬食足充饥,何必膏粱珍。缯絮足御寒,何必锦绣文。
君家有贻训,清白遗子孙。我亦贞苦士,与君新结婚。
庶保贫与素,偕老同欣欣。②

这里突出强调了同甘共苦的夫妻道德。古代夫妻之间不讲什么爱情,但是强调同甘共苦、相敬如宾的操守和道德。

再看墓志中的有关材料。河南府永宁县尉赵郡李陲给姐姐李殷(字道广)写的墓志说,他姐姐咸通九年(868 年)嫁给前国子监主簿、清河崔滂(字德涯),“与崔德涯和鸣之道,鱼水相从。崔子有一事未达,必询之于夫人;夫

① 刘燕俪《从法律面看唐代的夫妻与嫡妻关系》,载高明士主编《唐代身份法制研究——以唐代名例律为中心》,台北,五南图书出版股份有限公司,2003 年,第 136~138 页。

② 《白居易集笺校》卷一《赠内》,第 42 页。

人有一事将决,必访之于崔子,可则舒,匪则卷,其相得也至矣,相敬也尽矣。至于崔德涯折旋俯仰,人事亲疏,必先傍喻,暗契指归,人智之所未及,神算之微已晤。常知辱易足,远物极焉。噫!非夫人仁智孝爱,恭俭谦和,曷中外之异睹耶?夫人生二男二女,……崔氏以力殚官卑,尝自愧怀,每兴言意,夫人必应对达理,因语崔德涯曰:'何待余鄙耶?余执箕帚以事君,复无能而无美。君为将为相亦未荣,为丞为簿,抑又何耻?'"①夫妻之间遇事多征求对方的意见,互相商量;丈夫为自己职位卑微对妻子每怀愧意。妻子嗔怪丈夫把自己看得鄙薄了,谦称自己既无才干又不漂亮,能够结为夫妻就很心甘情愿侍奉你,决不会以你的职位高低为荣辱。由于是亲属写的墓志,这里涉及具体人和事容有溢美偏爱之辞,但却活生生地展示了一个下层官员家庭里夫妻相敬的平等关系。

又如,李瞻(765~822)字博济,本为太宗后代之裔孙。墓志说他初不以仕为意,后补弘文馆诸生,释褐授陕州大都督府文学。据续编元和 040 萧氏墓志,萧氏 18 岁嫁给李瞻,当在元和二年(807),时李瞻 43 岁。李瞻在 43 岁的中年才结婚,一年后夫人生下女儿璎珞奴,夫妇感情甚笃。李瞻 48 岁的时候(元和七年)妻子萧氏以 23 岁芳龄去世。夫人的去世,使李瞻异常悲痛:"夫人逝矣!我年长矣!孤苦余生,不如速死。待幼女之成立,寻夫人于泉路尔。"②后来李瞻秩满后曾领盐铁集建院事,不久,因丁母忧去职,后授神武军兵曹参军。长庆二年(822)病亡。李瞻在夫人死后没有续弦。他与萧氏所生的女儿嫁给京兆府参军王叔向。剑南东川节度使王涯为李瞻女婿的从母弟,整个丧事"自啥敛至于殡祭,仁施所及,礼无违者"。大约是王家帮助办理的。李瞻死后,"合祔于萧氏夫人之墓,从素意也"③。李瞻对于夫人的深情,可谓至死不渝。萧夫人死时,"窆于京兆府万年县义丰乡铜人原,盖权殡也"④。似乎就是为了与李瞻合祔。

---

① 《唐代墓志汇编》乾符 017《大唐故李夫人墓志铭》,第 2484 页。

② 《唐代墓志汇编续集》元和 040《唐朝请郎行陕州大都督府文学李瞻亡妻兰陵萧氏墓志》,第 829 页。

③ 《唐代墓志汇编续集》长庆 006《唐故通直郎行□神武军兵曹参军李府君墓铭并序》,第 862 页。

④ 《唐代墓志汇编续集》元和 040《唐朝请郎前行陕州大都督府文学李瞻亡妻兰陵萧氏墓志》,第 829 页。

唐代士大夫大都以封妻荫子、光宗耀祖为荣。丈夫升官，妻子例得封号①。封妻荫子是那个时代对于男人的一种激励机制。长庆元年(821年)白居易官升中书舍人(正五品上)，妻子杨氏因此得以封弘农县君，白诗记云：

弘农旧县受新封，钿轴金泥告一通。我转官阶常自愧，君加邑号有何功？

花笺印了排窠湿，锦褾装来耀手红。倚得身名便慵惰，日高犹睡绿窗中。②

虽然是一种嘲谑的语气，但是，丈夫自得之情仍然溢于言表。有一位名叫杨宇的丈夫给妻子杜细(817~843)写的墓志说：“夫人自归我家，余位尚卑，竟不能俟我之稍达而先我云亡，余极痛之。”③流露出未能给妻子生前带来荣耀的内疚心态。总之，古人对于夫妻之间的关系，当然没有现在所谓男女平等的性别意识。古人的夫妻道德是要同甘共苦，丈夫以给妻子带来荣耀为满足，妻子温顺地侍奉丈夫，不嫌贫爱富是作为妻子最主要的道德。汉代的朱买臣妻子嫌丈夫清贫而离去，被后世作为警告妇女的典型事例。据说，秀才杨志坚，嗜书而贫，妻子王氏以“馇䭏不充，索书求离”，颜真卿认为这个妇女嫌丈夫贫穷，有乖妇道，虽然判离，却不大有法律根据地给这个离婚妇女以杖二十的处罚④。足见当时的纸上法律尽管给妻子以离婚的自由，但是社会伦理和舆论导向却是反对妻子嫌贫爱富。

当然，这并不是说妻子应该满足于丈夫的无所作为。相反，唐代妇女大多鼓励丈夫出人头地，并因此忍受生活的痛苦。韦皋妻子张氏鼓励丈夫“男儿固有四方志”，表示：妾辞家事郎君，即使荒隅茅屋、箪食瓢饮，亦所不辞⑤！《玉泉子》记载杜羔举进士屡不第，妻子赵氏寄诗落第将归的丈夫云：

---

① 《唐律疏议》卷二《名例·妇人有官品及邑号》：“妇人有官品者，依令，妃及夫人，郡、县、乡君是也。邑号者，国、郡、县、乡等名号是也。妇人六品以下无邑号，直有官品，即媵是也。依《礼》：‘凡妇人，从其夫之爵位。’”(第38页)

② 《白居易集笺校》卷一九《妻初授邑号告身》，第1258页。

③ 《唐代墓志汇编》会昌021《唐故京兆杜氏夫人墓志铭并序》，第2226页。

④ ［唐］范摅《云溪友议》卷上《鲁公明》，北京，古典文学出版社，1957年。

⑤ 《太平广记》卷三〇五《韦皋》，第2416页。

"良人的的有奇才,何事年年被放回?如今妾已羞君面,君到来时近夜来。"①杜羔被妻子所激,终于发愤而进士及第。

二 "主中馈"

妻子在家庭的定位是"主中馈",即内当家,管理家庭里的财物。颜之推说:"妇主中馈,惟事酒食衣服之礼耳。"②但实际上主中馈,是要掌握家庭财产权的。

例如,徐岱治家谨严,"不谈人短,宗族孤孺者皆为婚嫁。然吝啬,自持家管钥,世所讥云"③。说明一般情况,家中的"管钥"(经济大权)似乎不应该由男主人掌管。"女主内"这个"内"也许就包括此管钥权。例如《旧唐书》卷一六一《李光进传》记载,"(弟)光颜先娶妻,其母委以家事。母卒,(兄)光进始娶。光颜使其妻奉管籥、家籍、财物,归于其姒"④。这说明婆婆一般让媳妇主管家庭的"管钥",而弟媳妇则让嫂子主管家庭的经济大权。掌管钥这个角色就使得只有主妇才最清楚家庭物品摆放的位置,从而使主妇处于家政事务的中心地位(所谓"委以家事")。

"女主内"的另一个内容就是管理家务劳动。在穷人家要亲自操持家务,缝纫浆洗;富贵人家则要指挥奴婢做相关家务。值得提出的是,有些家务劳动,即使有奴仆,也要由妻子来做。白居易《赠内子》诗云:"白发方兴叹,青娥亦伴愁。寒衣补灯下,小女戏床头。"⑤这里描写了一家人过日子的情形:入夜时分,妻子在灯下补寒衣,女儿在床头嬉戏,自己则坐在一旁看着她们兴叹。白居易家里不是没有婢仆,但是,妻子还是要亲身缝补丈夫的衣服才放心。而在一般农家,更是由妻子按照时令变化来为丈夫整理衣服。白居易的诗就有"不如村妇知时节,解为田夫秋捣衣"⑥之句。《唐故冀州枣

① [唐]阙名《玉泉子》,上海,上海古籍出版社,1988年,第10页。

② [北齐]颜之推撰,王利器集解《颜氏家训集解(增补本)》卷一《治家第五》,北京,中华书局,1993年,第47页。

③ 《新唐书》卷一六一《徐岱传》,第4984页。

④ 《旧唐书》卷一六一《李光进传》,第4218页。

⑤ 《白居易集笺校》卷一七《赠内子》,第1066页。

⑥ 《白居易集笺校》卷一四《寄内》,第847页。

强县令赠随州刺史裴公墓志铭并序》称赞夫人段氏云:“夫人令淑天资,敏懿家范,始乃亲于织纫,用就厥功,女则昭矣;次乃务于澣濯,施诸条枚,妇道成矣;终乃勤于训立,皆以忠信,母仪备矣。”①可见,“织纫”、“澣濯”、“训立”(教育子女)被看做为妻的本职责任。

男耕女织也不限于农民家庭,一些中小官员的妻子特别是在丈夫任满待职期间,家庭经济状况就会出现问题,需要妻子织纫和手工收入以补贴家用。例如,苏兖(710~734)在18岁时嫁给李全昚,丈夫任河西主薄,“廉以自处;及丁艰免职,家无余资,而夫人增织纫之勤,贸金绮之饰,内唯节用,外不示劳”②。

李商隐《义山杂纂》分类纂辑社会事象,“须贫”类有“家有懒妇”。“必富”类有“诸妇和谐”、“婢妾解织机”③。从这里可以看出,妇女劳动在家庭生计上是有很大份量的。“婢妾解织机”这一条透漏出这样一个信息,婢妾中有能从事家庭纺织的,但是一般情况下只是做简单的家务劳动即所谓“侍巾栉”,或者以色相事人,不会或者不愿做比较复杂的纺织劳动。而这又与妇女的劳动技能教育有关。奴婢是贱民,给人做婢的妇女,家庭必然有种种不幸,大多缺乏高技能的劳动教育,这不难理解。有些妇女甘为人妾,是因为家庭残破不幸的缘故,还有些妇女可能是因为本人从小娇生惯养,缺乏劳动技能的锻炼,只是希望通过嫁人获得衣食之源。例如,《太平广记》中某位自愿为妾的良家女子,就一再声称只想图一个生活安定,“衣食粗充”④。相反,一般良家妇女,则从小受到专门的劳动训练,既是生活所迫,也是良好家教的结果。薛兼训在江东,下令军中无家室者往“北地娶织妇以归”,也反映了这个现象。一般农家少女都受到纺织技术的训练,她们出嫁到江浙,成为家庭主妇,是纺织方面的劳动能手。生儿育女之后,又传给了下一代,使得“越俗大化”⑤。

在敦煌通俗文学作品中,有关妇女家庭生活内容的,主要有蚕桑、纺织、裁缝、扫地、取水、看家、炊爨、园艺、洗濯,此外还有侍奉丈夫、公婆、叔伯,抚

---

① 《唐代墓志汇编》开元386《唐故冀州枣强县令赠随州刺史裴公墓志铭并序》,第1423~1424页。

② 《唐代墓志汇编》开元400《唐同州河西主簿李君故夫人苏氏墓志铭并序》,第1433页。

③ [明]陶宗仪《说郛》卷五《杂纂·卷上·李义山》,北京,中国书店,1986年,第28页。

④ 《太平广记》卷二八〇《王诸》,第2231页。

⑤ [唐]李肇《唐国史补》卷下,上海,上海古籍出版社,1979年,第65页。

育儿女等①。从《太平广记》所见到的农村妇女一般参加采茶、纺织、缝纫、舂米、饷田（给田间送饭）、佣工等活动。在城市和郊区则活跃在餐饮、旅店、贩鬻（如卖菜之类）、佣工、娱乐等行业②。虽然这些女人并不都是妻子（如寡妇、室女等），但是，大体说明，普通人家的妻子仍要承担很重的家庭负担。《太平广记》某贾人妻白天要照应店铺，还要回家两次给一岁的儿子喂奶。故事记述的虽然不是正常的夫妻家庭，但是，城乡劳动妇女的这类情况当可想见③。

作为主妇，妻子还有一个重要角色是与丈夫共同主持祭祀。《太平广记》里有一段故事，某老妇人冯媪"见一女子，年二十余，容服美丽，携三岁儿，倚门悲泣。前又见老叟与媪，据床而坐，神气惨戚，言语呫嗫，有若征索财物追逐之状"。原来这是淮阴县梁倩女的阴间故事。梁女嫁给董江，七年间生有二男一女，梁氏及女均亡，董江为赞县丞，正准备续取新妇。那两个老者，"我舅姑也。今嗣子别娶，征我筐筥刀尺祭祀旧物，以授新人，我不忍予"④。这里突出了冢妇作为主妇对于祭祀权的重视。其实，有没有在家中主持祭祀的权力是区别女人身份的一个标志。白居易新乐府《井底引银瓶》通过一个墙头马上私奔的女人的口气说："到君家舍五六年，君家大人频有言。聘则是妻奔是妾，不堪主祀奉苹蘩。"⑤这位为了恋爱而大胆到心爱男人家住居的妇女，由于没有经过聘礼程序而被以妾目之，没有资格作为主妇主持祭祀活动。有一位孙氏妇女，与丈夫郑某结婚后就没有去夫家居住，先是因为母亲生病，后来又是自己生病，"故未暇修庙见来妇之礼"，但是，她对于丈夫家的祭祀活动仍然很操心，"每至岁时祭祀，必视其备物之蠲洁，躬授于摄事者，斋庄祇栗，如亲承焉"⑥。我们不清楚主妇不在家的时候，代替她摄祭祀之事的人是谁，但我们知道，家庭里的岁时祭祀活动很经常也很重要，而这正是主妇的重要职责。

---

① 罗宗涛《敦煌变文社会风俗事物考》，台北，文史哲出版社，1974年，第83~84页。

② 参见邓小南《六至八世纪的吐鲁番妇女——特别是她们在家庭以外的活动》，见《敦煌吐鲁番研究》第4卷，1999年；宁欣《唐代妇女的社会经济活动——以〈太平广记〉为中心》，见邓小南主编《唐宋妇女与社会》，上海，上海辞书出版社，2003年，第235~251页。

③ 《太平广记》卷一九六《贾人妻》，第1471页。

④ 《太平广记》卷三四三《庐江冯媪》，第2718~2719页。

⑤ 《白居易集笺校》卷四《井底引银瓶》，第246页。参见陈寅恪《元白诗笺证稿》，北京，生活·读书·新知三联书店，2001年，第286页。

⑥ 《唐代墓志汇编》元和015《唐许州长葛县尉郑君亡室乐安孙氏墓志铭并序》，第1959页。

下面用博陵崔家的媳妇李金（727～794）墓志所反映的情况，综合地看看一个大户人家的家庭主妇的角色期待。北京图书馆藏拓《唐朝散大夫行著作佐郎袭安平县男□□崔公夫人陇西县君李氏墓志铭并序》云：

著作府君（崔众甫）累代为嫡孙，虔奉三庙，以亲九族；夫人属为宗妇，能先意承志，敬无违德，礿祠蒸尝，吉蠲为饎，斋明盛服，奉而荐之。居常则秉礼蹈道，弗自暇逸。故能事伯叔敬，友同等和，抚甥侄慈，接姻戚义，下逮支庶，弗略幼贱，致其忠爱，加之敬慎。故中外叹誉。

夫人以情切抚孤，自洛如魏，久之盗起北方，凭陵中土，先公时为麟游县令，夫人乃提挈孤弱，南奔依于二叔……寓于洪州……至德元载，先公至自蜀，中外相依，一百八口。夫人上承下抚，言行无怨。时先公频有天伦之戚，既寓荒服，家素清贫，夫人有黄金数两，命货之，衣食孤幼，财不入己，皆如此类。宝应初（762～763），著作府君薨于江外，夫人竭所有以奉丧……家既窘乏，依于季叔太傅，娣姒同居，甥侄皆在。夫人亲之以德，未尝忿竞。……家之百役，命先服其劳，恕而行之，故人归厚。……

夫人一女，孝友纯至，太傅每与咨谋家务，适今华州刺史兼御史大夫范阳卢徵，不幸先夫人而殁。二族嗟称，六亲哀恸。夫人常读孝经、论语、女仪、女诫，犹好释典，深入真空；诵金刚般若菩萨戒经。建中四年，盗贼震骇，亲友逃散，独居东洛，遇谷贵大疫，皆保康宁，福佑之助也。后避地济源，澧州侄亡，①时四境兵锋，家困贫乏，自济如洛，百里而遥，夫人悉力营护，并二殇之丧，皆归葬邙山旧茔，俭而得礼。

贞元八年夏，遇气疾加嗽，每杖而后起，及岁时享祀，必亲和甘旨，品笾豆，至于艺植而自命之。……侄契臣三岁偏孤，及奔走在路，再遭荼毒，夫人悉心慈抚，获全余生，以至今日，卌余年。②

这方墓志为我们描写了一个极其能干的家庭主妇的形象。主要事迹包括主持祭祀；抚养孤幼，料理丧事，甚至在艰难时节，女人娘家带来的财物，被用

① 孟孙之子曾仕为大理评事兼澧州录事参军事，是众甫之侄。

② 《唐代墓志汇编》贞元062《唐故朝散大夫行著作佐郎袭安平县男□□崔公夫人陇西县君李氏墓志铭并序》，第1881页。

于大家生活："夫人有黄金数两，命货之，衣食孤幼，财不入己，皆如此类。"说明了妻子私财的存在及合法性；以及用它来充公用是美德的价值标准。李金在病重的时候仍然极其重视家庭里的"岁时享祀，必亲和甘旨，品笾豆"，结合前引《太平广记》中在阴间也不愿意放弃祭祀旧物的妇女，还有白诗中那位因"不堪主祀奉萍蘩"而伤感的年轻女子，我们可以想象，祭祀对于一个女人、一个家庭是多么的重要！在家人团列的祖宗牌位面前，摆放着果蔬、酒水和牺牲，灯烛摇曳，香烟袅袅，主妇斋明盛服，祭祀行礼如仪，这样肃穆的气氛，会给作为中心位置的主妇带来多么大的心理满足啊！更重要的是，这些仪式还意味着将给尊长、亲人和孩子们带来美好的生活和希望，主妇心里更会有一种极大的快慰。

夫妻之间相对比较平等的家庭关系，从普通人家夫妻之间通信的措辞，也可以窥见一斑。如丈夫给妻子的书信一般这样写：

> 执别已久，思慕每深，信使不通，音书（？信）断绝。春景暄和，伏惟第几娘子，动止康和，儿女等各得佳健。此某蒙免，今承官役，且得平善，忧念家中，岂可言述。好酒（须）侍奉（如无父母，不要此语），男女严切教示（令），不得令其猖荡。限以卑役，展款未由，空积思慕。今因某乙往，附状不宣。某状通几娘子左右。①

妻子给丈夫的答书则一般这样说：

> 拜别已久，驰慕增深，不奉示问，无慰下情。时候，伏惟某郎（如有官位，呼之亦得）动止万福。即此某蒙推免，家内大小并得平帖，不审远地得理如何？
>
> 愿善自保摄，事了早归，深所望也。未由拜伏，但增驰恋，谨奉状不宣。某氏儿状上某郎或呼官位。②

信中丈夫呼妻子为娘子，妻子称丈夫为郎（官宦人家则可以称官位），体现夫

---

① 张敖撰《新集吉凶书仪》（P. 2646），赵和平《敦煌写本书仪研究》，第535页。
② 张敖撰《新集吉凶书仪》（P. 2646），赵和平《敦煌写本书仪研究》，第536页

妻敌体的关系。信中关心的无非是父母的侍奉、儿女的教育,表达对对方的思念和身体健康的祝福等。这是敦煌发现的尺牍类型的书仪,反映民间夫妻通信的最一般样式,具有很高的真实性。

三 妻与妾

唐代夫妻关系之所以复杂,是因为还有妾、媵之类的女性家庭成员的存在①。唐代法令中还规定了媵、妾之间的区别。代宗为了表彰郭子仪再造邦家的功劳,曾“赐美人卢氏等六人、从者八人”②。如果说郭子仪的元配霍国夫人王氏是正妻的话,那么卢氏等六名美人就属于妾,而八名从者,当属于媵一类③。当然,这种区分在唐人的实际家庭生活中很少,大体可以不论。文献上还常有姬妾、伎妾和妓妾的说法。比如说宰相李林甫“晚年溺于声伎,姬侍盈房,有子二十五人,女二十五人”④。元载“兄弟各贮妓妾于室,倡优猥亵之戏,天伦同观,略无愧耻”⑤。王昂也是“多畜妓妾,以逞其志”⑥。妓妾的特点是善于歌舞。韩愈有二妾,“一曰绛桃,一曰柳枝,皆能歌舞”⑦。白居易的二妾名樊素、小蛮,“樊素善歌”,“小蛮善舞”⑧。从这里可以看出,能歌善舞以供主人娱乐是这些妓妾的主要职责。有人认为妓或姬的身份介于妾和婢之间⑨。实际情况是,妾有泛称和专门称呼二类。古代妇女自谦之辞为妾,先秦文献中的臣妾就相当后世的奴婢。唐代法律中规定的与丈夫结婚的妾应是良家妇女⑩。姬和妓都是舞女一类,以隶属乐籍的贱民居多,但也不排除有非贱民身份者。唐朝末年,陆希声向余媚娘求

---

① 近获作者翁育瑄博士寄赠《唐代における官人阶级の婚姻形态——墓志を中心に》(《东洋学报》第88卷第2号),对家庭中的妾有所论述。又参陈尚君《唐代的亡妻与亡妾墓志》,载《中华文史论丛》2006年第2辑,第43~81页。

② 《旧唐书》卷一二〇《郭子仪传》,第3461页。

③ 参见陈鹏《中国婚姻史稿》卷一二《媵妾》,第667页。

④ 《旧唐书》卷一〇六《李林甫传》,第3241页。

⑤ 《旧唐书》卷一一八《元载传》,第3414页。

⑥ 《旧唐书》卷一一八《王昂传》,第3414~3415页。

⑦ [宋]王谠撰,周勋初校证《唐语林校证》卷六《补遗》,北京,中华书局,2008年,第585页。

⑧ [唐]孟棨撰,李学颖标点《本事诗·事感第二》,上海,上海古籍出版社,1991年,第16页。

⑨ 刘增贵《魏晋南北朝的妾》,载《新史学》第2卷第四期,1991年。

⑩ 虽然律文里有“买妾不知其姓则卜之”的句子,但这是转引礼经中的话。

婚，媚娘提出的条件是："陆郎中不纳侧室及女奴，则可为妇。"①是男人的女性伴侣除了妻妾外，还有被宠幸的女奴即婢。像郑覃那样，"位相国，所居第不加饰，内无妾媵"②，是极其难得的，所以才被史家表彰。

但是，在拥有妻妾的复杂家庭关系上，唐朝的伦理是双重的。一方面，像郑覃那样不蓄养妓妾，被予以正面的肯定；另一方面，在妻妾成群之家，又强调和睦相处，关键是妻不能嫉妒③。妻子过于嫉妒是"礼教不修"的表现，据说"唐贞观中，桂阳令阮嵩妻阎氏极妒。嵩在厅会客饮，召女奴歌，阎披发跣足袒臂，拔刀至席，诸客惊散"④。妻妾矛盾严重的，像《唐语林》卷四严武条所记载的，由于父亲宠妾而冷落了正妻，一个8岁的儿子竟然杀死父亲的爱妾⑤。当然，这些都是极端的事例，不足以作为讨论一般妻妾关系的基础。

关于唐代家庭妻妾关系的一般情况，我们先来看这样一则故事：

大历中，邛州刺史崔励亲外甥王诸，家寄绵州，往来秦蜀，颇谙京中事。因至京，与仓部令史赵盈相得。每赍左绵等事，盈并为主之。诸欲还，盈固留之。中夜，盈谓诸曰："某长姊适陈氏，唯有一笄女。前年，长姊丧逝，外甥女子，某留抚养。所惜聪惠，不欲托他人。知君子秉心，可保岁寒。非求于伉俪，所贵得侍巾栉。如君他日礼娶，此子但安存，不失所，即某之望也。成此亲者，结他年之好耳。"诸对曰："感君厚意，敢不从命？固当期于偕老耳！"诸遂备缥币迎之。

后二年，遂挈陈氏归于左绵。是时，励方典邛商，诸往觐焉。励遂责诸浪迹，又恐年长不婚。诸具以情白舅。励曰："吾小女宽柔，欲与汝重亲，必容汝旧纳者。"陈氏亦曰："岂敢他心哉，但得衣食粗充，夫人不

① ［宋］曾慥《类说》卷二九《丽情集·余媚娘》，上海，上海古籍出版社，1993年。

② 《新唐书》卷一六五《郑覃传》，第5068页。

③ 关于唐代的妒妇，参见大泽正昭《"妒妇"、"悍妻"以及"惧内"——唐宋变革期的婚姻与家庭的变化》（邓小南主编《唐宋妇女与社会》下，上海，上海辞书出版社，第829页）。笔者认为，虽然文献中有一些关于妒妇的记载，而且其中还有笑话性质的噱头。但是，我认为，这诚然反映了妻妾难处的事实，但是，也说明士大夫家纳妾是比较普遍的事实。

④ ［唐］张鷟撰，赵守俨点校《朝野佥载》卷四，北京，中华书局，1979年，第91页。

⑤ 《唐语林校证》卷四《豪爽》："严武年八岁，询其母曰：'大人常厚玄英（原注：妾也），未尝慰省我母，何至于斯？'母曰：'吾与汝子母也，以汝尚幼，未知之也。汝父薄行，嫌吾寝陋，枕席数宵，遂即怀汝。自后相弃，为汝父离妇焉。'其母凄咽，武亦愤惋。候父出，玄英方睡，武持小铁鎚击碎其首。及挺之归，惊鄂，视之，已斃矣。"第329页。

至怪怒,是某本意。”诸遂就表妹之亲。既成姻,崔氏女便令取陈氏同居,相得,更无分毫失所。励令其子铿与诸江陵卜居,兼将金帛下峡而去。

三月,诸发。五月,励受替,遂尽室江陵而行。诸与铿方买一宅,修葺,停午,诸忽梦陈氏被发来,哀告诸曰:“某,他乡一贱人。崔氏夫人本许终始。奈何三峡舟中沐发,使人耸某,令于崩湍中而卒,永葬鱼鳖腹中!”哀泣沾襟。俄而铿于东厢寐,亦梦陈氏诉冤:“崔夫人不仁,致我性命三峡。”铿与诸偶坐,方讶其事。其夜,二人梦复如前。铿甚惭,谓诸曰:“某娘情性不当如是,何有此冤!且今日江头望信,若闻陈氏不平安,此则必矣!”后数日,果有信,说陈氏溺三峡。及励到诸家,诸泣说前事。崔氏为其兄所责,不能自明,遂断发喑呜而卒。诸亦荡游他处。

数年间,忽于夏口,见水军营之中门东厢,见一女人,姿状即陈氏也。诸流眄久之。其妇又殷勤瞻瞩,问童仆云:“郎君岂不姓王?”童走告诸。及白姨弟,令询其本末。陈氏曰:“实不为崔氏所挤。某失足坠于三峡,经再宿,泊尸于碛,遇鄂州回易小将梁璨。初欲收葬。后因吐无限水,忽然而苏。某感梁之厚恩,遂妻梁璨,今已诞二子矣。”诸由是疑负崔氏之冤,入罗浮山而为头陀僧矣。①

这是一个先有妾后娶妻的故事。从这个故事并不复杂的情节中,我们可以看出,一个地位相对比较低的人家是怎样想与门第比较高的人家结亲。故事的主人公王诸,寄住绵州,舅舅崔励在那里做邛州刺史。王诸常往来长安和蜀中,与仓部令史赵盈相善。赵盈的姐姐去世后,外甥女陈氏依养其家。赵盈想把外甥女嫁给王诸:“非求于伉俪,所贵得侍巾栉。”明确说只是做妾。如果“他日礼娶”夫人,只求保全安稳。王诸答允“期于偕老”,并且备“缥币迎之”。可见,正式娶妾也有比较简单的仪式,这种妾显然与蓄养妓姬之类显著不同。赵盈之所以不为自己的外甥女陈氏提出结为伉俪的要求,原因无非是既乏嫁妆,又无门第。在这里的主要原因当是门第问题。仓部令史是一个级别比较低的胥吏,陈氏的家庭当是一般人家。而王诸的舅舅为刺史,其家庭背景显然比较高。陈氏女作为一个孤儿,只是想找个可靠的人

① 《太平广记》卷二八〇《王诸》,第2231~2232页。

家,衣食粗安即可。许多家境比较一般的百姓之家,希望攀附一个有钱有势的高门,就选择把女儿送去做妾。这恐怕在唐代具有一定的代表性。这也是妾的重要来源之一。

从王诸的舅父对他的态度可以看出,舅父对外甥具有很大的权威性。唐代服制虽然外家并不算重,但是舅父对于孤甥的影响力是很大的。崔励批评王诸浪迹在外,年纪大了还不结婚。王诸告以娶妾陈氏的实情,只希望结婚后夫人能够容纳陈氏。舅父竟以女儿妻外甥,并觉得自己的女儿柔顺宽和,足以做到妻妾和睦相处。成婚后,崔夫人马上让把陈氏接来同居,两人相处很好。

这个故事反复强调先娶的妾担心不被后娶的夫人见容的问题,这一点有作品故事情节发展预先埋下伏笔的需要,也确实反映出妻妾相处很难,恐怕是那个时代比较常见的家庭问题。大约也正是这种心理因素的作用,王诸与表兄(同时也是郎舅)崔铿奉命到江陵买宅卜居的时候,就担心家中的妻妾会闹矛盾。日有所思,夜有所梦。王诸果然梦见陈氏在舟中为崔夫人挤入江中溺死。而崔夫人实际上是很冤枉的,所以,当兄长崔铿责备她的时候,她无以自明,乃寻了短见。王诸至此妻妾皆亡,受到很大打击,离家出走,"游荡他处"。

富有戏剧性的结局是,陈氏失足掉入江中后,并没有死去,而是被夏口的一个小将救活。陈氏感其恩,遂嫁给军校(大约是妻而不是妾了),并已经生育了两个孩子。陈氏当初本来可以选择一个普通人家做妻,未必要去做体面人家的妾。但是,他的舅舅赵盈还是愿意结这门亲:"成此亲者,结他年之好耳!"这很可能反映了相当一部分人家的嫁女心态。这个故事使我们可以形象地感受到一般殷实人家妻妾关系的复杂。

像王诸这样结婚前先有妾的情况,在唐代汲汲于仕途的读书人中很普遍,他们大多得官后才正式结婚,而在结婚以前已经有儿女绕膝。孙子泽(819~872)大中十年(856)娶李氏(839~871),时妻子19岁,他本人38到39岁。他原有一对非婚生儿女,后李氏又生一男二女①。又如,江某(786~812)是左金吾兵曹江泳之子。"君少而俊拔,材力过人,结交豪右,使气任侠"。父亲希望他读书修文。"由是敛迹读书,非有命使,未尝出门"。可能

① 《唐代墓志汇编续集》咸通089《唐故御史中丞汀州刺史孙公墓志并序》,第1102~1103页。

是长期苦读劳累所致，竟然在27岁的时候去世。江某并没有结婚，但是，已经有6岁的男孩和2岁的女儿。可见是未婚生的孩子。其母亲当为奴婢或侍妾之类。其父亲与祖父皆在，则这个家庭已经是四世同堂，只是没有孙媳妇而已①。唐朝许多官宦子弟，特别是那些门户趋于衰落，朝廷没有靠山的士族子弟，其正式娶妻结婚往往比较晚。三、四十岁结婚的人大有人在。这样的士人，往往会在结婚之前娶妾或者有宠婢、姬人侍寝。其中许多人穷困潦倒，仕宦无成，乃至终生未能结婚，只是与那些没有名分的侍女生育了子女。

为什么许多士人结婚比较晚呢？或者说在娶妻之前要先纳妾呢？唐人小说《定婚店》中的韦固是一个可供分析的例子：“杜陵韦固，少孤，思早娶妇，多歧求婚，必无成而罢。”有人说其妻是卖菜婆子的女儿，尚在襁褓中。他愤然说：“吾士大夫之家，娶妇必敌。苟不能娶，即声妓之美者，或援立之，奈何婚眇妪之陋女。”韦固后以父荫参相州军事，“刺史王泰俾摄司户掾，专鞫词狱，以为能，因妻以其女”②。这个时候他已经是40岁上下的年龄，妻子只有17岁。

韦固的婚姻其实代表了那个时代许多晚婚士大夫的婚姻状况。韦固虽然是士族子弟，但是地位低下，家境败落，找不到中意的门当户对的人家。“客有以前清河司马潘昉女见议者”。韦固求之心切，天没有亮就去了。结果人家“所期不至”，女方爽约。韦固也不能容忍找一般的菜农之家的女儿。他认为士大夫之家，要找门户相当的人家。苟不能，至少找“声伎之美者，援立之”。韦固的想法用现代的话来说就是，要么娶一个门第高的，要么娶一个色艺美的。

这样的想法大约具有相当的普遍性。如有郑瑨者，少年以祖荫补左卫勋卫，常说：“达则娶于卿相。”郑某希望在仕途发达后“娶于卿相”，所以年“逾既立而未婚”，两者之间是因果关系。最终他在39岁去世。季弟郑琇担任县尉，为他主持了丧事，葬于父母之侧。“有子伽陁嗣”，可能是收养的儿子或为姬妾所生③。由此可见，追求高门、晚婚、有姬人之类侍寝，乃是具有一定因果关系的现象。那些比较穷困的书生无力娶妻，只能纳妾，或者与没

① 《唐代墓志汇编续集》元和039《唐故济阳江君墓志铭并叙》，第828页。

② 《续玄怪录》，第186~187页。

③ 《唐代墓志汇编》天宝009《唐故吏部常选荥阳郑公墓志铭并序》，第1537页。

有名分的女子生下自己的孩子①。类似的情况还有田厚(？～871),八考不中。无子嗣,但有一个姬人②。所以,唐代有姬妾的士人,未必就是很富有的表现。恰恰相反,他们无力娶妻或者觉得职位低下,还不愿意随便娶妻,但不妨有姬妾侍寝。毕竟瘦死的骆驼比马大,与娶妻纳聘财相比,唐代贫困士人养活一个侍姬或者女使的费用似乎并不高。

总之,唐代士大夫之家娶妻与纳妾的区别在于,娶妻讲究门当户对,需要像样的彩礼;纳妾则没有身份、门第的要求,也没有彩礼和婚礼上的花费。妻子的政治身份最重要,姬妾则是色艺最重要。现代家庭社会学家提出择偶中的梯度理论。即优秀的身份高的男子倾向于选择比自己条件低(职业、收入、身份等)的女子结婚,而女子则倾向选择比自己更优秀的男子结婚。古代社会的情况当然与此不同。就唐朝而论,士大夫娶妻追求高门大户家的女儿,高门嫁女也选择有仕途前景的男性。因此,为了自己获得与高门女子结婚的资本,奔竞仕途的青年男子往往要到30～40岁才完成婚姻。这是这个阶层男性晚婚的重要原因之一。纳妾则与此不同。女性的生物性条件(年龄、姿色、伎艺等)是男性选择妾的主要考量。

还要考虑的一点是,纳妾特别是结婚后娶妾的,除了高级官员和富裕人家之外,往往与继嗣有关。法令甚至规定:"其妻无子而不娶妾,斯则自绝,无以血食祖父,请科不孝之罪。"③对于妻子来说,无后是可以被列为"七出"之一而被休弃的,尽管实际案件中,很少有因为无后而被出妻者④,但是,这显然也成为妻子无法拒绝丈夫纳妾的最大原因。所以,正夫人不育或者只生女孩,就会纳妾。如唐思礼(820～870)二娶无子嗣,膝下的二男三女都是不知名的女人所生⑤。崔艺有6个儿子、6个女儿,但是与妻子荥阳郑氏所

① 参见《唐代墓志汇编续集》咸通081《唐故乡贡进士段府君墓志铭并序》,第1096页;咸通083《大唐故乡贡进士段府君墓志铭并序》,第1097～1098页。

② 《唐代墓志汇编续集》咸通087《唐故湖州军事衙推乡贡进士田公墓志铭并序》,第1101页。

③ 程树德《九朝律考》卷五《后魏律考下》,第374页。

④ 《通典》卷六九《养兄弟子为后后自生子议》记载东晋贺峤妻于氏无子,姑薄氏反对于氏娘家提出以七出遣归于氏的要求,认为可以为贺峤多立侧室来解决。贺峤之兄群则主动提出可以把自己儿子过继给于氏。(第381页)又见郑雅如《情感与制度:魏晋时代的母子关系》,台湾大学文史丛刊之一一四,2001年。

⑤ 《唐代墓志汇编续集》,咸通011、071、078。

生的似乎只有二女,其余为姬妾或宠婢所生①。

家庭众多女人的存在,地位各不相同,作为正妻,还拥有主母的重要权利。根据唐朝的的法律,妻妾和宠婢在家庭里的法律地位相差悬殊。唐朝法令有明确规定:“《户令》云:‘娶妾仍立婚契。’即验妻、妾,俱名为婚。”②也就是说,妻和妾都是丈夫的合法配偶。就像天子有皇后和妃嫔一样。上引唐律还规定,同姓不婚,如果“未知同姓为妾,合得何罪?”其答案是根据古礼:“买妾不知其姓则卜之。”可见妾的身份具有很大的弹性。《仪礼·丧服》规定:“妾之事女君,与妇之事舅姑同。”唐律也秉承此礼制精神,规定妾要为正妻服“期亲尊长丧”③,妻乃是妾的主母。唐律规定妻妾之间的地位不得随便变更:“诸以妻为妾,以婢为妻者,徒二年。以妾及客女为妻,以婢为妾者,徒一年半。各还正之。”这里关于妻、妾和客女婢女的身份差别,疏议的解释是:“妻者,齐也,秦晋为匹。妾通卖买,等数相悬。婢乃贱流,本非俦类。”又对“若婢有子及经放为良者,听为妾”解释说:“婢为主所幸,因而有子;即虽无子,经放为良者,听为妾。”④所以这些都只能看成是法律设定的有关家庭成员的身份,也是官府处理家庭纠纷时掌握的基本原则。法律虽然规定如此,但是,在实际生活中,丈夫与妻、妾和宠婢的关系却千差万别,因人因家庭而异。

我们这里举几个实际的例子。

李顼在与卢氏结婚之前已经有妾章氏。《唐代墓志汇编续集》大和039和大和043的记载,卢氏享年19岁(814~832),墓碑盖书“唐李公夫人范阳卢氏墓志铭”,另外志文中云卢氏“嫁二年而寒暑为恙,……暴薨于镇”,可见她嫁给李顼是在830年,当年卢氏17岁,“夫人遂归于顼,顼才□冠之年”⑤,应当在20多岁。而章氏享年34岁(800~833),墓碑盖书“唐故章四娘墓志铭并序”,叙述者是李顼本人,“顼主章氏十有二载,至于情义,两心莫辩”。事实上,李顼在结婚之前,已经与章氏有长达十年的关系。志文云:“元和中,流寓京邑,洎来我家,绵历年祀,容止闲默,谦冲自率,礼法天传,女

① 《唐代墓志汇编》大中063《唐故将仕郎守江陵府江陵县尉清河崔公合祔墓志铭并序》,第2298页。

② 《唐律疏议》卷一四《户婚·同姓为婚》,第262页。

③ 《唐律疏议》卷一〇《职制·闻父母若夫之丧》,第205页。

④ 《唐律疏议》卷一三《户婚·以妻为妾》,第256~257页。

⑤ 《唐代墓志汇编续集》大和039《唐李公夫人范阳卢氏墓志铭》,第912页。

工神授，弦管草隶，辈流罕比。”章氏以大和七年终，“享年卅四”，“有女一人……尚在褓褓，未有所辨”①。元和中（806～820）章氏来到李家时，不过十二、三岁。章氏年龄应与李顼相若或稍长，大约长庆初年，即李顼十几岁的时候，就与章氏发生了性关系，所谓“两心莫辩”，“顼主章氏十有二载”即是。从李顼自己写的墓志看，他对于身份为姬妾的章氏的感情很深，决不亚于对于新婚妻子卢氏的感情。

唐代也有婢女与男主人的关系十分亲密，新婚妻子反受冷落的例子。比如，《太平广记》就记载：“武功苏丕，天宝中为楚丘令，女适李氏。李氏素宠婢，因与丕女情好不笃。其婢求术者行魇蛊之法，以符埋李氏宅粪土中。……数岁，李氏及婢，相继死亡。女寡居四五年，魇蛊术成。”②此婢女与李某的关系已有多年，远在李结婚之前。宠婢与男主人的关系被视为合法，即使苏女受到冷落也无法律加以保护。这说明受宠的婢女有时候在家庭的地位并不低。在唐代以后的社会也是如此，曹雪芹笔下的那些大观园里的女性，就有不少属于宠婢之列。

宠婢与男主人的关系当然是纯粹的性爱关系。乔知之家有宠婢曰窈娘，美丽善歌舞，为武承嗣所夺，乔知之作诗以寄情云：“不因媒结好，本以容相知。容谢君应去，情移会有离。”③这首诗被密送窈娘后，婢竟然结诗于衣带，投井而死。乔知之与窈娘的爱情故事用现代的观念去看也许比较荒唐。但是，我们要站在古人的立场去体会当时的爱情观念。窈娘这位宠婢能歌善舞，识字知诗，不是一般的平民家女子可比。虽然法律规定了其贱民身份，但是，这并没有取消她能够与主人相爱的资格。我们由此感受到那个时代意识形态与个人情感的冲突。这其实是一个经典的问题，在东西方古今社会都有过这类情况，男女爱情主角的社会身份差别很大，但他们却产生了爱情。中外有许多戏曲、小说都以此为题材。因此，在唐代家庭里，丈夫或者一个男性爱上了法律地位比较低下的妾或者婢女，是可能发生的。但是，比较突出的一种情况更有可能是丈夫比较好色，对于家中的姬伎和婢女都垂涎，故而妻子严加防范④。

---

① 《唐代墓志汇编续集》大和043《唐故章四娘墓志铭并序》，第914页。

② 《太平广记》卷三六九《苏丕女》，第2933页。

③ 《全唐诗》卷八一，乔知之《弃妾篇》，第874页。

④ 有关故事可以参看《太平广记》卷二七二《吴宗文》、《蜀功臣》（第2147页）所引《王氏见闻》。

也有男子丧偶，家中的婢女就自然成了妾，未必再娶。窦参贵为宰相，在妻子去世后，就没有再娶，而是有女奴上清侍寝：“窦参妻早亡，故妾得备洒扫。”①

《太平广记》卷三二七《唐俭》借一个鬼的故事慨叹，“货师之妻死五年，犹有事舅姑之心。逾宠之姬，死尚如此（指与他人有染），生复何望哉。士君子可溺于此辈而薄其妻也？”②这样的感叹，只说明士大夫之家，溺于姬妾的恐怕是比较多的吧！

唐代士大夫结婚比较晚，老夫少妻的情况比较多，丈夫去世后，妻妾如何相处？一些材料显示，由于妻与妾的矛盾，有些家庭在娶亲之后，先前的妾因为老病就要求离去或者被迫离去。例如：前监察御史归仁晦撰写的墓志称：“唐大中七年六月廿七日，前监察御史归仁晦故儿母支氏卒。予以开成元年纳支氏以备纫针之役，由是育五男二女。二子少女不幸早世。予□以礼娶郑夫人，而支氏以□乞归养于其父母家，至是□卒。其次子贻温、贻谋、贻训，以母子之私情，痛所生之□笃，泣请礼送，以宠其终。以其年七月一日瘗于凤栖原云。”③支氏在归仁晦结婚之前的身份只是“纳支氏以备纫针之役”，地位当在妾婢之间，只是支氏未必是贱民，也许是一个普通的百姓之家。她生育了五男二女，到归某正式娶妻后，“而支氏以□乞归养于其父母家”，这个缺字很可能是“病”字（真病、假病当都有），这个女人心中的酸痛是可想而知的。也许是因为她还是孩子的生母的缘故，所以，在支氏病死后，归仁晦帮助安葬了。

以上这是丈夫在世的情况。滋贺秀三曾论证后世的妾在丈夫即世之后仍然可以留在家中，不得予以驱逐。唐律里不见有关规定。我们来看几个具体事例。

《大唐洛阳县尉王师正故夫人河南房氏墓志铭并序》云：“先时师正有男有女，及夫人归，爱抚若己出。有幼者留其母，长之育之，懿慈仁如是。彼数子者，蒙恩德一何甚！”④这是表彰王师正的夫人房敬作为主母宽厚的话。从“有幼者留其母”看，那些为王师正生育了孩子的女人，孩

① 《太平广记》卷二七五《上清》，第 2165 页。

② 《太平广记》卷三二七《唐俭》，第 2600 页。

③ 《唐代墓志汇编》大中 076（阙题），第 2307 页。

④ 《唐代墓志汇编》长庆 011《大唐洛阳县尉王师正故夫人河南房氏墓志铭并序》，第2066 页。

子还小就将其生母留下，孩子已大，其生母又如何呢？言下之意是遣还了。

《唐故范阳卢氏夫人墓志之铭》：卢氏号道真，嫁给李归厚，“不逾时而李君下世”，“有遗腹女，诞而不育。别子三人，二女一男”①，皆年幼，“夫人爱念若已出。既卒丧，家事转困，无以为生。遂维挈三子，复入卢宗”。下面描述卢氏寄寓外家时的生活：“夫人弘量聪敏，洞达道理，豁豁然，万虑不能干挠心腑。守贫如富有，食粝若甘脆。愁情戚容，未尝暂见。教导诸子，以诗以礼。长女适河东薛让，四德备具。次女柔顺，闻于六亲。男洵美，学通典训，就试宗正寺明经第，未及选，縻职解梁，迎夫人诣职所，竭力以养。自始有家。”这就是说，到儿子李洵美把夫人迎到自己任职的地方，才有了自己的家，此前均寄寓于外家。我们注意到卢氏由于结婚的时候丈夫就去世，所以没有与丈夫李归厚生育孩子。李归厚留下的两男一女都是妾或婢生的孩子。卢氏寄养于丈夫之家，以主母的身份把这三个孩子也一起带到娘家去，我们可以设想，这些孩子的母亲想必都遣散了。

墓志接着说：“（洵美）后调补绛州稷山主簿，秩满，葺居故林。太夫人在雍。夫人以违岁久，归宁心切，有室女绊累，力难具来。于邑不乐，遂得疾。以大中十二年六月廿一日终于家。享年卌八。”②值得注意到是这里提到“有室女绊累，力难具来”，当是指未嫁的第二女儿。这个时候应该在30岁左右。如此大年龄未出嫁，似乎母亲走到哪里，要跟到哪里（“力难具来”），恐怕是有肢体或者精神的残疾。抚育着这么一家人而寄寓于外家，卢氏确实不简单。这与卢氏娘家此时门庭兴盛有一定关系③，长期在娘家住当然与卢氏的母亲还在堂有关。这里需要指出的是，卢氏能够对一个并非己出的残疾的未嫁室女关怀备至，确实尽到了一个主母的责任。

这些被遣归的女人，通常可以分得一些财物。《太平广记》卷三三八《李载》：李载“兼作遗书，处分家事。妻崔氏先亡，左右唯一小妻。因谓之曰：我死，地下见先妻，我言有汝，地下甚怒。将欲有所不相利益，为之奈何？

① 卢钢在池州为女婿写的墓志《大唐故李府君墓志铭》称“有别子一人，年甫及龀。女子一人，三岁三周”，当是漏书一女。见《偃师杏园唐墓》第353页。

② 《唐故范阳卢氏夫人墓志之铭》，《偃师杏园唐墓》，第356~357页。

③ 卢氏的父亲卢钢官睦州刺史兼御史中丞，与宰相卢钧为再从兄弟，即都是卢炅的孙子。在《新唐书》卷七三上《宰相世系表三上》卢氏阳乌大房条下，第2891页。

今日欲至,不宜久留也。言讫,分财予之,使行官送还北”①。如果不给财物就会导致官司。据《旧唐书》载,穆赞以侍御史分司东都,“时陕州观察使卢岳妾裴氏,以有子,岳妻分财不及,诉于官,赞鞫其事。御史中丞卢佋佐之,令深绳裴罪,赞持平不许”②。侍御史杜伦诬陷穆赞接受了裴氏的贿赂,最后还是还了穆赞的清白。这个案子涉及未生育的妻和生育了儿子的妾之间的遗产继承纠纷问题。妻无儿女,妾所生子自然成了合法的继承人。

这个例子可以分析的内容很多。这里只就妻和妾的关系来讨论。这是个官宦人家,从礼制的规矩说,正妻即使无子,丈夫的其他女人生的孩子也应该把正妻叫“嫡母”,而孩子亲生的母亲只算是“所生母”。各家有各家不同的情况。在卢岳家,也许妻子性格懦弱,妾裴氏比较霸道。所以妻的地位不高。以致丈夫死后,妻妾不仅要分家过日子,而且竟然不给妻子财产。妻为此诉诸官府。官府要深绳裴氏之罪,穆赞认为不可。传记没有进一步评论和说明这个案子的结果。但是,最后似乎穆赞是主持了公道的。这个例子说明,在实际生活中,妾在家庭的地位并不一定很低,当视情况而定。敦煌文书的一些财主赫然在户籍上写上几个妻并列,我怀疑,或因为胡族习俗的浸染,或因为妻妾之地位在家里摆不平,地方当局也“清官难断家务事”,听之任之而已。因为均田制中寡妻妾受田的数额都是“三十亩”,承户者再加二十亩。登录几个妻子并没有妨碍土地和赋役制度的施行,所以地方乡里也乐得不管③。

四 婚姻与性爱生活

现代社会男女的婚姻建立在自由恋爱的感情基础上,性爱关系的和谐也是青年夫妇恩爱、家庭和睦的重要条件之一。在古代特别是宋明以后理学家特别强调婚姻的社会意义和道德教条,忌讳谈夫妻之间的性爱问题。

① 《太平广记》卷三三八《李载》,第 2684 页。

② 《旧唐书》卷一五五《穆宁附赞传》,第 4115 页。

③ 滋贺秀三在讨论一般的家庭关系时,也认为在实际上的家庭生活中,妻妾很可能是平等相待的关系,都称为妻。参氏著《中国家族法原理》,第 450~451 页。但《唐律疏议》卷一三《户婚·有妻更娶妻》云:“一夫一妇,不刊之制。有妻更娶,本不成妻。”违背此条的男方要处一年徒刑,女方减一等,并各离之。(第 255~256 页)

但是,这并不是说实际生活中,夫妻的性爱关系就不重要了。男女异性的结合并建立家庭,不只是一种社会行为,它首先还是男女当事人的个体行为,即夫妻之间的个人感情和性爱关系问题;否则,就抽掉了家庭的生物学基础。

在唐代,青年男女之间互相交往的禁忌似乎比后世要宽松许多。唐人传奇中有许多爱情故事,模写男欢女爱的故事,后世传诵的爱情故事并被改编成戏剧者如《长生殿》(《梧桐雨》)、《西厢记》(《莺莺传》)等也都出在唐代,并非偶然,它们是当时男女追求爱情生活的现实写照。

白行简(776~826)撰《天地阴阳交欢大乐赋》(以下简称《大乐赋》)在谈到结婚仪式完成后新婚之夜的性爱场面时写到:“于是青春之夜,红炜之下,冠缨之际,花鬓将卸。思心静默,有殊鹦鹉之言;柔情暗通,是念凤凰之卦。而乃出朱雀,揽红裈,抬素足,抚玉臀。女握男茎而女心忒忒,男含女舌而男意昏昏。方以津液涂抹,上下揩擦。含情仰受,缝微绽而不知;用力前冲,茎突入而如割。观其童开点点,精漏汪汪。六带用拭,承筐是将。然乃成于夫妇,所谓合乎阴阳。”①从宽衣解带到见红射精,这里不仅描述了新婚之夜的交合,而且说只有完成了性爱,所谓“乃成于夫妇”,夫妇之间的婚姻大事方算完成。“从兹一度,永无闭固”,《大乐赋》接着描写了夫妻婚后日常的性爱生活:“或高楼月夜,或闲窗早暮,读素女之经,看隐侧之书”。似乎新婚夫妇还有从《素女经》之类的书中学习做爱的技巧。

值得注意的是,如果把这里夫妇之间的做爱与接下来《大乐赋》中与姬妾做爱做一个比较,发现有如下区别:第一,时间上,夫妻做爱是在夜晚,所谓“或高楼月夜,或闲窗早暮”,与姬妾做爱,则写的是白天:“乃于明窗之下,白昼迁延”。第二,夫妻做爱,只提到女下男上的所谓传统做爱姿势。而与姬妾做爱则提到各种做爱姿势,甚至还有肛交和口交这种正统儒家和佛教居士所禁止的姿势:“或逼向尻,或含口嘲”,以至做出一些连妓女荡妇也“羞为”、“耻作”的动作。第三,做爱氛围不一样,夫妻做爱,情深意切,“当此时之可戏,实同穴之难忘”。而与姬妾做爱,则言辞猥亵:“姐姐哥哥,交相惹诺”。第四,做爱的目的不一样,夫妻做爱是为了生育子嗣,所以,有射精的描述:“精透子宫之内,津流丹穴之池。”而与姬妾做爱则是为了养生,讲究

① 张锡厚辑校《敦煌赋汇》,南京,江苏古籍出版社,1996年,第242页。

还精补脑：“回精禁液，汲气咽津，是学道之全性，图保寿以延神”。《大乐赋》对于做爱差别描述，反映了唐朝现实家庭关系中，丈夫同妻子及姬妾关系的根本区别。前者体现出性别角色的平等，后者只是性爱的关系。

此外，对于青年夫妻和年老夫妻的性爱生活的不同，《大乐赋》也有区别。如说到“若乃夫少妻嫩，夫顺妻谦”，在春、夏、秋、冬的日子，两情缱绻，“夫怜妻爱”、“惟恨鸡鸣”，“夫妇四时之乐，似桃李之成蹊”。“至若夫妇俱老，阴阳枯朽”，但是仍然可以在夫妇爱抚中获得性爱的快乐①。这些描述为我们了解唐代家庭夫妻之间的性爱生活提供了形象的认识。

唐朝人对通奸的定义于今人有所不同：有夫之妇与他人发生性关系为通奸；即使丈夫已经死亡，寡妇与未婚男性发生性关系也是通奸；男性与未婚女性发生性关系不为通奸；未婚女性与已婚男性发生性关系不为通奸。

关于婚外性关系，《大乐赋》也有所描述：“在室未婚，殊乡异客，是事乖违，时多屈厄。宿旅馆而鳏情不寐，处闺房而同心有隔。”此外，夫妻性生活不和谐也是丈夫偷情的原因之一。《大乐赋》：“更有久阙房事，常嗟独自，不逢花艳之娘，乃遇人家之婢，一言一笑，因兹而有意，好意身衣绮罗，头簪翡翠。或鸦角青衫，或云鬟锈帔，或十六、十七，或十三、十四。笑足娇姿，言多巧智，貌若青衣之俦，艺比绿珠之美。”是说色艺双全的使女使性爱饥渴的男人与婢女苟合。史书上也确实有妻有美色而爱酒家丑婢之事。《朝野佥载》记载说武则天时期，兵部郎中朱前疑其貌不扬，妻子有美色。可是朱某却爱上了洛阳殖业坊西门酒家丑陋的婢女，该女蓬头垢面，身材丑陋，“而前疑大悦之，殆忘寝食”②。《大乐赋》又提到那些与丑女发生性关系的男人，“每念糟糠之妻，荒淫不择，岂思同于枕席之姬，此乃是旷绝之火急也”，显然不是性欲满足的情况下发生的③。

因为婚外关系而闹出人命的事情也所在多有。华阴县令王真的妻子赵氏，“燕中富人之女也，美容貌，少适王真。洎随之任，近半年，忽有一少年，每伺真出，即辄至赵氏寝室。既频往来，因戏诱赵氏私之。忽一日，王真自外入，乃见此少年与赵氏同席饮酌欢笑，甚大惊讶。赵氏不觉自仆气绝”④。

---

① 参见史成礼等《敦煌性文化》，广州，广州出版社，1999 年，第 258 页的译释。

② 《朝野佥载》卷五，第 113 页。

③ 参见史成礼等《敦煌性文化》，第 260 页。

④ 《太平广记》卷四五六《王真妻》，第 3732～3733 页。

这是一个婚外情被丈夫发觉的故事。从王真与赵氏的婚姻看,是典型的老夫少妻。赵氏年少,而王真既然是华阴县令,年龄当在三四十岁。赵氏为富室之女,又可见民间有钱人家希望与士人结亲的倾向。赵氏随丈夫到任后才半年就与一位少年频繁往来,乃至酿成婚外性关系。被丈夫发现后,"自仆气绝",导致了严重后果。故事说赵氏化为蛇与少年逃走。在现实生活中,婚外性关系被发现后,女方离家出走或者自缢身亡这样两种结局都可能存在。

这种事也有时发生在男方通奸的场合。如沈亚之的儿子沈询有宠婢,但"夫人甚妒,因配与家人归秦。其婢旦夕只在左右,归秦惭恨",伺机杀死沈询。湖南节度使刘封建,奸淫部下陈某之妇,"陈为同列所戏,耻而发怒,伺便以蒺藜击杀之"①。这两例都是婚外性关系导致的悲剧。进士张翱恃才傲物,席间调戏宿州刺史陈璠的宠妓而被打杀②。这里的宠妓则大约是宿州官府的官妓或者营妓。

在唐朝人看来,由于妇女活动范围一般比较狭小,最容易发生婚外性关系大体是与邻里。其次,是在家做佛道法事的和尚、道士。敦煌变文《韩朋赋》:"妇闻夫书,何故不喜?必有他情,在于邻里。"《秋胡变文》:"阿婆甚怪,重问新妇:'我儿九年不在,新妇今得孝名,何谓今见儿来,忽尔今朝不喜?新妇必有私[情],在于邻里,何不早吐实情?若无他心,不合如此!'"③敦煌文献所记载的一些婚外情的例子就是发生在与隔壁的邻居之间。

五　离婚所反映的夫妻关系

唐代法律中的夫妻关系,被有别与敌体所规范。夫妻有别,这是夫为妻纲的根据;夫妻敌体,这是琴瑟和谐的人伦原则。唐人十恶之罪中,有一条是"不睦"。"不睦"就包括夫妻之间是否琴瑟和谐。唐朝法律是允许夫妻关系不和谐而离婚的。《唐律疏议·户婚律》就有"若夫妻不相安谐而和离

---

①　《北梦琐言》卷一二《沈尚书非命》,第260页。

②　《北梦琐言》卷一〇《张翱轻傲》,第206页。

③　黄征、张涌泉校注《敦煌变文校注》卷二《韩朋赋》、《秋胡变文》,北京,中华书局,1997年,第213页、第235页。

者，不坐”的规定。同时，法律条文给予男方以比较大的离婚权利，这集中体现在“七出”的条文上。

所谓“七出”如《唐律疏议》所载是指：“一无子，二淫佚，三不事舅姑，四口舌，五盗窃，六妒忌，七恶疾”。具体来说，妻子不生育子女可以被休，妻子淫佚有外遇可以被休，妻子不孝敬公婆可以被休，妻子搬弄口舌挑拨是非可以被休，妻子盗窃可以被休，妻子嫉妒丈夫纳妾可以被休，妻子有恶性疾病可以被休。如果这七条离婚理由成立，男方几乎可以找到离婚的一切借口。因为所谓不事舅姑、口舌、妒忌等条都是非常有弹性的规定。这些“七出”之条都是照抄前朝的制度，至少在汉代文献就已经有了①。为了维护妇女的权益和家庭的稳定，限制丈夫任意离婚的权力，法令又在七出之外增加了“三不去”的约束：“三不去者，谓一经持舅姑之丧，二娶时贱后贵，三有所受无所归。”同时又规定：“若犯恶疾及奸者，不用此律。”这个“三不去”也是汉代就有的，只是前后顺序略有不同②。

程树德《九朝律考》注引李慈铭《越缦堂日记》对此有所辨析，大意谓唐律规定，妻子年五十以上，听立庶以长，则四十九岁以下无子，不合出妻。而人年五十，罕有不更三年丧者。古人三十而娶，五十服官政，则贫贱不富贵者寡矣。律虽设而未尝用也③。换句话说，由于有这“三不去”的规定，就使“七出”之条成为具文，除非妻子有恶疾和犯奸④。

如果违背了上述法规，将会采取那些法律手段予以惩治呢？前引《唐律疏议》又说：“诸妻无七出及义绝之状而出之者，徒一年半。虽犯七出，有三不去而出之者杖一百，追还合。”疏议对此的解释是：“伉俪之道，义期同穴，一与之齐，终身不改，故妻无七出及义绝之状，不合出之。”由此可见，妇女的权益在实际法律中得到了保护。

---

① 《大戴礼记》卷一三《本命》云：“妇有七去：不顺父母去，无子去，淫去，妒去，有恶疾去，多言去，盗窃去。不顺父母去，为其逆德也；无子为其绝世也；淫为其乱族也；妒为其乱家也；有恶疾为其不可共粢盛也；口多言，为其亲离，盗窃为其反义也。”

② 《大戴礼记》接上注引文后即云：“妇有三不去，有所娶无所归，不去；与更三年丧，不去；前贫贱后富贵，不去。”参见程树德《九朝律考》，第115页。

③ 见该书卷一《汉律考四》，第115页。又据《通典》卷六九《养兄弟子为后后自生子议》记载东晋贺乔妻于氏无子，姑薄氏反对于氏娘家提出以七出遣归于氏的要求，认为可以为贺乔多立侧室来解决。贺乔之兄群则主动提出可以把自己儿子过继给于氏。（第1907页。）

④ 有通奸行为在现代社会也会导致婚姻关系破裂，可以不论。恶疾而被离婚在今日社会被认为是不道德行为。但是，在古代可能是把妇女患有恶疾而需要治疗的责任推给了妇女的本家。

文献上留下了一些官员家庭因为夫妻离婚而引发官司的资料。如令狐楚提出的一份离婚书：

> 右，臣刘氏堂外生，即故硖州刺史伯华嫡孙，左补阙某第三女，是臣亡叔庶子绛州刺史勋外孙。父身早亡，臣妹多病，遗孤寡妇，无所依投。及臣总戎，来相依止。臣见其长成，须有从归。其姜钛久在太原，曾任主簿，诚非匹敌，误与婚姻。岂料如兽之心，同人之面，纵横凶悖，举止颠狂。旬月之间，豪横备极，恶言丑语，所不忍闻。有忝祖宗，难施面目。臣以为夫妇之道，无义则离，因遣作书，遂令告绝。①

这样一则离婚声明给我们透漏了如下信息：第一，"夫妇之道，无义则离"。反映了那个时代人们对于婚姻的一种平等观念。在法律条文中，由于受到意识形态的影响，总是要把纲常伦理放在最重要位置，但是，在实际生活中的男女关系则未必完全按照这些教义来行事。意识形态倡导的和社会上实际遵行的往往相脱节。夫妻如果没有感情，就可以离婚。离婚在唐代也并不是很丢人的事情。其次，这里的离婚原因，是丈夫姜钛"如兽之心，同人之面，纵横凶悖，举止颠狂。旬月之间，豪横备极，恶言丑语，所不忍闻。有忝祖宗，难施面目"。大约姜钛十分粗暴，对妻子加以打骂，即家庭暴力是导致婚姻破裂的原因。第三，这位妻子是令狐楚的远房亲戚。因为遗孤寡弱，前来寄养。令狐楚将其出嫁，属于亲族之间的救助行为。第四，离婚还要向朝廷报告。

再如，源休在代宗时历任给事中、御史中丞、左庶子，"其妻，即吏部侍郎王翊女也。因小忿而离，妻族上诉，下御史台验理，休迟留不答款状，除名，配流溱州"②。源休官居从三品，大约与妻子王氏大吵一场，愤而离婚。结果由于妻子娘家势力亦大，上诉朝廷。御史台受理此案后，源休对御史台的款状又迟迟不予回答，结果收到除名流放的严重处罚。这远远比"杖一百，追还合"要严重！当然，这种情况下，"追还合"大约是不可能的。

另外一个"以出妻免官"的是宪宗时官至户部尚书的李元素。李元素再

① 令狐楚《为人作奏贬晋阳县主簿姜钛状》，[清]董诰等编《全唐文》卷五四二，北京，中华书局，1983年，第5505页。

② 《旧唐书》卷一二七《源休传》，第3574页。

娶的妻子王氏,是曾被封为石泉公的王方庆的孙女,“性柔弱,元素为郎官时娶之,甚礼重,及贵,溺情仆妾,遂薄之。且又无子,而前妻之子已长,无良,元素寝疾昏惑,听谮遂出之,给与非厚。妻族上诉”。结果朝廷下诏免除李元素的职务。李元素的妻子王氏无子,但是,她是继室,元素前妻已经有孩子,则不符合起初的“无子”那一条。此外,李元素娶王氏时只是郎官,贵盛之后要休妻,是违反了法律规定的“三不去”中的有关条款。所以朝廷认为“李元素病中上表,恳切披陈,云‘妻王氏,礼义殊乖,愿与离绝’”是妄言,“不唯王氏受辱,实亦朝情悉惊”。给予他“合当惩责,宜停官”的处分①。

以上这些离婚案子之所以引起官府注意,甚至要报请朝廷批准,是因为这些官员的夫人都已经是命妇,命妇享受丈夫所带来的一切荣耀。如果离婚,这些荣耀就要受到损害,所以必须朝廷备案知悉。

唐代民间婚姻的离异一般不需要惊动官府,就像结婚不需要在官府登记一样。民间婚姻关系的正常解除被称为和离。

唐代法律规定:“若夫妻不相安谐而和离者,不坐。”疏议解释说:“若夫妻不相安谐,谓彼此情不相得,两愿离者,不坐。”所谓“彼此情不相得”,用现代的话来说,就是感情不和或者性格不合,双方自愿离婚,受到法律的支持。敦煌发现的有关离婚的书仪,提供了这方面的证明。日本学者仁井田陞先生作过初步讨论,他根据离婚书的措辞把它分成甲乙丙三类,并略加分析②。后来的研究婚姻问题的中国学者,大多要引用这些文书资料③。兹不赘述。这里我们只想就这些文书样式中的措辞,大体分析一下“和离”的基本原因。

从敦煌文书中的几份放妻文书来看,夫妻之间的关系恶化是导致和离的主要原因。“妻则一言十口,夫则反目生嫌,似猫鼠相憎,如狼犬一处”(S.0343)。夫妻争吵还大打出手,“夫若举口,妇便生嗔,妇欲发言,夫则捻棒”(S.6537)。又说:“二人意悖,大小不安,更若连留,家业破败。颠铛损脚,至见宿活不残;擎锅策瓮,便招困弊之苦。”结果男的饿着肚子去耕种,身

---

① 《旧唐书》卷一三二《李元素传》,第3658~3659页。

② [日]仁井田陞《补订中国法制史研究》之《奴隶农奴法·家族村落法》,东京,东京大学出版会,1980年,第587~595页。

③ 向淑云《唐代婚姻法与婚姻实态》,第137~142页;谭蝉雪《敦煌婚姻文化》,第72~76页,第189~192页。

上破衣烂衫;女的忍受着寒冷去纺织,内心充满怨恨。进而还影响到与亲戚和邻里的关系:“六亲聚而成怨,邻里见而含恨。”这里的文字虽然只是一个文书范本,但是,正是这样的文本比单个的离婚书更能够反映出,夫妻不和是当时一般民间的主要离婚原因。

婆媳不和是又一民家常见的离婚原因。敦煌文献《呀呵新妇文》,说的是一个性格倔强的媳妇与公婆不睦,最后导致离婚。变文的大意如下:呀呵新妇,性格张扬,天生就爱吵架,欺负夫君,高声叫骂,公婆劝说,总是不听。新妇在厨房里打翻粥羹,轰打盆甑。嗔怒时像水牛吼叫,嘻笑时如辘轳发声。耍泼撒赖,欺侮亲邻。婆婆责怪,她却呼天抢地的哭叫,甚至装病卧床不起。丈夫进得房门,询问究竟是什么事情。媳妇哭诉说:“公婆骂我像个奴婢下人,睡懒觉,不给饭吃,我自己起来。”婆婆对儿子诉说道:“娶来一个胡搅蛮缠的家伙,来与我作对!”媳妇听了,从床上爬起来回应道:“当初为什么不聘礼!为什么把我娶来!没有许婚的时候,求神拜鬼的来说情,娶进家门后就如此说我!”媳妇于是气呼呼地要求丈夫给离婚书。公婆巴不得媳妇离婚,痛快地说:“除了还给她嫁妆外,另外再造一床毯被给她。就此了结,再也不愿相见。”媳妇起身就走,口中还忿忿有词:“不图钱财产业,只求离开冤家老鬼。”撰词的作者说:媳妇在村里游手好闲,不学礼仪,不做女工,“只是手提竹笼,恰似旁田拾菜”。如此之流,要引以为鉴!出身名门,不教自解。呀呵本性,打死也不改!今后娶媳妇,可要审慎小心,不可听信媒人之言①。

这份资料的宝贵价值在于,它形象生动地展现了普通人家公婆和新婚夫妻之间发生家庭纠纷的情形。公婆对于儿媳妇的不满,主要是觉得她说话高声,行事粗俗,好吃懒做,不懂礼仪②。由于与婆婆吵架了,媳妇卧床不起。丈夫回家询问缘由,媳妇与婆婆都互相指责,丈夫一筹莫展,媳妇忿而要求离婚,公婆正求之不得。不但归还嫁妆,还另加一床毯被。媳妇破口大骂:但求离开冤家,根本不图你家钱财。值得注意的是,在这里是媳妇主动要求离婚的。

---

① 这篇文献俗字很多,有些语句很难通达地理解,这里只是依据录文述其大意。最新的录文见黄征、张涌泉《敦煌变文校注》卷七,第1216页。

② 按这样的懒媳妇形象,又见于王梵志“家中渐渐贫,良由慵懒妇”一诗,见《王梵志诗校注(增订本)》卷二《家中渐渐贫》,第132页。

敦煌判集中有一则被判为无效的离婚案件，从另外一个方面说明了唐朝人离婚的法律条件：

184 奉判，田智先娉孔平妹为妻，去贞观十七年大归。至廿一年，智乃诈大疾县貌依定。至廿二年

185 智乃送归还平家，对村人作离书弃放。至永徽二年，智父身亡，遂不来赴

186 哀。智母令唤新妇赴哀，平云久已分别，见有手书，不肯来赴。其平妹仍有

187 妻名在智籍下，其两家父母亦断绝。其妇未知离若为？

188 孔氏总角初笄，早归田族。交欢就宠，忝致寒暄，嫌婉绸缪，相其偕老。智乃

189 心图异计，规避王徭，不顾同穴之情，俄作参商之隔（?）。诈称大疾，送归□

190 彼亲邻，给书离放。放后即为行路，两族俱绝知闻，覆水不可重□

191 返，但事多开合，情或变通。法有画一之规，礼无再醮之义，违礼□

192 如嫁女弃妻，皆由父母，纵无恃怙，仍问近亲。智是何□

193 一纸离书，离书不载舅姑，私放岂成公验。况田智籍□

194 便除。且贯为黔首之根由，籍是生人之大信。今弃□

195 之明条，顺疋妇之愚志，下材管见，窃所未通。追妇还□

196 诈疾，罪实难容，下县付推并自科上上（衍）。①

这个案例说的是一个叫田智的男子先娶孔平之妹为妻，贞观十七年(643

① P. 3813V《唐[公元七世纪后期?]判集》，《敦煌社会经济文献真迹释录》第二辑，第608～609页。

年)使孔氏归宁娘家,夫妻处于分居状态。到贞观二十二年遂离弃孔氏。三年后即永徽二年(651年),田某的父亲去世,田母要孔氏来奔丧。孔氏的兄长拒绝说,既然有手书离异,不当服丧。

判文所提出的问题焦点不在是否应该奔丧,而在于离婚是否成立:孔氏虽有手书离异,但是"仍有妻名在智籍下,其两家父母亦断绝。其妇未知离若未?"为什么有离婚书仍然有妻子名字在户籍中未改?估计是因为这桩离婚案本来就是一个私了的行为,不仅姑舅的名字不载,大约没有经过官府,所以离婚三年,户籍也没有变化。在这种情况下,是算离婚了呢,还是算没有离婚?

官府的判词有缺文,但大体可以读通。判词的内容可以划分为四个层次。第一层意思说田孔婚姻,本期偕老,但是田智为了规避王役,诈称有病,送归孔氏,对亲邻给手书离放。第二层意思是说,离婚后就行同陌路,双方家族都不相往来,覆水不可重收。暗指孔氏离婚后不赴丧是合乎情理的事。第三层意思是说,事情或有变通之处("事多开合,情或变通")。虽然田智已经给了离婚手书,但是,其上却没有舅姑的名字,"离书不载舅姑,私放岂成公验"。就是说,这桩离婚案没有获得合法性。更何况田智的户籍上孔氏还是作为妻子登记在册呢?而户籍才是百姓最重要的凭信!不可罔顾明白的条文,而"顺匹妇之愚志"。最后第四层意思是得出判决:追妇孔氏还田家奔丧,而对于田某妄称有病而规避王役,则要下县推问,并科责田智上番服役。

那么,这样的判文有没有法律根据呢?《唐令拾遗·户令三五》:离婚书上,不仅"皆夫手书之",而且,"男及父母伯姨舅,并女父母伯姨舅,东邻西邻及见人,皆署之。若不解书,画指为记"①。敦煌的放妻书也说:"请两家父母、六亲眷属,故勒手书,千万永别。"②可见,似乎双方父母亲戚都要署名于手书之上。而田某虽然对着邻里宣布放妻书,但是,却没有双方父母的名字,因而是无效离婚。《唐律疏议》对于非法离婚有"追还合"的规定,那么判文判处孔氏追还田家奔丧,就是顺理成章了。反之,如果离婚有效了呢?

① 《唐令拾遗补》补充一条云:"诸嫁女弃妻,皆由所由,若不由所由,皆不成婚,亦不成弃。若所由后知,满三月不理者,不在告论之限。"(东京,东京大学出版会,1997年版,第551页)此条系根据元代《通制条格》补足,仁井田陞和滋贺秀三都认为起源于唐令。这里的所由当指地方官吏。

② 谭蝉雪《敦煌婚姻文化》,第72页。

《唐律疏议》规定:“诸妻妾谋杀故夫之祖父母、父母者,流二千里。”这里的“故夫”特指“夫亡之后,并已改嫁”的场合,“妻妾若被出及和离,即同凡人,不入‘故夫’之限”①。所以说,离婚以后的女人,不仅与丈夫行同陌路,而且与公婆也解除了伦理关系。

离婚后的再婚问题在唐代不存在法律上的障碍。敦煌文书中对于夫妻离婚后的再婚持宽容的态度:“自后夫则任娶贤妻,同牢延不死之龙;妻则再嫁良媒,合卺契长生之净虑。”更有丈夫祝福离婚的妻子:“愿妻娘子相离之后,重梳蝉鬓,美扫娥眉,巧逞窈窕之姿,选聘高官之主。”②

男子再婚历来为社会所认可。比如,史兴(780~853)看来是一个富裕农民。在前妻张氏(782~845)去世后,“再娶安定梁氏三女为夫人。次(大中)九年五月三日,次夫人而卒,享年五十七”③。则再婚时所娶已为四十七、八岁的中年妇女,既不大可能有生育方面的考虑,也很难看出梁氏(799~855)是富孀。我们推测,这仍是源于前面提到的所谓“立家之道,闺室为重”的家庭观念的影响。

官员的再婚更普遍,即使有的官员离婚后鳏居,其再婚的障碍亦未必纯粹是经济问题,当主要是个体方面的因素,包括性格、感情与性爱关系方面等等。比如,澧州慈利县令李萼(? ~809)是宣州宣城县尉李惟应的第二子,也算官宦之家。他“昔娶荥阳郑氏,乖其和顺,寻而离析,既无胤嗣,诸侄护丧”。这位县太爷曾经结婚,后来因为夫妻关系不和而离婚,这次婚姻并没有给他留下子女,他似乎也没有侧室生下的孩子,墓志铭中提到李萼的侄子有李弘楚、弘谏、弘仁,也许是其长兄的儿子④。

六 后论——纲常之外

规范唐代夫妻关系有意识形态层面、道德习俗、成文法律三个层面。无论是当时的意识形态层面,还是成文法律层面,都在原则上遵行着男遵女

① 《唐律疏议》卷一七《贼盗·妻妾谋杀故夫祖父母、父母》,第328~329页。

② 谭蝉雪《敦煌婚姻文化》,第75~76页。

③ 《唐代墓志汇编续集》大中062《唐故齐郡史公墓志铭并序》,第1014页。

④ 《唐代墓志汇编》大和017《大唐故澧州慈利县令李府君墓志铭并序》,第2108页。

卑、夫为妻纲的儒家教条，但是，在家庭的生活实际中，夫妻齐体才是生活的实态。

例如，唐朝法律规定，“诸殴伤妻者，减凡人二等；死者，以凡人论。殴妾折伤以上，减妻二等”①，但在实际夫妻关系中，夫妻纠纷，只要不告官，并没有外人关心。大约因为此种缘故，唐代妒妇才有自己的生存空间。唐末段成式说：“大历以前，士大夫妻多妒悍者，婢妾小不如意，辄印面。”②为什么大历以前多妒悍者，是否大历以后妒者少了？段成式并没有给出说明。唐代妒妇比较著名，学术界已经颇多专论。妻子敢于向丈夫叫板，这种情况已经说明，儒家以不妒为妇之美德，实际上并未完全被妇女们所认可。

又如，妻杀夫为恶逆，而夫杀妻则属于家庭不睦，法律条文明显不平等，从而满足了夫妻有别的纲常教条，但是，在司法实践中，丈夫无端杀妻，依然要被判处死刑。例如大历时，“五原将张光杀其妻”，企图“以资市狱”（花钱免罪），朔方节度巡官李景略核实后，“论杀之”③。元和时，贺州知场官李愉持剑杀妻，虽属皇室宗亲疏属，依然被敕令重杖一顿处死④。

唐代丈夫惧内也是历史上有名的。御史大夫裴谈说：“妻有可畏者三：少妙之时，视之如生菩萨；及男女满前，视之如九子魔母，安有人不畏九子母耶？及五十、六十，薄施妆粉，或黑，视之如鸠盘荼，安有人不畏鸠盘荼？”⑤这样的故事也见于其他文献，多有嘲戏性质，但是，正是这些诙谐故事，说明夫妻之间的关系远不是“夫为妻纲”所可以概括。

总之，上述事实表明，在家庭关系中，尽管成文法律受到儒家正统意识形态的支配，贯彻着儒家礼制文化精神，然而，在实际生活层面，人伦常情仍然是判断实际生活中的家庭亲情关系的最可靠依据，唐代夫妻之间以及夫妾、妻妾之间的复杂关系，需要从多方面描述，不可完全轻信正史与墓志的记载。

---

① 《唐律疏议》卷二二《斗讼律》，第409页。

② 《酉阳杂俎》前集卷八，北京，中华书局，1981年，第79页。

③ 《新唐书》卷一七〇《李景略传》，第5176页。

④ 《册府元龟》卷一五三《帝王部·明罚二》，北京，中华书局影印本，1960年。

⑤ 孟棨《本事诗·嘲戏第七》，上海，上海古籍出版社，1991年，第25页。

第六章　论唐代家庭中父母的角色及其与子女的关系

在中国传统家庭关系中，父母与子女的关系凝聚了家庭生活的核心价值。规范这种关系的儒家伦理包含着三个最重要的关键词："父为子纲"、"夫死从子"以及"入孝出悌"。但是，这些浸透儒家伦理纲常的教条，是否代表了现实家庭生活关系中的全部呢？过去批判父家长制，把"父为子纲"当作传统家庭伦理生活的全部，无疑是偏颇的，因为它忽略了人性中家庭生活中最美好的那些希望和感情，幸福和苦恼。

父母与子女的关系是多方面的，规范这种家庭伦理关系的有三种力量，第一，国家奉行的儒家意识形态价值，亦即礼制文化的要求，它是一种正统舆论力量；第二，浸润着儒家礼制文化的成文法典——唐律疏议的有关规定，它是通过国家权力强力保证的约束力量；第三，在实际的家庭生活中，父母与子女的角色要有更多的人情意味，形成某种习俗和惯例，可以视之为文化上的小传统。但是，这样三种力量并非总是形成合力，有时甚至会形成某种张力。比如说，就母亲角色而言，在"父死从子"与"入孝出悌"的矛盾之间，究竟如何自洽，女性的从属地位与寡母的尊长地位又怎样在现实生活中，达到一致？

本文不是纯粹的理论分析文章，而是从父母的角色入手，对如下几个问题加以探讨：一，胎教与父母角色；二，家教与儿童的社会化；三，女儿与父母的关系；四，嫡庶与外宅男问题；五，继父母与子女的关系；六，养父母与子女的关系。我们试图在以上关于家庭关系具体形态探讨的基础上，进一步分析并展现，在唐代，国家意识形态的纲常伦理是如何在法律规定中体现其价值，又如何在现实生活中修正其内涵，从而使得礼制的意识形态价值、成文法律的强制力量，以及生活中的人情事理，达到某种和谐和一致。

一　父母角色:从胎教开始

在唐朝,夫妻如没有生理疾患,结婚后怀孕生子乃家庭生活的常态,避孕不在初婚夫妇的考量之内。

“夫有人民而后有夫妇,有夫妇而后有父子”①。一般认为中国古代人们有多子多福的观念,唐代亦然。唐人生儿育女,大抵以五男二女为理想数目,《唐京兆王氏妻清河崔夫人墓志》中称其“生五男二女”为“善育”②;敦煌写本《张敖书仪》的婚姻祝辞也说:“伏愿成纳之后,千秋万岁,保守吉昌,五男二女,奴婢成行。”③以五男二女为家庭子女的理想目标,似乎在实行计划生育政策前的农村依然如此。

官僚或者富裕人家生的子女比较多。比如张献诚有18男2女④,慕容曦皓有8个儿子⑤,马浩有12个儿子⑥。根据我们对墓志资料所作的统计,在比较完整的661户家庭资料中,共生育了3141个孩子,平均每户生育孩子4.75人。其中生育2~6个孩子的家庭比较多,尤以生育3~4个孩子的家庭最多,当然也有20户没有子嗣的家庭。这些家庭的子女数目中,除了个别的是再婚妇女在两次婚姻中的生育子女合计外,还有不少是男子再娶乃至三娶以及正妻与别室共同生育的子女,这种情况下的家庭,父母与子女的关系就变得相当复杂。

对于父母角色最初的考验是妻子怀孕。所谓“虽在胎养,岂无教乎”,即把父母角色的准备工作提前到了妇女怀孕的时候。古人认为:“古者妇人妊子也,寝不侧,坐不边,立不跛,不食邪味,不履左道,割不正不食,夜则诵经书,朝则讲礼乐。其生子也,形容端正,才德过人,其胎教如此。”⑦所谓胎教乃是对于妊妇言行举止方面的要求,它被认为会影响到胎儿的发育和品德

---

① 《颜氏家训集解(增补本)》卷一《兄弟第三》,第24页。
② 《唐代墓志汇编》开元428《唐京兆王氏妻清河崔夫人墓志》,第1452页。
③ 谭蝉雪《敦煌婚姻文化》,第15页。
④ 《唐代墓志汇编续集》大历007《大唐故张府君墓志铭》,第696页。
⑤ 《唐代墓志汇编续集》大历008《唐故慕容府君墓志铭》,第697页。
⑥ 《唐代墓志汇编续集》贞元045《唐故扶风马府君墓志》,第765页。
⑦ 《女孝经·胎教章第十六》,第3289页下。

的形成。

古人从天人感应对此加以解释。胎儿在母体中，能够受孕妇言行及外界事物的感化，所以孕妇应该给胎儿良好的影响，人秉五常之性，“感善则善，感恶则恶”。医家和术士甚至还发展了一套行房与子女生育和教养之间的关联性理论。孙思邈《备急千金要方》卷二七《房中补益》云：“若欲求子者，但待妇人月经绝后一日、三日、五日，择其主相日及月宿在贵宿日，以生气时夜半后乃施泻，有子皆男，必寿而贤明、高爵也。以月经绝后二日、四日、六日施泻，有子必女。过六日后勿得施泻，既不得子，亦不成人。”①这里认为夫妻性生活的时间对于生男生女以及子女的未来寿夭和前途都有决定作用，大大地加重了夫妻在正式获得孩子之前作为准父母的责任感。当然，医家的这些理论在多大程度上为唐朝一般家庭所知晓和取法，目前我们很难了解清楚②。

孙思邈还认为胎教是妇女健康及疾病治疗的重要环节。“女人嗜欲多于丈夫，感病倍于男子，加以慈恋、爱憎、嫉妒、忧恚，染著坚劳，情不自抑，所以为疾根深，疗之难瘥，故养生之家，特须教子女学习此三卷《妇人方》，令其精晓，即于仓卒之秋，何忧畏也。”现代医学表明，女性确实更加多愁善感，也较易受到外界情绪的感染，从这点来说，孙思邈的观察是正确的。他接着说：“夫四德者，女子立身之枢机；产育者，妇人性命之长务。若不通明于此，则何以免于夭枉者哉？”“凡人无子，当为夫妻俱有五劳七伤、虚羸百病所致，故有绝嗣之殃”③。他将生殖观念与妇女一生的健康联系起来，将生子与否归咎于夫妻双方身体状况，将怀胎教育提前到怀胎之前。

孙思邈不同意“旧说凡受胎三月，逐物变化，禀质未定”的看法，认为“妊娠一月始胚，二月始膏，三月始胞，四月形体成，五月能动，六月筋骨立，七月毛发生，八月藏腑具，九月谷气入胃，十月诸神备”④，所以，孕妇从妊娠开始，就必须注意饮食，注重胎教，并根据胎儿逐月生长发育情况，采取相应

① ［唐］孙思邈《备急千金要方》卷二七《养性・房中补益第八》，北京，人民卫生出版社，1955年，第490页上~下。

② 古人认为自然现象会感应到妇女怀孕产子，虽多属于传说，但至少被认为是当然之事，参见《太平御览》卷三六〇《人事部一・孕》、卷三六一《人事部二・产》所收有关事例，北京，中华书局影印，1960年，第1660页上~1661页下。

③ 《备急千金要方》卷二《妇人方上・求子第一》，第16页上~下。

④ 《备急千金要方》卷二《妇人方上・养胎第三》，第20页下，第24页下。

的办法。

孙思邈提出的胎教方法，涉及观（视觉）、闻（嗅觉）、诵（表达）、听（听觉）、居（居所）、心神（情绪心情）、饮食（禁忌及补疗）等人体各个感官①。他说："故妊娠三月，欲得观犀象猛兽、珠玉宝物；欲得见贤人君子、盛德大师；观礼乐钟鼓、俎豆军旅陈设；焚烧名香，口诵诗书、古今箴诫；居处简静，割不正不食，席不正不坐；弹琴瑟，调心神；和情性，节嗜欲，庶事清净，生子皆良长寿、忠孝仁义、聪惠无疾。"②这样，就可生育出品德、智力、体质俱佳的后代。这种理论满足了父母对于未来小生命的期待心理。

总之，孙思邈将胎教与妇女生殖健康、孕妇的饮食起居、胎儿的发育过程联系起来，并且提出了一系列带有很强实践操作性的具体方法，而不只停留在神秘的中医观念上，"故傅母之徒，亦不可不学，常宜缮写一本，怀挟随身，以防不虞也"③。显然，按照他的胎教理论，为人父母的角色，在孩子临盆之前就已经开始了。

二　父母角色与儿童的社会化

儿女出生之后，父母们还要张罗一些庆贺活动，诸如，三日洗儿，亲友送礼祝贺，得子之家以酒肉招待，至今民间的所谓"洗三朝"（孩子出生后第三

① 如汉代刘向认为，"妊子之时，必慎所感，感于善则善，感于恶则恶"，"人生而肖万物，皆其母感于物，故形音肖之"。参见刘向《列女传·周室三母》，类似的论述还见于贾谊《新书·胎教》。

② 《备急千金要方》卷二《妇人方上·养胎第三》，第20页下。《博物志》亦载类似的胎教之法（见《太平御览》卷三六〇《人事部一》，第1660页）。按，马王堆出土汉墓帛书《胎产书》已经有人体胚胎逐月发育的记载。北齐徐之才据《胎产书》撰成《逐月养胎方》，孙思邈的胎教理论许多方面乃取自《逐月养胎方》，如谓孕妇："一月，宜食大麦，毋食腥辛，不为力事，寝必安静，勿令恐畏。二月，毋食辛臊，居必静处，当慎护之，勿惊动也。三月，欲生男者操弓矢，欲生女者弄珠玑，勿悲哀、思虑、惊动。四月，当静形体，和心志，节饮食。五月，卧必晏起，沐浴浣衣，深其居处，厚其衣服，勿大饥，勿甚饱，勿食干燥，勿自炙热，勿大劳倦。六月，身欲微劳，勿得静处，食甘美勿太饱。七月，居处必燥，饮食避寒，勿大言，勿号哭，勿薄衣，勿洗浴，勿寒饮。八月，和心静息，勿使气极，勿食燥物，勿辄失食，勿怒大起。九月，勿处湿冷，勿著炙衣，不可转侧。十月，但俟时而生。"徐书虽佚，但其内容多保存在《千金要方》、《诸病源候论》、《外台秘要》等医书中。

③ 当然也应该指出，孙思邈的胎教理论中，诸如认为胎儿性别可在妊娠三月时通过"外象内感"进行选择；妊娠期妇女吃鸡蛋、鲤鱼干会"令子多疮"等等饮食禁忌，尚有神秘成分，还需要现代医学的论证。

天给与洗浴)，即是其遗存①。此外，还有贺满月②、试儿(即抓周)③之类习俗。这些礼俗活动，无不包含着父母对于新生命的美好期待。

孩子出生后数月，长辈们就要给儿女取名。唐代儿童有学名和乳名的不同，犹如近代农村小孩取名先有乳名，然后才是学名。唐代墓志反映的情况也大体如此。例如，张士阶的第三女名张婵(816~840)，其兄张塗所作墓志铭说："婵，名也，印奴，小字耳。(其父)常谓其侍者：吾门不寿女，故世世怜女而甚于珠玉。乃选其乳姐洎高年女奴两三人，令常常报弄于几前，唯所欲。及稍能理红妆、衣绮罗，则凡是珍奇，莫不堆在眼。"大概15岁后张婵患病卧床，"但自笄迄今，首尾凡十载，未尝一日能强履而暂离床衽间"④。这是一个残疾的女青年。

卢知宗为妻子郑子章写的墓志云："生子三人，女二人。长曰小夏，次曰震儿，不幸后夫人之丧十有九日夭失；次曰继儿，女曰上客。大中七年十月二十五日育上客之妹，未名，浃月遘病。"⑤卢郑夫妇的几个孩子都先取了小名。前引《向府君墓志》中，向某与妻子宋氏"生二男一女，长子公允，次子公著，女廿娘"。但8年前在向某的妻子"宋氏夫人墓志"里小孩的名字则记做："男公允，小名洪子；女采娘等"⑥。可以发现，向宋夫妇所生的女儿，长大后以行第叫廿娘，不再用采娘这样的昵称；男孩子也用"公允"、"公著"这样有意义的名字。

尽管给孩子取名、抓周已经包含了父母的期待，开始了儿童的社会化之旅。但是，真正使孩子融入社会，还要依赖于家教。家庭的教育是孩子社会化的最初阶段，父母(包括乳母)就是引导孩子走向社会的第一位导师。

敦煌发现的大批童蒙教材类的作品，展示了那个时代民间儿童知识教

---

① 参见李斌城等《隋唐五代社会生活史》，第395~397页。

② 《太平广记》卷一三二《店妇》记店家新妇生男，"月满日，亲族庆会，欲杀羊"。(第940页)

③ 《颜氏家训集解(增补本)》卷二《风操第六》："江南风俗，生儿一期，为制新衣，盥浴装饰，男则用弓矢纸笔，女则用刀尺针缕，并加饮食之物及珍宝服玩，置之儿前，观其发意所取，以验贪廉智愚，名之为试儿。亲表聚集，致宴享焉。"(第115页)可见这个习俗起始于南朝。根据颜之推的记载，此后每年都要吃饭庆贺，则与庆贺生日一样。

④ 《唐代墓志汇编》开成041《有唐张氏之女墓志铭》，第2198~2199页。

⑤ 《唐代墓志汇编》大中083《唐故荥阳郑夫人墓志铭并序》，第2312页。

⑥ 《唐代墓志汇编》元和147《广平郡宋氏夫人墓志》，第2053页。

育的情况。这些教材被研究者划分为识字类、道德类和知识类①。反映了家长们对于儿童在成长过程中有关学习和修养方面的期望和要求。

首先要经历哺乳期的教育。古代的妇女哺乳幼儿的时间长达三年。《父母恩重经讲经文》:“三年乳哺由(犹)闲事,十月怀耽足可哀。”②敦煌写本S.1920杜正伦《百行章一卷》也云:“怀将十月,困辱三年。代喘倾心,回干就湿。”③显然,哺乳三年有也含有父母怀抱尚在咂咂学语的儿童之意,未必三年都一定哺乳,富贵人家所请的乳母,除了哺乳外,恐怕还有侍弄幼儿的任务,犹如今天所说的保姆(现代小孩一般也是三岁后才送幼稚园),唐朝人视乳母如骨肉,礼敬甚厚④。

所谓孩子尚在襁褓之中,大约也指三岁以下的年纪。唐人传奇《定婚店》记韦固的妻子回忆幼时的情况说:“畴昔父曾宰宋城,终其官。时妾在襁褓,母兄次殁。唯一庄在宋城南,与乳母陈氏居。去店近,鬻蔬以给朝夕。陈氏怜小,不忍暂弃,三岁时,抱行市中。”⑤这可以说明三岁尚属襁褓之中这一点。敦煌文书P.2622《吉凶书仪上下两卷》中表示孩子死亡,“十岁以下云夭丧,三岁以下云去离怀抱”就是这个意思⑥。古代妇女早就掌握了“服药下乳”的方法⑦。哺乳时间比现代的母亲略长是可以理解的。

父母对于儿童的期望是,希望他们幼小的时候就像一个小大人,像今天我们许多传统家庭观念一样,“懂事”与否,是评价儿童的重要标准。如李鹄(834~859),“生有奇姿秀韵,举家钟惜,才离襁褓,便有成人风。及稍长,酷好经史诗笔,虽眠食亦间以讽诵。群从每见,恐致劳悴,且以女博士讥之。夫人若不闻,耽味愈笃。泛览贯穿,尽举要义。白水君(李鹄的父亲李元珪,同州白水县令)与张氏夫人日益怜异,亦曲从其好,或者以女工之事宜当习之。夫人曰:是可不甚学而解也。既致思运指,未涉旬,果工于众作,斯乃天

---

① 郑阿财《敦煌童蒙读物的分类与总说》,收入郝春文主编《敦煌文献论集——纪念敦煌藏经洞发现一百周年国际学术研讨会论文集》,沈阳,辽宁人民出版社,2001年,第190~209页。

② 黄征、张涌泉《敦煌变文校注》卷五《父母恩重讲经文(二)》,第999页,并参见第981页注30。又见周一良《“赐无畏”及其他——读〈敦煌变文集〉札记》“三年乳哺”条,收入《1983年全国敦煌学术讨论会文集·文史遗书篇下》,兰州,甘肃人民出版社,1987年,第2249~250页。

③ 《英藏敦煌文献》(3),成都,四川人民出版社,1990年,第181页上。

④ 参见尚秉和《历代社会风俗事物考》,北京,中国书店,2001年,第481页。

⑤ 《太平广记》卷一五九《定婚店》,第1143页。

⑥ 录文见赵和平《敦煌写本书仪研究》,第587页。

⑦ 《通典》卷六九《养兄弟子为后后自生子议》,第1907页。

赋其才也。”①

早熟的儿童一般对于日常应对礼节有超前的理解和适应能力。郑行者（805～808）是前谏议大夫郑肃的元子，郑肃撰写的墓志铭说他从小就很聪明，在长辈面前，“曲尽其情，意备应对，每见其敏捷，大凡人事，尽得机要。所阙者未知书耳。由是乡党惊视，目为奇童……校书郎李戴工为文，尝录其行事为《异童志》”②。这个早熟的儿童4岁（3周岁）夭折，可以说刚刚脱离父母的怀抱不久，似乎尚未进行识字教育。

孩子六七岁，进入童蒙教育期。童蒙期的教育或在父母身边，或被送到学校。敦煌发现的大批童蒙教材类的作品，展示了那个时代民间儿童知识教育的情况。这些教材被研究者画分为识字类、道德类和知识类③。反映了家长们对于儿童在成长过程中有关学习和修养方面的期望和要求。

士人家的子弟如果六七岁还不能写字，即尚未发蒙，就会被人嗤笑。韩昶自撰墓志铭云：“幼而就学，性寡言笑，不为儿戏，不能闇记书，至年长不能通诵得三五百字，为同学所笑。至六七岁，未解把笔书字。”但是，他对于诗歌的领会却超越于常人：“性好文字，出言成文，不同他人所为。张籍奇之，为授诗，时年十余岁，日通一卷。籍大奇之，试授诗，童皆不及之。能以所闻，曲问其义，籍往往不能答。受诗未通两三卷，便自为诗。及年十一二，樊宗师大奇之。”④从韩昶自诩的口气看，儿童六七岁就应该会写字了。他虽然识字写字不早，但是，对于文章诗歌却很有天赋。十岁就可以自己写诗了，十一二岁文章就写得很好了。从这里我们可以窥见当时的儿童教育崇尚聪明早慧型：“为儿童时，爱玩笔砚，才年十二三，通两经书，就试春官，帖义如格，遂擢第焉。”⑤认为早慧是后来出仕的条件。

儿童发蒙，尽管已经延师教授，但如果母亲读书识字，仍然是儿童最好的启蒙老师。刘蜕为母亲撰写的《唐姚夫人权葬石表》云：“生一子，始稚孺，坐于膝，手持《孝经》，点句以教之。既长，挧揳不纵戏惰，令从师学古

① 《唐代墓志汇编续集》大中066《唐田君故夫人陇西李氏墓志》，第1018页。

② 《唐代墓志汇编》大和016《大唐殇子郑行者墓志》，第2108页。

③ 郑阿财《敦煌童蒙读物的分类与总说》。参见张弓主编《敦煌典籍与唐五代历史文化》之《儒学章·乙蒙书》（牛来颖执笔），北京，中国社会科学出版社，2006年，第101～148页。

④ 《唐代墓志汇编》大中102《唐故朝议郎检校尚书户部郎中兼襄州别驾上柱国韩昶自为墓志铭并序》，第2329页。

⑤ 《唐代墓志汇编》大中115《唐故万年县尉直弘文馆李君墓志铭》，第2341页。

文。”①又如,欧阳通早年丧父(欧阳询),“母徐教以父书,惧其堕,尝遗钱使市父遗迹,通乃刻意临仿以求售,数年,书亚于询,父子齐名,号‘大小欧阳体’”②。这位母亲督责儿子学书的办法真是煞费苦心。还有诗人元稹,八岁丧父,家中清贫,“幼学之年,不蒙师训”,“慈母哀臣,亲为教授”③。他回忆说:“吾幼乏岐嶷,十岁知方,严毅之训不闻,师友之资尽废。忆得初读书时,感慈旨一言之叹,遂志于学。是时尚在凤翔,每借书于齐仓曹家,徒步执卷,就陆姊夫师授,栖栖勤勤其始也。”至于施教者,首先是他的寡母,当母亲的学识不能满足要求时,又改由姨兄胡灵之教诗赋,由姊夫陆翰教经书,兄长也曾承担过督责之职,所以,元稹以长辈的口吻教育侄子们说:“吾所以幸而为兄者,则汝所以得而为父矣。有父如此,尚不足为汝师乎?”“今汝等父母天地,兄弟成行,不于此时佩服诗书以求荣达,其为人耶?其曰人耶?”④

父亲在子女教育中的作用,可以看看晚年进士及第的刘知几的例子:“年十二,父藏器为授《古文尚书》,业不进,父怒,楚督之”,看来刘父曾经对学业不务长进的儿子施以捶楚。“及闻为诸兄讲《春秋左氏》,冒往听,退辄辨析所疑,叹曰:‘书如是,儿何怠!’父奇其意,许授《左氏》。逾年,遂通览群史。与兄知柔俱以善文词知名,擢进士第。”⑤这里突出了刘知几具有特殊的史学兴趣,父亲因材施教,终于培养儿子成才。韦陟教子也以严格著称:“敕子允就学,夜分视之,见其勤,旦日问安,色必怡;稍怠则立堂下不与语。虽家僮数十,然应门宾客,必允主之。”宰相宋璟见到韦陟感叹说:“盛德遗范,尽在是矣。”⑥

唐朝中宗时县令李恕著《戒子拾遗》,他为子孙后代制订的学习计划,“男子六岁教之方名,七岁读《论语》、《孝经》,八岁诵《尔雅》、《离骚》,十岁出就师傅,屏绝人事,讲论经籍,爰迄史传,并当谙忆,悉令上口,洎乎弱冠,博综古今,仁孝忠贞,温恭谦顺”⑦。又如,成士和(765~783),祖父曾任秘

---

① 《唐代墓志汇编》大中130《先妣姚夫人权葬石表》,第2353页。
② 《新唐书》卷一九八《儒学传上·欧阳通》,第5646页。
③ 《元稹集》卷三三《同州刺史谢上表》,第383页。
④ 《元稹集》卷三〇《诲侄等书》,第355~356页。
⑤ 《新唐书》卷一三二《刘子玄传》,第4519页。
⑥ 《新唐书》卷一二二《韦陟传》,第4353页,第4351页。
⑦ [宋]刘清之《戒子通录》卷三,文渊阁四库全书本,第703册,第37页下。

书省著作郎，父亲为侍御史，本人年方十九岁就夭亡。墓志说他“才过童观，有老成之风也。曩者七岁，初志于学，智聪识敏，诗礼备闻。兼以自强，禀之天性。及至十五，三冬学富，乡党荐称。穷易则三绝韦编，精传则文成杜癖。”①墓志对成士和的夸奖或为过分，但我们从中可以知道，少年老成是当时称赞儿童的标准②。七岁开始读书，十五岁就已经熟悉了儒家的基本经典，开始是读诗经和三礼之类的作品，后来则研读周易和左传等艰深的著作。这大约是许多官僚子弟教育的成才之路。再如，鲁氏第二个儿子名谦，“谦天锡其性，不食酒肉。年七岁，好读诗书，旰食忘寝，勤学不辍，师喻以文义，皆记之心腑。未逾十五，《孝经》、《论语》、《尚书》、《尔雅》、《周易》，皆常念，《礼记》帖尽通。”③所谓“帖尽通”，说明小孩子对于《礼记》已经是倒背如流了。

七岁至十五岁，于现在正上小学的年龄。以上材料为了表彰儿童的特出秀异，说他们在这个时期就已经熟悉了儒家的基本经典，开始是读《诗经》和“三礼”之类的作品，后来则研读《周易》和《左传》等艰深的著作，未必是一般家庭儿童教育的常态路径④。敦煌发现的童蒙教材有《太公家教》、《武王家教》、《兔园策》，以及大量《千字文》抄本。这些文献大约是十五岁以前儿童的基本教材，然后辅以《论语》、《孝经》等小经。少年儿童们读书的经历大抵是：六七岁发蒙读书，十五岁应该打下了进一步学习深奥经典的基础。

由于科举制度的影响，唐代家庭在经学教育之外，也重视文学作品的阅读、摩习。如天宝年间的薛播，早孤，是伯母林氏教导他们读书做人：“初，播伯父元暖终于隰城丞，其妻济南林氏，丹阳太守洋之妹，有母仪令德，博涉《五经》，善属文，所为篇章，时人多讽咏之。元暖卒后，其子彦辅、彦国、彦伟、彦云及播兄据、揔并早孤幼，悉为林氏所训导，以至成立，咸致文学之名。”这里的“训导”当然不全是文化知识的授予，还包括人格的培养。但

① 《唐代墓志汇编续集》建中010《唐故成公府君墓志铭并序》，第729页。

② 《故泉州龙溪县尉李君墓志并序》也说志主少年时“有老成之风”。《唐代墓志汇编》开元447，第1465页。

③ 《唐代墓志汇编》大中132《鲁氏子谦墓志铭并序》，第2354~2355页。

④ 杜牧自云：“幼所读《礼》，……及年二十，始读《尚书》、《毛诗》、《左传》、《国语》、十三代史书。”《礼》与日常做人密切相关，二十岁以后才开始阅读大量经史著作。参见杜牧《注〈孙子〉序》，《全唐文》卷七五三，第7808页上~下。

是，林氏本人“善属文”，显然是培养子侄们文学修养的重要原因。据说“开元、天宝中二十年间，彦辅、据等七人并举进士，连中科名，衣冠荣之。”①这个事例除了说明士大夫之家，妇女的修养是家庭教育的优越条件之外，还说明唐代家庭教育于传统的经学之外，尚有文学的传习等重要内容，而这一点当与科举中尤重进士科密切相关。

《颜氏家训集解》卷一《教子第二》：“上智不教而成，下愚虽教无益，中庸之人，不教不知也。”②就是通过父母的这种童蒙教育，儿童走上了以儒家伦理为人生标准的社会化之途。

三 在室女、出嫁女与父母的关系

在父母与孩子的关系中，女儿与父母的关系值得特别加以关注。《颜氏家训·治家》特别引汉陈蕃的话说：“盗不过五女之门。”③意思是说，养女多的家庭，必然穷困，盗贼也不愿光顾。还提到他的一个远亲养女辄不举的陋习。唐朝当然也有养女不举之事，但从墓志提供的一些情况看，唐代女儿与父母的关系，从在室到出嫁，也有非常温馨的一面。

一般女性的人生经历大体可以分为女儿、媳妇、婆婆（奶奶）这么几个角色阶段。敦煌曲《女人百岁篇》就反映其时人们对此的认识：

一十花枝两斯兼，优柔婀娜复厌厌；父娘怜似瑶台月，寻常不许出朱帘。

二十笄年花蕊春，父娘娉许事功勋；香车暮逐随夫婿，如同萧史晓从云。

三十朱颜美少年，纱窗揽镜整花钿；牡丹时节邀歌伴，拨棹乘船采碧莲。

四十当家主计深，三男五女恼人心；秦筝不理贪机织，只恐阳乌昏复沉。

---

① 《旧唐书》卷一四六《薛播传》，第3955～3956页。

② 《颜氏家训集解（增补本）》卷一《教子第二》，第8页。

③ 《颜氏家训集解（增补本）》卷一《治家第五》，第51页。

五十连夫怕被嫌，强相迎接事屡奸；寻思二八多轻薄，不愁姑嫂阿家严。

六十面皱发如丝，行步龙钟少语词；愁儿未得婚新妇，忧女随夫别异居。

七十衰羸争奈何，纵饶闻法岂能多？明晨若有微风至，筋骨相牵似打罗。

八十眼暗耳偏聋，出门唤北却呼东；梦中长见亲情鬼，劝妾归来逐逝风。

九十余光似电流，人间万事一时休；寂然卧枕高床上，残叶凋零待暮秋。

百岁山崖风似颓，如今身化作尘埃；四时祭拜儿孙在，明月长年照土堆。①

这首敦煌曲子词所刻画的，大体属于一般中等人家的女孩子人生经历的几个阶段。十岁左右的少女是父母的掌上明珠，父母爱怜，平常不让出门，想必是要在家中学习女工之事。成年到二十许的年纪，就像花蕊那样青春荡漾，父母要张罗着寻找佳婿。三十岁的美丽少妇，依然风姿绰约，与同村的女子一起采莲放歌，快乐自在，有公婆当家，用不着自己多操心。四十岁的中年妇女就难得有这份清福了。当家方知柴米贵，子女成群父母贫。为了减轻丈夫的经济压力，补贴家用，主妇起早贪黑地纺纱织布。五十岁的妇女已经是人老珠黄，担心丈夫嫌自己人老色衰，常常想起自己年轻时的浪漫快活。六十岁的老妇已经是步履蹒跚，却仍担心还没有成亲的儿子何时娶到媳妇；念叨已经出嫁的女儿生活过得怎样。总之，这样一首诗为我们了解唐代妇女生活提供了一幅绝妙的图像。在这里，妇女出嫁与在室，构成了女子人生转变的分水岭。

敦煌文献 P. 2633《崔夫人训女文》假借一位母亲对即将出嫁的女儿的叮嘱之词，表达了从女儿到媳妇的身份转变后，在婆家应该遵循的一些行为准则。其文云：

---

① 罗宗涛《敦煌变文社会风俗事物考》，第 80~81 页。

香车宝马竞争辉，少女堂前哭正悲。吾今劝汝不须哭，三日拜堂还得归。

教汝前头行妇礼，但依吾语莫相违。好事恶事如不见，莫作本意在家时。

在家作女惯娇怜，今作他妇信前缘。欲语三思然后出，第一少语莫多言。

路上逢人须敛手。尊卑回避莫汤前。外言莫向家中说，家语莫向外人传。

姑章共语低声应，小郎共语亦如然。早朝堂上起居了，诸房伯叔并通传。

妯娣相看若鱼水，男女彼此共恩怜。夫婿醉来含笑问，迎前服侍送安眠。

莫向人前相辱骂，醒后定是不和颜。若能一一依吾语，何得翁婆不爱怜。

故留此法相教示，千秋万古共流传。①

少女与媳妇的为人处事有很多不同，崔夫人训女文多有机宜授予。其中与姑嫂、妯娌的关系十分重要。墓志中关于主妇道德的叙述也特别关注此点。例如崔家媳妇郑氏（667~703），“与长姒卢夫人深相友敬，执礼游艺，行同言合，□外之间，怡怡然也”。临终前，“顾命长子司农丞璘、次子华州参军琏等曰：汝免过失，吾殁无恨。两房兄弟，足可协睦，若生异端，□违吾意”。看来，崔家的这一对兄弟也没有分家。但是，一个在京城任职，一个在华州做官，两家的分居又是必然的②。

又如，卢初（732~775）携家奔岳父李揆，并死在岳父家中。“君之女弟，吾族子从羲之妻。君孓然早孤，唯李氏一妹，先是从夫在楚，及君来之亡也，得与卢氏之女护其终焉。内事维持，嫂妹同力，崩城之恸，闻者哀之”③。卢氏之女指李揆的女儿、卢初的妻子。李氏一妹指李揆族子李从羲的妻子、卢

① 敦煌文书中有多个卷号有《崔夫人训女文》，此据郑阿财《敦煌写本崔夫人训女文研究》中的校文，收入《敦煌文献与文学》，台北，新文丰出版公司，1993 年，第 284~285 页。

② 《唐代墓志汇编》开元 060《大唐大理卿崔公故夫人荥阳县君郑氏墓志铭并序》，第1196 页。

③ 《唐代墓志汇编》大和 022《唐故滑州司法参军范阳卢君墓志铭并序》，第 2112 页。

初的妹妹,她们是姑嫂关系(嫂妹关系)。办丧事时的家内事务,由这两个女人负责操持。

徐州节度使王智兴曾经上书朝廷要求表彰孝女徐和子,原因是年仅17岁的徐和子在父亲和哥哥都战死在吐蕃寇边的战斗中,她自己到边疆去收回父兄的尸首,"归徐(州)营葬,手植松柏,剪发坏形,庐于墓所。"①可见,朝廷对于无有子嗣的家庭,女儿尽孝是得到社会认可并受到朝廷表彰的。

民间谚语说,爷奶疼爱长孙子,父母喜欢断肠儿(最小的儿子)。从唐朝人的措辞看,似乎最小的女儿尤其得到父母的钟爱。例如,某墓志云,卢家媳妇姓崔,出自清河。其母亲是陇西李氏。李氏生五个女儿,"夫人即其季也。夫人聪懿朗悟,又居其季,相国陇西李夫人特加爱异"②。似乎"又居其季"是引起母亲特加爱异的原因之一。至于只有女儿之家父母疼爱之情也丝毫不减。白居易本人就是只有女儿没有男孩的。他不仅对此很释然,而且在诗歌中充分表达了中年得女的喜悦心情:

行年欲四十,有女曰金銮。生来始周岁,学坐未能言。
惭非达者怀,未免俗情怜。从此累身外,徒云慰目前。
若无夭折患,则有婚嫁牵。使我归山计,应迟十五年。③

长女金銮不幸夭折,又生一女罗子:

有女名罗子,生来才两春。我今年已长,日夜二毛新。
顾念娇啼面,思量老病身。直应头似雪,始得见成人。④

又云:

稚女弄庭果,嬉戏牵人裾。是日晚弥静,巢禽下相呼。

① 《册府元龟》卷一四〇《帝王部·旌表四》。
② 《唐代墓志汇编》大中128《有唐卢氏故崔夫人墓铭并序》,第2351页。
③ 《白居易集笺校》卷九《金銮子晬日》,第480页。
④ 《白居易集笺校》卷一六《罗子》,第1049页。

啧啧护儿鹊，哑哑母子乌。岂唯云鸟尔，吾亦引吾雏。①

罗子七岁，白居易又写诗云：

吾雏字阿罗，阿罗才七龄。嗟吾不才子，怜尔无弟兄。
抚养虽骄騃，性识颇聪明。学母画眉样，效吾咏诗声。
我齿今欲堕，汝齿昨始生。我头发尽落，汝顶髻初成。
老幼不相待，父衰汝孩婴。缅想古人心，兹爱亦不轻。
蔡邕念文姬，于公叹缇萦。敢求得汝力，但未忘父情。②

白居易另有《池上二绝》，其二云："小娃撑小艇，偷采白莲回。不解藏踪迹，浮萍一道开。"③这些诗文描写了女儿从一、两岁到六、七岁的可爱情形，从中可以看出一个父亲对女儿的疼爱之情。我们再看看墓志中的材料。

我们再看墓志中的材料。李胤之是河南府陆浑县令，妻子是清河崔氏。李有女儿曰李十七娘，"所生邢氏，入吾家卅年，恭尽勤敬，终始如一"。这是他在结婚以前，与家中的丫鬟或使女邢氏生的孩子，他在墓志中说："余之元女"。是李胤之大和八年（834）及第时出生的，所以把她取名李第娘（834～857）。也许是这个缘故，李胤之对他特别钟爱："生为数月，余入京从职，俄佐华州，未几，复佐广州。四年还京，又徙襄阳。住四年，左官卫佐分司，后授万年尉，复参宣武军。二年府罢，归洛阳。自汝襁褓，迨至成长，廿年间，吾南北宦游，绵历万里，辛勤道路，羁苦两京，必自携持，未尝一日离间。"④

女儿出嫁之后，父亲仍然十分疼爱。左金吾判官、前华州司户参军李琪的夫人新野庾氏（812～830）⑤，19岁芳龄死于京兆府零口旅邸。她是太子司议郎庾承初的长女。她对弟妹非常和蔼，对父母非常孝顺，"由是偏钟爱

① 《白居易集笺校》卷八《官舍》，第438页。

② 《白居易集笺校》卷八《吾雏》，第439页。

③ 《白居易集笺校》卷三二《池上二绝》，第2217页。

④ 《唐代墓志汇编续集》大中061《唐故陇西李氏女墓志》，第1013～1014页。

⑤ 庾氏死于大和四年（830）十二月二十六日，仔细推算此时当为公历831年。由于此类计算十分麻烦而又无关本论文主旨，故凡是此类年龄计算方式，一概以简便方式换算，即农历某年相当于公历某年，如大和六年相当于公元830年。此墓志的书写者单写一个"琪"字，不加姓氏，推测就是死者的丈夫。

于司议”，即特别得到父亲的钟爱。父亲钟爱长女，是可以理解的。这也不是一般的泛泛之词，而是事出有因：庾承初曾在南闽做官，“风雨所交，土宜暑湿，遂染风痹”。父亲生病之时，她这个长女特别的孝心侍奉：“至于一饮一食，调护甘饴，冬春循环，胜发而献，心无懈也。”父亲很可能是瘫痪在床，庾氏出嫁后，仍然“首不上膏沐，口不茹荤酪，常斋戒持经，以俟父愈。”庾承初卜居华州，距家在长安的女儿有一些路程了。父亲“以疾苦未疗，每钟念于女。女以陟岵为念，思养于前，跋涉道途，积忧成疹，百两旋返，以至于谉尽之期。”也就是说，庾氏作为女儿，为了探视患病而思念自己的父亲，往来于长安、华州之间，积劳成疾，以至于不治，竟然在京兆零口的旅邸中病故。这个故事又一次说明了“女儿是父亲的小棉袄”的民间谚语（意谓女儿最会疼爱父亲），它所反映的出嫁女儿与患病父亲的感情，真挚而生动。

还可以进一步解读的是，为什么庾承初卜居华州？也许是因为女婿李琪在华州任司户参军。当然，也可能是庾家卜居华州后，才有庾女出嫁李琪的事情。后来李琪调任金吾判官，离开了华州到京兆任职，造成了庾氏父女分离的情况。庾女去世时已经是三个孩子的母亲，其幼女在母亲死后不久就去世，另两个男孩臊臊、户户，尚只有小名，亦当在幼年。华州司户参军为从七品下阶，不是二十岁出头的人能够做到的官职。则李琪应该是一个中年人，即比妻子庾氏要年长一倍左右，属于老夫少妻。考虑到三个孩子都属年幼，应该皆为庾氏所出。由此可见，庾氏频繁生育，又操劳于父亲的病情，往返于京兆、华州之间，加之素食造成的营养不良，结果造成了在探视父亲途中，猝死于旅邸的悲剧①。寡居的女儿回到娘家照料父母的事例也很多。涪城县丞张承祚（646~706）之季女“初笄有行，所天又殒”，寡居后回本家侍奉父亲，志文称她“古之孝女，何以尚兹”②。此等事例，不一而足。

唐朝老人生病，似乎女儿侍奉汤药比媳妇更为普遍。如：刘某的母亲“文献夫人老疾，公与夫人亲侍汤药，岂遑懈怠？年逾十年，日勤一日。天后召文献夫人曰：年老抱疾，儿女在旁？对曰：妾有男及妇，殊胜于女。”③尽管这位母亲是在真诚地表扬自己的儿子和媳妇，但是从她与武则天的问答口

① 《唐代墓志汇编续集》大和035《唐故新野庾氏墓志铭》，第908页。

② 《唐代墓志汇编》开元519《唐故绵州涪城县丞吴郡张府君墓志铭并序》，第1512页。

③ 《唐代墓志汇编》开元304《大唐故十学士太子中舍人上柱国河间县开国男赠率更令刘府君墓志》，第1366页。

气看，老母生病，女儿侍侧，似乎在那个时代更为普遍，而且理所当然。

再如女儿与家庭的经济关系。根据唐文宗大和五年(831)敕文，商人在外死亡，如果身边亲人相随，“便收任管财物”，这些亲人除父母妻儿和兄弟外，还包括“在室姊妹、在室女、亲侄男”在内①。以上只是商人家庭的情况，文宗开成元年(836)敕令又涉及一般家庭的女子云：“自今后，如百姓及诸色人死绝无男，空有女，已出嫁者，令文合得资产。”②看来这个令文并不是现在才有的规定，而是先前的令文就明确了的③。但是到了北宋，出嫁女的继承权有所限制，“有出嫁女者，三分给与一分，其余并入官”④。

当然，在本家发生经济困难时，出嫁的妇女时常有接济之举。如某位博陵崔氏“有伯兄季弟，长姊孤侄，或死生契阔，时命屯否，拯之救悬，常若不及”⑤。另外一位清河崔氏资助娘家盖房子，又帮助弟弟娶媳妇：“及侍板舆徙家，夫人(指崔氏)缔构储庤，唯惧己力之不足，异时孜孜以昆弟婚仕后时为虑。”⑥出嫁女与本家的这种经济关系，是唐代亲属关系中很普遍的一种现象，于此不多赘述。

四　嫡庶与外宅男

唐代家庭里的子女一般是跟随父亲的血统为归属，即从父不从母，但是，孩子却由于其母亲的身份不同而有嫡庶之分，比较复杂。大体说来，正

① 《宋刑统》卷一二《户婚律·死商钱物》，第199页。《宋刑统》下文云曾根据大和八年(834)八月二十三日敕节文进一步规定：“死商客及外界人身死，应有资财货物等，检勘从前敕旨，内有父母、嫡妻、男、亲侄男、在室女，并合给付。如有在室姊妹，三分内给一分。如无上件亲族，所有钱物等并合官收。”(第199页)这里在室女的继承顺序在亲侄男之后，而在室姊妹所得份额大为减少，此究竟是宋制，还是唐代的变化，尚不清楚。

② 《宋刑统》卷一二《户婚律·户绝资产》，第198页。

③ 《宋刑统》卷一二《户婚律》又引唐开元二十五年《丧葬令》云：“诸身丧户绝者，所有部曲、客女、奴婢、店宅、资财，并令近亲(亲依本服，不以出降)转易货卖，将营葬事及量营功德之外，余财并与女(户虽同，资财先别者亦准此)。”(第198页)也许就是指此处的令文。则开元时的规定已经规定了户绝之家出嫁女子的财产继承权利。

④ 《宋刑统》卷一二《户婚律·绝户资产》，第198页。

⑤ 《唐代墓志汇编》天宝197《大唐故监察御史赵郡李府君夫人博陵崔氏墓志铭并序》，第1669页。

⑥ 《唐代墓志汇编》大和046《唐故试太常寺太祝范阳卢府君妻清河崔夫人墓志铭并序》，第2127页。

妻所生子女为嫡,正妻之外女人所生子女为庶,庶出的子女又有婚生和非婚生的不同。唐朝法律娶“妾”也属于婚的范围,妾所生的庶子是婚生的,其他女人则是非婚生,于是家庭子女因为其母亲的身份而有嫡子、庶子、别子、外宅子、奸生子女等等区别。下面举几个例子来加以说明。

《北梦琐言》有一个故事说,宰相崔慎猷在镇浙西之日,有瓦棺寺僧人说他要得贵子,“问其妊娠之所,在夫人洎妾媵间,皆无所见”,崔慎猷仔细想了想后,“乃召曾侍更衣官妓”,果然是此营妓怀上了他的孩子。这个孩子就是晚唐宰相崔胤①。这件事反映出在高级官僚家庭里,男主人的性生活是相当随意的,为他生男育女的女人十分复杂,势必导致家庭子女关系的复杂化。

以白敏中的家庭与孩子为例。据《唐代墓志汇编续集》所收墓志的记载,父亲白季康,任宣州溧水县令,前娶薛氏,生子二人:杭州於潜县尉阐、睦州遂安县尉幼父。后娶敬氏,生一子敏中,白敏中在家是老三。白敏中(792~861)本人前娶博陵崔氏,生女三人,二人早亡,一女嫁主客员外郎皇甫炜,亦殁。后娶韦氏,时敏中已居相位。韦氏“勤雍和理凡十八年”,则再婚在62岁时,大约是大中七年(853)左右。“有女三人,皆早世”②。这都是指韦氏生的孩子。

下文紧接着说:“男曰徽复,秘书省□直郎;次曰崇儒,秘书省校书郎;皆先公而殁”。女二人,一人继归皇甫炜,亦殁,这是一对姊妹先后嫁一夫的例子;一人归前集贤殿校理张温士,亦殁。还有一个叫可儿的男孩和一个叫锦儿的女孩。那么这些孩子是什么时候生的?母亲是谁呢?都不清楚。儿子徽复虽已死,但是所娶博陵崔氏,生男承孙,现任秘书省校书郎。则徽复应该是比较年长的儿子,显然是别出,是白敏中结婚之前与别的没有名分的女人生的孩子。这么说来,白敏中共生育了12个儿女,9男3女,其中两任夫人各生了3个女儿,其余3男3女都是如夫人生的,而其如夫人显然不止一人。

再看杨汉公的家庭。据郑薰为其姐夫杨汉公写的墓志云:其曾祖杨隐朝,祖燕客。父亲杨宁是阳城的学生,娶长孙氏,生汉公,为杨宁的第三个儿

---

① 《北梦琐言》卷四《崔胤相腋文》,第71页。

② 《唐代墓志汇编续集》咸通005《唐故开府仪同三司守太傅致仕上柱国太原郡开国公食邑二千户赠太尉白公墓志铭并序》,第1034页。

子。十余岁，母亲长孙氏去世，“号慕泣血，有老成之致。既长，顺两兄，抚爱弟，得古人之操焉。”他29岁中进士，前夫人闻氏，嫁给杨汉公11年，生有两个儿子筹、范(範)，夫人死于39年前。“公之长子思愿，郑夫人鞠之同于己子”，现为国子周易博士。可见这个长子是杨汉公结婚以前生的孩子。

继夫人韦氏，“开元宰相安石之玄孙、歙州刺史同则之女也。”“生二子：曰符、曰篆……以文学举进士。一女适前进士周慎辞。”又别四女，长适前凤翔从事、检校礼部员外张温，其三女未笄。别七子曰谭，为著作佐郎；曰郡，曰同，曰艮，曰巽，曰涣，曰升。“率诸兄之教导，萼不之列，熙熙然无尤违也”。“将葬，其孤思愿、筹、范等号痛崩擗”①。

由此可见，杨汉公不仅在结婚以前有长子思温，而且婚后还有许多非婚生儿女。这里的别女四人，别子七人都是没有留下姓名的女人为他生的孩子。除两人嫁娶外，他们大都还年幼。可以说是娶了第二位夫人之后才与其他女人生的。两位夫人的孩子名字都是竹字头，长子及其他别出之字的名字则不适用此规范，显示出他们出身的区别。

嫡庶的区别对于皇家是很重要的。皇位继承人一般从嫡长子中产生，如果长子非嫡子，古代政治生活中会有“立嫡”与“立长”的矛盾。但是，一般情况下，嫡子总是占有较大的优势。在于官宦人家，子女随父祖享有某种特权，如封荫入仕，由于荫子往往有数量限制，比如给一子或若干子几品官的赏赐，就使嫡庶在享受特权的次第上产生差异。此外，封爵的继承也一般是嫡子的特权。庶子只能处于候补的地位。褚遂良曾指出，西晋永嘉以来，北方风俗“嫡待庶若奴，妻御妾若婢，废情亏礼，转相因习，构怨于室，取笑于朝”②。看来嫡庶之间的差别和矛盾是那个时代普遍的现象。但是，从褚遂良的话中也可以看出，这种情况被认为是“废情亏礼”的陋习，并不为正统舆论所支持。

同样是庶出，又有婚生与非婚生之别。所谓非婚生子女包括两种情况。一种是结婚后与妻妾之外的女人所生育的子女，比如前举崔慎猷的场合，其子崔胤乃官妓所生。又如，《唐代墓志汇编》建中002和贞元074分别是张

① 《唐代墓志汇编续集》咸通008《唐故银青光禄大夫、检校户部尚书、使持节、郓州诸军事、守郓州刺史，充天平军节度，郓、曹、濮等州观察处置等使，御史大夫、上柱国，弘农郡开国公，食邑二千户弘农杨公墓志铭并序》，第1037~1039页。

② 《唐会要》卷七一《十二卫》，第1522页。

翔和夫人源氏的墓志。在源氏的墓志中只说源氏生有三子一女，三子是：长子士防、次子士陵，小曰士阶①。在张翔的墓志中则提到生育了四子一女，四子是长曰士防、次曰士陵、次曰士阶、小曰沙门②。这说明张翔在与源氏的婚姻之外，还有一个婚外儿子。在源氏的墓志中不必提，但是，在丈夫的墓志中则是要说的。

前面多次提到唐人婚前所生育的孩子问题，这在唐代士人家庭里是相当普遍的。例如，孙子泽（819～872）大中十年（856）娶李氏（839～871），时妻子19岁，他本人38到39岁。已经有非婚生的一对儿女。后李氏又生一男二女③。

又如，唐思礼（820～870）“娶王氏、俞氏，皆早亡。无嗣。有男子二人：曰理谨、道儿；女子三人：曰遂娘、阅师、杭娘；长而未冠，幼而未鬓”④。这里说“无嗣”却有非婚生的二男三女，究竟是什么意思呢？这些孩子是唐某结婚前所生，还是婚后所生呢？是与谁生的呢？幸好我们发现了唐思礼自己给亡妻王氏（840～862）和俞氏（841～870）所写的墓志。根据《亡妻太原王夫人墓志》⑤，王氏年方17岁嫁给年长自己20岁的唐思礼。结婚多年没有生育，王氏觉得：“嗣事甚严，宜有冢子，于是祈拜佛前，志求嫡续。精恳既坚，果遂至愿，以咸通三年十一月十六日初夜娩一男孩。夫人喜色盈溢，及二更，不育。夫人方在蓐中，而伤惜之情，不觉涕下。三更，夫人无疾，冥然而终”。王氏在23岁那年是生产了的，结果却在生下孩子后当夜母子皆亡。其实，当时唐思礼有“一男曰丑汉，今七岁；一女曰遂娘，始三岁。夫人怜育二子，过于己出。”唐思礼与王氏是公元856年结婚的。此墓志写于公元863年。也就是说，这个丑汉正是唐思礼结婚一年后出生的，即是在唐思礼结婚之前或之时已经怀孕了的。那么这个女人是谁呢？该墓志也有消息：“又有女奴，每许侍余之栉，以己之珍玩之物，俾自选以宠与之。”这位侍栉的女奴

① 《唐代墓志汇编》贞元074《唐故殿□□御史张府君夫人河南源氏墓志》，第1890页。

② 《唐代墓志汇编》建中002《大唐故朝议郎行殿中侍御史赐绯鱼袋安定张府君墓志铭并序》，第1821页。

③ 《唐代墓志汇编续集》咸通089《唐故御史中丞汀州刺史孙公墓志铭并序》，第1102～1103页。

④ 《唐代墓志汇编续集》咸通078《唐故银青光禄大夫检校太子宾客前杭州长史兼监察御史上柱国唐公墓志铭》，第1094页。

⑤ 《唐代墓志汇编续集》咸通011《唐故太原王夫人墓志》，第1041～1042页。

显然就是这两个孩子的母亲。再看《亡妻北海俞氏夫人墓志铭》①，志文没有写与俞氏再婚的时间，此时唐思礼已经有两个儿子三个女儿，他们都是非婚生子女可以肯定。其母亲是否仍是那个女奴，还是另有其他女婢，不得而知。唐思礼在第二任夫人死后不久也去世了，其墓志所说的“无嗣”，乃是指两位正室妻子没有留下子嗣，而这些非婚生的孩子仍然可以是唐家的血胤则是没有疑问的。

类似的例子还很多，例如江某(786~812)是左金吾兵曹江泳之子。“君少而俊拔，材力过人，交结豪右，使气任侠。”父亲希望他读书修文。“由是敛迹读书，非有命使，未尝出门”。可能是长期苦读而缺乏锻炼，结果在二十七岁的时候去世。江某并没有结婚，但是，已经有 6 岁的男孩和 2 岁的女儿。可见也是未婚生的孩子。其母亲当为奴婢或侍妾之类。江某的父亲与祖父皆在，则这个家庭已经是四世同堂，虽然没有正娶的孙媳妇②。

以上无论是婚前还是婚姻期间的非婚生子女都是公开与合法。还有一类所谓“外宅男”或者“别子”，属于非公开(不一定非法)的子女。

《北梦琐言》有一则故事说：“唐张裼尚书典晋州，外贮所爱营妓，生一子。其内子苏氏号尘外，妒忌，不敢取归。乃与所善张处士为子，居江淮间，常致书题问其存亡，资以钱帛。及渐成长，教其读书。有人告以非处士之子，尔父在朝官高。因窃其父与处士缄札，不告而遁归京国。裼公已薨。至宅门，僮仆无有识者，但云江淮郎君，兄弟皆愕然。其嫡母苏夫人泣而谓诸子曰：‘诚有此子，吾知之矣。我少年无端，致其父子死生永隔，我罪多矣。’家眷聚泣，取入宅，齿诸兄弟之列，名仁龟。有文，性好学修词，应进士举及第，历侍御史。因奉使江浙，于候馆自经而死，莫知所为。先是，张处士怅恨而终，必有冥诉，罹此祸也。”③

张裼在外面与别的女人生的孩子，被寄养给朋友张处士为子，但是，张裼仍然资给以钱帛，则这也不不算严格的过继。张裼夫人知道丈夫在南方有一个婚外儿子，但是，就是拒绝承认。这种情况在唐代官宦人家具有一定的代表性。但是，孩子周围的邻居总是知道底细的。结果，孩子知道自己的

---

①　《唐代墓志汇编续集》咸通 071《亡妻北海俞氏夫人墓志铭》，第 1088 页。

②　《唐代墓志汇编续集》元和 039《唐故济阳江君墓志铭并叙》，第 828 页。

③　《北梦琐言》卷八《张仁龟阴责》，第 174 页。

生父在京城作官，找上了门，此时张裼已经亡故，夫人苏氏还是接纳了这个儿子。这个故事与仁井田陞提到的一个宋代故事有类似之处。这个故事说富室莫家为了避免外室之子前来讼财破家，而承认接纳了莫家老爷生前与一位婢女生的儿子①。

苏夫人承认丈夫的外宅男是否出于这个原因当然无从推测。但是，从唐朝官方的态度来看，是不鼓励这种事情的。《宋刑统》卷一二《户婚律》："准唐天宝六载五月二十四日敕节文，百姓百官身亡殁后，称是别宅异居男女及妻妾等，府县多有前件诉讼。身在纵不同居，亦合收编本籍，既别居无籍，即明非子息。及加推案，皆有端由：或其母先因奸私，或素是出妻弃妾。苟祈侥幸，利彼资财，遂使真伪难分，官吏惑听。其百官百姓身亡之后，称是在外别生男女及妻妾，先不入户籍者，一切禁断。辄经府县陈诉，不须为理，仍量事科决，勒还本居。"但是，宋朝士大夫治家，却主张及早使外宅男归宗，《袁氏世范》卷上睦亲云："别宅子、遗腹子，宜及早收养训教，免致身后论讼，或已习为愚下之人，方欲归宗，尤难处也。"②

农村一般富裕人家也会有非婚生子女问题。敦煌一则文书就涉及到外宅男与同母异父的子女之间的财产纠纷。据该 P. 4992 号文书记载，马军氾再晟投诉了这样一件事：氾再晟在父亲故世时只有 13 岁，与寡母和三个妹妹，艰辛度日。后来得知父亲生前有一个外室，生下同父异母弟保保。双方认了骨肉，并且为保保娶了媳妇。"承望同心戮力，共荣（营）家计。"后来保保的母亲又嫁给押牙杨存进为妻。可能杨氏也是再婚，但是膝下无子，大约是想以保保为嗣男。保保就随母亲过去生活了。说是"随母承受富产，不要亲父贫资"，即使是氾再晟"数度招唤，回眼不看"，意思是放弃了在亲生父亲这边的财产继承权利。后来杨氏继父又生了两个孩子，他们"共保保同母别父，亦无间隔之心"。下文说："再晟耳闻杨家与保保城内东（缺文）家业（缺文）。"③我们无法具体推测事情的原委。但是，我想其内容很可能是涉及到再晟不愿保保再来分割父亲的遗产问题。

---

① 此事见［宋］周密《齐东野语》卷一二《莫氏别室子》，北京，中华书局，1997 年，第 365～366 页。

② 袁采《袁氏世范》卷上，文渊阁四库全书本，第 698 册，第 607 页下。

③ P. 4992《年代未详（公元十世纪后期）马军氾再晟状》，《敦煌社会经济文献真迹释录》第二辑，第 314 页。

这是一个典型的复杂家庭关系的案例！涉及到非婚生子女问题，同父异母兄弟和同母异父兄弟之间的感情关系、财产继承关系等一系列问题。虽然文书残缺，但是，我们至少可以得到这样一些认识。首先，氾再晟并不是一个格外富有的权势之家，但是，他父亲同样在外面有一个外宅，并且生了儿子保保。这个外宅后来嫁给杨押衙，杨家无子嗣，有以这个男孩为嗣的意思，似乎是为了继承家产。其实，这个时候，保保已经与生父家人认了骨肉之亲。“长大成人，与娶新妇”。可是保保却在生母再嫁之后，要去做后爹的子嗣。从这个真实的事例中让我们感受到民间男女关系的一些具体真相。

其次，关于财产继承问题。杨押衙与保保的母亲又生下了两个孩子，于是保保的财产继承权利就发生了危机。氾再晟犯嘀咕，大约是担心保保会反过来再与自己争父母的遗产，所以就向官府上状文。有可能是说保保既然脱离本家，就不得分析财产之意。

关于这一点我们也可以通过其他文书观察得知。例如，敦煌 P. 3186 号文书记载了这样一个事例：某父亲甲控诉某儿子乙云：“有腹生某男乙，于三五年间，不敬父母，及活业并不著。若更娶后妻某氏，就妻住活。若也有甚高下死生，或欠他人债负，恐来论说。”①意思是说，如果今后这个儿子有什么三长两短，或者欠人债务，均与我们没有关系！为此，专门到官府投牒为凭。按，这个起诉的人某甲是某乙的父亲，可能与其他的儿子同居，而某乙实际上已经到女方居住，好像入赘一般。某乙的债负不得由原来父母家担负。那么，财产当然也不得继承。（也许因为其不孝敬父母，所以，才不许其沾染父母的财产？）怀疑是在父母身边的儿子为了防止已经去女家入赘的亲生兄弟前来提出财产继承问题，提出鼓动父亲出面要断绝其与本家的财务关系。将这件事情与氾再晟的状子比较就可以发现，其间有相同之处，这就是已经过继或者入赘到别人家的兄弟，不得再到本家提出财产上的要求。

五　继父母与子女的关系

父母的过早去世对于儿童是巨大的打击。母亲去世，可以再娶后母，或

① P. 3186《宋雍熙二年(985)牒(稿)》，《敦煌社会经济文献真迹释录》第二辑，第 306 页。

者以嫡母母之。若是父亲去世,则称孤儿,无疑是儿童的最大不幸。墓志中有一些材料极状丧失父母后幼年儿女的悲惨情况:

> 夫人生四女,长曰李,次曰引,次曰书,次曰马。……李方九岁,枕其尸,哭绝良久,有如天成。祖母怜其哀,恐至毁灭,遂命置他室,不使其见备凶事。其下皆五六岁,或既晬,咸未知其有死。以为且寐还觉,尚呼之于庭户间。既敛不见,人告之以既殁,然后哇哇而啼,痛亲其父。①

四个女儿,最大的九岁,小的五六岁,最小的才周岁。稍大者枕抱着母亲的遗体痛哭欲绝;幼小者甚至不知道母亲已经不在人世,在屋里到处呼喊妈妈,当孩子从大人那里弄明白母亲已死,才"哇"的一声抱着父亲大哭。

失去怙恃的孩子,一般有两种生活道路,一种是由父系亲属鞠养,比如《定婚店》中的韦固妻幼年父母双亡,由其善良的乳母鞠养,十岁左右的时候被做官的叔父接到自己身边,养为己女,最后叔父帮助她找夫婿。这种事例在士大夫之家不在少数。另外一种情况就是父亲再娶或者随母改嫁,在继父母家庭里生活。

在唐代,儿童在继父家庭与继母家庭的生活情况是完全不一样的。这里先讨论子女与继母的关系。

继父母特别是继母与非亲生子女的关系,是古今许多家庭关系的难题。文献中总是表彰正妻或者后母对于非亲生子女的慈爱。比如李氏(780~843)在于家生有一儿一女。在丈夫去世时,"夫人年龄尚少,鞠稚子,抚孤女"。又有丈夫前妻生的两个女儿,"夫人以保育之道,慈旨之恩,甚于己子,而皆早孀,多养膝下"②。又如,桂休源为妻子崔霞(813~837)撰写的《唐故崔夫人墓志》云:"休源未娶,有女子子一人,夫人抚待甚慈,外姻皆不知其他出也。闻者难之。"③还有一例,十将冯广清的前妻三十三岁谢世,留下一对儿女,"一男五岁,一女二龄"。广清"愍觏儿女,早失慈亲,再婚彭城曹氏"。曹氏十分贤慧,"抚养偏露,过于己生"。结果两个孩子都长大成人。儿子冯

---

① 《唐代墓志汇编》会昌005《荥阳郑夫人墓志铭》,第2214页。

② 《唐代墓志汇编》会昌023《唐故洪州武宁县令于君夫人陇西李氏墓铭并序》,第2227页。

③ 《唐代墓志汇编》开成013《唐故崔夫人墓志》,第2176~2177页。

继宗为义昌军节度驱使,“官婚陇西董氏”,生有一男二女。女儿叫十五娘,嫁给王家做媳妇。曹氏终生未育,后来活到七十五岁,于大中元年(847)九月去世。同年十二月与亡夫合葬。冯广清是六十二岁死的,墓志没有说是在哪一年,我们也无法推测他去世时后妻曹氏的年龄以及她到底守寡多少年。我们假定冯广清比前妻年长两岁,前妻去世时他的年龄为三十五岁,其后妻与他结婚时为十八岁。则后妻曹氏的婚姻生活为二十八年,也就是说曹氏的寡母生活约有三十年。墓志说她“终于沧州城内明经坊之寝位”,儿子冯继宗是义昌军(治沧州)节度驱使,说明他有可能与后母是居住在一起的①。这样一个低级军校的家庭里,后母抚育丈夫前妻之子如同己出,晚年又与之生活在一起,以七十五岁高龄去世,这样一种家庭关系颇具典型意义。

以上三个例子,两个是继母与丈夫前妻之子的关系,另一个是妻子对于丈夫非婚生子女的关系。

根据《唐律疏议》卷六《名例》对于“其嫡、继、慈母,若养者,与亲同”的疏议云:

> 嫡谓嫡母,《左传》注云:“元妃,始嫡夫人,庶子于之称嫡。”继母者,谓嫡母或亡或出,父再娶者为继母。慈母者,依《礼》:“妾之无子者,妾子之无母者,父命为母子,是名慈母。”非父命者,依礼服小功,不同亲母。“若养者”,谓无儿,养同宗之子者。慈母以上,但论母;若养者,即并通父。②

这段法律条文根据古代经书条文,对于非亲生子女同父母关系所做的解释,完全是从丧礼服制上着眼的,在《大唐开元礼》中也有类似的规定③。这就是所谓的礼法同源。虽然从礼制的角度说,上流社会尤其必须遵守,但是,它未必反映唐代家庭中实际生活中的人际关系。实际生活中嫡母或者后妈与非亲生子女的关系要密切得多。上引墓志中李氏以及桂休源的妻子崔氏对于丈夫前妻及非婚生的儿女都很好,以至外姻都不知道她不是崔氏所生,

① 《唐代墓志汇编》大中017《长乐冯公墓志》,第2264页。

② 《唐律疏议》卷六《名例·嫡继慈母若养》,第136~137页。

③ 《大唐开元礼》卷一三二《凶礼·五服制度》,日本,汲古书院,2003年,第620~625页。

“闻者难之”！好一个“闻者难之”，这不仅是在表彰崔氏的贤惠，也是在说当时社会上的一般情况是，正妻或者后妈未必能够对待庶出或前妻的子女一视同仁。颜之推就说过：北朝风气，家庭里以女人撑门户，后母皆爱已子，因为“前妻之子，每居已生之上”，故“后妻必虐前妻之子”①。但是，在前妻之子长大成人后也未必不会虐待后母。如武则天在娘家的时候，与他的生母杨氏就受到同父异母之兄弟的苛待②。

由于唐代子女的血胤关系是按照男性来计算的，男性与妻妾之外的女性所生的孩子归属不存在问题，问题只是这些孩子与诸母的关系。元稹有两个同父异母的兄长，元稹幼年与母亲寄住在舅舅家。他的两个兄长对于后母仍然在经济上接济。元稹自己说他的兄长“自二十年来，以下士之禄，持窘绝之家，其间半是乞丐羁游，以相给足”，“始亡兄集，得尉兴平。然后衣服、饮食之具，粗有准而犹卑薄俭贫，给不假足”③。说明后母即使回娘家去住，仍然可以享受到丈夫前妻所生子女的孝顺。

改嫁妇女及其与前夫所生孩子，如何处理与后夫之间的关系，这是法律关注的另外一个问题。唐朝法律对于继父与妻子跟前夫所生子女的关系分为同居、异居和无服三个层次，以规定不同的亲疏等级。《唐律疏议》卷二三《斗讼》就“殴伤继父”所作的疏议云：

> 继父者，谓母后嫁之夫。注云“谓曾经同居，今异者”，依《礼》“继父同居，服期”，谓妻少子幼，子无大功之亲，与之适人，所适者亦无大功之亲，而所适者以其资财，为之筑家庙于家门之外，岁时使之祀焉，是谓“同居”。继子之妻，虽不从服，若有犯夫之继父者，从下条“减夫犯一等”。其不同居者，谓先尝同居，今异者。继父若自有子及有大功之亲，

---

① 参《颜氏家训》，《兄弟》、《治家》、《后妻》诸篇。

② 就是武则天本人的故事也集中了一个特殊家庭的冲突。在太宗时代，武则天只是“第一家庭”的一个小妾，太宗死后，她被高宗引入宫中为昭仪，大约与北朝突厥鲜卑人的收继婚传统可以相比。永徽时期在第一家庭里展开了一场正妻（王皇后）与诸妾（萧淑妃、武昭仪）之间的斗争。最后武则天被立为皇后，等于由妾而升为妻。唐朝法律以妾为妻是非法行为。但是，在第一家庭里容许可以有例外。武则天荣晋第一家庭的主母后，对于非已所出子女（从政治斗争上说也包括亲生儿子）采取了极其不人道的虐待手段。参见雷家骥《武则天的家庭角色及其与庶子女的关系——一个中古时期特殊家庭与亲子关系的个案研究》，载张国刚主编《中国中古史论集》，天津，天津古籍出版社，2003年，第216~248页。

③ 《元稹集》卷三〇《诲侄等书》，第355页；卷五九《告赠皇考皇妣文》，第616页。

虽复同住,亦为异居。若未尝同居,则不为异居,即同凡人之例。①

从这里我们可以看出,同居是一个具有特定内涵的法律概念。同住则是实指在一个屋檐下生活的一般语词。妇女带着前夫年少的儿女再嫁,后夫也没有密近的亲属,同时为带了的妻子前夫的孩子立家庙祭祀,那么继父就与妻子的前夫孩子构成同居关系。假如后来,继父获得了自己的孩子,即使还是同居,也与妻子的前夫孩子解除了同居关系。假设先前就不曾有同居关系,那么继父与妻子前夫所生孩子就是普通凡人的关系。唐律在这里所特别加以分疏的其实就是继父与妻子与前夫子女的法律义务和责任问题,并不涉及实际的家庭生活关系。因为即使在同一个锅里吃饭,继父对于妻子与别人生的孩子仍然没有天然的统属权力,妻子与前夫生的孩子并不属于这个新家庭的法律上的一员。这个孩子将来还是要承嗣自己亲生父亲的门户。这一点是与后妈们同自己丈夫与别的女人所生孩子的关系很不一样的。所以,在实际生活中,往往会发生收养关系。郭子仪有个孙子郭铦尚西河公主,"初,西河主降沈氏,生一子,铦无嗣,以沈氏子嗣。"②郭铦突然出世后,由于无子嗣,以妻子与前夫沈氏所生儿子为嗣。这很可能是公主本人的意思。这是在沈某的继父郭铦去世的情况下决定的。还有随母改嫁后立即被继父收养为子的。如元载随母改嫁,并且改姓为元③;据说酷吏来俊臣也是被继父收为养子的④。谈到收养关系,那已经超出继父继母的范围,容当别论。

六　养父母与养子

结成收养关系的父母与子女之间没有血缘关系,双方通过契约的形式结合成拟制的父子关系,因此,社会学上把这种关系叫做"拟制血亲"⑤。但

① 《唐律疏议》卷二三《斗讼·殴伤继父》,第419页。

② 《新唐书》卷一三七《郭子仪传附铦传》,第4613页。

③ 《旧唐书》卷一一八《元载传》,第3409页。

④ 《新唐书》卷二〇九《来俊臣传》,第5905页。

⑤ 关于唐五代拟制血亲关系的详细讨论,参见王晓丽《唐五代拟制血亲研究》,载张国刚主编《中国社会历史评论》第一卷,天津,天津古籍出版社,1999年,第37~60页。

是，养子也是收养家庭的合法成员①。上一节中谈到的继父与妻子跟前夫之子之间就是通过收养的手续，使之成为拟制血亲。按照前引唐朝法律，继父与子女之间法律义务和权利关系十分淡薄，收养关系的确立在法律上密切了子女与继父之间的关系。

根据《唐律疏议》卷一二《户婚律》（《宋刑统》卷一二同）的规定：不得养异姓子，只有遗弃的三岁以下小儿可以收养。这种规定在实际上并没有完全执行，比如继父与妻前夫子之间的收养关系就突破了不得养异姓子的界限。但这毕竟是诸多收养关系中的一种，考察敦煌文书中的养子情况，参以文献资料的记载，唐代的收养关系，主要包括以下几点内容。

第一，收养对象比较复杂，大体有以下几种情况：

有收养兄弟之子或者同母异父的兄弟之子的："壬戌年三月三日龙勒乡百姓胡再成，今则遂养同母弟王保住男清朶作为腹子。"另有一份宋初的文书记载一个叫史氾三的人收养兄长史粉䃂之子为养子②。

有收养外甥的："百姓吴再昌，先世不种，获果不圆，今生孤独一身，更无子息，忽至老头，无人侍养。所以五亲商量，养外甥某专甲男。"③墓志中还有以外甥女过继为女④。还有收养其他不相干的人的孩子：如僧正收养的一个养女，原来是宅僮康愿昌的养女⑤。总括以上事例，可以知道，收养子女并没有严格按照唐朝法令的规定，唐朝普通家庭未必只能养同姓宗亲的孩子为嗣。

第二，收养的目的。当然首先是立嗣，如青州户曹参军韦挺（770～825）没有儿子，只有两个女儿，"长曰映娘，年未龆龀；幼曰户户，尚居襁褓。"还有孀妻柏氏乃龙武将军柏良器的女儿。于是长兄撰命仲子行宣为韦挺的继嗣⑥。办丧事时，列举的名字的顺序是："嗣子行宣、长弟擢、幼弟操、犹子仲谔等"，可以看出其中的亲疏关系的差别。这个嗣子是长兄指定的。唐太宗

① 这里我们把所谓义子的结合排除在讨论之外。因为义子虽然也称父子，但是，毕竟不是家庭成员，也一般没有财产上的继承关系。又《元史》卷一五二《王忱传》："忱以江南人鬻子北方，名为养子，实为奴也。乞禁之。"这样的养子也不在我们讨论范围之内。

② 谭蝉雪《敦煌婚姻文化》，第70～71页。

③ 谭蝉雪《敦煌婚姻文化》，第68～69页。

④ 《唐代墓志汇编续集》咸通026《唐守魏王府长史段璲亡室严氏玄堂铭并序》，第1054页。

⑤ 谭蝉雪《敦煌婚姻文化》，第67～68页。

⑥ 《唐代墓志汇编续集》宝历006《唐故青州户曹参军京兆韦府君墓志铭并序》，第874页。

也指定自己的一个儿子为李元吉的嗣子。但是,从上引敦煌文书中的例子看,民间老百姓收养子女,更多考虑现实生活的需要,至少不完全是为了继嗣,而是为了养老。

第三,养子和养父的权益通过契约的形式加以保证。总体说来是,养父母要给养子以生活保障和财产上的继承权利,养子要对养父母恪尽孝养的义务。例如,胡再成养同母兄弟之子为男的契约中说"自养已后,便需孝养二亲,尽终之日,不发逆心。"①不过与此相关的是,养子拥有养父母家庭的财产继承权。当然,养子不仅继承养父母的财产,也必须偿还养父母生前的债务。例如敦煌文书S.4498V,就是慈惠乡百姓张再通上诉,要求房兄张富通的养子替养父还债的②。

第四,养子与本生父母的关系以及解除收养问题。被收养人与本生父母的关系问题是收养家庭中很敏感的问题。从宦官被收养的情况看,宦官为人所养,其墓志铭叙父祖世系只叙述养父的世系,完全不及亲生父母③。但是一般的收养关系则比较复杂。唐朝法律规定,如果亲生父母前来认领,应该归还,但是要"失儿之家,量酬哺乳之值。"④又云:"诸养子所养父母无子而舍去者,徒二年。若自生子及本生无子,欲还者听之。"这里有三个层次。第一是,所收养的儿童如果是走失者,生父母来认领,养父母必须归还。第二,如果是领养的儿童,养父无子而养子擅自离去,要判处二年徒刑。这是保护收养者权益的办法。第三,如果养父已经生子而本生父母无子,养子想回到本生父母身边的,听任归还。可见法律的规定还是很人性化的。

应该指出,唐代养子立嗣之风气似乎不像后世那样十分普遍,不立子嗣的人家也常能见到。例如,《故泉州龙溪县尉李君墓志并序》的志主李某,"衣锦昼游,赵州使君之少子",官宦人家的子弟。"过幼学,幸得宿卫,授左卫亲府长上"。这是此类品官子弟一般的入仕之路。"逾弱冠,调补德州平昌丞"。二十多岁就调补县丞,应该是很不错的仕途。开元二十三年(735)

---

① P.3443《壬戌年(920或960)胡再成养男契》,《敦煌社会经济文献真迹释录》第二辑,第155页。

② S.4489V《宋雍熙二年(985)六月慈惠乡百姓张再通牒》,《敦煌社会经济文书真迹释录》第二辑,第307页。

③ 事例见《唐代墓志汇编续集》咸通086《大唐故朝请郎行内侍省掖庭局宫教博士上柱国清河张公墓志铭并序》,第1099~1100页。

④ 参见仁井田陞《中国身份法史》第6章第4节,第772页。

冬,“妖孽潜构”,李某左迁泉州龙溪县尉。但是,他似乎并没有立即到任,而是到浙江一带去探亲访友了。结果“遘病于杭州之馆”。此时可能是开元二十四年的夏天。他又扶病旅至衢州,在信安县的籍坊停歇。六月病死于旅次。他没有结婚,也没有子嗣,身边只有爱妾和家童。所谓“祢衡未婚”,“爱妾垂泣,祭歆诸子,魂托家童”。八月灵柩权殡于钱塘。二十五年三月,才在姐姐的帮助下(大约还有郑姓姐夫),迁棺椁于于河南故乡①。墓志的作者可能是志主的兄弟(志文有“弟兄几人,唯予哭汝”),志文读来令人伤感。这里没有立嗣的迹象。

最后,值得注意的是,由于养子问题还涉及到无嗣之家的财产继承等经济问题,势必在宗族内部会引发一些利益纠纷。唐朝法律规定,将子孙继绝他家,在十八岁以前,本生家不得将其随意析出,“诸以子孙继绝,应析户者,非年十八已上,不得析;其年十七已下命继者,但于本生籍内。注云年十八然听,即所继处有母在者,虽小亦听析出”②。这种规定是因为十八岁的中男已经具有独立的行为能力,可以独立地经营所继的绝户人家的资产。否则以儿童去过继绝户,就有可能使本生家上下其手,侵占绝户之家财。但是,如果所继处尚有养母,则可以让养子及早过继,因为养母可以照管自己的家产和教育过继的养子。这些法令把门户的继绝与财产继承结合起来一并加以考虑。

当时,在实际生活中,为了不使利益流落到宗族外的人手里,稀奇古怪的乱伦养子之事也不鲜见。宋代的《明公书判清明集》“户婚门·立继类”云:“世俗以弟为子,固亦有之,必须宗族无间言而后可。”以弟弟为哥哥的嗣子,显然是为了本家族的利益。但是,宗族之间也许会有看法。因为如果不以弟弟为嗣,就有可能以同宗中其他晚辈为嗣。所以,通过本宗族的认可成为养子的一个必备模式。唐代关于养子的样本就有与“五亲商量”的提法③。《北梦琐言》记载一件事涉及到养子与财产问题:

> 镇州士人刘方遇,家财数十万。方遇妻田氏早卒,田之妹为尼,常出入方遇家,方遇使尼长发为继室。

① 《唐代墓志汇编》开元447《故泉州龙溪县尉李君墓志并序》,第1465~1466页。

② 仁井田陞《唐令拾遗·户令第九》,日本,东方文化学院东京研究所,1933年,第234页。

③ S.5647《吴再昌养男契(样式)》,《敦煌社会经济文献释录》第二辑,第172页。

> 有田令遵者，方遇之妻弟也，善货殖，方遇以所积财，令令遵兴殖也。方遇有子年幼，二女皆嫁。方遇疾卒，子幼不能督家业。方遇妻及二女以家财素为令遵兴殖，乃聚族合谋，请以令遵姓刘，为方遇继嗣，即令鬻券人安美为亲族请嗣，券书既定，乃遣令遵服斩衰居丧。而二女初立令遵时，先邀每月供财二万，及后求取无厌。而石、李二女夫教二女诣本府论诉，云令遵冒姓，夺父家财。
>
> 令遵下狱，石、李二夫族与本府要吏亲党，上至府帅、判官、行军司马、随使都押衙，各受方遇二女赂钱数千缗。而以令遵与姊及书券安美，同情共盗，俱弃市。人知其冤。①

我们且不去说这个案子本身的道德问题。只是就立嗣一事本身来看，田令遵是刘方遇的妻弟，二人是同辈的郎舅关系，田却被立为姐夫刘方遇的继嗣。于是姐姐竟然成了继母。这个立嗣显然是着眼于财产不外流的问题。虽然田令遵有委屈的地方，但是，他同意立嗣，未尝没有财产上的考虑。尽管立嗣事件通过立券而合法化了。但是，田令遵还是被刘方遇的女儿告以"冒姓、夺父家财"，结果，田令遵和姐姐以及鬻券人都被处以弃市的极刑。故事说是原告贿赂了上下官吏，但是，我想官府判处的依据也的确因为这个立嗣在法律上漏洞颇多，田令遵是咎由自取。

这个案子还透漏了出嫁女与本家的财产关系问题。刘方遇的两个女儿早已出嫁，子幼不能持家业。在决定由田令遵继嗣的问题上，两个出嫁女是参与意见的。刘方遇的继室于二女为后妈，没有血缘上的关系，因而被一同陷害。其实关于养异性为子嗣之时，古代的礼书就有不少讨论，《通典》所收礼典还专门有"异姓为后议"的条目②。宋代的家训还提出异姓为后，可能导致将来的子孙与同姓婚姻的不伦行为③。因此，养子不仅仅是一个寻找支撑门户的接班人，至少还涉及到财产归属、礼法制度和伦理关系问题，是古代家庭生活中有待深入探讨的复杂现象。

---

① 《北梦琐言》卷二〇《委使按问》，第353~354页。

② 《通典》卷六九《异姓为后议》，第1914页。

③ 例如《袁氏世范》卷上"睦亲"，（中国历代家训丛书之三），天津，天津古籍出版社，1995年。

七　法律与人情之间——代结论

以上我们对唐代家庭中的父母角色及其与子女的关系进行了探讨，从胎教到家教，父母的责任，不仅是生养孩子，而且还有教育子女。所谓教育，就是用前人的知识、父母的经验指导儿童适应社会伦理和规范，也就是社会化的过程。

尽管儒家伦理是士族和官僚家庭教育子女的道德准绳，但是，所谓“父为子纲”的冰冷教条，实际生活中完全被融化在望子成龙的温情脉脉的亲情之中。当儒家伦理、法律规范与人情事理发生冲突时，人伦常情往往是最终判决依据。比如，“不孝”是“十恶”大罪，但是，子女不孝，若父母不告官，就可以不治罪。子女的婚姻要由父母之命决定，但是如果子女已经与心上人结婚，父母就无权改变已婚事实。尤其是在母子的关系方面，所谓“夫死从子”，基本只是表现为家户由成年儿子承继这一法权关系上，而儿子应该无条件地孝敬寡母，才是法律、社会和舆论规范母子关系的惟一准绳。

最能说明人情与法理关系的是唐律中的有关条款，往往于儒家礼法不通人情处予以变通。比如，分家问题上，按照儒家伦理，父母在而分家是极大的不孝。当初贾谊忧心忡忡地上书，要求实行仁义，革除秦政之流弊，就是从父母与子女的家庭关系着眼的①。但是，从家庭生产效益最大化等实际层面考虑，分家异爨有其一定的合理性。实际上，北朝以来南北地区都盛行实际的分家生活。《唐律疏议》卷一二《户婚》“子孙别籍异财”条云：

> “诸祖父母、父母在，而子孙别籍、异财者，徒三年。”“若祖父母、父母令别籍及以子孙妄继人后者，徒二年。”疏议曰：“若祖父母、父母处分，令子孙别籍及以子孙妄继人后者，得徒二年，子孙不坐。但云‘别

① 《汉书》卷四八《贾谊传》：“商君遗礼义，弃仁恩，并心于进取，行之二岁，秦俗日败。故秦人家富子壮则出分，家贫子壮则出赘。借父耰鉏，虑有德色；母取箕箒，立而谇语。抱哺其子，与公并倨；妇姑不相说，则反唇而相稽。其慈子耆利，不同禽兽者亡几耳。”北京，中华书局，1962年，第2244页。

籍'，不云'令其异财'，令异财者，明其无罪。"①

这条法律说明，一个家庭若不改变户籍的登记形式（别籍），祖父母、父母做主为子孙分割家产，即"同籍异财"是合法的。因此，父母主持下的"同籍异财"，也成为常见的家产析分方式。用类似这样一种办法绕过礼法的障碍，使得实际生活中，符合于人情事理的分家行为得以进行②。

又如，在父母的教令权问题上也是如此。《唐律疏议》卷二四《斗讼律》规定："诸子孙违反教令及供养有阙者，徒二年。"③文献上也有母命无违而受表彰的孝子的记载，如刘敦儒的母亲，有一个怪癖，假如"心绪不理，每鞭人见血，则一日畅悦。敦儒常敛衣受杖，曾不变容。"④刘敦儒母亲这种虐待狂的心理，本当是不合情理的，朝廷为了提倡儒家的孝道伦理，却对此予以旌表。然而，在实际情况下，"祖父母、父母有所教令，于事合宜，即须奉以周旋，子孙不得违犯"。假如"教令违法，行即有愆"，子孙不听教令，"不合有罪"⑤。唐朝法律在此又作了变通。

总之，我们观察到的情况表明，在唐代，儒家礼法文化作为意识形态，尽管已经成为社会的重要道德标准，成文法律《唐律疏议》也贯彻着礼制的精神，但是，它的强制力量总是会在人情事理面前或略打折扣，或作出变通，大传统在现实中会屈服于民间的小传统。人伦习俗就是如此微妙地调节着唐代社会、家庭与法律之间的平衡关系。

---

① 《唐律疏议》卷一二《户婚》"子孙别籍异财"条，第236页。

② 《册府元龟》卷四八六《邦计部·户籍》万岁通天元年敕："天下百姓，父母另外断别籍者，所另折（析）之户等第，并须与本户同，不得降下。其应入役者，共计本户丁中，用为等级，不得以折（析）生蠲免。其差科，各从折（析）户祗承，勿容递相影护。"第5810页下。此条说明父母与儿子析户，其实是得到允许的，但两个家庭仍通计派役而忆。关于唐代在分家问题上儒家意识形态、唐代法律与民间习俗之间互动关系的分析，参见拙作《唐代家庭形态的复合型特征》，《历史研究》2005年第4期。

③ 《唐律疏议》卷二四《斗讼》，第437页。

④ 《因话录》卷二，上海，上海古籍出版社，1979年，第81页。

⑤ 《唐律疏议》卷二四《斗讼》，第438页。

第七章　墓志所见唐代妇女生活探微

唐代妇女史的研究，已经有一些论著出版了①，只是墓志中的妇女生活史料还发掘不够。一方墓志就相当于一个家庭的简史。墓志材料有真人真事的长处，也有隐晦曲折的短处，需要仔细甄别。特别是女性的墓志不像男性墓志有那么多的仕宦经历可以炫耀，于家庭生活内容记载比较多。唐代中叶以后，诸如丈夫为妻子、外孙为外婆、弟弟为姐姐等等亡故的亲人或朋友撰写的墓志铭，常常带着对死者深挚的感情，对于家庭生活的一些细节资料有具体描述，为我们了解正史中鲜有记载的妇女生活提供了宝贵的信息。以下仅就阅览所及，随手札记，作为唐代妇女生活的剪影，供研究唐代婚姻家庭史的读者参考。

一　唐代家庭生活中的妾

一夫一妻在古代是法定制度。敦煌户籍残卷中有一夫两妻、三妻，另外再加妾的家庭，只能视为边裔地区土财主的不法事例。即使北周宣帝有数位皇后、五代军阀有两妻者，也只能算是特例。士大夫一般严格遵守一妻之制。而作为一妻制的补充便是媵妾制。天子于皇后外有众多的妃嫔，春秋时各国有媵娣制，有“一娶九女之制”，秦汉以降，官僚庶民之家都有合法的媵妾，法律上也有相应的规定。陈鹏《中国婚姻史稿》以资料丰富见长，但是其书卷一二“媵妾”所取材料大都出自正史或者笔记。这里揭示若干墓志中

---

①　高世瑜《唐代妇女》（三秦出版社，1987 年）、向淑云《唐代婚姻法与婚姻实态》（台湾商务印书馆，1991 年）、牛志平等《唐代婚丧》（西北大学出版社，1996 年）、李斌城等《隋唐五代社会生活史》（中国社会科学出版社，1998 年）第 3 章第 1 节（撰者冻国栋）等。

的记载，其媵妾的细微差别在此不作区分。

1. 士大夫纳妾

唐代士大夫纳妾多追求美色，这是不加掩饰也不须掩饰的事。白居易、韩愈都有美妾随侍。李德裕的小妾徐盼（807~829），16岁时“以才惠归我（李德裕）”，为李德裕生育了两个儿子。李德裕公开赞扬他：“惟尔有绝代之姿，掩于群萃”，“其处众也，若芙蓉之出苹萍，随和之映珉砾”。大概徐盼确实容貌出众。不幸的是徐盼得了重病，“疾亟入道，改名天福”，当时李德裕任义成节度使滑州刺史，徐盼成为滑州瑶台观女真，有因借出家消灾去祸的意思。结果仍然以23岁芳龄去世①。

纳妾的一个重要目的是为了生儿子，这在古代也是天经地义的事情，有时甚至能够得到妻子的高度认同。《荥阳郑夫人墓志铭》是杨牢为夫人郑琼（809~841）撰写的墓志铭，郑琼20岁嫁给杨家，生下了四个女儿。丈夫杨牢30岁时有外遇，在洛阳包养了一个外室，并且生了儿子。“既龀，夫人未之名，一旦为侍婢失语所漏，方甚愧恐”。也就是说，孩子长到七八岁，夫人还蒙在鼓里。偶尔有一天，被使唤的婢女说漏了嘴，丈夫杨牢感到内疚不安。但是夫人却一语惊人：“久以君无男，用忧儿成病，今则□□当贺，奈何愧为？因以锦缬二幅赏侍儿能言，不弃隔我子于外，早令知母恩。”结果是“内此婢”，也就是把男孩的母亲正式纳为妾②。

但是从社会上的价值观来说，如果儿女们都是结发妻子所生，被认为是男子的美德。会昌元年（841）明州刺史韦某的墓志铭云：“娶于太原温氏，即故礼部尚书、赠左仆射造之第二女也。君结发以敬，大宾益友，贯于物听矣。君无嬖仆妾媵之惑，故八子三女，尽温之出焉，为古大夫之难也，贤人君子有家之尚也。”③这里不提倡男子蓄养妾媵，但是实际生活中丈夫有小妾却是司空见惯的现象。对于妇女或妻子来说，其角色定位是不要妒忌，如果丈夫有妾，要容纳并和睦相处。

---

① 《唐代墓志汇编》大和025《滑州瑶台观女真徐氏墓志铭并序》，第2114页。

② 《唐代墓志汇编》会昌005《荥阳郑夫人墓志铭》，第2214页。

③ 《唐代墓志汇编》会昌008《唐故朝议郎使持节明州诸军事守明州刺史上柱国赐绯鱼袋韦府君墓志铭并序》，第2216~2217页。

2. 妾与夫君的关系

妾与她所委身的男子的关系是“事夫如君”，故谓夫君。唐律规定：“娶妾仍立婚契”，“妻、妾俱名为婚”①。实际上妾的地位很是低微，人格没有保障。大量材料表明，妾可赠予，妾可买卖，妾可杀戮。虽然如此，并不排除有时妾与夫君颇能建立感情。李德裕为徐氏所撰墓志，可见出其对徐氏病情的焦灼心情。《唐代墓志汇编》咸通038《前长安县尉杨筹女王氏墓志》叙述了一则能歌善舞的妾矢志追随丈夫的故事：

> 王氏小字娇娇，长号卿云，汴州开封人。幼失怙恃，鞠于二女兄之手。长女兄以善音律归于故相国卢公钧。卿因女兄遂习歌舞艺，颇得出蓝之妙。弘农人初以音律知，遂用彩问于女兄。唐咸通庚辰岁(860)子月遂归于杨氏。未几，杨子以罪逆受天罚，待死于长安万年裔村曰库谷。王氏固非宜留，将归女兄，坚不去，愿同疚于荒墅。太夫人念其孝谨，因许之。寒暑三周，备尝荼蓼。奉上和众，端贞柔淑。在杨氏五年，束如一日。杨氏德其孝谨，遂忘前所谓出蓝之妙，方思微沾俸禄，且酬其劳。不幸以甲申岁(864)午月遘时疠，妊且病，医饵有所妨，故夭坚得以成祸。以其月四日诞一子，子逾腊而终。②

这条材料比较清楚地指出了王卿云(847~864)的地位是妾，能歌善舞。铭文中明确地讲她“作媵于杨”，并且于18岁(“二九其芳”)去世。其中提到的相国卢钧，《旧唐书》卷一七七、《新唐书》卷一八二有传。据传，可知他历任华州刺史，岭南、山南东道、昭义、宣武、河东等道节度使，大中十一年由左仆射出为山南西道节度使，带同平章事。这就是他被称为相国的原因。实际上卢钧并没有在朝廷担当辅弼。关于杨筹，父汉公曾任司封郎中、天平军节度使，伯父虞卿历官给事中、常州刺史、工部侍郎、京兆尹③。杨筹字本

① 《唐律疏议》卷一四《户婚律》，第262页。

② 《唐代墓志汇编》咸通038《前长安县尉杨筹女母王氏墓志》，第2408页。

③ 《旧唐书》卷一七六《杨虞卿传》，第4564页；《新唐书》卷一七五《杨虞卿附汉公传》，第4249页。

胜,登进士第,累辟使府,曾任监察御史①。咸通初年,杨家因为什么得罪,尚待再考。我们这里关心的是王卿云与杨筹的关系。王卿云因为善于歌舞而归于杨筹,“问彩于女兄”说明纳妾还得有一些金钱上的手续,若娶妻之有彩礼然。当杨筹获罪,以歌舞怡悦于人的“王氏固非宜留,将归女兄”,透漏了妾的归宿不同于妻,即妾不与妻一样承担丈夫获罪的连带责任。

王卿云坚持要与杨筹共患难,被太夫人——杨筹的母亲留下。三年间,她备尝艰辛,“衣不暖体兮食不充肠”,使杨家人感动。“杨氏德其孝谨,遂忘前所谓出蓝之妙,方使微沾俸禄,且酬其劳”,意思似乎是说,杨家不再把她当作女伎看待,要对她有所回报,这里暗示要给王氏某种名分②。这时候,王氏怀孕了,产后不久母子俱亡。看来杨家人是十分感伤的,铭文有“始以音知兮终于行彰”,“宜有丰报兮白首相将”之语。对于一个姬妾居然有“白首相将”的期许,反映了杨家对王氏深怀好感。

3. 妾在家庭中的处境

在家庭生活中,不仅夫是君,而且嫡妻也是妾的女君。这种情况下,妾在家庭中便处在很尴尬的地位。对此,《元稹集》卷五八《葬安氏志》中有比较真切的流露:

> 予稚男荆,母曰安氏,字仙嫔,卒于江陵之金隈乡庄敬坊沙桥外二里妪乐之地焉。始辛卯岁,予友致用悯予愁,为予卜姓而授之,四年矣。供侍吾宾友,主视吾巾栉,无违命。近岁婴疾,秋方绵痼,适予与信友约为浙行,不敢私废。及还,果不克见。大都女子由人者也,虽妻人之家,常自不得舒释。况不得为人之妻者,则又闺衽不得专妒于其夫,使令不得专命于其下,外已子不得以尊卑长幼之序加于人,疑似逼侧,以居其身,其常也。况予贫,性复事外,不甚知其家之无。苟视其头面无蓬垢,语言不以饥寒告,斯已矣。今视其箧笥,无盈余之帛,无成袭之衣,无完裹之衾。予虽贫,不使其若是可也,彼不言而予不察耳。以至于其生也

---

① 《新唐书》卷七一下《宰相世系表一下》,第2376页。

② 《唐代墓志汇编》元和015《唐许州长葛县尉郑君亡室乐安孙氏墓志铭并序》有“既夫禄之不享,又子食之永绝,衔恨即世,此哀何穷”等语(第1959页)。则享夫禄说明了妻子的某种荣耀或名分。

不足如此，而其死也大哀哉！稚子荆，方四岁，望其能念母亦何时？幸而立，则不能使不知其卒葬，故为志且铭。①

据白居易为元稹写的墓志，元稹前夫人韦氏生一女曰保子，嫁校书郎韦绚。续弦夫人裴氏生三女一子。元稹（779~831）53 岁死时，儿子道护才 3 岁。所以说，他与安氏生的荆在白居易的《墓志铭》里没有提及名字。也许“裴夫人、韦氏长女洎诸孤等”的“诸孤”把荆算在其内了，也许荆后来夭折了。

元稹 33 岁时，即元和六年（811 年，岁在辛卯）得到安氏，正是他政治上最不得志的时候。《资治通鉴》卷 238 元和五年正月条：“河南尹房式有不法事，东台监察御史元稹奏摄之，擅令停务；朝廷以为不可，罚一季俸，召还西京。至敷水驿，有内侍后至，破驿门呼，骂而入，以马鞭击稹伤面；上复引稹前过，贬江陵士曹。”②翰林学士李绛、崔群和元稹好友白居易都说元稹无罪，但是“上不听”。据白居易墓志铭，4 年后元稹才量移通州司马，又 4 年移虢州司马任上一年。元稹说安氏是朋友们为了替他排解忧愁而获致的，甚至连她的姓也是卜得的。《唐律疏议》卷一四《户婚律》云：“买妾不知其姓，则卜之。”③安氏的职责是招待宾友，侍候元稹的生活起居。安氏当年就为元稹生下了儿子荆。元稹在安氏得病的时候，到江浙去了一趟，回来后安氏已经故去。

元稹非常能够体察为人妾者的尴尬处境：“大都女子由人者也，虽妻人之家，常自不得舒释。况不得为人之妻者，则又闺衽不得专妒于其夫，使令不得专命于其下，外已子不得以尊卑长幼之序加于人，疑似逼侧，以居其身，其常也。”不得为人妻者，也就是妾，她们没有要求夫君专一的权利，没有使役命令其下的权威，生了儿子也不能要求别人以正常的长幼尊卑之序对待她。“疑似逼侧，以居其身”，确实很不容易处理各方面关系。元稹的墓志还说明，安氏的生活俭朴，使元稹感到内疚。而之所以为她撰写墓志铭，多半是因为儿子，安氏是元稹的儿子的母亲——这就是她的名分和她与元稹的关系的实质。

---

① 《元稹集》卷五八《葬安氏志》，第 614~615 页。

② 《资治通鉴》卷二三八元和五年正月条，第 7671 页；《旧唐书·元稹传》与此略异。

③ 《唐律疏议》卷一四《户婚·同姓为婚》，第 262 页。

4. 妾与本家的关系

前面的材料中已经涉及到一些妾与本家的关系。如咸通038号墓志提到杨筹获罪，王氏“固非宜留，将归女兄”，反映了妾在夫君出事的情况下，应该归于本家。这当然与妻子同本家的关系有很大不同。

《唐代墓志汇编》大中076佚名墓志也涉及到妾回本家的情况：

> 唐大中七年六月廿七日，前监察御史归仁晦故儿母支氏卒。予以开成元年纳支氏以备纫针之役，由是育五男二女。二子少女不幸早世。予□以礼娶郑夫人，而支氏以□乞归养于其父母家，至是□卒。其次子贻温、贻谋、贻训，以母子之私情，痛所生之□笃，泣请礼送，以宠其终。以其年七月一日瘗于凤栖原云。①

支氏是监察御史归仁晦的孩子的母亲。归仁晦的生平事迹不详②，开成元年得到支氏时，他还没有结婚。支氏为他生育了五男二女，操持家务（所谓“备纫针之役”）。少女及少子早夭，还有4个儿子。但是当归仁晦娶郑氏为夫人，支氏竟然“以□乞归养于其父母家”（缺字疑为“病”字）。当然我们不能据此判断支氏必须离开归仁晦家，也许只是因为病重。但是病重而必须到父母家调养，不仅表明妾地位低下，在夫君家不可能得到很好的照护；同时也表明妾与本家的关系还是很密切的。支氏去世后由于儿子的请求，归仁晦乃以礼葬送了支氏。这虽然不同于妻子死后理应葬于婆家而不是娘家（特殊情况除外），但是也可见，妾也不应该葬在本家，即使她是在本家病故的。

5. 孤女沦落为妾

妾大多是买卖而来，纳彩或礼聘云云，不过是撰写墓志者的遮掩之词。《唐代墓志汇编》大和023《唐郑府君故夫人京兆杜氏（742～829）墓志铭并序》反映了一则战乱中的孤女沦落为妾的资料：

---

① 《唐代墓志汇编》大中076（阙题），第2307页。

② 《太平广记》卷一七七《卢携》条有御史中丞归仁绍；《唐摭言》卷三有归仁泽，不知是否与之同宗。

维大唐大和三年岁次己酉十一月十五日，夫人殁于凤翔府军营官舍，享年七十八。以其年其月廿三日，安措于天兴县三良乡三良里，礼也。夫人京兆杜陵人也。其先本周杜伯之苗裔。夫人以幼齿，遭天宝末年，国有丧乱，至于土地分烈（裂），衣冠沦坠。虽甲族大姓，未知厥所。于是夫人并不记三代官讳。夫人以道自乐，以贞自保。虽单孑茕立，而不失闺帷之志。纵蓬居萍食，而令问益峻。及适郑府君之门，荐羞之礼，执弁之劳，未尝忤纤微之节。不幸府君早亡，有女一人，绫裙相系。数十年间，教以三从，示其四德。及践朱轩玉墀而不亏茅屋之操，纵曳金缕彩翠之服而与素臬无异。粉黛花钿，见如瓦砾，唯亲经佛，导润志性，实谓青敷莲花生于火中，世尘已出，而享斯寿。虽日（曰）夺其嗣女之恩孝，其谁奈生死何？殓藏之礼，裳帷之具，皆嗣女郑氏躬自营护焉。呜呼！松梓之栱，叹孤女之茕茕；巢驹将奔，痛夜台之寂寂。岐山之下，镇孤坟焉。乃为铭曰：

幼离艰兮长茕居，无夫无子兮晏如。嗣女所养兮八十余，体大道兮任虚徐。中寿木拱兮命有诸，勒铭纪石兮岐之墟。①

这位杜氏（742~829）在安史之乱爆发时只有3岁，当然不记得自家的"三代官讳"。她是什么时候、如何嫁到郑家的？她丈夫是什么人？一概不知。她以78岁高龄去世，则其女儿郑氏应该已经30岁左右，虽然不知女儿是否结婚。她最后在凤翔府的军营官舍里死去。既然她丈夫早亡，则她女婿也许是军人。问题是她女儿很可能只是某军官的侧室，不是正式的妻子。因为墓志并没有提到女儿出嫁，而且提到她女儿时仍然称嗣女郑氏——用娘家的姓，墓志铭中也没出现夫君的名字。但墓志中已经暗示女儿的经济状况不错："及践朱玉轩玉墀而不亏茅屋之操，纵曳金缕采翠之服而与素胎无异。"显然郑氏应该是有男人的，只是她未必是这个男人明媒正娶的夫人罢了。当然，与不提夫君的情况相比，还有更多墓志铭根本不提妾的名字，如《唐代墓志汇编》大中117《唐故梁国刘府君墓铭有序》记刘理（833~856）"享年廿有四，有子一人，出于侧室"②。侧室是谁，墓志中是无须交代的。

---

① 《唐代墓志汇编》大和023《唐郑府君故夫人京兆杜氏墓志铭并序》，第2113页。

② 《唐代墓志汇编》大中117《唐故梁国刘府君墓志铭并序》，第2342页。

二 唐代妇女的婚龄

唐代妇女的婚姻问题论者多侧重于婚姻礼俗。关于妇女的结婚年龄，专门的论文不多。有人曾根据《唐代墓志汇编》所载3200余人（不包括女尼、女冠和宫人）进行统计，在有实际出嫁年龄记载的158人中，年龄最小的新妇11岁（2人），最大的27岁（2人），最集中的年龄段是14~19岁，共108人。其余是以“笄年”、“既笄”、“及笄”来描述的婚龄，大体均属于14、15岁，共有146例①。两组人员综合考虑，我们可以认为，14~19岁是最常见的出嫁年龄，共254例，占总统计人数304的70%强。相对说来，11、12岁结婚应该算早婚（共5例），25以上应该是大龄晚婚（共6例）。下面就妇女婚龄问题补充若干特例。

1. 女子大龄未婚

根据上面的统计，我们大体可以把25岁以上才结婚者视为大龄青年。下面就是墓志的若干大龄姑娘的情况。

汝阳女子臧子真（785~847）尚是婴儿时，祖父和父亲就都在某次河阳战役中死难。连父母亲的名讳都不知道，她是在“宗叔”家养育大的。“天受仁孝，夙怀感恻之心，年暨初笄，方尠粉黛之饿”，意思是说，在她及笄之年，由于缺少嫁妆钱，所以“愆期迟归”，在25岁那年才出嫁到朱家。看来她在朱家很劳累，“至若织衽之事，裁制之工，绣画之能，苹蘩之务，皆亲临精意，无不干绝之所妙也”。她以63岁死亡，所生育的一个女儿“礼行备著，尚在系缨”。似乎还没有出嫁。即使这个女儿是臧氏婚后5年即30岁时生育的，当时也有33岁，又是一个未婚大龄女②。范阳卢氏室女26岁去世，未婚在家服侍生病的母亲③。江夏李损终身未娶，有一女，“出如夫人郭氏”，李损死后，为叔父、叔母所钟爱。他们似乎没有分家，是生活在一起，所以不说

① 李斌城等《隋唐五代社会生活史》，北京：中国社会科学出版社，1998年，第249页。

② 《唐代墓志汇编》大中013《唐故处士吴郡朱府君臧氏夫人墓志铭并序》，第2261页。

③ 《唐代墓志汇编》咸通025《范阳卢氏室女墓铭有叙》，第2396~2397页。

为叔父所鞠养之类的话。李氏女26岁去世,未曾婚嫁①。

还有的妇女35岁才结婚。如咸通二年五月的一方清河崔氏墓志铭说,崔氏咸通元年(860)正月二十七日去世时享年46岁,也就是出生于元和十年(815)。但是她大中三年(849)夏四月才“归于郑氏”。崔氏总共才过了11年婚姻生活,结婚时35岁。咸通二年(861)崔氏下葬时她的儿子刚儿已经12岁,即应出生于大中四年(850),是崔氏结婚后第二年生下的。35岁结婚显然是晚婚,其原因不得而知。墓志所谓“先夫人每为选求良匹”不过是为晚婚原因的托词。崔氏显然是继室。墓志说她本人生育了一子一女,女儿3岁而夭。另外别子一人、别女二人,“咸知鞠养之恩,极尽哀号之疼”,大约是庶出,或者是郑某的前妻所生,但是墓志没有提郑某是否有前妻。墓志说“夫人自归郑族,承奉先姑,勤敬不亏,益著妇道”。可以想见,在郑某娶崔氏之前,家有老母和3个孩子,条件确实不是太好,官职也很低微(泗州下邳县尉)。如果出身于清河的崔氏不是年龄过大,大概不会嫁给郑郎(郡望显然不是荥阳,否则必然标出)②。

反映女子大龄未婚的指标之一,是妹妹已经出嫁而姐姐却仍待字闺中。如蔚州刺史马纾(789~844)“两娶裴氏、张氏,皆名族。生一男二女,男补太庙斋郎,娶徐氏;次女适裴氏,长女在室”。为什么次女出嫁而长女在室,原因不明③。

又如,范阳卢耜(790~860),为“南祖大房”,本人没有什么功名,但是两个弟弟是下级官吏。据墓志他于兄弟的婚事,“皆先后婚援,而后议身。方欲妙选承祧,特申内助,而事竟不遂”。也就是说卢耜大概就没有正式结婚。“有庶嗣曰胡郎,女二人,长以求聘之贤,礼力未就;次女适荥阳郑扆夫,亦公之意焉”④。这里用“礼力未就”来解释大女在室的原因,当然也不是实话实说。

---

① 《唐代墓志汇编》大中094《唐故江夏李氏室女墓志铭并叙》,第2322~2323页。

② 《唐代墓志汇编》咸通005《唐泗州下邳县尉郑君故夫人清河崔氏墓志铭并序》,第2382~2383页。

③ 《唐代墓志汇编》会昌030《唐故银青光禄大夫使持节蔚州诸军事行蔚州刺史兼御史中丞马公墓志铭并序》,第2231~2232页。

④ 《唐代墓志汇编》咸通024《唐故扬州扬子县主簿范阳卢公墓志铭并序》,第2396页。

2. 指腹为婚与老妻少夫

男大当婚，女大当嫁；父母之命，媒妁之言。这些自然也是唐朝人婚姻缔结的基本形式。指腹为婚的材料并不多见，这里拈出一例。《唐代墓志汇编》咸通040号墓志：孙备（832～?）的妻子于氏（836～865）的父亲是于珪，母亲杨氏。于氏的外公是杨敬之，外公特别钟爱外孙女。于氏从小在外公外婆家长大。于氏的母亲杨氏与孙备的母亲有中表之亲，“始抚腹期为二亲家，杨老舅喜闻之”，于氏的舅舅杨某也特别赞成此事，马上写信给孙备的母亲答应其事。可见于氏的指腹婚实际上是舅舅家的人在做主。于氏的外公去世后，她才“还侍金陵”，回到了父亲身边。当时她父亲于珪“金陵幕中监察御史里行”。墓志说，大中七年（853），于氏18岁，孙备22岁，“先君率太夫人征金陵舅如约”，迎娶孙氏。孙备说“故余与金陵二世于外氏重姻”，也就是说亲上加亲①。

妻子年长于丈夫的情况也不多见，这里略举数例。

据《唐代墓志汇编》大中110《唐故赠随州刺史太子少詹事殿中监支公墓志铭并序》，支成（757～818）死时63岁。其夫人顾氏（751～804）前14年卒，享年54岁。是妻子比丈夫年长6岁。同书开元033号墓志载，王师（615～670）比他妻子杨氏（610～701）要年少5岁。

墓志中所见妻子大于丈夫年龄相距最小的例子为苑策（659～720），比妻子张氏（658～738）年轻1岁②。墓志中所见妻子大于丈夫年龄相差最大的例子恐怕是白羡言与其妻贺若氏。白羡言（644～713）先天二年去世，享年70岁；他的妻子贺若氏（623～698）死于戊戌年即698年，享年76岁③。如果录文无误，妻子竟然比丈夫年长21岁。这恐怕是最极端的特例。

更多的情况当然是丈夫年长于妻子。

《唐代墓志汇编》开元019号墓志载，曾任渭州刺史、将作少匠的孟玄一（627～692）比他的妻子吴兴顾氏（641～713）年长14岁整。同书开元006号墓志说，张叔子（650～706）历任雍州沉水戍主、华州永丰镇副，其妻子田氏（663～714）比丈夫小13岁。可能是武人结婚较晚之故。同书开元411

---

① 《唐代墓志汇编》咸通040（阙题），第2409页。

② 《唐代墓志汇编》开元476《唐故处士苑府君张夫人合迁之铭》，第1484页。

③ 《唐代墓志汇编》开元419《唐故中大夫行太子内直监白府君墓志铭并序》，第1446页。

号墓志称,“原州右玖监牧□(丞?)”王德伦(632~721)年纪比夫人吴氏(662~734)大30岁整。同书开元529号墓志云,唐左监门卫大将军白知礼(674~734)比其夫人刘氏(698~741)年长24岁。丈夫比妻子年长许多,往往因为妻子是继室。如前举支成娶继室曹氏(772~836),比他小15岁,后者在支成死后守寡18年。

三 唐代妇女的生育

1. 妇女生育密度

从前引咸通040号墓志还可以推测出生育年龄。孙备与于氏生有三男三女。长男道全12岁,二男天奴5岁,三男猧儿4岁。长女汶娘10岁,还有两个女儿凤娘、四谯不育。我们可以大体排列一下男女生育次序,应该是头胎长男道全12岁,二胎长女汶娘10岁,三胎、四胎分别是两个不育的女儿凤娘、四谯,五胎、六胎分别是二男天奴5岁、三男猧儿4岁。这样排列的理由主要是考虑到汶娘和天奴之间有五年的间隔,而四谯有可能是第四胎,猧儿4岁应该是末胎。如果猧儿下还有一位不育的女儿,那么这个女儿很可能没有正式的名字,或者说应该是一个比4岁的猧儿更幼稚的乳名。

孙、于夫妇的婚姻生活共有12年,此时分别为34岁和30岁。可以看出,孙、于结婚当年就生了儿子,2年后生大女儿,然后5年内再生两个女儿,在结婚第7、第8年,分别又生了一个儿子。生育的密度是很高的。

《唐代墓志汇编》开元328号墓志载朱氏20岁出嫁,23岁去世时已经是两个孩子的妈妈了。结婚3年生育两胎。开元068号墓志记右卫兵曹参军裴亮的妻子博陵崔氏(697~718)年仅22岁去世,已经生育了5个儿子,是否有女儿不详。其生育密度也很高。

2. 妇女高龄生育

古人认为“女子十四有为人母之道,四十九绝生育之理;男子十六有为人父之道,六十四绝阳化之理”。《新唐书》卷一四七《李叔明传》在引据了这句话后说:“臣请僧、道士一切限年六十四以上,尼、女官四十九以上,许终身在道,余悉还为编人。"①可见当时人是认同于古人的生育年龄极限说的。

《唐代墓志汇编》开成 043 号墓志《唐故徐处士故朱氏夫人墓志铭并序》提到朱氏(774~840)的丈夫徐某"年才甲子一周"即 60 岁就下世了。又说"冢男丘女,婚娉近周,稚女童儿,冠笄未备"。也就是说在 12 个儿女(男女各 6 人)中,还有 20 岁和 15 岁以下者"冠笄未备"。朱氏去世时 67 岁,我们可以推测,她在 50 岁前后还可能生育过子女。孙氏(794~850)大中四年(850)病死,年 57 岁,留下二男一女。"长男弘诜,次曰弘咨,并未有所娶;女则初笄之岁,未有所归"。这么说来,孙氏在大约 42 岁时还生下一个女儿。她"笄年归于陆氏",那么她的大儿子应该在 25 岁左右②。

有些女子生育的绝对年龄虽然不晚,但是结婚数年后没有马上生育,而是隔了四、五年,也应该视为晚育。如张氏 16 岁嫁给韦氏,33 岁去世。生有一女,年 13;两个儿子,分别为 9 岁和 7 岁。则张氏第一胎是 20 岁生的,即结婚 4 年以后生头胎,然后在 24 岁和 26 岁又生两胎③。既然唐代妇女大多为 14~19 岁结婚,25 岁以上已经算大龄,那么 25 岁以后生育头胎也应算高龄产妇。《唐代墓志汇编》开元 539 号墓志,蒋敏的妻子张氏(710~741)开元二十九年(741)去世时年 32 岁,"元子华,年犹哺乳"④。则张氏结婚和生育头胎的年龄都不小。现代医学认为女子 30 岁生头胎,作为高龄产妇是很危险的。但是唐代似乎有 40 岁以上才结婚生子的妇女。如开元 056 号墓志记信安县主(648~716)为吴王恪的第四女,自幼丧父。永昌元年(689)她与元思忠(648~701)结婚时,新郎新娘都是 41 岁的中年人。信安县主活了 65 岁,元家有 3 个儿子(女儿不详),长子守一为永康陵丞,老二为新安县尉,老三为邠王府掾。如果都是信安县主所生,则他们的年龄最大不过 24 岁,最小应在 21 岁左右。信安县主 40 多岁高龄连生三胎,颇值得怀疑,也许有侧室所出者⑤。

又如,朝议郎、行左监门卫兵曹参军姬晏的妻子阎氏(671~711)大约 16 岁结婚,结婚 25 年后于 41 岁去世,墓志说:"始欣诞育,遽迫沉沦。月掩中

① 《新唐书》卷一四七《李叔明传》,第 4758 页。

② 《唐代墓志汇编》大中 038《唐陆君故夫人富春孙氏墓志铭并序》,第 2278 页。

③ 《唐代墓志汇编》大中 022《故京兆韦氏夫人墓志铭》,第 2267 页。

④ 《唐代墓志汇编》开元 539《大唐河南府君阳县录事乐安蒋敏故妻清河张氏墓志并序》,第 1527 页。

⑤ 《唐代墓志汇编》开元 056《大唐故信安县主元府君墓志铭并序》,第 1192~1193 页。

夜，花凋上春。埋魂蒿里，委骨松闉。小男襁褓，孤女谁亲？"①儿女如此之小，看来阎氏生育比较晚，有可能是接近30岁或以后才生头胎的。由于结婚后长期没有孩子，所以才说"始欣诞育"，得子后非常高兴。至于"遽迫沉沦"是否孕妇高龄难产而死，还不好判断。

3. 男子晚婚与晚得子

男子结婚比较晚因而得子比较晚的事例比女子的情况更为普遍些。我们特别注意到是那些下级官吏，如果没有父祖的荫庇，生活并不轻松。他们奔竞于仕途，待得到一官半职，已经40开外，这时候结婚生孩子，在古代算是很晚了。

举例来说。程逸（678~731）入太学，射策甲科，为朝议郎，调补歙州北野县尉，大约在开元五年（717）辞官归隐，时年40岁。于54岁时病故。"少妇孤茕，嗣子襁褓"②。很可能是辞官后才结婚的，所以妻年少而子尚在襁褓。这可以算是男子晚婚晚得子之一例。

石州刺史刘穆（651~712）先天元年（712）去世时62岁，"嗣子锐、铨、锽等，甫髫龀之年"③，亦即七、八岁的年纪，是刘穆得子比较晚，在50岁以后。墓志中没有提到夫人的情况，这在唐朝前期很多，是否都看成其子女是妾媵所生，还很难说。

孙公乂（772~851）享年80岁。一共有16个孩子，其中3人早夭。他去世是"未及笄已下又五人"④。如果把"未及笄"算作14岁，那么，孙公乂66岁以后还生了5个孩子，说明他的性生活和生育能力有可能持续到72岁以后，远远超过"六十四绝阳化之理"的说法。

4. 妇女离婚或再嫁后与前夫之子女的关系

唐朝妇女离婚有时似乎很容易，富家子弟为了达到离婚的目的，往往给妇女一大笔财产。如《唐代墓志汇编》大中160《唐故留守李大使夫人曲氏

---

① 《唐代墓志汇编》景云011《大唐朝议郎行左监门卫兵曹参军姬晏故妻阎氏墓志铭》，第1124页。

② 《唐代墓志汇编》开元322《唐故朝议郎歙州北野县尉上骑都尉程府幕君志铭并叙》，第1380页。

③ 《唐代墓志汇编》先天007《大唐故刘府君墓志铭》，第1148页。

④ 《唐代墓志汇编》大中054《唐故银青光禄大夫工部尚书致仕上术国男食邑五百户孙府君墓志铭》，第2290页。

墓志铭并序》:“夫人姓曲氏,号丽卿,美容德,善词旨。其先祖环赫有武功,世为大官。及笄之年,初嫁刘仆射昌裔之幼子曰纾。生一女,适裴氏之子,未详其官秩存亡,故阙而不书。纾为贵公子,无所爱惜,迫于太夫人之命,不得已礼娶他室,遂厚遗金玉、缯彩、玩用、臧获,数盈百万,俾归于李大使士素之室,生四女二男。”曲丽卿与前夫已经生了一个女儿,嫁给裴家,但是似乎后来没有什么往来,乃至对于女婿“未详其官秩存亡”。但是有些材料则显示了妇女在再嫁后,与原来的子女仍然保持母子情分乃至密切的关系。

英国公李勣的孙女、户部尚书李思文的第三位千金李氏(645~716),先嫁给司农卿王弘福第二子右玉钤卫郎将王勖。文明元年(684),徐敬业在扬州起兵,据说李氏是反对的,丈夫王勖也“死王事”。但在“先后严旨”的逼迫下,李氏“故不克徇柏舟之操”,又嫁给了中书侍郎温彦将孙、易州司马第三公子、潞州屯留县令温炜(? ~712)。如果是夫君去世当年即再嫁的话,李氏的年龄也已经是40岁,与温炜的婚姻生活大约有28年。墓志说“温氏四子”,我们很难判断是否为李氏所生,但是长子乔已经过继给了伯父温烨,“有如母之酷”,其余也不在身边。所以,李氏在病危时知道生命不保,“扶病言归,不舍昼夜”。结果于开元四年(716)闰十二月三日,即农历新年前不久,回到了时任沧州刺史的小弟家里,“鸡黍相欢,展叙情理,吉凶庆吊,悲喜交集”。同月十九日,李氏去世。王勖的三个女儿“匍匐灵榇,殆将殒灭”,似乎曾前来奔丧,温氏的儿子们则“并在远”①。李氏笃信佛教。最后葬于本家的“先人旧茔左右”。

杨氏据说是武则天外婆家的人,她本来是江王之子澧州刺史的夫人,“属唐祚中缺,宗族迁播,公谪南陬,敕降西掖,爰及外氏,命离夫人”。墓志称杨氏本来要“从义守节”,但是“父恭荷造,旋乃迫离。胁夺志怀,改醮胡氏”。“君父之命,难以固违”。杨氏在两次婚姻中都留下了孩子,所以她死后,“二氏各男,绝浆泣血,卜远申议,别建封茔,拜享之仪,具得其礼”②。看来,就杨氏的葬礼,两位不同姓的儿子还有一番商议,结果“别建封茔”,杨氏没有与任何一位丈夫合葬在一起

刘氏(785~844)笄年嫁给南阳张闰,生一子张勍。“未几,府君先世,孤

① 《唐代墓志汇编》开元047《故潞州屯留县令温府君李夫人墓志铭并序》,第1187页。

② 《唐代墓志汇编》开元327《大唐故江王息故澧州刺史广平公夫人杨氏墓志》,第1383页。

且提孩，家复食贫，夭穷之痛，于斯为甚”。“无何，父兄悯其稚，遂夺厥志，再行乐安孙工讳伯达，有子曰毅”。会昌元年（841）前夫子张勍举学究一经科及第。张勍到洛阳来看望母亲，“惧孙孤不能慰安于晨昏，乃拜迎以归，□其就养”①。我们可以推测，刘氏再嫁时，张勍未必就随着出嫁到孙伯达家。但是张勍成立后，还是迎母亲就养。

四　妇女与外家关系

1. 婆媳关系

家庭关系中，媳妇与婆婆之间大约是最难相处的。丈夫的父母即公婆，唐朝人一般称为舅姑。很可能民间的口语称阿婆。但也可能这个称呼当时就是从孙辈的立场来使用的。后世称丈夫的母亲为婆婆，也许是从孙儿辈的这个叫法演变而来的。唐朝法律对于公婆与儿媳的关系有尊卑的基本规定。不事舅姑是被列入七出之条的罪名之一。

媳妇结婚之后的第一件事应该是见舅姑。“洞房昨夜停红竹，行晓堂前拜舅姑”生动地记述了这一点。但是，从唐朝的实际情况来看，公主下嫁往往疏失于见舅姑之礼。② 而按照古礼的规定，如果新妇不庙见，将不算完成了成妇之礼。没有通过庙见之礼的儿媳如果突然夭亡，就不能葬在丈夫家的墓地里，而必须回本家落葬。例如崔攀年十九，“归于荥阳郑宾，未及庙见，而婴沉痼”，二十多岁时，亡于叔祖东都留守之“官舍”，她不仅死在本家，而且葬于本家③。

新妇入门就要主中馈。“三日入厨下，洗手作羹汤。未谙姑食性，先遣小姑尝。”④说明新妇讨好婆婆的重要性。阅读唐人墓志的印象，墓志叙述公婆死亡时，往往并不提及媳妇。这在唐代前期的墓志相当普遍。如乔梦松的父亲乔崇隐证圣元年（695）去世，提到嗣子梦松。但是不提梦松的妻子

① 《唐代墓志汇编》会昌035《唐故彭城刘夫人墓志铭并序》，第2236页。
② 参见向淑云《唐代婚姻法与婚姻实态》，第93~94页。
③ 《唐代墓志汇编》开元493《唐故荥阳郑宾妻博陵崔氏墓志铭并叙》，第1495页。
④ 《全唐诗》卷三〇一，王建《新嫁娘词三首》，第3423页。

冯诚(686~707)。冯氏于神龙三年(707)死,年仅22岁①。开元十五年(727)二月二十九日,乔梦松携其儿子乔灌将父母和妻子的坟墓迁移到洛阳北邙山的旧茔。乔崇隐夫妇的墓志写明是嗣子梦松办丧事;冯诚的墓志则写是嗣子乔灌办丧事②。这是因为,从观念上说,丧事是由孝子来操办的。只有没有正常子嗣的情况下,才由其他亲人主持。

姑表结亲在唐代还相当普遍。那些姑表结亲之家,媳妇与婆婆是亲上加亲,相互关系就好处理一些。

张遵(769~830)的夫人豆卢氏(788~829),比丈夫小19岁。所生三个女儿都已经出嫁,儿子仅9岁(822年出生),是其母亲34岁、父亲53岁时生的。豆卢氏与婆婆(张遵的母亲)裴氏是亲上加亲:“太夫人裴氏,即夫人外老姨也。”③外老姨当为外婆家的姨,亦即豆卢氏母亲的妹妹!姨妈变成婆母,故墓志说:“夫人自结缡张氏,以身奉姨母之慈,以心奉张氏之族。”

在山东旧族,这种情况就更加普遍了。如崔暟的夫人王媛,二媳妇崔沔的夫人是王媛的娘家侄女王方大,王方大的儿媳妇崔祐甫的夫人王氏也是王方大娘家的侄女。就是说崔家两代婆媳关系都是从姑姑和侄女的关系转变来的。崔暟的大儿媳是卢家的女儿,叫卢梵儿,卢梵儿的儿媳妇卢氏也是娘家侄女。崔家婆媳关系虽然是亲上加亲,却也导致了严重后果。崔家人丁不旺,子女孱弱多病,而且寿命都不太长④。

婆媳不和的事情是家庭里的常见现象,即使在墓志这样的材料中有时也有曲折的反映。以元衮家的情况为例。

元衮(758~809)六岁入小学,读《孝经》。七岁学《论语》,“日读数篇”。“未十岁通《左氏传》,十四擢明经第。”元和四年七月,元衮死于沔州官舍的时候,是鄂岳观察推官、监察御史里行。其妻子是已故礼部尚书南阳张献恭的次女。生有二个儿子,老大已死,老二有病。有六个女儿,“长归释氏,次适北海唐歆;三、四初笄,五、六方龀。”在这样的家庭情况下,元衮的孀妻弱子的处境应该说是很困难的。当时,鄂岳观察使是郗士美,郗士美元和初在南北各地做牧宰、藩镇,元衮都是其幕府的座上宾,两人的上下关系甚洽。

① 《唐代墓志汇编》开元249《唐大理正乔□□夫人长乐冯氏墓志铭并序》,第1328页。

② 《唐代墓志汇编》开元247《唐故大理寺评事梁郡乔公墓志铭并序》,第1327页。

③ 《唐代墓志汇编续集》太和032《唐故张府君墓志铭故夫人豆卢氏墓志铭》,第905页。

④ 参见《唐代墓志汇编》大历058、061、063,第1797、1801、1804页。

元衮死后,郗士美关照有加,“赠赙加等”,即超过常规的给予优厚的丧葬费。本来元衮遗孀张氏想“权窆于鄂,而安家于荆”。郗士美很同情其境况,乃命元衮的再从弟宗初(正好也在此幕府任职),护送灵柩回河南北邙之阳安葬。但是,张氏仍然“领家卜居江陵”,以至“存殁殊地”①。张氏为什么不随丈夫的灵柩北归而要把家安置在江陵?具体原因墓志没有说明。从墓志的情况看,张氏的婆婆老夫人尚在,元衮的弟弟元仲容任太常寺奉礼郎,是本墓志的作者。想必是与其家生活来源有关,比如儿女在此任职,或者丈夫在此购置有寄庄等。从元衮遗孤的情况看,不像有儿女在此做官的;大约后一种情况的可能性较大。还有一种可能性就是张氏与婆婆和小叔子的关系处理的不好。从墓志也可以透露出一些信息。一般墓志对于未亡人都有一些正面的描述,本墓志几乎没有一句正面的关于张氏的描述,比如谓其柔顺贤惠,形容丈夫死后种种悲哀情状等,在一般墓志会有的文字,这篇墓志都没有。相反,墓志对于张氏报丧不及时却颇有微词:“呜呼!孟秋有丧,孟冬不闻,听乎人言,哀号制服,故不得谢恩旌麾,亲护丧事。”似乎元衮之死讯,其在河南的母亲和弟弟还是听别人说的。张氏根本就没有给河南的婆婆家报丧,更没有护送丈夫的灵柩北归。当宗初元和五年春二月护丧到时,仲容“奉太夫人之命曰,卜宅克日称家薄葬”。铭文说是“丹旐独归”。铭文除了叙说元衮的事迹外,也没有及于张氏母子一词。以上种种迹象表明,张氏与婆家关系不睦,殆可断定。而这很可能是她不愿北归,安家于江陵的原因之一。

婆媳不和的原因很多,重要原因之一是家庭的主导权问题。王梵志的诗说道:“用钱索新妇,当家有新故。儿替阿耶来,新妇替家母。替人既到来,条录相分付。新妇知家事,儿郎承门户。”②这首诗歌反映出家庭代际关系的变迁。花钱替儿子娶了媳妇,新婚夫妇却接管了对于家庭的掌控大权,新妇操持家内之事,儿郎则代表家庭继承“门户”。儿子娶了媳妇,不免冷落了爹娘,王梵志也有诗歌记载父母的心态:“只见母怜儿,不见儿怜母。长大取得妻,却嫌父母丑。耶娘不采括,专心听妇语。”③尤其是媳妇对婆婆构成

① 《唐代墓志汇编续集》元和023《唐故鄂岳观察推官监察御史里行上柱国元公墓铭并序》,第816~817页。

② 《王梵志诗校注(增订本)》卷二《用钱索新妇》,第136页。

③ 《王梵志诗校注(增订本)》卷二《只见母怜儿》,第146页。

了威胁,婆婆不喜欢媳妇过于妖艳的打扮①。

2. 其他关系

妇女出嫁后,娘家兄弟与夫家下一辈的关系就是甥舅关系。“甥”指外甥,包括男性和女性。在舅父比较有名的情况下,唐朝人在介绍某人的出身时,也不忘指出墓主是某人之甥②。说明外家与本家关系的密切。抚育外甥,在唐代是一种为人赞美的美德。吕君的李氏夫人(701~731),“嘉胤五六,育之不倦;甥侄二八,情拊弥勤。恩偏舅姑,特由仁惠。”死后留下5男1女。这里“甥侄二八”是否与女主人生活在一起,难以推断,但是他们的亲戚关系比较密切则是可以肯定的③。

敬守德(673~740)“有一子洪奴,年甫龆龀,故丧事所给,皆在公之甥殿中侍御史赵良器之弟良弼”④。“年甫龆龀”应该是年仅七、八岁的意思,则68岁的敬某是60岁左右才得子的。自己的儿子尚未成立,幸亏外甥资助完成丧事。

王怡(697~732)的父亲为大理评事,很小时父亲就去世了。“初,公以在疚之辰,年才丱岁,母氏鞠育,迄于成长,及以门资甫授长子也,太夫人在堂。”“公夙承阃训,小依外家。不空成宅之言,弥结舅甥之义”。王怡实际上并没有结婚,但是有一个儿子:“公之平生,必择贤偶,常钦坦腹,竟未结褵,有子且孤,恳焉承继”⑤。

洛阳县令王颜“孤当幼童,养在伯舅,恩承训导,宦宰洛阳。”他为伯舅程俊(697~753)和舅母张氏的合葬墓撰写了墓志铭。由于程俊的儿子们或早亡或游宦远方,结果有孙子程裳“俾主祭焉”⑥。

乡贡进士韦行素(793~827)“少孤,依于外家”。据说他文章和诗赋都写得漂亮,“使文学俱成,垂誉于世,皆叔舅卫尉少卿齐公奥之致”。后来在

① 《玄怪录》卷四《崔书生》,第35~37页。

② 《唐代墓志汇编》开元235《大唐故云麾将军行右威卫将军董公墓志并序》,第1319页。

③ 《唐代墓志汇编》开元319《大唐登仕郎行河南府洛阳县录事吕君故夫人李氏墓志铭并序》,第1378页。

④ 《唐代墓志汇编》开元507《唐故朝请大夫行晋州洪洞县令敬公墓志铭并序》,第1504。

⑤ 《唐代墓志汇编》开元350《唐故朝散郎行潞州长子县尉太原王公墓志铭并序》,第1398页。

⑥ 《唐代墓志汇编》贞元030《唐齐州丰齐县令程府君墓志铭并序》,第1859页。

“愿为姻援者，十有九焉”的情况下，他舅舅把长女齐氏嫁给了他做妻子①。这又是一个表兄妹结婚的例子。

泗州司仓参军诸道盐铁转运等使巡覆官刘茂贞（787～830），“幼孤，复无弟兄，依外族而就学，克勤业而有成。年廿一，明经登第。元舅（张）平仲以公人器不常，志在成立，遂以女妻之，亦姻不失其亲，先圣所重。”②张氏还是知盐铁垣曲分巡院卢枞的从甥，卢枞为刘茂贞写的墓志铭自称“友人”。书写者是刘的“内兄”张弘庆，也就是说是张氏的哥哥。实际上刘与张弘庆也是表兄弟。但是郎舅关系要比姑表关系更亲近一些。

妇女出嫁后，与娘家的姊妹的关系大约也与此相似。唐代已经有许多姐姐死，妹妹续弦嫁给姐夫③。同样是出嫁，姊妹之间有时候比兄弟之间还亲热。张氏（733～803）的妹妹家于陇西，妹婿李某“职寄殊方，仅淹岁序，李氏夫人不幸短命，中年夭丧，甥等偏孤，……夫人（指张氏）抚育，视之如子，每寒暖浣濯，其归一揆，迄于成人，讵使亏乏。每长筵家会，语诸亲曰：子如甥焉，甥如子矣。及夫人之终，贤甥感夫人鞠育之恩，痛夫人倾弃将及，与姨兄偕服衰”④。妹妹的孩子们在父母去世后跟大姨生活，大姨待之若己子。大姨死后，诸外甥居然象姨兄一样服衰礼。

兄妹的孩子之间是姑表关系，构成表兄妹，唐代表兄妹结婚很多。他们之间关系也很密切。如罗氏与窦氏（？～787）为表姐妹，“情感偏深”。窦氏过世，罗氏也为窦氏送葬⑤。

沾亲带故的亲戚之间一般没有直接的交往，除非某人做了高贵，会有人主动巴结上来。李氏（774～839）是韦某的继室，做了45年的未亡人。本人没有生育，但是韦的前妻留下了儿子韦通和女儿韦婉，均完成了婚嫁，但都先李氏而亡。结果只有韦通的儿子韦实和韦茂兄弟，也就是李氏的非亲生孙子，为她66岁去世的祖母主持了丧事。同时还通过韦实的姑姑的儿

---

①《唐代墓志汇编》大和007《唐故乡贡进士京兆韦府君墓志铭并序》，第2099页。

②《唐代墓志汇编》大和031《唐故泗州司仓参军诸道盐铁转运等使巡覆官刘府君墓志》，第2118页。

③《唐代墓志汇编续集》大和020《大唐故右领军卫上将军赠太子少保何公墓志铭》，第895页。

④《唐代墓志汇编》贞元127《唐故左威卫和州香林府折冲都尉朝议大夫兼试大理评事赐紫金鱼袋上柱国□君夫人清河张氏墓志铭并序》，第1930～1931页。

⑤《唐代墓志汇编》贞元010《唐故淮南节度使司徒同平章事赠太尉陈公女妇窦氏墓志铭并序》，第1844页。

子——外兄郑茂卿,请乡贡进士于渍撰写墓志铭。于说:“渍于郑之亲亦郑与韦之类也”,即于渍的母亲与郑茂卿的父亲是兄妹关系①。换言之,郑茂卿的父亲是于渍的舅舅,母亲是韦实的姑姑。从这里可以看出间接的姻亲之间一般没有直接的往来。

总之,唐代墓志中的妇女与家庭生活的资料是十分丰富的,以上只是就浏览所及略加董理,挂漏粗疏之处甚多,尚乞读者指正。

① 《唐代墓志汇编》会昌041《唐故河中府永乐县丞韦府君妻陇西李夫人墓志铭并叙(序)》,第2241页。

第八章　唐代寡居妇女的生活世界

妇女因丧偶而守寡，因离婚而改嫁，或者结束寡居而再嫁，都是日常生活中的平常事件，它在历史时期是否会有所变化？假如有所变化，那么究竟有什么样的变化？这些是研究家庭史、妇女史和两性关系史的重要课题。一个时期以来，许多论著都认为，唐代妇女贞节观念淡薄，离婚与再嫁不当回事，此点迥异于后世①；但最近也有论者通过对墓志资料的研究，指出唐代妇女其实多数倾向守节，再婚只是少数被迫的行为，似乎与后世并无差异②。这样一来，唐代妇女的贞节观究竟如何？这个一向似乎成为定论的问题，便产生了分歧意见。

从方法与取径而言，研究历史上的婚嫁状况，比之于调查现实中的同类问题，难度要大得多。现实生活中，可以通过调查统计得出结论，而中古历史文献中则鲜有统计资料。当时的妇女究竟倾向于守贞节，还是倾向于再婚嫁，很难做出统计学的说明。假如我们求助于列举事例，那么，纵使极力枚举，也无法得出准确的判断。

从材料所显示的情况看，反差是如此之大：一方面是公主改嫁不乏其人，另一方面妇女守寡十几年乃至数十年者也大有人在。那么应该如何来评估这件事情？究竟什么才是唐代寡居妇女生活的历史真相？这便是本文要讨论的主要问题。

---

① 参见牛志平《从离婚与再嫁看唐代妇女的贞节观》，《陕西师大学报》1985 年第 4 期；高世瑜《唐代妇女》，西安：三秦出版社，1988 年。

② 苏士梅《唐人妇女观的几个问题——以墓志为中心》，《洛阳师范学院学报》2006 年第 4 期；岳纯之《唐代民事法律制度论稿》，北京：人民出版社，2006 年，第 139~145 页。

一　墓志所记妇女守寡现象的分析

唐代墓志所见妇女守寡的记载,大体分为如下几种情况,即结婚不久就守寡,结婚10余年(约30岁)儿女尚幼而守寡,四五十岁开始的中年守寡以及守寡长达四五十年等多种情形。

1. 结婚不久就守寡

唐朝女子婚龄,一般在15~19岁,超过统计资料的六成①。结婚不久就守寡,意味着守寡年龄一般不超过20岁。如裴溥(706~742)在丈夫王泠然(692~724)去世时,年仅18岁(丈夫比她大14岁)。她守寡18年,有"息女曰仙官,女于安定皇甫湌;次女曰仙葩"。如果这位二女儿是丈夫的遗腹子,则最晚应该在开元十三年(725)出生,此时已经18岁②。荥阳郑氏(800~854)于"既笄之年"——大概15岁,嫁给范阳卢子谟,结婚"未期年"而丈夫去世。四个月后,生下遗腹女。郑氏"哀伉俪之年,誓心守节,抚育稚女,虔奉先姑,夙兴夜寐,以成妇道"。死时55岁,是守寡整整40年③。唐代女子结婚的第二个集中年龄段是13~14、20~22岁,范阳卢氏(787~853)就是22岁那年嫁给崔枞的。宝历元年(825)崔枞被任命为雍丘县尉,未及赴任而亡,卢氏"衔未亡之感,携挈幼稚,卜居于郑之别邑,攻苦食淡,以成家业,劝僮仆以艺植,训子弟以诗礼,劬劳俭克,仅三十载"④。卢氏生育了五男二女,大儿子冠岁而亡,次子早夭。大女儿嫁给荥阳郑裔贞,"不幸短折;裔贞愿敦旧好,故复以其季妻焉。"也就是说把第二的女儿也嫁给了郑家做

---

① 参见张国刚、蒋爱花《唐代男女婚嫁年龄考略》,《中国史研究》2004年第2期,第68页。

② 此墓志的作者称"余忝为夫人之私",这个"夫人之私"是什么含义?估计是亲属朋友之意。倘若是与骆宾王《讨武曌檄》中所说的"曾为先帝之私"的"私"同义,则这位墓志的作者是裴溥的情人了,大约不会明目张胆地这么写出来。(《唐代墓志汇编》天宝002《唐故右卫尉兵曹参军王府君墓志铭序》,第1532页。)

③ 《唐代墓志汇编》大中100《唐卢氏夫人墓志铭》,第2328页。

④ 《唐代墓志汇编》大中080《唐故汴州雍丘县尉清河崔府君夫人范阳卢氏合祔墓志铭兼序》,第2310页。

继室①。

韦素与夫人齐氏（802～860）的婚姻颇为特殊。韦齐二家本来是姑表亲。齐氏在家为长女，自幼丧母，其姑母也就是后来的婆母“怜而重之，视遇犹女”。常抚摸着齐氏的头说：“笄无他从，必为我季妇”。临终前又重申前言。于是当齐氏的父亲从刑部郎中出为饶州刺史，“召孤甥而遵遗旨焉”。七年之后，韦素参加进士考试，不得第，当年冬天竟然去世。两个儿子也“皆齿未小学，相继而夭”。其弟齐孝曾为姐姐写的墓志中说：“先君悯夫人少孀，荐痛韦甥遄逝，夫人惧增其悲，虽哀缠于内，每侍左右，未尝惨于色。”齐氏于是“嫠居将四十年，而端严自饰，为宗族之规范焉”②。从种种情况看，韦素与齐氏的婚姻乃是那种夫妻结婚后长期居住在妻家的婚姻形式，即敦煌书仪 S. 1725 号文书所谓“近代之人，多不亲迎入室，即是遂就妇家成礼，累积寒暑，不向夫家”的形式③。丈夫死后，齐氏一直寡居于本家。

2. 结婚十来年（30 岁左右）守寡

这个年龄的妇女，儿女幼稚就开始了含辛茹苦的寡妇生活。荥阳郑秀实 19 岁嫁给赵郡李某为夫人，30 岁那年，丈夫去世，他们已经生下 4 男 4 女。也就是说 11 年内共生了 8 个孩子。郑氏守寡 43 年，于 73 岁逝世④。翟夫人（792～849）大中三年（849）去世时 58 岁，丈夫死于长庆元年（821）。其时，留下两个儿子，她只有 30 岁，“鞠育孤稚”，守寡 28 年⑤。

吴王府骑曹参军张信（616～678）享年 63 岁，其妻子王氏（？～710）很可能比他年轻许多，故在丈夫死后守寡 32 年才去世⑥。

还有一位王氏（776～842）“以初笄之岁”，嫁给蓟州刺史静塞军使陆岘（767～814）。陆岘“名重位高”，王氏比丈夫小约 10 岁，是继室。“夫人自以

① 《唐代墓志汇编》大中 080《唐故汴州雍丘县尉清河崔府君夫人范阳卢氏合祔墓志铭兼序》，第 2310 页。

② 《唐代墓志汇编》大中 164《唐故京兆韦府君夫人高阳齐氏墓志铭并序》，第 2379 页。

③ 参见周一良《敦煌写本书仪中所见的唐代婚丧礼俗》，载氏著《唐五代书仪研究》，北京，中国社会科学出版社，1995 年，第 290 页；前引陈弱水《试探唐代妇女与本家的关系》，第 194～204 页。

④ 《唐代墓志汇编》大中 124《唐故荥阳郑夫人墓志》，第 2348 页。

⑤ 《唐代墓志汇编》大中 039《唐故朝请郎行太子舍人汝南郡翟府君故夫人（下泐）》，第 2278 页。

⑥ 《唐代墓志汇编》景云 009《大唐吴王府骑曹参军张君墓志铭并序》，第 1123 页。

府君捐背，四十余年，以灰心蓬首之容，弃纨绮花钿之饰，断机训子，剪发奉宾”①。按王氏在丈夫死后实际生活了不足30年，如果不是墓志录文有误，就应该理解做王氏结婚共40余年，守寡28载，是不足30岁就守寡了。

3. 有40~50岁开始守寡的

这个年龄的妇女一般孩子已经长大成人，再嫁的机率不高。乐令姿(591~660)16岁嫁给昭武校尉任德为妻，52岁开始守寡，18年间“保乂孤遗，庶弘慈母”②；东宫郎将王力士妻(581~660)守寡27年“志求无上，尊贝叶之微言，遂南山之寿”③；陈恭，字令徽(590~672)，59岁时丈夫去世，她“蓬首孀闺，铅华不御，柏舟自勖，之死靡他，廿余年”④；杨氏(600~675)守寡30年，所生两子，“并先夭殁”，只有孙子一人，年方四岁，她“蓬首为容，竟衔忧而没齿”⑤；处士王俭之妻刘氏(603~673)守寡36年“昼哭弥切，夜绩方严，孀节不亏，孤贞自洁”⑥；隋平州录事参军张育妻赵氏(562~648)14岁结婚，40年后丈夫亡故后，赵氏又过了33年的寡居生活⑦；戴氏“位居孀妇，孤育稚子，卅余年”⑧。张纲妻梁氏(566~645)“固守空闺，……一志不移，无心于再醮”，守寡31年而亡⑨。

4. 有的寡妇守寡长达四五十年

侯氏(596~672)在丈夫度支郎中彭府君去世后“上奉尊堂，下提孤幼，绝甘攻苦将卌年”⑩；赠博州刺史郑进思妻权氏(635~723)守寡48年⑪；隋邛州司户明雅妻孟氏(554~645)守寡44年⑫；处士成愿寿的妻子李氏

① 《唐代墓志汇编》大中141《王氏墓记》，第2361页。

② 《唐代墓志汇编》显庆142《唐故昭武校尉任君墓志铭并序》，第319页。

③ 《唐代墓志汇编》显庆138《大唐故王郎将君墓志铭并序》，第317页。

④ 《唐代墓志汇编》咸亨064《大唐处士淳于府君之夫人陈氏墓志铭并序》，第555页。

⑤ 《唐代墓志汇编》上元026《□□□□□□□□□君墓志铭并序》，第611页。

⑥ 《唐代墓志汇编》咸亨093《唐故处士王君墓志铭并序》，第577页。

⑦ 《唐代墓志汇编》贞观145《隋故平州录事参军张君墓志》，第100页。

⑧ 《唐代墓志汇编》久视002《大周故薛府君墓志铭并序》，第967页。

⑨ 《唐代墓志汇编》贞观112(阙题)，第79页。

⑩ 《唐代墓志汇编》咸亨081《大唐故度支郎中彭君夫人安定乡君侯氏墓志铭并序》，第569页。

⑪ 《唐代墓志汇编》开元361《大唐故赠博州刺史郑府君墓志并序》，第1405页。

⑫ 《唐代墓志汇编》贞观108《大唐隋故邛州司户参军明君墓志》，第77页。

(570~659),20 岁结婚,50 岁守寡,守寡 40 年①;韦敏的第三位夫人李氏(774~839)守寡 45 年②;韩州助教向徹妻韩氏(620~700)26 岁丈夫去世,寡居 55 年后,于 81 岁高龄而终③。王氏(655~724)30 岁时“不幸良人早背,独守偏孤,鞠稚子之单居,念低徊而不忍。情非再醮,意乐三从,如愚管窥,请令守志”,守寡 40 年④。

渔阳县太君李氏(707~788)的丈夫左武卫翊府左郎将赵府君“早徇王事,遗孤尚孩,太君指柏舟以誓节,……其□子也,克升于朝;其理家也,无恃于岁”,李氏终年 82 岁,可以想到,从“遗孤尚孩”到 82 高龄,守寡至少 40 多年⑤。段氏(578~650)17 岁“适于高平竺氏”,“携□孤幼,倍历艰危,经今四十余载矣!”⑥

守寡时间最长的恐怕莫过于麟德 039 号墓志所反映的情况了,丈夫杨康(516~585)曾是隋朝王屋县令,妻子刘氏(546~665)历世隋唐两朝,40 岁守寡,120 岁高龄去世,寡居 80 年。

引据的墓志记载尽管不多,但是《唐代墓志汇编》、《续编》的三千余墓志中,再婚和改嫁的妇女不过区区 10 例,而明确记载坚守贞节者则达 264 例⑦。因此,我们可以得出结论说,唐代寡居妇女相当多,这个历史事实不容忽视。从墓志措辞之严峻来看,笼统地说唐代妇女贞节观念淡薄,恐怕未必妥当。

二 为什么有这么多妇女丧偶:老夫少妻的婚姻模式

从前引资料中,我们发现那些长期守寡的妇女不外两种情况,或者高寿,中年守寡,寡居生活仍长达 40 到 50 年;或者守寡时很年轻,即使五六十

---

① 《唐代墓志汇编》显庆 094《隋故处士成君墓志并序》,第 287 页。

② 《唐代墓志汇编》会昌 041《唐故河中府永乐县丞韦府君妻陇西李夫人墓志铭并叙》,第 2241 页。

③ 《唐代墓志汇编》长安 017《唐故韩州助教向君志铭并序》,第 1001 页。

④ 《唐代墓志汇编》开元 198《大唐故右金吾卫翊卫宋府君夫人墓志并序》,第 1295 页。

⑤ 《唐代墓志汇编》贞元 020《大唐故左武卫翊府左郎将赵府君夫人渔阳县太君渔阳李氏墓志铭并序》,第 1851 页。

⑥ 《唐代墓志汇编》永徽 005《隋燕王府录事段夫人之志铭并序》,第 134 页。

⑦ 毛阳光《唐代妇女的贞节观》,《文博》2000 年第 4 期,第 36 页。

岁去世，也有数十年的寡居生涯。而少年守寡尤其是唐代寡居妇女中的突出现象。

墓志中记载的年轻寡妇虽然从短短的志文中不能了解到更多的情况，但可以得知，她们十几岁、二十几岁时丈夫便去世了，一个人度过此后漫长孤寂的岁月，“夭夭华岁，茕茕誓居”①。天宝 108 号墓志的志主来香儿（703～746）恐怕是最年轻的守寡者了，“年 12 而所天早逝”，寡居 32 年“躬致色养，节制屹立，孤绝万仞”，期间经历了父母与公婆的丧亡，“逮亲殁，泣血三年，爰丧舅姑，孝心无易，每至伏腊，哀恸加人”，之后崇信了佛教，“以久缚斋戒，因致柴毁，是长疠阶，浸以成疾”，44 岁去世②。潞府参军崔府君的夫人王氏 14 岁守寡，80 而亡，寡居 66 年，先后随弟弟王宗、王亮一起生活③。任氏（622～661）年及初笄，十四五岁嫁于董氏，没过几年，19 岁便成为寡妇，21 年后去世④。上文提到的韦敏的第三位夫人李氏，21 岁成为寡妇，“四十五年称未亡人，”抚养先夫人所生子女，“计生活于郊屋，荆扉瓦牖，食糖羹藿”⑤。既然是第三任夫人，则韦敏娶李氏时必然是垂垂老矣。裴氏（667～725）终于 59 岁，寡居三十余年，守寡时也是二十多岁，所谓“浮荣不幸，移天早殁……夭夭华岁，茕茕誓居，卅余年，志不我忒”⑥。洪州武宁县令于府君妻李氏（780～843）在丈夫去世时“年龄尚少”，她“鞠稚子，抚孤女，心怀苦节”，一子志衡仁云梦县令，一女嫁于宿州长使李孟皋⑦。魏氏 12 岁结婚，22 岁守寡，34 岁父死，43 岁母亡，71 岁去世，寡居 49 年，“仰苍昊而罔极，嗟人生如梦幻”，归信佛教，一个女儿出家“法名道峻”⑧。处士陈泰的妻子房氏（635～706）春秋 72 岁，26 岁守寡，46 年间“守志孀帷，亟移灰管，暑迁寒袭，四十余年，抚幼携孤”⑨，守寡达 46 年之久。

为什么有如此多的年轻寡妇？仔细分析各件事例，我们发现并非这些

---

① 《唐代墓志汇编》开元 227《唐故尚舍直长薛府君夫人裴氏墓志铭并序》，第 1313 页。

② 《唐代墓志汇编》天宝 108《大唐元府君故夫人来氏墓志铭并序》，第 1607 页。

③ 《唐代墓志汇编》元和 127《唐故潞府参军博陵崔公夫人琅耶王氏墓志铭并序》，第2039 页。

④ 《唐代墓志汇编》龙朔 001《大唐故董府君任夫人墓志并序》，第 337 页。

⑤ 《唐代墓志汇编》会昌 041《唐故河中府永乐县丞韦府君妻陇西李夫人墓志铭并叙》，第 2241 页。

⑥ 《唐代墓志汇编》开元 227《唐故尚舍直长薛府君夫人裴氏墓志铭并序》，第 1313 页。

⑦ 《唐代墓志汇编》会昌 023《唐故洪州武宁县令于君夫人陇西李氏墓铭并序》，第 2227 页。

⑧ 《唐代墓志汇编》贞元 106《唐故秦州上邽县令豆卢府君夫人墓志》，第 1914 页。

⑨ 《唐代墓志汇编》神龙 043《大唐故处士陈君墓志铭并序》，第 1071 页。

妇女的丈夫都是年轻而夭亡，恰恰相反，大多是寿终正寝。年轻妇女守寡的一个重要原因乃是因为丈夫比妻子年龄普遍大很多，形成了老夫少妻的婚姻模式。有的丈夫比妻子年长十几岁、二十几岁，甚至三四十岁。

唐初贞观年间的南和县令张彦（583～623）31岁去世，妻子郭氏（593～667）比其小10岁，生有三子君谅、君楷、君表，守寡44年①；县丞王卿（559～607）比妻子张氏（576～656）大17岁，王卿去世时张氏32岁，寡居49年②；昭武校尉秦义（585～632）年长妻子张氏（598～662）13岁，48岁去世，张氏"奖协孤遗，言行克符，高构斯洽"达30年③；孙氏（603～684）比丈夫师州录事参军王岐（590～644）小17岁，寡居40年④；陈察（576～620），任文州刺史，妻柳氏（594～678）小丈夫18岁，守寡长达58年⑤。

曾任伪高昌左卫大将军的张雄（584～633）50岁去世时，妻子鞠氏（607～688）才27岁，生了两个儿子，"膏泽不御，五十余年"，守寡55年⑥；上护军庞德威（599～666）比妻子王氏（612～687）长23岁，王氏守寡20年⑦；同样的还有忻州司户陈平（604～672），妻子小丈夫23岁，守寡17年⑧；信奉道教的和智全（601～662）比妻子传氏（623～709）年长22岁，他"依于秦九嵕山，饵云英玉醴为事……居卅八年，遂果终焉之志"，传氏守寡47年⑨；六胡州大首领安菩，字萨，（601～664）妻子何氏（622～704）比丈夫小21岁，守寡40年，有子三人金藏、胡子、金刚。何氏守寡时已经43岁，三个孩子中至少两个当已成人⑩。这是一个归化的西域胡人家庭，其守寡的原因显然不能完全从贞节观念来解释。

还有夫妻年龄相差三四十岁的例子，如证圣007号墓志所载：丈夫齐朗（594～671），妻子王氏（633～695），丈夫比妻子大40岁，王氏守寡24年，

① 《唐代墓志汇编》乾封056《大唐故南和县令张君墓志铭》，第480页。

② 《唐代墓志汇编》显庆026《大唐故王君故任夫人墓志铭并序》，第245页。

③ 《唐代墓志汇编》龙朔053《唐故昭武校尉秦君墓志铭并序》，第371页。

④ 《唐代墓志汇编》文明008《唐故师州录事参军王府君墓志铭并序》，第718页。

⑤ 《唐代墓志汇编》长寿018《唐故使持节文州诸军事文州刺史陈使君墓志铭并序》，第845页。

⑥ 《唐代墓志汇编》永昌008《唐故伪高昌左卫大将军张君夫人永安太郡君麹氏墓志铭并序》，第786页。

⑦ 《唐代墓志汇编》垂拱004《唐故上柱国张府君墓志铭□□》，第730页。

⑧ 《唐代墓志汇编》载初002《唐故忻州司户参军事陈君墓志铭并序》，第788页。

⑨ 《唐代墓志汇编》景龙022《大唐故朱阳县开国男代郡和府君墓志铭并序》，第1095页。

⑩ 《唐代墓志汇编》景龙033《唐故陸胡州大安君墓志》，第1105页。

"断织申规，抚训孤遗"①；天授 043 号墓志：李氏（628～672）小丈夫申屠宝（594～664）35 岁，丈夫 71 岁去世，她才 37 岁②；上文提到的 120 岁高龄的刘氏，比丈夫小 30 岁，守寡 80 年。

丈夫比妻子年长许多，常常因为妻子是继室。左金吾卫中郎将张怀十一女张氏（698～741）嫁于左监门卫大将军白知礼（674～734）为继室，丈夫比其大 24 岁，丈夫 61 岁去世后，她"正味清禅，摄心止观"，守寡 7 年而亡③；宝历 014 号墓志郭柳（738～796）第一位夫人周氏于 784 年去世，后夫人赵氏（757～825）比丈夫小 19 岁，40 岁守寡，没有儿子，死后由弟弟和女儿送葬④。玄宗时期秘书省著作郎崔众甫（698～762）先娶夫人卢氏（？～734），后娶继室李金，字如地（727～794），陇西成纪人，崔众甫比李金年长 29 岁，762 年，崔众甫"终于洪州丰城县之秘馆"⑤，李金 36 岁，寡居 32 年后去世⑥。

夫妻年龄相差较大的另外一个原因是，仕宦之男士往往晚婚而娶年轻妇女，造成夫妻年龄悬殊。唐朝士人结婚，有门当户对的要求，也有财产上的要求，还有其他方面的考虑。对于许多下级士人来说，如果没有父祖的荫庇，其仕宦生涯并不轻松。他们奔竞于仕途，得到一官半职已经是 40 开外，这个时候结婚生子，自然是比较晚的了。其实，这些士人在结婚之前普遍有没有名分的女子侍侧，大多还留下了子女。

以宰相白敏中（792～861）为例。白敏中本人前娶博陵崔氏，生女三人，二人早亡，一女嫁主客员外郎皇甫炜，亦殁。后娶韦氏，时敏中已居相位。韦氏"勤雍和理凡十八年"，则再婚在 62 岁时，大约是大中七年（853）左右。白敏中共生育了 12 个儿女，9 男 3 女，其中两任夫人各生了 3 个女儿，长男征复等是结婚之前的无名分的如夫人所生的⑦。又据郑熏为其咸通二年

① 《唐代墓志汇编》证圣 007《唐故齐君墓志铭并序》，第 871 页。

② 《唐代墓志汇编》天授 043《大周故处士申屠君墓志之铭》，第 824 页。

③ 《唐代墓志汇编》开元 529《唐故左监门卫大将军太原白公墓志铭并序》，第 1519 页。

④ 《唐代墓志汇编》宝历 014《唐故郭府君二夫人墓志铭并序》，第 2090 页。

⑤ 《唐代墓志汇编》大历 059《有唐朝散大夫行秘书省著作佐郎嗣安平县开国男崔公墓志铭并序》，第 1798 页。

⑥ 《唐代墓志汇编》贞元 062《唐朝散大夫行著作佐郎袭安平县男□□崔公夫人陇西县君李氏墓志铭并序》，第 1881 页。

⑦ 《唐代墓志汇编续集》咸通 005《唐故开府仪同三司守太傅致仕上柱国太原郡开国公食邑二千户赠太尉白公墓志铭并序》，第 1034 页。

(861)去世的姐夫杨汉公写的墓志记载,杨汉公29岁中进士,在娶前夫人郑氏之前,已经有“长子思愿,郑夫人鞠之同于己子”①。

永兴县尉周著(767~834),“早岁穷二经,举孝廉。贞元十六年(800)擢上第,元和(806~820)中,释褐补晋州霍邑尉。秩满,次调鄂州永兴尉。……呜呼!天不祐善,使名立三纪,宦才二任而终”。尽管周著早岁就穷二经,但是34岁才孝廉及第。元和得官在40~55岁之间。姑取中数,也在47岁左右。估计他此时才娶妻生子。所以他的妻子可能比较年少。而在他68岁去世时,两个儿子“长才幼学,次乃稚齿”;两个女儿“皆孺弱之年,未及成人”。即使大孩子为15岁,则其4个儿女都是他53岁以后生的,最小的可能是他60多岁生的。那些奔竞于仕途以觅得一官半职的人,本来“尝谓厚禄广寿,以显姻族”,却“奈何孀少妻、孤幼子而终焉”②。

总之,老夫少妻的婚姻模式是出现大量寡妇的重要原因之一。而老夫少妻模式的出现又是因为奔竞宦途之士,往往在结婚之前已经有别的女人侍奉巾栉,甚至生育子女,这在唐人来说,并无需讳言。

三　寡居妇女的家庭生活

古人讲究叶落归根,入土为安,十分重视身后之事,除非有特殊意外的情况,都要死后安葬祖坟。妇女成为寡妇那一天起,面对的第一件难事是要料理丈夫的后事。唐代有一比较特殊的情况,江淮、荆襄之地,多有寄庄寄住之人,他们或者在当地做官后留下,或因为在南方有垦辟之田而寄居,从墓志资料看,寄居于各地的士人之家,大都以北归葬于中土祖宅为首要之选,即使暂时没有条件北归,依旧寄寓他乡,未亡人也把实现丈夫魂归故里的遗愿作为人生首务。

王修本抱疾多年,临终就要求夫人韦氏“鬻其第,将我归于洛师,启迁我

① 《唐代墓志汇编续集》咸通008《唐故银青光禄大夫、检校户部尚书、使持节、郓州诸军事、守郓州刺史,充天平军节度,郓、曹、濮等州观察处置等使,御史大夫、上柱国,弘农郡开国公,食邑二千户弘农杨公墓志铭并序》,第1037~1039页。

② 《唐代墓志汇编》大和077《唐故鄂州永兴县尉汝南周君墓志铭并序》。

祖父伯仲女兄女弟凡七穴”①。像上文李金这样寡妻为夫家迁葬的，墓志中还有不少的例子。常熟县令张沘（690～744）“瞑目他乡”，嗣子张锷、张钊等，皆年幼，夫人继室博陵崔氏“举先代奉宁神于平阴之南原，成遗志也。启舅姑之双殡，收绝嗣之两丧，杨氏幽魂，合祔于公，从周礼也。……今夫人量力而行，度功以处，事就而家不破，人亡而道益彰”②。苏氏（766～844）丈夫常州武进县尉王府君元和初年早亡，“夫人茕独，三纪于兹”，寡居36年，“以义方勖令男，勤俭立家道”。夫家“三代六榇漂水乡，未及迁神”，王府君去世后，“室空子幼，家寄江干，旅泊之魂，永甘沦寄”，苏氏“痛心疾首，泣丐友于，誓坚神明，果副衷恳。大和辛亥，翩翩六旐，素舸而来，便以其年，咸葬邙麓”。苏氏生有一子，不幸早亡，以至“奠无息嗣，哭唯诸侄”③。

安葬丈夫之外，寡居妇女的家庭生活主要围绕着抚育孩子而展开。

许多年轻的妻子在丈夫去世后，子女尚年幼。她们余生的重要任务就是抚养子女长大成人，“训育男女，若全师父”④，使得“男有官，女有归”⑤，“勉己成家，树立余业”⑥。当然，孩子同时也是她们孤寂的寡居生活的一种寄托。

崔氏（666～716）孀居时“年方三十”，两个儿子尚为“孩孺”，她抚育幼子“皆自褓育，比逮成人，犹勤训导，兼父之敬，尽师之范”，到她51岁去世时，“二子令誉，见称于时”⑦。监察御史李府君去世时，妻子崔氏（692～751）才29岁，一个女儿尚在襁褓，三个儿子也都还是婴孩，且有遗腹女一人，崔氏守寡31年“衔酸茹泣，义深节苦”，她“不厌糟糠，不辞浣濯”，想必生活很艰苦⑧。梁氏（590～666）的丈夫张处士去世时“女尚未笄，男才志学，家悬半菽，门罕尺童”，梁氏“躬亲顾育，诱以义方”，待孩子长大成人后

① 《唐代墓志汇编》大中143《唐故太原王府君夫人韦氏墓志铭并序》，第2363页。

② 《唐代墓志汇编》天宝084《大唐故吴郡常熟县令上柱国张公墓志铭并序》，第1591页。

③ 《唐代墓志汇编》会昌033《唐故常州武进县尉王府君夫人武功苏氏墓志铭并序》，第2234页。

④ 《唐代墓志汇编》开元349《大唐故郑州刺史源公故夫人郑氏志铭》，第1397页。

⑤ 《唐代墓志汇编》大中124《唐故秘书郎兼河中府宝鼎县令赵郡李府君夫人荥阳郑氏墓志铭并序》，第2348页。

⑥ 《唐代墓志汇编》元和076《唐故河南府司录卢公夫人崔氏志铭》，第2001页。

⑦ 《唐代墓志汇编》开元050《唐故太府丞兼通事舍人左迁润州司士参军源府君夫人清河崔氏墓志铭并序》，第1188页。

⑧ 《唐代墓志汇编》天宝197《大唐故监察御史赵郡李府君夫人博陵崔氏墓志铭并序》，第1669页。

"有声宗邑"①。

源氏(639~715)墓志讲她"进退威仪之节,凶吉礼法之事,衣服勾倨之制,饮食酸咸之品,曲尽其则,类皆至妙,诸姬介妇,是仪是式,虽图史所载,亦莫加焉"。丧夫之后,抚育孤幼,直至"五子立身,一代佳士"②。姚氏(722~788)15 岁结婚,57 岁时丈夫金堤府左果毅都尉张晕(716~778)"暴卒于金堤府之任",有子有女各三人,她"恩情转甚,鞠育如初,教子以义方,誡女以贞顺,无改三年之道,俾尊严父之规,免坠家风,匪亏名教,斯慈母也"。在她临终时还挂念二女儿"久披缁服,竟无房院住持",三儿子"初长成人,未有职事依附"③。

郑秀实(784~856)19 岁嫁给宝鼎县令李府君,守寡 43 年间,"训导诸孤,讫有成立",长子李处仁任原武县丞,次子李郁任涪州录事参军,三子崇前任获嘉县尉,四子敬思任楚州文学,四个女儿分别嫁与博陵崔候、河东裴稹、太原王玹、沂州刺史韦谭为妻,做到了"男有官,女有归"④。雍丘县尉崔枞妻子卢氏寡居 30 年,"携挈幼稚,卜居于郑之别邑,攻苦食淡,以成家业,劝僮仆以艺植,训子弟以诗礼,劬劳俭克",卢氏生有五子,长子次子早亡,三子同靖、同佑、同映成人,承欢于膝下,两个女儿先后嫁于郑裔贞为妻⑤。

另外一位卢氏(791~859)是怀州录事参军崔府君的继室,生一子三女,丈夫去世后不久,五岁的儿子又夭折,三个女儿都年幼,崔府君有别子崔肇,可能是前夫人所生,卢氏"慈抚而亲教之",卢氏年老后"每晨午昏夕,肇在侧,妇在于堂廉,孙弄于左右,怡怡焉有家肥之乐"⑥。李氏(780~843)年轻守寡"鞠稚子,抚孤女",子于志衡任云梦县令,女儿嫁宿州长使李孟皋。丈夫有别出女二人,李氏"以保育之道,慈旨之恩,甚于己子",此二女也都年轻

---

① 《唐代墓志汇编》乾封 016《唐故处士张府君夫人梁氏墓志铭》,第 452 页。

② 《唐代墓志汇编》开元 030《故中散大夫并州盂县令崔府君夫人源氏墓志铭并序》,第 1173 页。

③ 《唐代墓志汇编》贞元 018《唐故游击将军行蜀州金堤府左果毅都尉张府君夫人吴兴姚氏墓志铭并序》,第 1850 页。

④ 《唐代墓志汇编》大中 124《唐故秘书郎兼河中府宝鼎县令赵郡李府君夫人荥阳郑氏墓志铭并序》,第 2348 页。

⑤ 《唐代墓志汇编》大中 080《唐故汴州雍丘县尉清河崔府君夫人范阳卢氏合祔墓志铭兼序》,第 2309 页。

⑥ 《唐代墓志汇编》咸通 015《唐故怀州录事参军清河崔府君后夫人范阳卢氏墓志铭并序》,第 2389 页。

守寡，李氏“多养膝下”①。

有些寡居的妇女不仅要抚养自己的子女，还要培育孙辈。郑氏（786～850）25岁结婚，37岁守寡，儿子又去世，她“悲不胜情”，三个孙子均年幼未立，靠郑氏“勤于抚训”，而至成人，郑氏死后就由孙子崔庆之、崔铁师迎奉主丧②。李氏（702～781）寡居“蓬首终年”，一子无嗣而亡，外孙检校虞部员外郎徐濯“粤自襁褓，遭罹悯凶，特蒙抚字，爰至成□”，特为外祖母李氏撰写志文③。

抚养年幼的子女成人是艰辛的，然而，中途遭遇子女的丧亡则更使寡居生活雪上加霜。会昌003号张氏（775～841）墓志记载她丈夫早逝，育有三男五女，“长始孺而少未孩也。……中无为支，外无为儒，牵携勤艰，经营穷寒，育之教之，殆十五年”，历尽艰辛，终于“女得好仇，男得贤交，有禄为养，有立为荣”。可是此后五女四亡，剩一女出家为尼④。泗州仓曹参军刘府君妻张氏，18岁结婚，38岁丈夫去世，儿女四人，“相次凋落”，唯余一子刘航，一孙刘有，且因为女儿的亡丧而生病“发一身而半身不收”，似乎是中风，医药无效而亡。失去亲人的打击使她信奉了佛教，认为“人之死生，岂殊蝉蜕”⑤。张柬之的母亲丘氏（613～691）49岁守寡后，“劳断织之训，深噬指之慈，刻心提耳，孜孜不倦”抚育诸子，673年，二子张景之、三子张庆之、五子张敬之分别于12月、10月、7月去世，连丧三子⑥，其受到的精神打击可以想见。

中国古代就有孟母三迁以教育子女的故事，后来又有岳飞的母亲教育孩子精忠报国的美谈。历史上寡母含辛茹苦抚育子女成人的故事，构成了一个具有悠久传统的历史叙事模式，塑造了一个个寡母教育儿子识大体、成大事的正面形象，并且成为家教的重要内容。隋代郑善果家就有这样一个例子：

---

① 《唐代墓志汇编》会昌023《唐故洪州武宁县令于君夫人陇西李氏墓铭并序》，第2227页。

② 《唐代墓志汇编》大中068《唐故荥阳县君郑夫人墓志铭并序》，第2301页。

③ 《唐代墓志汇编》建中007《大唐故明威将军高府君夫人顿丘李氏墓志》，第1825页。

④ 《唐代墓志汇编》会昌003《唐故太原府参军赠尚书工部员外郎苗府君夫人河内县太君玄堂志铭并序》，第2211页。

⑤ 《唐代墓志汇编》大中136《唐故泗州司仓参军彭城刘府君夫人吴郡张氏墓志铭并序》，第2357页。

⑥ 《唐代墓志汇编》天授039、040、041、042。

母崔氏甚贤明,晓正道。尝于阁中听善果决断,闻剖析合理,悦;若处事不允,则不与之言。善果伏床前,终日不敢食。母曰:“吾非怒汝,乃愧汝家耶。汝先君清恪,以身徇国,吾亦望汝及此。汝自童子承袭茅土,今至方伯,岂汝自能致之耶?安可不思此事。吾寡妇也,有慈无威,使汝不知教训,以负清忠之业。吾死之日,亦何面目见汝先君乎?”善果由是励己清廉,所莅咸有政绩。炀帝以其俭素,考为天下第一,赏物千段,黄金百两。入朝,拜左庶子,数进忠言,多所匡谏。迁工部尚书,正身奉法,甚著劳绩。①

郑母崔氏这一番话,表明她是为了亡夫来教育孩子的。太原樊冰,九岁丧父,“夫人示以家法”②。所谓用家法教导子女,也是寡妇代表丈夫来行使教导权力的意思。唐代寡妇对于子女的这种教养权表明,所谓“夫死从子”之类儒家教义,并没有实质的生活内容。相反,“孝”的内涵包含了对寡母的绝对遵从,比所谓“夫死从子”更具有实质意义。

守寡的妇女在丈夫死后,往往担负着侍奉公婆,抚养儿女,主持家务的重任,甚至作为一家之主,为生计而忙碌。李诞(660~688)曾任豪、鄂二州别驾,英年早逝,只活了29岁,儿子李睿“呱然始孩”,妻子王氏(665~724)年仅24岁,承担起一家的生活“亲率童仆,躬养幼孤,衣无锦绮,业唯蚕织,亦既岐嶷,教子义方”。寡居36年去世,儿子可能已经不在人世了,只有幼孙李昙“童缞不杖”,由女儿送葬至京师③。前文提到的卢氏(787~853)22岁嫁给崔枞,825年崔枞被任命为雍丘县尉,未及赴任而亡,卢氏“衔未亡之感,携挈幼稚,卜居于郑之别邑,攻苦食淡,以成家业,劝僮仆以艺植,训子弟以诗礼,劬劳俭克,仅三十载”④。王氏幼孤,为叔父所抚养,未能及时出嫁,后嫁于刘思友,结婚三十多年后丈夫去世,王氏“重治产而宝诲一子及妇与诸孙,愈肥其家,以炽乎族”。直至“子既仕,孙满眼,坐享禄利,方萃欢荣”,

① 《大唐新语》卷三《清廉第六》,第49页。

② 《唐代墓志汇编续集》贞元029《大唐赠兵部侍郎樊公墓志铭》,第753页。

③ 《唐代墓志汇编》开元206《大唐故敷城公豪鄂二州别驾赠徐州刺史李君墓志铭并序》,第1300页。

④ 《唐代墓志汇编》大中080《唐故汴州雍丘县尉清河崔府君夫人范阳卢氏合祔墓志铭兼序》,第2309页。

不久便患病而亡"肢体不能屈伸,颊舌莫得摇动"①。

本书第一章提到的崔众甫之妻李金(727~794),更是一个典型的例子。李金是陇西成纪人,莱州司马李绍宗之女,嫁于博陵安平崔氏家族中为崔众甫(698~762)为继室,当时其公婆崔浑、卢梵儿已分别于705和735去世,崔众甫以嫡孙嫡子袭安平郡公,李金即为这一大家庭的宗妇,主持家务与祭祀,"礿祠蒸尝,吉蠲为饎,斋明盛服,奉而荐之"。志文说她"事伯叔敬","抚甥侄慈","下逮支庶,弗略幼贱"。安史之乱爆发后,崔众甫任麟游县令,李金"提挈孤弱"远奔洪州,"中外相依,一百八口"。而在崔众甫病故后,她更是"家之百役,命先服劳"。至大历十三年(778),李金协助崔祐甫迁葬夫家数口亡人之墓于邙山平乐原。一生主家,备尝辛劳②。这种事情也发生在普通百姓之家。例如,大和七年(833),浙江东道向朝廷报告了一件事情:越州萧山县百姓李渭在父母去世后,与两位兄长同居,后来两兄也去世了,李渭"奉寡嫂孤侄二十余年,衣食无偏。庄田租税渭自主办,资财管钥,寡嫂掌之。孤侄妇孙共三十三人"③。这里虽然是表彰家庭的和睦,但是,也透露出寡嫂负责家庭财务和家政的消息。

寡居妇女回本家与父母兄弟同居以度过余生也是寡妇的一个选择④。同是博陵安平崔氏家族的崔严爱(717~759),即上文所提到的崔众甫的从父妹,16岁与丈夫冠氏县尉卢招(702~754)结婚,生有三女。丈夫去世后不久,安史之乱爆发,崔严爱"奉家避乱于江表",其父母早已亡故,于是随弟弟崔祐甫共同生活,祐甫当时为吉州司马,几年后,崔严爱"终于吉州官舍",且因为"时难未平",暂时葬于吉州县内,大历四年(769年),由崔祐甫将其迁葬于河南县平乐乡杜郭村之北原⑤。崔祐甫、崔严爱的祖父崔晊(一作皑,632~705)也有类似的情况。在其兄长沛王府公曹崔璇与姐夫主客郎杜续相继去世后,"奉嫂及姊,尽禄无匮",负担起寡嫂及寡秭的生活,"群甥呱

① 《唐代墓志汇编》乾符030《唐故文林郎试左武卫兵曹参军彭城刘府君夫人太原王氏墓志铭并序》,第2493页。

② 《唐代墓志汇编》贞元062《唐朝散大夫行著作佐郎袭安平县男□□崔公夫人陇西李氏墓志铭并序》,第1881页。

③ 《册府元龟》卷一四〇《帝王部·旌表四》,第1695页下。

④ 陈弱水《试探唐代妇女与本家的关系》认为:"寡妇常住本家普遍的程度,已使人得到了一个印象:这是唐代妇女寡居生活的一个基本形态。"《中研院历史语言研究所集刊》第68本第1分册,第215页。

⑤ 《唐代墓志汇编》大历015《唐魏州冠氏县尉卢公夫人崔氏墓记》,第1769页。

呱，开口待哺”①。

涪城县丞张承祚(646~706)之季女“初笄有行，所天又殒”，寡居后回本家侍奉父亲，志文称她“古之孝女，何以尚兹”②。开元208号墓志张氏(655~724)守寡36年，不能得知她是否回本家生活，但是“母弟一人，先已夭殁，厥子以考亲祖，举家合葬”，张氏亲自主持祭祀“躬临宅兆，亲奉蒸尝”③。

王修本妻子韦氏自幼失去父母，由季父抚养长大，丈夫去世后，本来是应该归于“父之族”的，因为“父之族无家可归”，所以“归于季父母弟之党”④。齐孝明(802~860)自幼丧母，姑母“怜而重之，视遇犹女”，常抚摸着她的头说：“笄无他从，必为我季妇”，临终又重申前言，齐氏的父亲“招孤甥而遵遗旨焉”，七年后，丈夫进士落第，当年的冬天就去世了，父亲“悯夫人少孀”，此后齐氏一直与父亲生活在一起，“每侍左右，未尝惨于色”。可能他们夫妻结婚后就长期居住在妻子家中，反正齐氏寡居后一直在本家，而且这将近四十年间，“教主女弟皆得成家”，在父亲丧亡后，抚养三个妹妹得以成家，显然是一家之主了⑤。李氏二十多岁才“归于杜氏”，夫亡后，“绝三从”，父亲、丈夫都去世了，可能没有儿子，只好“抚育孤女而依乎少弟”⑥。王氏14岁就守寡，80岁去世，寡居66年间“先后从于弟宗、弟亮”⑦。除了墓志中明确表明寡居妇女回本家与父母或兄弟共居的的情况，还有一些墓志显示的是寡妇依靠兄弟的赡养来生活，这也是妇女寡居生活的一种方式，兹不具述⑧。

上层妇女在守寡之后一般还有家业可以维持生计。因此，深居简出被认为是寡妇的美德。隋大理寺卿郑善果母才20岁就失去了丈夫，“性又节俭，非祭祀宾客之事，酒肉不妄陈其前，静室端居，未尝辄出门阁。内外姻戚

① 《唐代墓志汇编》大历062《大唐朝散大夫守汝州长史上柱国安平县开国男赠卫尉少卿崔公墓志》，第1802页。

② 《唐代墓志汇编》开元519《唐故绵州涪城县丞吴郡张府君墓志铭并序》，第1512页。

③ 《唐代墓志汇编》开元208《夫人张氏墓志铭并序》，第1301页。

④ 《唐代墓志汇编》大中143《唐故太原王府君夫人韦氏墓志铭并序》，第2363页。

⑤ 《唐代墓志汇编》大中164《唐故京兆韦府君夫人高阳齐氏墓志铭并序》，第2379页。

⑥ 《唐代墓志汇编》大历040《□□□□□□主簿杜府君之夫人陇西李氏墓志铭并序》，第1786页。

⑦ 《唐代墓志汇编》元和127《唐故潞府参军博陵崔公夫人琅耶王氏墓志铭并序》，第2039页。

⑧ 参见李润强《唐代依养外亲家族形态考察》，载张国刚主编《家庭史研究的新视野》。

有吉凶事，但厚加赠遗，皆不诣其门。非自手作及庄园赐禄所得，虽亲族礼遗，悉不许入门”①。韩觊之妻18岁开始守寡，“自孀居以后，唯时或归宁；至于亲族之家，绝不往来”②。至于穷困的士族之家孀居的寡妇，当然不屑于去从事一般的劳动事务③。于是，士大夫对于寡嫂和孀居的姑姑、姐妹予以生活上的关照，受到社会舆论的广泛肯定。如“裴尚书武，奉寡嫂，抚甥侄，为中表所称。尚书卒后，工部夫人崔氏，语其仁，辄流涕。工部名佶，有清德，武之长兄也。”④又如，河南新野庾倬，贞元初，为河南府兵曹。“有寡姊在家。时洛中物价翔贵，难致口腹，庾常于公堂辍己馔以饷其姊。始言所爱小男，以饷之。同官初甚鄙笑，后知之，咸嘉叹。”⑤墓志文献中有非常丰富的奉孀姊寡姑的事迹。这些反映出唐代出嫁妇女在孀居后往往得到娘家救助的事实。

在老夫少妻模式下，年轻女子在丈夫死后，守着一份或多或少的资产，抚育子女，仍然可以维持生计。虽然墓志中状极孤儿寡母生活之艰辛，但是，在士族或者衰落士族家庭，坚守贞节的物质基础依然是存在的。

四　寡居妇女与家族的关系

考察寡妇的物质生活状况需要结合其与本家（娘家）的关系进行分析。唐代出嫁妇女守寡后，或回本家寄养，或留在丈夫家里抚育子女。关于妇女回本家的情况论者已经多有介绍⑥，此处不赘述。这里只就寡妇留在夫家与家族的关系及其生活状况略加论述。

唐代均田制规定，寡妻妾也可以受田30亩，承户者且再加20亩。我们在敦煌文书中也确实发现寡妇受田的记载。当然，均田制的意义在于：第

① ［宋］司马光撰，王宗志注释《温公家范》卷三《父母》，天津，天津古籍出版社，1995年。

② 《温公家范》卷八《妻》上。

③ 《玄怪录》里的“张老”中，韦氏新妇与丈夫张老一起种菜，被韦氏本家人看不起，可以为旁证。

④ 《因话录》卷二《商部上》，第78页。

⑤ 《因话录》卷三《商部下》，第85页。

⑥ 陈弱水《试论唐代妇女与本家的关系》，《中研院历史语言研究所集刊》第68本第1分，1997年；李润强《唐代依养外亲家庭形态考察》，收入张国刚主编《家庭史研究的新视野》，北京，生活·读书·新知三联书店，2004年。又见本书第一章第三节相关内容。

一，将现有私人土地按照均田制的方案来划分；第二，在可能的情况下，政府将无主荒地重新分配给没有土地的官僚或者农家。由此看来，寡妻妾可以分配土地，无非是说，在寡妇当家或者在孤儿寡母的家庭里，也有权占有自己的耕地而已，均田数额可以看作国家对于寡妇之家土地占有状况所作估计的一个参考数据。

寡妇当家之户，在西域出土文书中并不罕见。即使是营田之户，也有官府持家者。以下列举若干文书材料并稍加分析，以见其时寡妇家庭的生活情态。

敦煌地区某妇女阿龙，在丈夫去世后与儿子索义成过活。索义成因犯过被官府罚往瓜州。因此家中 32 亩土地无法耕种。但是，土地需要缴纳各种杂税的。于是，阿龙将 10 亩地出卖。剩下 22 亩地交给义成之兄索怀义佃种。所谓佃种，实际上并不得地租，只是由佃种者缴纳官府的各种杂税："所着官司诸杂烽子、官柴草等小大税役，并总兄怀义应料，一任施功佃种。若收得麦粟，任自兄收颗粒，亦不论说。"但是，中间插了一个叔父索进君。这个索进君从小就"落贼，已经年载。"他从敌军中偷得马两匹。官府纳其中一匹，奖励给他粮食布匹之外，"又请得义成口分地贰拾贰亩，进君作户主名佃种。"为什么进君要请射到这块地呢，因为当他"从贼中投来，[本]分居父业，总被兄弟支分已尽，便射阿龙地水将去"。由于当时怀义"着防马群不在"，所以也就这么办了。后来怀义考虑到反正不是自家的土地就没有作声，而寡妇阿龙因为儿子犯格发配到瓜州，也不敢作声。过了一两秋，进君又回到了南山部落，于是侄儿索佛奴遂种植此地。到立案之时，"今经一十余年，更无别人论说"。此时义成已经在瓜州死亡，孙子幸通和寡母现在来论说这件事，也许与孙子幸通长大成人，有能力自己耕种土地有关。① 这条材料说明了一个寡妇和孙儿与叔侄之间的土地纠葛。从中可以看出寡妇持家，家无男丁的艰辛，这些本家兄弟子侄对于寡妇孤孙的困境，也缺乏救助之情。八世纪前期有一个梁氏寡妇，有一块葡萄园，"为男先安西镇，家无手

---

① P. 3257《后晋开运二年(945)十二月河西归义军左马步都押衙王文通勘寻寡妇阿龙还田陈状牒》，池田温《中国古代籍帐研究——概观·录文》录文 306，第 652~654 页；《敦煌社会经济文献真迹释录》第二辑，第 295~298 页。关于本文书的讨论，另见池田温《开运二年十二月河西节度都押衙王文通牒——十一世纪敦煌土地之争一例》，载《铃木俊先生古稀记念东洋史论丛》，日本，山川出版社，1975 年，第 1~18 页。

力，去春租与彼城人卜安宝佃”①。同样是类似的情况。

兄弟分家以后，在财产上原本应该是互相分得很清楚的。如果恃强凌弱，即使得逞，也被认为在法律上是不合法的，会引起诉讼和官司。敦煌文书 P. 2504《年代未详（公元十世纪）龙勒乡百姓曹富盈牒（稿）》②记载了这样一件事：

曹富盈从小失去父亲，与寡母相依为命。家庭财产只有八岁种马一匹，前日委托身为都押牙的叔父卖掉。该马被判定值绢两匹。两匹之中，一匹断麦粟 27 石，其中 12 石折成布两匹，又欠 7 石。另外一匹绢断牛一头。交割完价钱之后，都押牙叔父领去。昨日曹富盈与寡母去索取卖马的价钱，却被他骂了一顿。口出粗言，甚至要挥拳相对！

告发的内容：寡母是他亲房婶婶，怎么能无视尊卑长幼，辱骂贫穷？“不是浪索马价，实乃有其辜欠”。我们虽然是亲戚，但是，平日得不到半点好处。

按，文书中虽然以绢论价格，但是实际支付的时候则是麦粟、布匹和牲畜。其中麦粟似乎也是作为价值手段来计算的。比如一匹绢当 27 石麦粟，而其中的 12 石麦粟又用布两匹来支付。究竟是叔父欠 7 石麦粟未给呢，还是所有的马价都独吞了？文书不详。而叔父都押牙的辩词也不清楚。也许他会强调这匹马是他与亡兄共同的财产。也未可知。即使不是，曹富盈让当官的叔父去买马，或许是希望可以获得一个好价钱。文书还透露给我们，分家后当官的叔父，对于贫民寡嫂（婶婶疑为兄长的妻子）和侄儿（曹富盈）的生活不予接济，在当时的社会伦理中是被作负面评价的。

不能获得宗族接济和支持的下层妇女在丈夫去世后，如果不改嫁，其谋生的道路自是特别艰辛的。我们在文献中看到比较多的方式是从事服务行业。比如寡妇开饭店：“唐汴州西有板桥店，店娃三娘子者，不知何从来，寡居，年三十余，无男女，亦无亲属。有舍数间，以鬻餐为业，然而家甚富贵，多有驴畜。往来公私车乘，有不逮者，辄贱其估以济之，人皆谓之有道，故远近行旅多归之。”故事更记三娘子耕作之事：

---

① 《唐年次未详（8 世纪前期）西州寡妇梁氏辞付判》，池田温《中国古代籍帐研究——概观·录文》录文 167，第 376 页。

② P. 2504《年代未详（公元十世纪）龙勒乡百姓曹富盈牒（稿）》，《敦煌社会经济文献真迹释录》第二辑，第 313 页。

取一副耒耜，并一木牛，一木偶人……二物便行走，小人则牵牛驾耒耜，遂耕床前一席地，来去数出又于厢中取出一裹荞麦子，受于小人种之。须臾生，花发麦熟。令小人收割持践，可得七八升。又安置小磨子，碾成面讫。却收木人子于厢中。即取面作烧饼数枚。有顷鸡鸣，诸客欲发，三娘子先起点灯。置新作烧饼于食床上。与客点心。①

这里的故事虽然是虚构的，但是，却为我们真实地描述了一个寡妇开旅馆饭店谋生的实况。如果是有几亩地的寡妇，还要雇佣劳动力（“客”）和耕牛种麦。寡妇开旅店的事又见于《集仙录》：“梁母者，盱眙人也，寡居无子，舍逆旅于平原亭。客来投憩，咸若还家。客还钱多少，未尝有言。客住经月，亦无所厌。自家衣食之外，所得施诸贫寒。”但系事在宋元徽年间②。

假如穷困又没有子嗣的话，其生活十分凄惨。《太平广记》记载：“冯媪者，庐江里中啬夫之妇，穷寡无子，为乡民贱弃。元和四年，淮楚大歉，媪逐食於舒，途经牧犊墅，瞑值风雨，止于桑下。忽见路隅一室，灯烛荧荧。媪因诣求宿。”③这等于是过流浪生活。

五　寡妇的精神世界

不同年龄的妇女，其进入寡居生活的心态，是很不一样的，很难一概而论，尽管墓志中都极状寡妇的哀戚之容。有一点是可以肯定的，那就是守寡的妇女要从此“屏绝人事”，素面朝天，不御铅华，清心寡欲，苟度余生。

王氏（724～786）丧偶之后，形影相吊，“发罢香油，面绝铅粉，经佛在心，多哭为疾”④。郜氏守寡四十余年，“不御铅华，归依佛法”⑤。杜氏（742～829）不幸丈夫早亡，只有一个女儿，数十年间“粉黛花钿，见如瓦砾，唯亲经佛，导润志性”⑥。梁无量（698～754）丈夫先殁，“穗帷不间乎彰施，粉匣已

① 《太平广记》卷二八六《板桥三娘子》，第3279～3280页。
② 《太平广记》卷五九《梁母》，第367页。
③ 《太平广记》卷三四三《庐江冯媪》，第2718～2719页。
④ 《唐代墓志汇编》贞元007《唐故汝州鲁山县丞司马府君墓志铭并序》，第1842页。
⑤ 《唐代墓志汇编》久视004《大唐故承奉郎吴府君墓志之铭并序》，第968页。
⑥ 《唐代墓志汇编》大和023《唐郑府君故夫人京兆杜氏墓志铭并序》，第2113页。

沾乎尘网……心归大乘，悟其真性”①。王氏“居公之丧，弃膏捐粉，敬依佛道，斋戒为心”②。密恭县丞杨善师之妻丁氏(609～689)53岁“早丧所天”，“不食鱼肉，斥绝珍玩者卅余年”③。王氏(776～842)自丈夫蓟州刺史陆府君去世，四十余年，“以灰心蓬首之容，弃纨绮花钿之饰，断机训子，剪发奉宾”④。处士淳于才妻子陈恭(590～672)守寡24年，“蓬首孀闺，铅华不御，柏舟自勖，之死靡他”⑤。张柔范(658～726)13岁嫁给曾任杭州司户参军的赵越宝，丈夫死后，她蓬首誓心，“荤则不御，锦缋无施，四禅恒以在心，六念未尝离口”⑥。不管这些女性在实际的生活中是否能真正做到清心寡欲，不御铅华，但社会的期待就是如此。

墓志中关于再嫁的情况记载很少，或许是由于根本就没有记载。但是对于坚持守寡的描述却比比皆是，毫不吝惜笔墨。前面已经举了许多多年守寡坚贞不渝的例子，有那么多妇女数十年坚守空房，“丹石生平，孰能渝变；松竹志气，终自坚贞”⑦，从墓志的行文中，可以看出社会舆论基本上对此采取肯定和鼓励的态度。“苦节”、“贞节”、“清贞”、“皎洁”、“贞心”、“霜雪”、“秋霜”等等这些词的频繁使用，也体现了社会舆论对于寡居妇女的要求：清心寡欲，坚贞不渝，“目不觇于非礼，耳不受于谀言”⑧。如南和县令赵府君之妻梁氏(602～666)“恸濡孀袂，誓切河舟，惊坠羽于中霄，缄苦心于晚岁。抚兹孺慕，弘士则于慈范；恤彼厘闺，穆嫔风于柔训”⑨。冯氏(727～792)“孀居苦节，备礼从家，婉顺执心，三随妇道”⑩。刘氏(564～641)14岁结婚，“香名始著”，便成了寡妇，“守节孀居，强逾数纪。……亲戚讶乎清

---

① 《唐代墓志汇编》天宝262《唐故安定郡夫人梁氏墓志铭并序》，第1714页。

② 《唐代墓志汇编》贞元023《唐故朗州武陵县主簿桑公墓志铭并序》，第1853页。

③ 《唐代墓志汇编》天授011《唐故叠州密恭县丞杨公及夫人丁氏墓志文并序》，第800页。

④ 《唐代墓志汇编》大中141《唐故朝议大夫前行幽州大都督府录事参军幽州节度押衙使持节蓟州诸军事守蓟州刺史静塞军营田等使银青光禄大夫检校国子祭酒兼侍御史上柱国吴郡陆府君故夫人王氏墓志铭并序》，第2361页。

⑤ 《唐代墓志汇编》咸亨064《大唐处士淳于府君之夫人陈氏墓志铭并序》，第555页。

⑥ 《唐代墓志汇编》开元276《大唐故杭州司士参军赵府君故夫人张氏墓志铭并序》，第1347页。

⑦ 《唐代墓志汇编》久视004《大周故承奉郎吴府君墓志之铭并序》，第968页。

⑧ 《唐代墓志汇编》开元034《唐故蜀王府记室蔡府君妻张夫人墓志铭并序》，第1177页。

⑨ 《唐代墓志汇编》乾封023《大唐故邢州南和县令赵府君夫人梁氏墓志铭并序》，第457页。

⑩ 《唐代墓志汇编》贞元045《大唐故扶风郡夫人冯氏墓志铭并序》，第1868页。

贞,乡党嗟乎皎洁”①。侯氏(596~672)37 岁开始守寡,将近 40 年,“戚貌嚬容,践霜雪而弥悴;贞心固节,历岁寒而不渝”②。左金吾卫司戈梁令珣中年早逝,妻子员氏“爰青松而引操,横秋霜以比心。蓬首缠哀,柏舟兴誓”③。

丧偶之后,寡妇在“贞心固节”的同时,还要履行作为母亲的职责,完成抚养子女的任务,做到所谓“妇典母范”,这也是社会对她们的要求。前面已经列举了很多抚育子女的事例,以下再举几个例子。朱武姜(941~704)16 岁嫁给右金吾胄曹参军沈府君,丈夫去世后“履茕孀之艰,存鞠养之节,触教成训,抚事增规,妇典母范,形乎中外”④。李敬固(667~726)妻朱氏(680~738)生有四男五女,47 岁守寡,“抚诸子以永感,守志节而不渝”⑤。张妃(548~633)“丧俪兴悲。乃至辍食存仁,断机弘训,藐尔诸子,不坠风规”⑥。刘氏(594~654)44 岁守寡,“礼节承家,母仪成轨”⑦。

为了清心寡欲,求助于佛教是大多数寡妇的共同选择。佛教主张“苦”、“空”,妇女年纪轻轻,就空守闺房,承受着生活和精神上的双重压力,既要抚育儿女,侍奉公婆,操持家务,还得忍受漫长的孤寂,以期与社会舆论的要求相一致,给自己戴上无形的束缚,带来了痛苦。在这种情态下,佛教的虚空世界最容易俘获寡居妇女的心灵世界,成为其精神上的寄托。

前面所举的例子中,就有很多寡居的妇女在“不御铅华”的同时,也与佛教结下了不解之缘。关于妇女信佛,已经有多篇论文从不同角度做过具体论述⑧。从墓志反映的情况看,在唐代女性佛教信众中,寡妇占有相当的比重。寡妇的社会处境和心理状况都比其他妇女更容易导向信佛。根据对

① 《唐代墓志汇编》贞观 079《隋沧州饶安县令侯君妻刘夫人墓志铭并序》,第 59 页。

② 《唐代墓志汇编》咸亨 081《大唐故度支郎中彭君夫人安定乡君侯氏墓志铭并序》,第 569 页。

③ 《唐代墓志汇编》天宝 176《唐故昭武校尉右金吾卫司戈梁府君墓志铭并序》,第 1654 页。

④ 《唐代墓志汇编》神龙 024《唐故右金吾胄曹参军沈君夫人朱氏墓志铭并序》,第 1056 页。

⑤ 《唐代墓志汇编》开元 481《大唐故吏部常选陇西李府君吴兴朱夫人墓志铭并序》,第 1486 页。

⑥ 《唐代墓志汇编》贞观 045《静信乡君张夫人墓志铭》,第 37 页。

⑦ 《唐代墓志汇编》永徽 107《□□□□□□□□君墓志铭并□》,第 200 页。

⑧ 参见万军杰《从墓志看唐代女性佛道信仰的若干问题》,载武汉大学中国三至九世纪研究所编《魏晋南北朝隋唐史资料》第十九辑,武汉,武汉大学出版社,2002 年,第 109~121 页;严耀中《墓志祭文中的唐代妇女佛教信仰》,载邓小南主编《唐宋妇女与社会》,第 467~492 页;焦杰《从墓志看唐代妇女与佛教的关系》,《陕西师范大学学报(哲学社会科学版)》,2000 年 3 月,第 29 卷第 1 期。

《唐代墓志汇编》和《续编》所收墓志的统计，全部194例信仰佛教的妇女中，确定为寡妇的137例，不能确定的17例，确定为非寡妇的40例，是寡妇占妇女佛教徒的比例至少在70.6%以上①。如果把一些不能确定的实例也考虑进去②，则其比例更高。

陈智（631～669）的夫人张氏（633～711）在丈夫39岁去世后，“遂悟劳生，精求实相”③，迷上了释氏，由此得以打发整整42年的寡居时光。还有周绍业的妻子赵璧（627～702），“自丧所天，鞠育孤孺，屏绝人事，归依法门，受持金刚、波若、涅般、法华、维摩等西部尊经，昼夜读诵不辍”④。再如京兆尹于颀的大媳妇韦懿仁，在丈夫去世后，“槟落荣辱，栖息空门，耽味玄言，深入禅悦，孀嫠斋洁，一十五年”⑤。

有些寡妇对于佛教的信仰已经到了痴迷的程度。金堤府左果毅都尉张晕63岁时“暴卒于金堤府之任”，妻子姚氏（722～788）抚养六个子女，“孀居毁容，回心入道，舍之缯彩，弃以珍华，转法华经，欲终千部；寻诸佛意，颇悟微言。与先辈座主为门人，与后学讲流为道友，曾不退转，久而弥坚，斯善人也”。有一个女儿“久披缁服”，皈依佛门了⑥。王氏（655～724）40年“独守偏孤”，“驰诚净土，锐思弥陀，和雅之音，周游娱耳；功德之水，清冷涤心。苦行持斋，精勤戒道，施之非悋，取亦无贪，广运财成，弘敷妙乐”⑦。有的寡妇依止禅师。韦小孩18岁嫁给曾任汝州刺史的李府君，生有四子，丈夫死后，“低徊昼哭，服丧之后，禅悦为心，尝依止大照禅师，广通方便，爰拘有相，适

---

① 严耀中上举论文统计出《唐代墓志汇编》、《续编》所收妇女佛教信徒中，61岁以上年龄组，确定为寡妇的111例，不能确定者9例，确定非寡妇者7例，仅占该年龄组的5.51%；在41～60岁年龄组，寡妇21例，不能确定者5例，确定非寡妇者12例；在21～40岁年龄组，确定为寡妇的5例，不能确定的3例，确定非寡妇的18例；20岁以下年龄组的3例都不是寡妇。

② 有些妇女是否寡居，墓志记载并不清楚。比如《唐代墓志汇编》会昌050《唐故太原王氏夫人墓志铭并序》提到王氏（811～846）的父亲王林“家本幽蓟，别业浮阳”以及“投名军旅”的事。但是没有提到她是否结婚，是否有丈夫，是否有孩子等。只说她“终于浮阳城南守节坊之私室”，说她母亲陆氏和弟弟公廉都十分悲痛。“守节坊”的字样颇令人怀疑她是守寡回到了本家，李师敬撰写的墓志铭称其为夫人，但不指出夫家姓氏，所以也不排除被休而回到娘家的可能性。

③ 《唐代墓志汇编》景云026《唐故游骑将军隰州隰川府左果毅都尉陈君夫人张氏墓志铭并序》，第1135页。

④ 《唐代墓志汇编》开元252《唐故朝议郎周府君夫人南阳赵氏墓志铭并序》，第1330页。

⑤ 《唐代墓志汇编》元和018《唐故尚书屯田员外郎于府君夫人京兆韦氏墓志铭并序》，第1962页。

⑥ 《唐代墓志汇编》贞元018《唐故游击将军行蜀州金堤府左果毅都尉张府君夫人吴兴姚氏墓志铭并序》，第1850页。

⑦ 《唐代墓志汇编》开元198《大唐故右金吾卫翊卫宋府君夫人墓志并序》，第1295页。

为烦恼之津；暂证无生，因契涅槃之境”①。魏氏 12 岁结婚，22 岁守寡，34 岁父死，43 岁母亡，寡居 49 年“仰苍昊而罔极，嗟人生如梦幻”，于是归信释门，“斋戒不亏，卌余载。顷曾授指趣心地于圣善寺大晉禅师。先登有学之源，少证无言之果”。一个女儿出家为尼，可能也是受了母亲的影响②。

在家修行的寡妇大都拥有自己的法号，成为虔诚的优婆夷。严氏（677～741）“深悟因缘，将求解脱，顿味禅寂，克知泡幻。数年间能灭一切烦恼，故大照和尚摩顶受记，号真如海”③。

有的妇女归信佛教，可能与家门的政治变故有关。比如滑州的李氏（654～716）乃徐懋功之孙女，号鉢上座，字功德山，这些字号就反映了墓志主人的佛教信仰。李氏在前夫王勖死于堂兄徐敬业之事后，被迫嫁于屯留县令温炜，温炜死后，她跟随季弟生活，“常以慧定加行，贪慕真如，临终乃建说一乘，分别三教，谈不增不减，以寂灭为乐，意乐出家，遂帔缁服”，临死之时，归依佛门，并号鉢上座④。

寡妇抚育子女，虽生活艰辛，但尚有寄托。一旦儿女长大成人，就会感到若有所失，有的寡妇就在这个时候归依了佛教。崔绩在丈夫河南司录卢公去世后，“誓志无违，抚育不易慈仁”，待一子二女“尅己成家，树立余业”，则“修学大悲，一回解脱”⑤。乾元初，衢州司士参军李涛“终于位”，妻子独孤氏（724～776）“罢助祭之事，专以诗礼之学，训成诸孤，亲族是仰，比诸孟母”，晚年则“以禅诵自适，谓般若经空慧之筌，持而为师，视诸结缚，犹遗土也”⑥。

寡居妇女对佛教的信仰还表现在丧葬态度上，即放弃了儒家礼教的夫妻共茔，不愿与丈夫合葬。王尼子（628～691）临终之际，要求儿子“吾心依释教，情远俗尘，虽匪出家，恒希入道。汝为孝子，思吾理言。昔帝女贤妃，尚不从于苍野；王孙达士，犹靡隔于黄墟。归骸反真，合葬非古，与道而化，同穴何为？棺周于身，衣足以敛，不夺其志，死亦无忧。”儿子将其葬于“去夫

① 《唐代墓志汇编》天宝 166《大唐故汝州刺史李府君夫人邓国夫人韦氏墓志铭并序》，第 1647 页。

② 《唐代墓志汇编》贞元 106《唐故秦州上邽县令豆卢府君夫人墓志》，第 1914 页。

③ 《唐代墓志汇编》开元 533《大唐故李府君夫人严氏墓志铭并序》，第 1523 页。

④ 《唐代墓志汇编》开元 047《故潞州屯留县令温府君李夫人墓志铭并序》，第 1186 页。

⑤ 《唐代墓志汇编》元和 076《唐故河南府司录卢公夫人崔氏志铭》，第 2001 页。

⑥ 《唐代墓志汇编》大历 052《故衢州司士参军李君夫人河南独孤氏墓志铭并序》，第1793 页。

茔五十步”①。

李晋(653~725)在丈夫死后“崇信释典,深悟泡幻,常口诵金刚般若经”,遗言曰:“夫逝者圣贤不免,精气无所不之,安以形骸为累,不须祔葬,全吾平生戒行焉。时服充敛送终,唯须俭省。祠祭不得用肉。”后葬于“先茔之旁”②。还有明确要求安葬于龙门的。长孙氏(648~701)“宿植得本,深悟法门,舍离盖缠,超出爱网,以为合葬非古,何必同坟,乃遗令于洛州合宫县界龙门山寺侧为空以安神埏”。儿子虽然“从命则情所未忍,违教则心用荒然”,但还是“梯山凿道,架险穿空,构石崇其基,斮絮陈其隙,与天地而长固,等灵光而岿然”③。裴氏(667~725)“夭夭华岁,茕茕誓居,卅余年,志不我忒”,不愿与丈夫合葬,“以其受戒律也”,遂葬于河南龙门山菩提寺之后岗④。柳氏(643~718)“悟法不常,晓身方幼,苟灵而有识,则万里非艰;且幽而靡觉,则一丘为阻。何必顺同穴之信,从皎日之言。心无攸往,是非两失,斯则大道,何诗礼之□束乎?乃遗命凿龛龙门而葬,从释教也”⑤。显然,释教的信仰虔诚已经动摇了或者说淡漠了这些寡妇们的儒家伦理观念。

火葬也是这些寡居妇女的一种选择。苏氏(766~844)守寡30多年,爱子早亡,家嗣不立,临终“遗命不令祔葬”,认为“吾奉清净教,欲断诸业障。吾殁之后,必烬吾身”。然而众甥侄“何心忍视,不从乱命”,没有按她的意愿去做⑥。

寡居妇女也有信奉道教的,只是事例较信佛者少而已。如《因话录》载:“刑部郎中元沛妻刘氏,全白之妹,贤而有文学。著《女仪》一篇,亦曰《直训》。夫人既寡居,奉玄元之教,受道箓于吴筠先生,精苦寿考。长子固,早有名,官历省郎、刺史、国子司业。次子察,进士及第,累佐使府,后高卧庐山。察之长子潾,好道不仕;次子充,进士及第,亦尚灵玄矣。”⑦可见,在这

① 《唐代墓志汇编》长寿011《唐故邢州任县主簿王君夫人宋氏之墓志铭并序》,第839页。

② 《唐代墓志汇编》开元221(阙题),第1309页。

③ 《唐代墓志汇编》长安054《大周故润州刺史王美畅夫人故长孙氏墓志》,第1029页。

④ 《唐代墓志汇编》开元227《唐故尚舍直长薛府君夫人裴氏墓志铭并序》,第1313页。

⑤ 《唐代墓志汇编》开元073《唐故荥州长史薛府君夫人河东郡君柳墓志铭并序》,第1204页。

⑥ 《唐代墓志汇编》会昌033《唐故常州武进县尉王府君夫人武功苏氏墓志铭并序》,第2234页。

⑦ 《因话录》卷三《商部下》,第91页。

位寡母的影响下,几个儿子都崇奉道教。所以,唐代道教和佛教信仰在民间的普及,妇女包括守寡的妇女在家庭中的重要示范效应不可不察。

六　寡妇改嫁与再婚

许多论者认为唐代妇女不把再嫁当作很严重的事情,唐代的法令也并不反对妇女离婚改嫁或丧偶再嫁。从以上的材料中,我们可以看出,这种观点可能稍嫌笼统。唐代寡妇守贞是社会舆论所代表的主流价值观念。

那么,什么情况下,寡妇在丧偶或离异之后会选择改嫁呢?孩子年幼、本人年轻,是寡居妇女选择再嫁的一个主要原因①。

郭氏(679~751)16岁嫁给常山阎某,生有一子,丈夫中年早逝,志文称"叔父夺志",迫其改嫁,郭氏"念育前孤",考虑到孩子年幼,所以"允釐令馈",然而后夫又亡,郭氏"保持名节,终始经礼"②。同样的还有晋氏,"早丧所天,少养孤幼,舅夺其志,再改孙门"③。刘夫人(785~844)的情况与此相似,丈夫张闰先逝,生一子张勍,"未几,府君先世,孤且提孩,家复食贫,天穷之痛,于斯为甚"。"无何,父兄悯其稚,遂夺厥志,再行乐安孙公讳伯达,有子曰毅"。然而再次守寡。会昌元年(841)前夫子张勍举学究一经科及第,张勍到洛阳来看望母亲,"惧孙孤不能慰安于晨昏,乃拜迎以归,□其就养"。我们可以推测,刘氏再嫁时,张勍未必就随着出嫁到孙伯达家。张勍成人立家之后,还是迎母亲就养④。台州司马许子安的女儿许氏(670~729),"闻诗习礼"。她"昔在笄岁,以腆义合于关氏。无何,关侯早逝"。"后适越国钟绍京"。许氏再嫁钟绍京应该在她30岁以前,也就是武则天时期,当时钟只是司农寺的录事,后来在睿宗朝因为诛韦氏的功劳当了中书令⑤。许氏

① 特别是有子女的离婚或者守寡的妇女,往往为了年幼子女的抚养等原因而再婚。禄山之乱中就有妇女说:"我缘饥馁,携小儿女嫁此车后人。"事见《太平广记》卷三三五《李叔霁》,第2662页。

② 《唐代墓志汇编》天宝183《唐故中郎将献陵使张府君夫人太原郭氏临淄县君墓志铭并序》,第1659页。

③ 《唐代墓志汇编》长安037《唐故处士张君墓志铭》,第1017页。

④ 《唐代墓志汇编》会昌035《唐故彭城刘夫人墓志铭并序》,第2236页。

⑤ 《旧唐书》卷九七《钟绍京传》,第3042页。

60岁于开元十七年(729)去世,其丧事似乎是她与前夫关某生的儿子关瑗料理的①。

还有一位杨氏,据说是武则天外婆家的人。她本来是江王之子澧州刺史的夫人,"属唐祚中缺,宗族迁播,公谪南陬,敕降西掖,爰及外氏,命离夫人"。据说杨氏本来要"从义守节",但是"父恭荷造,旋乃迫离。胁夺志怀,改醮胡氏"。"君父之命,难以固违"。杨氏实际上在两次婚姻中都留下了孩子,所以她死后,"二氏各男,绝浆泣血,卜远申议,别建封茔,拜飨之仪,具得其礼"②。看来,杨氏的葬礼,两位不同姓的儿子还有一番商议,杨氏"别建封茔",没有与任何一位丈夫合葬在一起。

以上几位孀居之妇女再嫁的原因大多相同,即丈夫早逝,孩子年幼,本人年纪尚轻,父兄夺其志。字面上都说再嫁非其本意,都是由叔父、父兄、舅氏等长辈所强迫的。这虽然有为当事人开脱之责,但是也不排除父兄包办寡居女儿或妹妹的再婚之事。事实表明,再婚妇女与前夫所生的孩子并没有完全脱离关系,晚年仍然获得孩子们的照料。这大约也是符合礼制规定的缘故。

寡妇再嫁当然也有生理和精神上的原因,比如无法忍受孤独。如某孟媪者,年二十六,嫁于军人张祭为妻。祭为人多力,善骑射。守寡一十五年。晚年"忽思茕独,遂嫁此店潘老为妇",竟然生了两个儿子③。有些寡妇对于再度结婚是很主动的。如前浚仪县令鳏居的焦封在蜀中遇到一位守寡的青年女子,自称是都督府孙长史之女,王茂之妻。二人萍水相逢,彼此以言语诗歌相挑逗,很快就上床,并且如胶似漆。"妾今寡居。幸见托于君子,无以妾自媒为过。当念卓王孙家文君慕相如,曾若此也。"④寡妇表现得十分主动。《游仙窟》中的女主人翁也是一位寡妇。类似的男女初识就发生性爱的故事,唐人小说中并不少,说明那个时代年轻的鳏夫寡女,在两性关系上是很随便的。

一般农村寡妇再嫁,只能与一些个人条件不太好的男子结合。据李翺

① 《唐代墓志汇编》开元306《银青光禄大夫行太子右谕德钟绍京妻唐故越国夫人许氏墓志铭并序》,第1368页。

② 《唐代墓志汇编》开元327《大唐故江王息故澧州刺史广平公夫人杨氏墓志》,第1383页。

③ 《太平广记》卷三六七《孟妪》,第2924页。

④ 《太平广记》卷四四六《焦封》,第3649~3650页。

《何首乌录》记载，有一个天生有生理缺陷的58岁老光棍田儿，因为某种药物的力量，“忽思人道，累旬力轻健，欲不制，遂娶寡妇曾氏”①。这里的小说家随便说了一句，想过夫妻生活的光棍老头，比较容易实现自己的愿望的就是找一位寡妇，就反映了一般寡妇再婚选择余地已经很小的现实。

孀居的年轻妇女不免受到性爱方面的骚扰或者苦闷。“秦赵间有相思草，状若石竹，而节节相续。一名断肠草，又名愁妇草，亦名孀草，又呼为寡妇莎。盖相思之流也”②。鳏夫寡妇竟然有与美人鱼之类的动物交媾的事情③。有的则幻化为美丽的民间传说：

> 常州义兴县有鳏夫吴堪，少孤无兄弟，为县吏，性恭顺。其家临荆溪，常于门前，以物遮护溪水，不曾秽污。每县归，则临水看玩，敬而爱之。积数年，忽于水滨得一白螺，遂拾归以水养。自县归，见家中饮食已备，乃食之，如是十余日。然堪为邻母哀其寡独，故为之执爨，乃卑谢邻母。母曰：何必辞，君近得佳丽修事，何谢老身。堪曰：无。因问其母。母曰：子每入县后，便见一女子，可十七八，容颜端丽，衣服轻艳，具馔讫，即却入房。堪意疑白螺所为，乃密言于母曰：堪明日当称入县，请于母家自隙窥之，可乎？母曰：可。明旦诈出，乃见女自堪房出，入橱理爨。堪自门入，其女遂归房不得，堪拜之。女曰：天知君敬护泉源，力勤小职。哀君鳏独，敕余以奉媲，幸君垂悉，无致疑阻。④

从此成为和美的夫妻。这个故事后来在民间广为流传，成为鳏夫们乐于传说的佳话，以安慰那些无力娶妻的单身男子望梅止渴之心。

《太平广记》记载的一则寡妇与人通奸的事例，导致了严重的后果。故事说李杰为河南尹的时候，有一个寡妇告其子不孝，其子并不辩白，但云“得

---

① 李翱《何首乌录》，《李文公集》卷一八，四部丛刊初编集部，上海，商务印书馆，第81页；又见《全唐文》卷六三八，第6443~6444页。

② 《太平广记》卷四〇八《相思草》，第3302~3303页。

③ 《太平广记》卷四六四《海人鱼》记云：“海人鱼，东海有之，大者长五六尺，状如人，眉目、口鼻、手爪、头皆为美丽女子，无不具足。皮肉白如玉，无鳞，有细毛，五色轻软，长一二寸。发如马尾，长五六尺。阴形与丈夫女子无异，临海鳏寡多取得，养之于池沼。交合之际，与人无异，亦不伤人。”（第3819页）此虽为无稽之谈，也说明了鳏夫寡妇的性饥渴情况。

④ 《太平广记》卷八三《吴堪》，第538页。

罪于母,死所甘分。”李杰觉得事情有些蹊跷。谓寡妇曰:

> “汝寡居,唯有一子,今告之,罪至死,得无悔乎?”寡妇曰:“子无赖,不顺母,宁复惜乎?”杰曰:“审如此,可买棺木,来取儿尸。”因使人觇其后。寡妇既出,谓一道士曰:“事了矣。”俄持棺至,杰尚冀有悔,再三喻之,寡妇执意如初。道士立于门外,密令擒之。一讯承伏,与寡妇私通,常为儿所制,故欲除之。杰放其子,杖杀道士及寡妇,便同棺盛之。①

这件事情可以注意的有两点。首先,寡妇与道士通奸,遭到儿子的反对。儿子反对的理由不清楚,除了贞节观念的原因外,恐怕与男方乃一道士有极大关系。因为这种性爱关系是不被社会认可的。但是,若事情止于此,大概不会引起官府的注意。问题是寡妇很绝情,宁愿置儿子以死地,也不愿意被人搅了其好事。乃诬告儿子不孝。事败后竟然被李杰杖杀。从《唐律疏议》中是找不到普通通奸罪会导致判死刑的根据的。

七 后论:一个长时段的历史分析

唐朝的守寡妇女,从唐初、中唐至唐末都不乏其人,而且出自不同的年龄段,出身也很多样化,并非都是士族,还包括一般姓氏的庶族人家。由此可见,虽然论者都说,唐代从皇室到民间都不以妇女再嫁为耻辱,寡妇改嫁在唐代基本没有法律障碍,公主再醮也是常见之事,更为民家妇女的再婚作出了示范②。但是,相比较而言,公主寡居不改嫁的毕竟比改嫁的要多。民间守寡之人,也不在少数。这种情况表明,从汉代以来儒家伦理观念逐渐扩展的趋势在唐代并没有改变,仍然在这个道路上向前发展,不存在唐代妇女比其前代更开放的假象。

---

① 《太平广记》卷一七一《李杰》,第1255页;又见[唐]刘肃撰,许德楠、李鼎霞点校《大唐新语》卷四《政能第八》,北京,中华书局,1984年,第68页。

② 参见王寿南《唐代公主之婚姻》,《第一届中国历史与社会变迁(中国社会史)研讨会》上,台北,1985年,第154~176页。

唐代妇女守寡与否，与其所处之社会阶层有很大的关系，我们所看到的墓志，大多数是上层人士或者有一定经济地位的人家，士族在其中占有相当多数。而唐代士族之家的寡女再醮被认为是个别事例。如裴璩任岭南节度使的时候，为自己所钟爱的女儿选荥阳郑进士为佳婿。婚礼不久，郑郎就随上计官吏进京寻功名，不幸病亡。裴璩“念女及婿，不胜悲痛”，可是女儿却嘻笑之，“盖夫妇之爱未深，不解思虑，非有他故也”。即结婚时间短暂，年轻女孩还不太懂得夫妻之情，所以，对于丈夫的去世无动于衷。《北梦琐言》的作者于此评论说：“大凡士族女郎无改醮之礼，五教（指裴璩）念女早寡，不能忘情，乃召门生故吏而告之，因别适人。乱伦再醮，自河东始也。”①至少从作者的观念出发，士族的家庭，是不主张寡妇再嫁的。因此，我们看到唐代士族之家的寡女是坚守贞节的，礼法名教体现了士族家庭的传统和价值。

由于士族之家的推动，士族的礼法门风所代表的儒家伦理价值在逐渐滋长，其重要表现之一就是礼法名教为本来不守礼法的皇族家庭所提倡和践行。

从唐太宗到唐玄宗，皇室之家不讲礼法之事所在多有。但是，德宗以后，已经发生变化。德宗认为妇女寡居后，如果穿着鲜艳乃是不安本分的表现，寡妇素雅不修饰才是为合于礼的举止：“德宗初嗣位，深尚礼法。谅阍中，召韩王食马齿羹，不设盐酪。皇姨有寡居者，时节入宫，妆饰稍过，上见之极不悦。异日如礼，乃加敬焉。”②宪宗以后似乎没有出现公主改嫁的事例。宣宗大中年间规定已经生育了儿女的公主不得提出再嫁要求，实际上是无的放矢。但是，它却表明了两点，第一，即使是皇家也不一般地反对妇女再嫁。第二，对于妇女再嫁的限制已经逐渐占了上风。因此，从总的情况看来，寡妇再嫁虽然在唐代是很普遍的事情，但是，社会的主导舆论还是尊行礼制的精神，鼓吹贞节观念③。

房玄龄的夫人卢氏就是誓死不事二夫的烈女。玄龄未发迹的时候重病

---

① 《北梦琐言》卷五，《唐五代笔记小说大观》第1845页。

② ［唐］赵璘《因话录》卷一《宫部》，上海，上海古籍出版社，1979年，第70~71页。

③ 自古即有贞烈女子，如［唐］李冗撰，张永钦、侯志明点校《独异志》卷下《荀爽女坚贞》记载：“晋荀爽女适阴瑜，周岁，瑜卒。爽以女才高气逸，愍其少寡，欲夺志再嫁郭奕，遣所亲人问之。女私挟刃至，爽夺之。其后广集亲族，设大宴，方合，令奕突出见之。女令四角备烛，与奕相见。奕但危坐。即令备浴，女遣二侍者出家以取他物，乃刺臂血书扇曰：‘以尸还阴氏。’自缢而死。”北京，中华书局，1983年，第74页。

且死，劝妻子说："吾病革，君年少，不可寡居，善事后人"①。卢氏竟然剔去一目以表示决不再嫁之志。即使是唐太宗出于增殖人口的考虑，鼓励寡居的年轻妇女再嫁，但也不允许强迫守节的女子嫁人②。这一精神被写进了高宗时期完成的《唐律疏议》中。

唐玄宗是一位把自己的儿媳妇杨玉环夺为己爱的皇帝，但是，并不妨碍他"诏所在功臣、烈士、贞女、孝妇，令立祠祀之"。各地方都明白其中的道理："天子立前代之功臣、烈士、贞女、孝妇之祠者，示劝戒，欲后人仿效之。"③既然这些道德楷模只是官府敦风励俗的宣传，它反映的就是一种正统的意识形态，而不是现实社会的普遍情况。然而它毕竟是社会主流意识形态，守寡的道德价值毕竟受到提倡。丧偶然后再娶对于男人来说，并没有道德上的欠缺，相反不娶才是欠缺。而丧偶对于妇女来说，往往意味着漫长的寡居生活。

从唐代寡居妇女的生活世界中，我们发现，儒家礼法文化仍在进一步地向下渗透。

儒家经典从汉武帝时代定于一尊，成为官方的意识形态，社会上占统治地位的思想就是儒家的伦理名教，但是，它成为广大民众的自觉行动还需要历史的积淀——长期的教化过程。儒家经典《仪礼》在论及妇德之时，确实提到"三从"的内容：在家从父，出嫁从夫，夫死从子。但是，这并不能完全判定为鼓吹"从一而终"。

在狩猎和农耕经济为主的社会里，男性在家庭生活中占主导地位，是由生产力水平决定的。所谓"三从"最初可能只是反映了妇女在家庭生产关系中，处于从属地位，它甚至可能只是关于女性对男性某种心理性依赖的描述。在两性关系上，男性的保护意识和女性的依靠心理都是人类长期进化过程中形成的，与男尊女卑没有必然联系。女性幼年时期，对父亲的依赖和关爱；成家之后对丈夫的依赖和关爱；儿子长成之后，对家庭主要劳动力的长子的依赖和关爱，都可以是"三从"思想的原始形态。但是，这种心理差异却被儒家社会化和政治化，成为男性压迫女性的一种意识形态和思想工具。

---

① 《新唐书》卷二〇五《列女传·房玄龄妻卢传》，第5817页。

② 《通典》卷五九《男女婚嫁年几议》：贞观元年（627）二月诏，"妻丧达制之后，孀居服纪已除，并须申以婚媾，令其好合。若守志贞洁，并任其情。"第1676页。

③ 《太平广记》卷三〇一《张安》，第2389~2390页。

一旦“三从”思想被确立为儒家意识形态，它就会从不同的角度被社会成员所解读。许多善良的女性也可以从性别心理层面不自觉地赋予其社会合理性，从而与“从一而终”的守贞观念相结合。但是，这种观念变成中国传统社会一种特有的社会政治伦理秩序则有一个漫长的发展过程。

假如我们仅仅依据官方记载来观察，则看不出包括“三从”观念在内的儒家伦理的社会化历程。我们很容易觉得，此乃自古而然的道理，其实不然。儒家经典《诗经》中的“窈窕淑女，君子好逑”反映了上古淳朴的民风；汉武帝时代，史家司马迁《史记》笔下卓文君与司马相如的私奔，依然是很浪漫的故事，朱买臣被妻子所抛弃，所讽刺的只是妻子有眼无珠，却不妨碍妇女“休”夫之合法；后来刘向的《列女传》虽然编排了很多无辜的女子，却并非全然男尊女卑的儒家立场。东汉以降，随着经学的扩张，士族队伍的扩大，儒家伦理逐渐扩充其社会地盘，班固《汉书》的儒学化倾向已经很明显了，班固之女弟班昭的《女诫》就反映出东汉的时代精神已经被儒家思想所笼罩①。不过，即使到了魏晋南北朝，儒家伦理依然属于士族家法门风的范畴，汉代离婚与改嫁自由的事实在民间并没有改变。

由以上叙述看来，唐代妇女离婚与改嫁问题，并不是什么特别现象，乃是承接历史的发展而来。只有在这个纵向发展的历史背景下，才能正确认识唐代寡居妇女的历史真相。

---

①　《后汉书》卷八四《列女传》引班昭《女诫》云：“礼，夫有再娶之义，妇无二适之文。故曰，夫者，天也。天固不可逃，夫固不可离也。”第2790页。

第九章　唐代男女婚嫁年龄考略

家庭是婚姻的结果，所谓夫妇为人伦之始就是这个意思。因此，研究家庭史，不能不谈婚姻制度。关于唐代的婚姻制度，迄今已经有许多论著作了探讨。① 其中的重点是婚姻的礼俗和仪式等方面。迄今关于唐代婚姻制度的研究论著不少，但是，关于唐代婚姻年龄的实证性考察却很少。一般的著作仅仅根据官方偶尔留下的一些零星记载考察古人的结婚年龄，也有一些学者试图作统计分析，但是在样本的选取上常有捉襟见肘之虞。② 因为统计分析中，采集一定数量（即具有足够的样本）和质量（即数据准确）的样本至关重要。③

本文扩大了资料的搜集范围，从5000余方墓志中整理出部分准确可靠的样本资料，在前人研究成果的基础上，对唐代妇女的初婚年龄兼及男子的结婚年龄进行新的探讨，以期推进我们对这个问题的认识。

---

① 主要论著有董家遵《中国古代婚姻史研究》，广州，广东人民出版社，1995年；赵守俨《唐代婚姻礼俗考》，载《赵守俨文存》，北京，中华书局，1998年；高世瑜《唐代妇女》，西安，三秦出版社，1988年；牛志平《唐代婚丧》，西安，陕西师范大学出版社，1996年；李树桐《唐人的婚姻》，载氏著《唐史索隐》，台北，商务印书馆，1988年（又名《唐代妇女的婚姻》，收入李又宁、张玉法编《中国妇女史论文集》第二辑，台北，商务印书馆，1988年）；向淑云《唐代婚姻法与婚姻实态》，台北，商务印书馆，1991年；段塔丽《唐代妇女的地位》，北京，人民出版社，2001年；姚平《唐代妇女的生命历程》，上海，上海古籍出版社，2004年；陈弱水《唐代的妇女文化与家庭生活》，台北，允晨文化，2007年。

② 如向淑云《唐代婚姻法与婚姻实态》，采取了71个样本，从地域、时间分布上对妇女结婚年龄作了相当细致的分析。作者以7个道的结婚年龄记载，试图作地域方面的比较说明，即使是河南道、河东道作为有确切结婚年龄记载最多的两个道，也仅有8个样本。由于样本的缺少，很难说得出的结论具有代表性。该书还采用了李树桐的研究成果，用18个样本（13个皇帝及5个知名人物）对男子结婚年龄作了初步探讨。因所选人物都是社会上等阶层，数据也略嫌单薄，其结论还是难以有说服力。

③ 李斌城先生主编的《隋唐五代社会生活史》（北京，中国社会科学出版社，1998年）第249页列有一个唐代妇女结婚年龄统计表，计有结婚年龄记载的数据158条，仅记载笄年结婚的数据146条，云出自《唐代墓志汇编》。但为著述体例所限，未展开分析和考证。

一　文献中所见唐代婚姻年龄

男婚女嫁是人生的大事,古代婚嫁在理论上要依据儒家的礼法,故《周礼·地官·媒氏》中提倡的“令男三十而娶,女二十而嫁”①,历来是儒者讨论婚嫁年龄的基础。但是这个结婚年龄显然偏高,不符合古代历史的实际。即使是在近代,男子30岁、女子20岁结婚也算比较晚。因而自古即有人对这个规定持怀疑态度。《孔子家语》记载鲁哀公问孔子曰:“男子十六精通,女子十四而化,是则可以生民矣。闻《礼》,男子三十而有室,女二十而有夫,岂不晚哉?”孔子解释说:“夫礼言其极,亦不是过。男子二十而冠,有为人父之端;女子十五许嫁,有适人之道。于此以往,则自昏矣。”②可见男30岁、女20岁只是婚嫁的年龄极限,过此当被认为是大龄结婚了。

理解这个问题,其实还要注意一个历史背景。这就是,古人结婚是一个家族很重要的政治行为,各方面条件的要求比较苛刻,难免大龄未婚。故而对于官宦之家,并不妨碍其婚姻之前就已纳妾,乃至生子。至于民间,如果男子30岁、女子20岁还没有结婚的话,三国时期的经学家王肃主张“不待礼而行之,所奔者不禁”,“丈夫二十不敢不有室,女子十五不敢不有家”。《春秋外传》则说,复仇心切的勾践,为了增殖人口,规定男子20岁、女子17岁必须结婚,有人据此认为“男不二十娶,女不十七嫁”③是古已有之的礼制。

汉唐两代开国之初,为了迅速增加劳动人手,都有鼓励早婚、鼓励寡妇鳏夫结婚的政策。汉朝初年甚至规定女子逾期不婚需要缴纳“晚婚税”:“女子年十五以上至三十不嫁,五算”④。汉代的人口税(15~56岁征收)仅为一算,而女子不出嫁居然达到五算!东汉章帝元和二年(公元85)为奖励人口增殖,规定免收产子之家三年算赋,怀孕女子之夫一年算赋!因此,汉

---

① [汉]郑玄注,[唐]贾公彦疏《周礼注疏》卷一四,[清]阮元校刻《十三经注疏》,北京,中华书局,1980年,第95页上。

② 《周礼注疏》卷一四,第95页上。

③ 《周礼注疏》卷一四,第95页上~中。

④ 《汉书》卷二《惠帝纪》,第91页。

代结婚年龄普遍比较早，男子初婚大概14~20岁，女子出嫁大概为13~16岁。① 也有人根据《华阳国志》几位魏晋以前人士的统计，认为汉代末年女子的结婚年龄平均为17岁，男子则在20岁以上。② 北周武帝规定“自今已后，男年十五，女年十三已上……以时嫁娶”③。据推算，这个时期男女的婚嫁年龄当在男子十五六岁，女子十三四岁左右。唐太宗李世民与长孙氏结婚时年仅16岁，长孙氏更只有13岁，早婚倾向明显。

李树桐最早根据史料对唐朝女子的结婚年龄进行了统计，认为最早11岁，最迟24岁，多数则为15或16岁。④ 杜佑《通典》卷五九“嘉礼”所载贞观元年(627)二月诏规定：“其庶人男女无室家者，并仰州县官人以礼聘娶，皆任其同类相求，不得抑取。男年二十、女年十五以上，及妻丧达制之后，孀居服纪已除，并须申以婚媾，令其好合。”⑤根据这项规定，男年20岁、女年15岁必须结婚，否则政府将采取强硬措施！唐玄宗开元二十二年(734)二月，政府要求“男年十五，女年十三以上，听婚嫁”⑥。文意推寻，男子年15岁、女子年13岁就可以结婚，即达到了最低合法结婚年龄，并非意味着到了这个年龄必须结婚。唐朝人的生理知识仍然重复老祖宗的遗训，认为“女子十四有为人母之道，四十九绝生育之理；男子十六有为人父之道，六十四绝阳化之理”⑦。但是，结婚不止是自然男女的生理现象，还与家庭的经济状况有关。白居易诗中写道：“近代多离乱，婚姻多过期，嫁娶既不早，生育常过时。”⑧武则天当皇后时，萧淑妃为高宗生的两个女儿，年过三十尚未嫁，则是由于政治迫害所致了。

此外还有寡妇的再婚、丧妻的鳏夫再婚问题。从上引唐太宗贞观二年的诏书看，夫亡或丧妻之后，只要符合礼制的规定(妻丧达制、孀居服除)，就

---

① 彭卫、杨振红《中国风俗通史·秦汉卷》，上海，上海文艺出版社，2002年，第307页。参见彭卫《汉代婚姻形态》第三章，西安，三秦出版社，1988年。

② 朱大渭等《魏晋南北朝社会生活史》，北京，中国社会科学出版社，1998年，第243页。

③ [唐]令狐德棻等《周书》卷五《武帝纪》，北京，中华书局，1971年，第83页。

④ 李树桐《唐代妇女的婚姻》，收入李又宁、张玉法编《中国妇女史论文集》第二辑，台北，商务印书馆，1988年，第74页。

⑤ 《通典》卷五九《嘉礼四·男女婚嫁年几议》，第1676页；参见《唐会要》卷八九《嫁娶》，第1809页。

⑥ 《唐会要》卷八三《嫁娶》，第1811页。

⑦ 《新唐书》卷一四七《李叔明传》，第4758页；参见《通典》卷五九《嘉礼·男女婚嫁年几议》，第1675~1676页。

⑧ 《白居易集笺校》卷二《赠友五首并序》，第99页。

要政府安排婚媾。政府到底会出台什么硬性政策，似乎也不见具体记载。人口增殖是地方政府的主要政绩之一，因而鼓励及时婚嫁一直是唐朝贯彻始终的政策。

二　墓志中所见唐代女性结婚年龄

唐代墓志是研究人口和婚姻问题的重要资料。墓志的基本资料是志主及其配偶的生卒年龄、婚嫁年龄、生平事迹；其中生平事迹或许难免溢美之词，但婚嫁年龄则应该是可靠的。传世墓志数量较多，比一般史传文献丰富而具体，仅就《唐代墓志汇编》和《唐代墓志汇编续集》辑录的数千墓志而论，已经大大超越两《唐书》等史传资料的信息。①

在《唐代墓志汇编》辑录的3600余件墓志中，经过我们逐一梳理，找出了有结婚年龄记载的样本总数为375例，模糊记载181例。这181例包括：初笄51人，成笄1人，初笄之始1人，殆将笄岁1人，殆越笄年1人，逮乎初笄1人，逮笄1人，登笄3人，二十余岁1人，方及笄年1人，副笄1人，笄5人，笄初2人，笄冠1人，笄卄之岁1人，笄年(岁)39人，笄年初始1人，笄缨之岁1人，笄(作动词，意为出嫁)1人，笄总2人，及笄7人，及笄之齿1人，及未笄1人，既笄8人，既笄之后3人，既及笄3人，近笄之齿(疑"齿"为"岁"之误)1人，年逮初笄1人，年登笄栉1人，始及笄人，始昇笄1人，弱笄1人，弱笄纵冠1人，脱笄1人，始(登)笄4人，同笄1人，脱笄1人，未(登)笄3人，幼笄2人，逾笄1人，自笄1人，总笄1人，纵笄1人。有确切结婚年龄的194个样本，其年龄分布如下(表9~1)：

图表9-1　《唐代墓志汇编》所载女子结婚年龄分布表

年龄	11	12	13	14	15	16	17	18	19	20
人数	2	3	11	13	21	24	22	20	24	10

年龄	21	22	23	24	25	27	28	29	35	41
人数	8	9	1	5	4	2	1	2	1	1

① 以下墓志统计资料，主要是蒋爱花博士进行的，分析文字则主要由本人撰写，参见张国刚、蒋爱花《唐代男女婚嫁年龄考略》，《中国史研究》2004年第2期。

从年龄分布中可以看出，15～19 岁出嫁的妇女最多，有 121 人，占总统计人数的 62.37%。第二个集中年龄组是 13～14 岁和 20～22 岁，分别为 24 和 27 人，各占 12.37%和 13.92%。13 岁以下当属于早婚，共有 5 例，比较晚婚的为 23～29 岁年龄组共 15 例，30 岁以上异常晚婚的 2 例。

《唐代墓志汇编续集》收录了 1564 件墓志，从中整理出记载有妇女结婚年龄的样本共 105 例，模糊记载 52 个。这 52 例分别为：妙年 1 人，初笄 13 人，当笄 1 人，笄 2 人，笄初 1 人，笄冠 1 人，笄年 12 人，笄年已往 1 人，及剩人，既笄 8 人，将及笄 1 人，年未及笄 1 人，始(初)笄 3 人，秾李之年 1 人，自笄五稔 1 人。《唐代墓志汇编续集》有确切年龄记载的样本有 53 个。其结婚年龄分布可以表示如下(表 9～2)：

图表 9-2　《唐代墓志汇编续集》所载女子结婚年龄分布表

年龄	11	12	13	14	15	16	17	18
人数	3	3	3	6	3	3	8	7

年龄	19	20	21	22	24	25	32	36
人数	4	3	4	1	2	1	1	1

由于整个样本数量比较少，很难作具体的分析，但是，直观上可以看出 14 岁和 17～18 岁的出嫁的妇女人数比较多；30 岁以上和 11～12 岁出嫁的妇女人数比较少。这都符合表 9～1 的分析结论。

如果我们把《唐代墓志汇编》及《唐代墓志汇编续集》两书提供的数字进行综合考察，则共得到有妇女结婚年龄记载的样本 480 例，其中 233 例为模糊记载。有确切结婚年龄记载的 247 例样本，其年龄分布可以列表如下(表 9～3)：

图表 9-3　《唐代墓志汇编》、《唐代墓志汇编续集》所载女子结婚年龄统计表

年龄	11	12	13	14	15	16	17	18	19
人数	5	6	14	19	24	27	30	37	28

年龄	20	21	22	23	24	25	27	28	29	30 以上①
人数	13	12	10	1	7	5	2	1	2	4

① 包括 32 岁 1 人，35 岁 1 人，36 岁 1 人，41 岁 1 人。

根据表中 247 例样本数据可以看出，唐代女子出嫁的年龄表现出如下分组特征：

以 18 岁为最多（37 例），占 247 例总样本的 14.98%，15～19 岁为大多数唐朝妇女心中的最佳结婚年龄，在这个年龄段婚嫁者有 146 人，占统计人数的 59.11%。其次的结婚年龄在 13～14 岁年龄组（33 例）和 20～22 岁年龄组（35 例），各占总统计人数的 13.36%和 14.17%。这样，13～22 岁结婚的妇女（214 例）占了所有样本的 86.64%以上。唐朝人心目中的早婚年龄是 11～12 岁，超过 23 岁结婚的女子被认为是晚婚。其中尤其以 30 岁以上结婚为罕见，仅占全部统计人数的 1.62%左右。

墓志中常用“笄”这样的模糊语言表示妇女出嫁的年龄，《唐代墓志汇编》《唐代墓志汇编续集》中，我们找出了 233 例以“笄”字表示年龄的例子。“笄”本是指古代盘头或别住帽子的簪子，引申义为女子可以插笄的年龄，即成年。《国语》卷一六《郑语》记载了一个古老的传说：“漦（龙的涎沫）流于庭……化为玄鼋，以入于王府。府之童妾未既龀而遭之，既笄而孕，当宣王时而生。不夫而育，故惧而弃之。”①这里的“笄而孕”就是说女孩到发育成熟即成年的年龄，由于幼年被龙漦化的玄鼋接触过，没有结婚就怀孕了。或认为笄年、登笄、既笄、逮笄、成笄、初笄、始笄等一般表示 15 岁；及笄、弱笄、幼笄、将笄、近笄、副笄等表示 14 岁。② 这只是就一般情况而论，准确地说，笄年应泛指女子成年阶段，表示女孩已经发育成熟，可以结婚了，因此不能把它固定地理解为某一具体年龄。就唐代的情况而论，略举墓志中的事例如下。

图表 9-4　唐代妇女成年婚嫁事例

序号	出处	年龄（岁）	史料举证
1	贞观 057	18	刘氏“夫人……二九早笄，聘归陈氏。”
2	显庆 153	12	夫人“笄将二六，即与郭氏结姻，二七之年，遂便入室。”
3	天授 026	小于 17	张氏“初笄之岁，方候三星；鸣凤之辰，言从百两；年十有七，托嫔君子。”
4	元和 086	18	夫人（向氏）“初笄之年，礼聘君子，尔来十八年……以元和十年九月十五日终，享龄三十六。”

① 《国语》卷一六《郑语》。

② 参见李斌城等《隋唐五代社会生活史》，第三章，第二节《婚姻》，第 248～249 页。

续表

序号	出处	年龄(岁)	史料举证
5	长庆 011	16	房敬"嗟夫人十六龄矣,尊夫人字而笄之,许妻于我。"
6	大中 122	17	陈夫人"自孩提至笄年,不履堂阈,""夫人归予八年……夫人年廿五,大中十年二月廿一日寝疾。"
7	咸通 060	19 左右	杜氏"自笄年入于孙氏之家,逾二纪矣……(亡年)四十有三。"
8	大顺 003	16	李氏"年十六,笄于弘农尚书杨公。"
9	续元和 060	19	夫人"笄年十有初有,适事陇西郡王府君。"
10	续显庆 016	12	元万子"初笄二六,作嫔三九。"

我们来分析一下这些材料。第 1 例的笄年为 18 岁,第 5 例为 16 岁,第 7 例的杜夫人结婚逾二纪,即超过 24 年,她是 43 岁去世的,则笄年是十八九岁的样子。第 9 例明确地说笄年为 19 岁,第 10 例中的笄年是 12 岁。可见,笄年只是泛指女孩成年待嫁的状态,从 12~19 岁都有,未必一定是十四五岁。作为个案考察,我们不能把笄年一概说成 15 岁,但是,作为统计分析,我们可以假设绝大多数情况下笄年为 15 岁。

值得注意的是,古人使用笄年的概念还透露了这样一个事实,即订婚与实际结婚中间往往还有一段时间间隔。如第 3 例"初笄之岁,方候三星"是说初笄的年龄订婚,结婚则是在 17 岁。第 4 例也是"初笄之年,礼聘君子","礼聘"谓纳财订婚,并不是结婚,18 岁才结婚。第 10 例 12 岁成人,27 岁才出嫁。唐诗中有"十四为君妇,羞颜未尝开"①、"十五许嫁君,二十移所天"②这样的诗句,给我们的感觉是,14 岁的女孩结婚尚早,羞颜未开。15 岁的少女可以许配给人了,但等到大约 20 岁才过门出嫁,从许婚到结婚之间有一段时间差,墓志中可见史例如下。

图表 9-5　唐代妇女许婚与结婚之间时间差举例③

序号	出处	史料
1	显庆 153	夫人"笄将二六,即与郭氏结姻,二七之年,遂便入室。"
2	开元 328	"弱龄受聘,慈父光配,适于陶君。廿辞家,洎兹三载。"

---

① 《李太白全集》卷四《乐府・长干行二首》,第 256 页。

② 《李太白全集》卷六《乐府・去妇词》,第 366 页。

③ 前六条资料出自《唐代墓志汇编》,后两条出自《唐代墓志汇编续集》。

续表

3	天宝 223	“嫁而疾，七十有一，终于家……痛其未成礼于夫之门。”
4	永贞 002	“年十九，归于府君，肇自笄年，嫔于卢氏。”
5	长庆 011	“嗟夫人十六龄矣，尊夫人字而笄之，许妻于我（通过计算，可知为 815 年）。纳采后数月，不幸而尊夫人弃养……至元和十三年（818）四月，始获亲迎于济源县。”
6	咸通 040	“外姑与太夫人为中表善，始抚腹期为二亲家……大中七年，年十八，余冠有二岁，先君率太夫人征金陵舅如约。”
7	续长庆 001	所痛者季女尚笄而未行。
8	续长庆 016	夫人韦楚和 27（799~825）“年廿五，长庆二年（822）二月归于我……春秋廿有七，纳吉问名者，凡五载。”

从以上资料中可以看出，这个时间差有长有短，可以根据自身的具体情况灵活掌握，大体在两三年之间。例如第 1 例中，12 岁订婚，14 岁才过门，“笄将二六”中的“笄”就指女孩成人的意思。第 2 例中弱龄受聘与 20 岁“辞家”也是分开来叙述的。第 3 例的“嫁”表示已经有了婚姻关系，但是既然没有到夫家去成婚，这个“嫁”最多也只能算结婚的法律手续已经齐备（古代就是聘礼与婚书之类），还是没有过门成婚。第 4 例的“笄”与结婚也差几岁。第 5 例中笄年订婚，出嫁在三年之后。第 6 例为指腹婚。第 7 例中“尚笄而未行”中的“笄”乃指成年订婚、“行”指出嫁成婚。最后一例中的韦氏 25 岁结婚，27 岁已去世，可是她“纳吉问名者，凡五载”，则订婚与正式结婚之间相差三年。

三　唐代男子结婚年龄与晚婚问题

男子结婚年龄往往比女子出嫁的年龄更缺乏资料记载，但是，墓志中有大量夫妻双方生卒年可考的资料，可以知道男女双方的年龄差，如果恰好有女方结婚年龄可考的话，就为推断男子的结婚年龄提供了线索。本着这一原则，我们试图从 5160 余件墓志中检索出有效样本 41 个。当然，墓志中也有直接说明男子结婚年龄的情况，如《唐代墓志汇编》中《唐裴氏子墓志铭并序》中，裴承章“年十八，娶扶风窦氏”①。这 41 个样本包括只有男子结婚

① 《唐代墓志汇编》元和 008《唐裴氏子墓志铭并序》，第 1954 页。

年龄记载的样本 3 个。列表如下：

图表 9-6　唐代男女结婚年龄对照表

男子婚龄			女子婚龄		备注
姓名	年龄差	年龄	姓名	结婚年龄	出处
潘氏	+4	19	雷氏	15	贞观 070
姚畅	+4	19	陈氏	笄年	贞观 101
王通	+9	24	赵氏	初笄	贞观 103
孔长宁	+1	17	翟氏	16 岁	贞观 138
张通	-4	11	薄氏	15 岁	贞观 151
潘卿	?	23(初婚) 42(再婚)	张氏 姚氏	?	永徽 017
成愿寿	+2	22	李氏	20	显庆 094
斛斯师德	+7	21	韩氏	初笄	龙朔 011
张温	+9	27	刘氏	18	麟德 016
梁秀	+9	27	曹氏	16	麟德 020
田博	-4	14	桑氏	18	乾封 004
尹达	+3	18	孙氏	初笄	咸亨 057
范襄	+1	16	柳氏	初笄	上元 011(高宗)
沈智果	+9	24	常氏	笄年	延载 004
元思忠	0	41	李氏	41	开元 056
夏侯睿	?	30(初婚)	樊氏、董氏	?	开元 188
王忌	+7	22	傅氏	笄年	开元 473
李敬固	+13	32	朱氏	19	开元 481
卢明远	+15	33	杨氏	18	天宝 112
崔昭	+7	22	常氏	笄年	大历 045
张氏	+6	21	姚氏	15	贞元 018
吕秀	+10	24	霍氏	14	贞元 090
韩弇	+18	31	韩氏	13	贞元 121
? 英	-4	11	张氏	笄年	贞元 127
卢沇	+13	32	李氏	19	永贞 002
张诜	+29	44	樊氏	笄总	永贞 003
裴承章	?	18	窦氏	?	元和 008
刘希阳	+8	23	韩氏	笄年	元和 081
权秀岩	+18	23	李氏	笄总	长庆 017
郑当	+15	30	王氏	笄年	开成 039 大和 067

续表

男子婚龄			女子婚龄		备注
余氏	+7	25	方氏	18	大中 060
孙备	+4	22	于氏	18	咸通 040
燕明	+2	17	元氏	初笄	续贞观 068
杨偘	+11	26	李氏	笄年以往	续上元 004
范褒	+2	17	柳氏	初笄	续上元 023
李景由	+16	28	卢氏	12	续开元 163
韦氏	+13	28	胡氏	既笄	续天宝 003
卢仲幡	+2	17	郑氏	初笄	续天宝 064
韦氏	+15	30	胡氏	既笄	续天宝 092
王元祐	+3	22	田氏	19①	续元和 060
孙瑝	+20	39	李氏	19	续咸通 089

表中关于男子的结婚年龄有两种数据，一是有确切结婚年龄记载的 22 例样本，二是只知道女子结婚的模糊年龄“笄年”。假如我们把笄年暂定为 15 岁，那么就有可用样本 41 例，41 例样本中结婚年龄分布可以列成下表。

图表 9-7　唐代结婚年龄分布表（据 41 例样本分析）

年龄	11	14	16	17	18	19	21	22	23	24	25
人数	2	1	2	4	2	2	2	5	2	3	1

年龄	26	27	28	30	31	32	33	39	41	44
人数	1	1	2	3	1	2	2	1	1	1

从这些数据中，可以看出男子的结婚年龄散落于 11～44 岁之间，并不集中于某个年龄段。但是 17～30 岁的样本共有 28 例，占 41 例总样本的 68. 29%。所以我们可以认为 17～30 岁为适婚年龄；16 岁及以下的占 12. 2%，31 岁以上的占 19. 51%，其中 31～39 岁占 14. 63%，40 岁以上的仅占 4. 88%。进一步说，16 岁以下与 40 岁以上总共占 17. 07%，而 82. 93%的男子在 17～39 岁之间完婚，其中尤以 17～25 岁完婚者为最多，占总数的一半。

仔细分析表中的数据，我们还可以进一步看出，丈夫年龄比妻子大 10 岁以上的样本有 13 例，这些男子年龄几乎都在 30 岁以上，30 岁以下的只有

① 墓志中写到“笄年十九岁”，此处当作 19 岁。

3例,30岁以上的有10例。而这些老夫少妻的婚姻关系中,妻子年龄都比较小,除一例妻子是28岁外,其余妻子都在19岁以下。

如前所言,唐玄宗开元二十二年(734)诏令的规定,把太宗时期的结婚年龄进一步降低,女性结婚年龄由15岁降低到13岁,男性由20岁降低到15岁,我们可以以734年为界对结婚年龄作分段考察。在妇女的出生年和结婚年龄具体可考的情况下,可以计算出妇女的结婚年,将《唐代墓志汇编》和《唐代墓志汇编续集》中有关妇女结婚年龄的247例样本作一考察,其中可用样本186例。统计得出,在734年以前结婚的妇女的样本共有113例,平均结婚年龄为17岁;在734年以后结婚的妇女的样本共有73例,平均结婚年龄为19.26岁;前后有2.26岁之差。对男子的结婚年龄方面,可用样本为41例,统计得出,在734年以前结婚的男子的样本共有20例,平均结婚年龄为22.55岁;在734年以后结婚的男子的样本共有21例,平均结婚年龄为25.62岁;前后有3.07岁之差。

可见实际情况与官方规定恰恰相反,男女结婚年龄不降反升,这说明由于某些原因,使得这条诏令在实际生活中并未产生什么影响,统治者发布这条诏令的初衷并未实现。这也许可以用白居易的诗《赠友五首》来作答:"三十男有室,二十女有归。近代多离乱,婚姻多过期。"①白居易(772~846)所处的时代正是唐中后期,社会离乱之际。正常的婚姻嫁娶,受到了极大的影响,安史之乱以后社会的动荡不安影响到民间的婚嫁生活,使得结婚年龄不降反升,出现了与法律规定恰恰相反的趋势。其实,从我们前面所提到的那些早婚、晚婚的事例中就可以看出,当时的法律、礼制上的种种规定并未得到严格遵守,大多数人都是从自身的实际情况出发来确定结婚年龄的。

男性晚婚在墓志资料中并不鲜见。原因何在?我们认为大体有如下几个方面。第一,志主并非初次结婚,而是续弦乃至三娶。这种情况在统计初婚年龄时当然要排除在外。第二,中下层官吏因为奔竞于仕途一般结婚较晚,但其中许多人在年轻的时候有姬妾侍寝,墓志中所见男子未婚有子之事,当属此等案例。年已28岁的协律郎萧弘愈(840~867),"公未婚,有侍

① 《白居易集笺校》卷二《赠友五首并序》,第99页。

巾之子曰满，年九岁，儁秀惟肖，可为父后。”①柳宗元（773～819）在发妻杨氏亡殁后，一直没有正式续娶，但有几位女人与他共同生活，并生育子女。②第三，唐代的门第观念依然盛行，很多男性都是在考中进士或取得一定的官职之后才开始考虑结婚大事。要想娶一房门当户对的人家，需要等到职业上有一定地位，经济上有相当积蓄，方有可能具备攀婚高门的条件，因而在当时，男性在三四十岁时结婚似乎是很自然的事情。③

至于生活中大龄女士晚婚的原因，其中之一是娘家的经济困难。赵守俨的研究表明，唐代婚礼仪节之繁，贺客之众，勒索之甚，即以中人之家而论，举办一次婚礼，也难免倾资荡产，不仅影响到男女的适龄婚嫁，甚至成为严重的社会问题。④ 前引白居易的诗也把晚婚归结为经济的原因："红楼富家女，……娇痴二八初。母兄未开口，已嫁不须臾。绿窗贫家女，寂寞二十余。……富家女易嫁，嫁早轻其夫。贫家女难嫁，嫁晚孝于姑。”⑤唐代士大夫比如杜牧等救助亲族的一个重要方面，就是帮助孤弱的侄女或外甥女婚嫁。这也从一个侧面反映出没有亲友帮助的人家，其家道衰落后，子女的婚姻会受到影响。

晚婚与经济境遇有关，早婚的女子也大多因为父母亡故或者家道中衰。《唐开府仪同三司试太常卿秦公夫人平昌孟氏墓志》云：孟氏（？～779）“年未及笄，来归吾族”。一般父母总舍不得让孩早离开自己，孟氏还未成年就出嫁了，是因为她父亲孟皓，“不幸早世，夫人年当稚齿……宗党之掬，育于季父”⑥。叔父将侄女早早出嫁，主要是为了实现哥哥留下的遗愿而已，毕竟与亲生父母对子女的感情有所不同。

墓志所记载的大龄女晚婚的第二个原因，是与女子自身条件有关。比如有某位梁姓女子32岁才结婚，可能就是因为身体有严重疾患。《唐银青光禄大夫检校国子祭酒前兼彭州别驾御史大夫孙公夫人梁氏墓志铭并序》

① 《唐代墓志汇编续集》咸通043《唐故兰陵萧公墓志》，第1068页。

② 参见孙昌武《柳宗元评传》，南京，南京大学出版社，1998年，第50～51页。

③ 参见张国刚《墓志所见唐代妇女生活探微》，载《中国社会历史评论》第一卷，天津，天津古籍出版社，1999年，第155页。收入本书第七章。

④ 参见赵守俨《赵守俨文存》，第30页。

⑤ 《白居易集笺校》卷二《秦中吟十首并序·议婚》，第80～81页。

⑥ 《唐代墓志汇编续集》贞元019《唐开府仪同三司试太常卿秦公夫人平昌孟氏墓志》，第746页。

云：梁氏(836~870)“年卅二，归于乐安孙公”，三年以后就去世。梁氏的家境并不差，“严考叔明，皇摄濮州刺史、御史中丞……夫人即濮州府君第十女也。即天水郡君之出”①。而孙某的儿子已经长大成人为官。我们推测，梁氏在娘家生活到32岁才为人续弦，决非近代女子高不成低不就所致，而是另有原因。从梁氏过门3年就病故看，很可能是因为她体弱多病而错过了适龄婚嫁。

另外一位《大唐太子典设郎郑公故夫人崔氏墓志铭并序》中的崔氏(689~755)36岁结婚，大约是再婚，而不是初嫁。崔氏是博陵人，天宝十四载(755)以67岁年龄去世，墓志说她“自归于郑氏，卅一年，克勤闺门，昼夜如一”②，其到郑家为妇已经是36岁了。从“自归于郑氏，卅一年”的措辞给人的感觉看，崔氏归于郑家，很可能不是第一次婚姻而是再嫁。妇女改嫁与男子再婚不同。男子再婚一般都加以记载，而妇女改嫁，即使在并不太忌讳再醮的唐代，后人也未必愿意在墓志中把死者有再嫁婚史之事作明确记录，致使我们有时难以察觉。

墓志中记载大龄女性晚婚的第三个原因与礼制中“居丧不婚”的规定有关。唐制，居父母丧及夫丧均为三年，贞观元年(627)二月诏：“其庶人男女无室家者……妻丧达制之后，孀居服纪已除，并须申以婚媾，令其好合。”③唐律规定：“诸居父母及夫丧而嫁娶者，徒三年；妾减三等。各离之。知而共为婚姻者，各减五等；不知者，不坐。若居期丧而嫁娶者杖一百，卑幼减二等；妾不坐。”④可见在倡导孝亲观的文化土壤中，居丧不婚被视作天经地义。而长达三年的守葬期往往就会造成适龄男女的婚期被推迟。

综合以上所述，我们对唐代的男女婚嫁年龄大体可以得出如下几点认识：第一，婚配双方，男大女小是基本模式，夫妻之间男大女4~8岁为常见；第二，女子笄年订婚到过门出嫁，中间一般会有两三年的间隔，女子结婚年龄的峰值在13岁至22岁之间，男子结婚年龄的峰值在17岁至30岁之间；第三，男女婚嫁推迟主要是经济原因，其次还有社会、政治等非常规因素(如丧服在身)；留下墓志记载的一般是家境比较好的中层以上阶层，这些阶层

① 《唐代墓志汇编续集》咸通064《大唐故梁夫人墓志铭》，第1083页。
② 《唐代墓志汇编续集》天宝111《大唐太子典设郎郑公故夫人崔氏墓志铭并序》，第663页。
③ 《唐会要》卷八三《嫁娶》，第1809页。
④ 《唐律疏议》卷一三《户婚·居父母及夫丧而嫁娶》，第257~258页。

的男性，婚前普遍有妾等性伴侣，使那些奔竞仕途的官员有可能推迟结婚，他们取得功名后常有老夫少妻现象。有学者综合唐代54篇墓志的记载得出唐代婚姻存续时间——婚龄为25.9年。① 由于样本太少，加上官民之间差异很多，一妻多妾制度的存在，恐怕还难给人直观的数据来说明现实状况。可以肯定的是，以平均57岁的唐人年寿而论，这种结论是有一定现实基础的。

① 姚平《唐代妇女的生命历程》，上海，上海古籍出版社，2004年，第107页。

第十章　中古佛教戒律与家庭伦理

世界上的宗教大都具有很丰富的伦理思想资源，佛教也不例外。西方社会价值体系和伦理道德受到基督教及《圣经》的影响固为众所周知，伊斯兰教及其《古兰经》影响到阿拉伯世界（还有其他伊斯兰教国家）的伦理价值取向更不待言。那么中国文化或者东亚文化圈的伦理观念受到什么影响呢？中国传统伦理文化特别是宋明理学所表现出来的十分浓重的禁欲主义倾向，是否是由于受到佛教的影响呢？若然，这种影响又表现在哪些方面呢？是如何发生影响的呢？

关于佛教伦理，有关中国伦理思想史的著述大多有简要的论述①；研究佛教哲学的学者更有系统的讨论②。这些论述大多从伦理学和佛学哲学的角度提出问题，或对佛教善恶观、人生观等进行阐发，或对佛教孝亲观所受儒家影响进行论述。本文将集中讨论佛教戒律中的伦理资源，特别是这种伦理资源在"孝道观"、"妇女观"、"修养观"等所谓传统儒家伦理领域的内容及其对中国世俗家庭伦理的影响。外来佛教在本土化的过程中，诚然迎合和吸收了儒家伦理，同时也丰富和发展了儒家伦理。前者固然为众所熟知，但是，后者即中国化了的佛教伦理如何进一步影响到世俗伦理，从而为唐宋以后中国家庭伦理奠定了重要基础则鲜有论述。通过对这个问题的讨论，将使我们更深切地认识到，中古以后的所谓中国传统文化，其实包含了丰富的佛教思想资源。

---

① 代表性论述见沈善洪、王凤贤《中国伦理学说史》（上）第三十章《隋唐佛学中的伦理思想》，杭州，浙江人民出版社，1985 年。

② 主要著作如王月清《中国佛教伦理研究》，南京，南京大学出版社，1999 年。

一　佛教戒律的伦理资源

佛教学说的根本旨归是要修行觉悟，证成佛果。尽管诸家宗派在对于佛法的理解、经典的解释、修持的方式等方面容有差别，但是就通向成佛道路而言，遵守戒律乃是修习一切善法的基本前提。《梵网经》卷下就说："众生虽有佛性，然要依持戒律，然后乃见。"①戒律不仅是对于信众的约束，也是他们成佛得道的修行法门。

印度部派佛学时期形成的戒律条文，被译成汉文传入中国者主要是所谓"四律五论"②。它们在汉地弘传的命运各异。《五分律》未曾流传，《十诵律》主要在南朝的宋、齐、梁江南地区，《僧祇律》则流行于北朝的关中及北方地区。而尤以《十诵律》为盛。《四分律》虽然从北朝开始已经流传，但是在唐代经过道宣（596～667）的倡导，才得以发扬光大，独成一宗。道宣撰写的《四分律删繁补阙行事钞》三卷（今本将上中下三卷各厘定为四卷，合十二卷），成为唐代以后律宗奉行的圭臬。在律藏之中还有"犍度"（如《四分律》的二十犍度）的内容，属于僧团内部的规定，也涉及有关个人生活威仪方面的一些细节③。

大乘佛教的戒律，有在家戒与出家戒之别。在家指优婆塞、优婆夷的修行，也就是居士的戒行。在家戒有四种，即三归戒、五戒、八关斋戒、菩萨戒。出家戒有五种，即沙弥及沙弥尼戒、式叉摩尼戒、比丘尼戒、比丘戒、菩萨戒。大乘菩萨戒经汉文译本的六部主要经典《璎珞经》、《梵网经》、《优婆塞戒经》、《瑜伽师地论》"菩萨地戒品"、《菩萨地持经》、《菩萨善戒经》，可以分成三类：《璎珞经》、《梵网经》为一类；《瑜伽》、《地持》、《善戒》为一类，它们实际都是《瑜伽师地论》菩萨地戒品的同本异译；《优婆塞戒经》独成一类，

---

① No. 1484［后秦］鸠摩罗什译《梵网经·卢舍那佛说菩萨心地戒品第十》卷下，《大正新修大藏经》24，第1003页。

② 译成汉文的律经有上座部的《根本说一切有部律》（也有人认为此为《十诵律》的别译）、《十诵律》、《五分律》、《四分律》、《解脱戒本经》（只译出戒部而未传广律），大众部的《摩诃僧祇律》六部，不算一、五两部的情况，故成"四律"。"五论"是解释四律的，计有《毗尼母论》、《摩得勒迦论》、《善见论》、《萨婆多论》、《明了论》。

③ 参见劳圣武《佛教戒律学》第三章，北京，宗教文化出版社，1999年，第63～73页。

是专为在家人说的经典①。其中尤以《梵网经》流行最广，影响最大②。

大乘菩萨戒的总纲领是“三聚净戒”，即“摄律仪戒”、“摄善法戒”、“饶益有情戒”。律仪戒是缁俗信众所共同遵守的戒律；善法戒是菩萨受律仪之后所应该遵守的善行，“所有一切为大菩提，由身、语、意积集诸善”③。饶益有情戒则是指利益有情（他者）的十一个方面的善行，包括援助病人和有苦难的人、施舍穷人、报答有恩之人等等。可见，大乘佛法的“三聚净戒”涵摄了几乎一切戒恶扬善的梵行。

其实，佛经之中，如《华严经》、《法华经》、《维摩经》、《大宝积经》、《般若经》等都有关于菩萨修行的行仪规范与行为准则。宋代以后渐兴的禅门清规，虽然大多是规定丛林内部的组织、纪律，也有规约个人行为的内容④。至于《禅林宝训》一类的语录体著作，汇聚了历代禅师的嘉言懿行，对于僧侣乃至世俗民众的个人修养也有极为重要的训诫作用。

总之，佛教戒律的伦理内容很丰富，我们下面主要围绕后世家庭伦理中特别强调的三个问题即孝道思想、闺门风纪和个人修养来展开讨论。

二　佛教的孝道观及其特点

佛教与孝道的关系，中古以来有两种不同的说法。魏晋南北朝时代的争论姑且勿论，就唐代而言，傅奕、韩愈的言论最为典型，但是，其立论仍然是剃发出家、无有子嗣，没有超出《牟子理惑论》所辨论的范围。相反，佛教对于孝道的宣传和论证却是在不断地发展。归纳起来说，有以下几点：第一点，关于“孝名为戒”的伦理观点。《梵网经》云：“孝顺父母师僧三宝，孝顺，至道之法，孝名为戒，亦名制止。”宗密《佛说盂兰盆经疏》也有类似的言

① 参见圣俨《戒律学纲要》第七篇《三世诸佛的摇篮——菩萨戒纲要》，台北，佛光文化事业有限公司，1997年，第331~340页。

② 关于《梵网经》是否汉地所造，圣俨《戒律学纲要》有所辨析，见该书第337~339页。

③ No. 1579弥勒菩萨说，[唐]玄奘译《瑜伽师地论》卷四〇《菩萨地戒品》，《大正新修大藏经》30，第511页上。

④ 如宋僧宗赜《禅苑清规》，郑州，中州古籍出版社，2001年。有关禅宗的清规，收入《大藏新纂卍续藏经》63，日本平成元年（1989年）版，河北省佛教协会印行，2006年。

论①,即“戒”与“孝”是相通的。《梵网经》十重戒的第一杀戒、第二盗戒、第三淫戒里都有“是菩萨,应起常住慈悲心、孝顺心,方便救护一切众生”;“菩萨应生佛性孝顺心、慈悲心”;“菩萨应生孝顺心”。在四十八轻戒第一不敬师友戒里也有“既得戒已,生孝顺心、恭敬心”,见了师长要“应起承迎,礼拜问讯”②。四十八轻戒第三十五不发愿戒也说:“若佛子,常应发一切愿:孝顺父母、师僧。”③第四十六说法不如法戒谓四众听讲法,要“如孝顺父母,敬顺师教”④。

第二点,孝为报恩的道德意识。佛教特别强调父母的恩德。《佛说父母恩重经》、《佛说报恩经》等宣传孝道的经典,极力强调父母恩深如海,如若不报,犹如畜生无异。善导《观无量寿经疏·序分义》论必须孝敬父母的两点理由,一是“血缘”之恩:“若无父,能生之因即阙,若无母,所生之缘即乖。若二人俱无,失托生之地,无有受身之道理。要须父母缘具,方有受身之处。既欲受身,以自业识为内因,以父母精血为外缘,因缘和合,故有是身,以此义故父母恩重。”二是“生育”之恩:“母怀胎已,经于十月,行住坐卧,常生苦恼,复忧产时死难,若生已,经于三年,恒常眠尿卧屎。床被衣服皆亦不净。及其长大,爱妇亲儿,于父母处反生憎疾,不行恩孝者,即与畜生无异也。”⑤

第三点,“孝”即救赎的终极关怀。救赎父母是佛家最大的孝道。《佛说盂兰盆经》关于大目连救度母亲于地狱的故事,可以说是佛教的“孝经”。宗密在疏释此经时,于开篇专门比较了佛儒二家的孝道思想。指出孝道是“儒释皆宗之”的伦理。并展开了详尽的比较研究。他认为儒释的孝道有三点差异:即居丧异(办丧事的方式不同)、斋忌异(祭祀等寄托哀思的方式不同)、终身异。终身异是指:“儒则四时杀命,春夏秋冬;释则三节放生,施戒盆会。”由于儒释对身后孝的处理不同,为父母死后带来的终究业报是完全不同的。儒释二教的孝道“其同者复有其二”,即存殁同、罪福同。存殁同是指儒佛都主张居则致其敬,养则致其乐,病则致其忧,丧则致其哀,祭则致其

① No. 1792 宗密《佛说盂兰盆经疏》卷上,《大正新修大藏经》39,第 505~506 页。

② No. 1484《梵网经·卢舍那佛说菩萨心地戒品第十》卷下,《大正新修大藏经》24,第 1005 页上~中。

③ No. 1484《梵网经·卢舍那佛说菩萨心地戒品第十》卷下,第 1007 页中。

④ No. 1484《梵网经·卢舍那佛说菩萨心地戒品第十》卷下,第 1009 页中。

⑤ 善导《善导大师全集》,台湾,和裕出版社,2000 年,第 46 页。

严。罪福同是指儒佛都对孝或不孝的人有奖劝和惩罚的一套①。总之,宗密试图论证,孝道是儒佛共同的伦理价值,但是,佛教孝道比儒家更高一个境界。由以上三点可以看出,尽管孝道观念不排除佛教对儒家的学习,但是,佛教的孝道思想无疑具有自己独特的创造和发挥。佛教不仅从轮回的理论出发,把对于父母的孝敬扩大到了一切有情的范围,而且从救赎、业报的立场,为孝道的推行注入了新鲜的动力和威慑。总之,是儒家和佛教共同创造了中华孝道文化资源。

三　佛教戒律中的妇女观

中国传统家法之中对于女性基本抱歧视的态度。儒家固然贬低女性(所谓唯女子与小人为难养也),佛教对于女性更为歧视。释迦牟尼当初甚至拒绝接受女性出家。后世佛门里比丘尼的地位远远低于比丘。儒家对于女性的行止有许多要求,佛教对于女性信众更有许多约束。

先看对于比丘尼的要求。东晋失译的《沙弥尼离戒文》(即《沙弥尼戒经》)就规定:“不得手授男子物。设欲与物,当置著地,却使取之。”②这分明是男女授受不亲的再版。另外,失译的《大爱道比丘尼经》是佛陀在迦维罗卫释氏精庐对大爱道裘昙弥亲自说法,共两卷。其卷上佛说沙弥尼十戒云:“三者,沙弥尼尽形寿,不得淫。不得畜夫婿,不得思夫婿,不得念夫婿。房远男子,禁闭情态。心无存淫,口无言调。华香脂粉,无以近身。常念欲态,垢浊不净。自念淫恶,万事百端。宁破骨碎心焚烧身体,死死无淫。非淫泆而生,不如守贞洁而死。淫泆之态,譬如须弥山,溺在海中无有出期。淫泆之欲,没在泥犁中,甚于须弥山。有犯斯戒,非沙弥尼也。”③这里颇有“饿死事小,失节事大”的味道。同书“九者沙弥尼尽形寿”又云:

> 男女各别不得同室而止,行迹不与男子迹相寻,不得与男子同舟车

① 《佛说盂兰盆经疏》卷上,《大正新修大藏经》39,No. 1792,第505页下。

② No. 1475[东晋]失译《沙弥尼离戒文》,《大正新修大藏经》24,第938页下。

③ No. 1478《大爱道比丘尼经》卷上,《大正新修大藏经》24,第947页中。

> 而载，不得与男子衣同色，不得与男子同席而坐，不得与男子同器而食，不得与男子染作采色，不得与男子裁割作衣，不得与男子浣濯衣服，不得从男子有所求乞。若男子进贡好物，当重察观之，当远嫌避疑，慎所思名。不得书疏往来，假借倩人使。若有布施，亦不宜受。若欲行者，必须年耆，慎莫独行；行必有所视；视设见色为不清净。不得别行，独止一室而宿也。有犯斯戒，非沙弥尼也。①

接下来的第十条，还提出："不得交脚而坐，不得展脚而坐，不得伏坐上而语。常当自羞耻女人恶露。"严防男女接触，到了极其苛细的程度。

如果说以上还只是对出家比丘尼的约束的话，那么该经下卷对于世俗女人的"八十四态"的批评和限制就令人瞠目结舌了。经文指责女人在装束上"喜摩眉目自庄"，"喜梳头剃膔"，"喜傅脂粉迷惑丈夫"，"喜丹唇赤口"，"喜耳中著珠玑"，等等。在行止上，批评"女人喜掉两臂行"，喜邪视、盗视，"喜好嗜笑，不避禁法"；又说女人行坐"喜摇头摇身"，"坐低头摩手爪"，"坐喜含笑语"，"喜细软声语"，"喜扪两眉"，"坐喜大声呵狗"。

在两性关系上，女人被说成是虚伪凶狠："女人欲视男子，见之复却缩"，"见男子去，复在后视之"，"欲见男子，见之复低头不语"，"设见男子来外，大嗔恚，内自喜欢"；"欲得夫婿，适见佯嗔怒"；"见夫婿，佯嗔恚之，设去复忧愁心悔"；"见男子来共语。佯嗔怒骂詈，内心欢喜"；"设见男子去，口诽谤之，其心甚哀"；"喜禁固丈夫，不得与人言语戏调"，"喜缭戾自用，轻毁丈夫，言不逊慎"，"喜摘烧丈夫，令意回转，不能自还"。

在品行上，女人还被认为是极其恶劣的小人，如谓"女人贡高自可，憎妒他人"，"慢易孤弱，以力胜人"，"威势迫胁，语欲得胜"；"借不念还，贷不念偿"，"曲人自直，恶人自善"，"喜怒无常，愚人自贤"，"以贤自著，恶与他人"，"以功自与，专己自可，名他人功"，"己劳自怨，他劳欢喜"，"以实为虚，喜说人过"，"以富骄人，以贵凌人"，"以贫妒富，以贱讪贵"，"谗人自媚，以德自显"，"败人成功，破坏道德"，"阴怀嫉妒，激励谤勃"，"论评诽议，推负于人"，"谤正道清净之士，欲令坏乱"，"持人长短，迷乱丈夫"，"要人自誓，施人望报"，"喜作妖媚，蛊道厌人"。甚至还说女人"憎人胜己，欲令早死"，

① No. 1478《大爱道比丘尼经》卷上，《大正新修大藏经》24，第948页上。

"喜持毒药,鸩饵中人,心不平等","喜追念旧恶,常在心怀"。

女人被描述成不讲理的尤物:"女人喜自用不受他人谏,谀谄咙戾自可","疏内亲外,伏匿之事,发露于邻落","喜自骄,过捶无理,自嗔自喜,欲人畏之","喜贪欲之行,威摄自由,欲作正法,违戾丈夫","喜贪淫,心怀嫉妒,多疑少信,怨憎嘶地","喜惟怒,蹲居无理,自谓是法","丑言恶语,不避亲属","骄踺自恣,轻易老小,无有上下","恶态丑怼,言语无次"。又指责"喜危人自安","喜咀赖弊恶,毁伤贤士,谄诡姿则,惑乱道德","喜诡黠谀谄","贪者得恶亡,得便欢喜,亡便愁恼,呼嗟怨天,语言踵口","喜骂詈风雨,向灶诅咒,恶生好杀,无有慈心"。甚至说"女人喜教人堕胎,不欲令生","喜孔穴窃视,相人长短、有钱财不","喜笑盲聋喑哑,蹇癖自快恶他人","喜教人去妇,欲令穷困","教人相挝捶,合祸证受","教人作恶斗讼,相言县官,牢狱系闭","倡祸导非,大笑癫狂,人见变欲得,以猗狂勃强夺人物,令人呼嗟言"。

最后的结论是"女人甚可畏也"①!这里针对世俗女人提出的"八十四态"(八十四种不正确的姿态和心态),几乎把人类所有的不良习惯都归结到女人头上,真是女人比祸水还可怕。儒家虽然也讲"唯女子与小人为难养也",但是,如此具体入微地描述女人的缺点、弱点和短处,却是不曾有的。宋代以后的家训、家规,都把女人看成治家的难点,闺门整肃是治家的首要教条,告诫治家切不可听妇人言,否则家政必乱。这一方面是继承了儒家轻视妇女的观念,另一方面也接受了佛教诋毁女性的立场。

四 佛教戒律中的修养观

佛教对于缁素弟子在言谈举止上的修养也属于戒律的范围。我们举四种戒律来叙述佛教对于个人修养的要求。

(一)被称为"威仪"的戒律。记载沙弥、沙弥尼威仪的律部著作,早期的有南朝刘宋的《沙弥威仪》、《佛说沙弥十戒仪则经》以及失译的《沙弥十

① No. 1478《大爱道比丘尼经》卷下,《大正新修大藏经》24,第954~955页。

戒并威仪》、《沙弥尼戒经》、《沙弥尼离戒文》等①。这些书里面的沙弥和沙弥尼修行戒条，被唐宋以后的学者辑集或者撮述在一起，编辑成比较简明或者加注的本子，明代智旭《沙门十戒威仪录要》就是其中之一。智旭整理的这部沙弥威仪，凡一卷二十六条②，其中涉及世俗礼节的内容主要包括：

尊敬师长。如“敬大沙门第一”规定，不得直呼大比丘名字，不得盗听大比丘说戒，不得议论大比丘短长和过失。大比丘经过，要起立；行路遇大比丘要驻足礼让。“师事第二”规定，晨昏要为师服务；师吃饭、坐禅、睡眠、盥漱、闭户时均不得作礼（打扰）；师语未了不得语；侍师，师不命之坐不敢坐，不问不敢问；侍立时不得依靠墙壁、桌椅，要端身齐足侧立。“随师出行第三”规定，不得在随行途中与行人说话，不得左顾右盼，到檀越之家后师教坐乃坐。

谦谨自持。“入众第四”规定，不得与众人争座，不得在座位上遥相呼语笑，众人有失仪处，当隐恶扬善，不要自伐己功，要睡在人后，起在人前。不得坐视别人劳务自己偷懒。“随众食语第五”要求食当恭敬，不可搔头屑落入饭中，不得含食说话，不得嚼食出声，欲挑牙先以袖掩口，不得敲得碗钵作声。

举止得体。“礼拜第六”规定礼拜不得占据中央，合掌不得十指参差、不得中虚，不得将指插鼻。“听法第七”规定坐必端严，不得乱语。不得专记名言以资谈柄。不得未会称会，不懂装懂。“入堂随众第十”规定，不得高声大语，不得拖鞋作声，不得交头接耳。“执作第十一”规定，洗菜当三易水，汲水要先净手，作食指甲不得有污垢，扫地不得迎风扫。

（二）适用于在家居士的戒律。比如，《优婆塞戒经》卷三《摄取品》记善生问“在家菩萨云何得受优婆塞戒”时，佛陀以次第供养东南西北上下六方来解释。这里涉及到一系列家庭伦理问题。首先是父母与子女的关系：要求子女“供养父母衣服、饮食、卧具、汤药、房舍、财宝，恭敬礼拜，赞叹尊重”。父母对于子女则要：“一者至心爱念；二者终不欺诳；三者舍财与之；四者为娉上族；五者教以世事。”第二是对师长的供养与尊敬。第三是对妻子要“供养衣服、饮食、卧具、汤药、璎珞、服饰、严身之具”。妻子对丈夫则要：“一者

① 并见《大正新修大藏经》24。

② No. 1121［明］智旭《沙弥十戒威仪录要》，《大藏新纂卐续藏经》60，第434~441页。

所作尽心营之；二者常作终不懈慢；三者所作必令终竟；四者疾作不令失时；五者常为瞻视宾客；六者净其房舍卧具；七者爱敬言则柔软；八者僮使软言教诏；九者善能守护财物；十者晨起夜寐；十一者能设净食；十二者能忍教诲；十三者能覆恶事；十四者能瞻病苦。"第四是对于朋友的关爱。第五是对于奴婢下人的仁义爱护，要求能够供给其衣服、饮食，病痛时给以医药，平时不打不骂。奴婢下人则要正派、勤快、忠诚："一者不作罪过；二者不待教作；三者作必令竟；四者疾作不令失时；五者主虽贫穷终不舍离；六者早起；七者守物；八者少恩多报；九者至心敬念；十者善覆恶事。"①

（三）适合在家和出家僧俗信徒的大乘戒律《梵网经》。《梵网经》从北朝鸠摩罗什译出后，天台宗的创始人隋朝智者大师有《梵网经菩萨戒经义疏》二卷，唐代华严三祖法藏有《梵网经菩萨戒本疏》，法铣有《梵网经菩萨戒疏》四卷（今存上卷），其书下卷因为是菩萨戒，常被单独抄写或刊刻，流传较广，注疏也比较多。在中原汉地流传的大乘戒律中，以《梵网经》流传最广、影响也最大。唐代后期各宗特别是宋元以后诸宗僧侣多依此经受戒、修行。唐代它还被译成藏文，也曾流传到朝鲜和日本，是有广泛影响的一部经典。该经分上下两卷。上卷讲修行的三十心十地的次第。下卷是菩萨戒律，包括十重戒、四十八轻戒两类。十戒的内容都包括两个层次。第一是反面禁止，第二是正面提倡。比如第一杀戒，禁杀生包括禁止自杀和杀害一切有生命者，然后说应该慈悲为怀，尽一切方便救济一切众生。第二盗戒，禁止盗取一切财物，"一针一草，不得故盗"（此或为"不拿人一针一线"的起源）。同时的正面要求则是要怀有孝顺慈悲之心，"常助一切人生福生乐"。第三淫戒，禁止与任何人畜有苟合行为，即使是夫妻之间（如在家居士的场合），也不得在不分时间不看地点就随便同房。要叫他人断绝淫欲。第四妄语戒，妄语包括一切不讲真话的行为，如自吹自擂，叫人吹嘘，"乃至不见言见，见言不见，身心妄语"。第五酤酒戒，禁止自己和指使他人酿造、买卖酒，而以开启众生之智慧为己任。第六说四众过戒，四众指优婆塞、优婆夷（即男女居士佛教徒）和比丘、比丘尼，也就是经文里说的"出家、在家菩萨，比丘、比丘尼"。要努力使外道、俗人相信大乘佛法，不要因揭露佛徒罪过而动

① No. 1488［北凉］昙无谶译《优婆塞戒经》卷三《摄取品第十三》，《大正新修大藏经》24，第1047页。

摇人们的信仰。这一条是教导人不要对同道、同行说三道四。第七自赞毁他戒,是教导人不要抬高自己、诋毁别人。第八悭惜加毁戒,是教导人要慷慨施舍。第九嗔心不受悔戒,是教导人不要争讼嗔怨。第十谤三宝戒,是教导人不要非议尊者。前五条是与佛教基本戒律“五戒”完全一样的。自第六戒以后的五条是对前面的补充。比如第六戒、第七戒、第十戒可以看作是对戒妄语的补充。第八戒、第九戒也可以看作是戒道、戒杀的正面要求或推广。

四十八轻戒的戒条是:不敬师友戒,饮酒戒,食肉戒,食五辛戒,不教悔罪戒,不供给请法戒,懈怠不听法戒,背大向小戒,不看病戒,畜杀具戒,国使戒,伤慈贩卖戒,谤毁戒,放火焚烧戒,僻教戒,为利倒说戒,恃势乞求戒,无解作师戒,两舌戒,不行放生戒,嗔打报仇戒,娇慢不请法戒,骄慢僻说戒,不习学佛戒,不善知众戒,独受利养戒,受别请戒,别请僧戒,邪命自活戒,不敬好时戒,不行救赎戒,损害众生戒,邪业觉观戒,暂念小乘戒,不发愿戒,不发誓戒,冒难游行戒,乖尊卑次序戒,不修福慧戒,拣择授戒戒,为利作师戒,为恶人说戒戒,无惭受施戒,不供养经典戒,不教化众生戒,说法不如法戒,非法制限戒,破法戒。

综合以上十重四十八轻戒的条文,除去颇有重复者以及纯粹佛教规约者外,涉及到世俗伦理的内容可以归纳成如下几个方面:

强调尊师重道。不得趋附权贵、不得见利忘义,如轻戒第十七恃势乞求戒就反对“自为饮食、钱财、利养、名誉故,亲近国王、王子、大臣、百官,恃作形势,乞索打拍牵挽,横取钱财”。交易中不得缺斤少两,不得依仗权势夺人财物,也不得嫉妒成功者,反对“害心系缚,破坏成功”(第三十二损害众生戒)。反对“为利养贩卖男女色”(第二十九邪命自活戒)。要舍己为人,更不许据财物为己有(第二十六独受利养戒、第二十七别受请戒)。要注意节俭,反对挥霍财物,反对为了财物的使用而争讼不息(第二十五不知善众戒)。不得自恃门第高贵或者年资较长而对先学师长采取傲慢的态度(第二十二骄慢不请法戒)。不得冤冤相报,以暴止暴:“不得以嗔报嗔,以打报打。若杀父母兄弟六亲,不得加报;若国王为他人杀者,亦不得加报。杀生报生,不顺孝道。”(第二十一嗔打报仇戒)戒经中还宣扬佛教的博爱思想:“一切男子是我父,一切女人是我母”(第二十不行放生戒),从而与儒家的“老吾老以及人之老,幼吾幼以及人之幼”的伦理价值观相通了。不得诽谤攻击他人(第十三谤毁戒)。提倡治病救人,“见一切病人,常应供养,如佛无异。”“见病不救济者,犯轻垢罪。”(第九不看病戒)要热情地招待法师、同学及来访者(第六不供给请法戒)。此外还有不得饮酒、食肉、杀生等。

(四)《四分律》。《四分律》关于比丘、比丘尼的戒条有数百条之多,此处无法一一具引。我们且按照其中涉及的个人行为准则的内容,略加分析。

《四分律》的内容都是佛陀在苏罗婆等诸国游历以及在舍卫国祇树给孤独园安居时,就诸比丘的言行举止是否合乎法度提出的要求,从而成为规范僧尼行为的戒条。根据法砺《四分律疏》卷二,其正宗的内容包括比丘、比丘尼二部戒和二十犍度。其二部戒中,比丘戒有四波罗夷法、十三残僧法、二不定法、三十舍堕法、九十单堕法、四悔过法、百众学法、七灭争法,凡八类二百五十戒;比丘尼戒有八波罗夷法、十七残僧法、三十舍堕法、一百七十八单堕法、八悔过法、百众学法、七灭争法,凡七类三百四十八戒。这些类别划分的依据是所犯戒条罪行的严重程度和具体内容,如波罗夷法最重,残僧法次之,残僧是指僧团中的伤残者。不定法是指需要证据确定而定的罪行,因为只涉及比丘非礼于女性的行事,所以此法不适合于比丘尼。舍堕法是有关衣食、金钱、医药的戒条。单堕法是关于不得妄语、两舌、杀生、饮酒类的戒条。悔过法是有关“食事”的。百众学法涉及到日常生活的细则,诸如衣食起居、行为举止方面的威仪。灭争法是关于泯灭僧团内部冲突和纠纷的规定。二十犍度除了关于僧团内部的制度和规约外,还从作持的角度对于僧侣的行为做了规定。

虽然以上这些主要是针对僧尼个人威仪制定的法则,但是,对于世俗社会的个人修养也有很大影响。比如,它要求僧尼入室不要跳行,不要向塔吐唾液、大小便,不要在水中大小便,不要穿拖鞋绕塔行走,不要口里含着饭说话,不要用舌头舔食,不要用脏手拿饭具,等等。所有这些戒条,我们几乎都能从后世教育子女的“礼貌”教育中看到它的影子。

五 佛教伦理与儒家伦理的融变

应该指出,中国佛教的伦理规范是西域佛教逐渐中国化的产物。中国化了的佛教伦理及其修养规范除了保留了印度佛教本身的一些内容外(比如五戒、十善之类),也充分地吸收和学习了中国的世俗伦理主要是儒家伦理。中国佛教对儒家伦理的吸收,并不是简单的照搬,而是契理契机地进一步加以发展,使之更加丰富和具体化了。要一一分梳出中国佛教伦理的华梵渊源是很困难的,但是,无论是学习儒家还是将固有戒律发展,都可以视为佛教中国化的一种需要和一个结果。佛教通过对儒家伦理的融变而中国化,完成了从出世的宗教向为现实人生幸福服务的世俗化的宗教的转变。本节不打算具体讨论佛教世俗化的过程,而是以《中庸》的倡导和《二十四孝图》的形成和推广为例,讨论佛教是如何从固有伦理价值出发,吸收、融合并且发展儒家伦理规范的。

(一)《中庸》的"发明"

《中庸》是《礼记》的一篇。宋代理学家把它独立为篇,与《大学》、《论语》、《孟子》同为"四书"之一。《中庸》是儒家伦理的重要篇章,然而最早将《中庸》提出来加以强调,乃是著名佛教皇帝、三次舍身佛寺的梁武帝。他撰写的《中庸讲疏》等著作,周一良曾有专门论述①。北宋最早提倡《中庸》的也是佛教高僧孤山智圆(976~1022),对此陈寅恪亦早有发明:

> 凡新儒家之学说,几无不有道教,或与道教有关之佛教为先导。如天台宗者,佛教宗派中道教意义最富之一宗也。其宗徒梁敬之(肃)与李习之(翱)之关系,实启新儒家开创之动机。北宋之智圆提倡《中庸》,甚至以僧徒而号中庸子,并自为传以述其义(孤山《闲居篇》)。其年代犹在司马君实(光)作《中庸广义》之前,似亦于宋代新儒家为先觉。②

余英时教授在其近著《朱熹的历史世界》一书序言中更进一步指出:《中庸》的发现与流传与南北朝以来的道家或佛教徒的关系最为密切。认为是宋代的佛教徒影响到崇尚佛教的士大夫。为什么佛教提倡《中庸》呢?智圆做了

① 参见周一良《论梁武帝及其时代》,载《魏晋南北朝史论集续编》,北京,北京大学出版社,1991年,第46~47页。

② 陈寅恪《冯友兰中国哲学史下册审查报告》,载《金明馆丛稿二编》,北京,生活·读书·新知三联书店,2001年,第284页。

很直率的回答："儒家之《中庸》，龙树所谓'中道义'也。"①著名高僧契嵩（1007~1072）《镡津集·中庸解第三》也充分肯定"中庸之道"②。在智、契的提倡下，《中庸》一书受到那些崇尚释氏主考官的青睐，被宋代作为赐给学子的必读书。

智圆和契嵩都以儒僧知名。为什么他们要从儒家经典中寻找佛教的"中道义"呢？正如智圆所论述的："儒释者，言异而理贯，莫不化民，俾迁善远恶也。儒者，饰身之教，故谓之外典；释者，修心之教，故谓之内典也。……蚩蚩生民，岂越于身心哉。非吾二教，何以化之乎？嘻！儒乎，释乎，其共为表里乎！"③可见，佛教融合、吸收和发挥儒家伦理，具有十分理性的明确目的。

（二）二十四孝的编纂

二十四孝故事曾经被认为是儒家孝道文化的代表。其实，二十四孝故事的编纂也与佛教密切相关。如果说《中庸》的发明属于形而上层面；那么，二十四孝故事的编纂则是形而下层面。

一般认为《二十四孝》故事图画早在宋代就已经流传，编辑成书当是在元代④。现今最早提到"二十四孝"的文献是敦煌佛教的变文，即《故圆鉴大师二十四孝押座文》。圆鉴即云辩卒于后周广顺元年（951），则这个二十四孝的故事编纂很可能在晚唐成型，五代宋初已广泛流行，敦煌卷子写本之外，还有一个是印本，可为旁证⑤。这个卷子对于理解佛教对孝道伦理的宣传十分重要，兹录文如下：

世间福惠，莫越如来。相好端严，神通自在。

---

① No. 949［宋］智圆《闲居编》卷一九《中庸子传》，《大藏新纂卍续藏经》56。

② ［宋］契嵩《镡津集》卷四《中庸解第三》："皇极，教也；中庸，道也。道也者，出万物也，入万物也，故以道为中也。"将中庸之道置于政治权力之上，体现出高度肯定。《禅门逸书》初编，台北，明文书局，1981年，第45页。

③ No. 949《闲居编》卷一九《中庸子传》，《大藏新纂卍续藏经》56。

④ 现在见到的所谓《宋刻孝经附二十四孝图说》（天津，天津古籍出版社，1987年影印本），其实是乾隆内府藏本，据《二十四孝图》所附题跋，知是1935年组织儒佛合一救劫会时发现的。见江玉祥《元刊〈二十四孝〉之蠡测》，载万本根、陈德述主编《中华孝道文化》，成都，巴蜀书社，2001年，第230~243页。

⑤ 黄征、张涌泉《敦煌变文校注》卷七《故圆鉴大师二十四孝押座文》，并参见注1按语，第1154~1155页。

佛身尊贵因何得？根本曾行孝顺来。须知孝道善无疆，三教之中广赞扬。

若向二亲能孝顺，便招千佛护行藏。目连已救青提母，我佛肩舁净饭王。

万代史书歌舜主，千年人口赞王祥。慈乌返哺犹怀感，鸿雁才飞便著行。

郭巨愿埋亲子息，老莱欢著彩衣裳。最难诳惑谩衷恳，不易欺轻对上苍。

泣竹笋生名最重，卧冰鱼跃义难量。若能自己除讥谤，免被他人却毁伤。

犬解报恩能碾草，马能知主解垂缰。休贪贿货耽淫欲，莫恼慈亲纵酒狂。

男女病来声喘喘，父娘啼得泪汪汪。两肩荷负非为重，千绕须弥未可偿。

勤奉昼昏知动静，专看颜色问安康。吐甘咽苦三年内，在腹怀耽十月强。

试出去遥和梦逐，稍归来晚立门傍。孝慈必感天宫福，五逆能招地狱殃。

勤苦却须知己分，资财深忌入私房。须忧阴骘相摩折，莫信妻儿说短长。

自是意情无至孝，却怨庚甲有相妨。四邻忿怒传扬出，五逆名声远近彰。

若是弟兄争在户，必招邻里暗迁墙。至亲骨肉须同食，深分交碰尚并粮。

祇对语言宜款曲，领承教示要参详。试乖斟酌亏恩义，稍错停腾失纪纲。

切要抚怜于所使，倍须安恤向孤孀。姑姨舅氏孤孀子，收向家中赐宠光。

贫阙亲知垂济惠，崎岖道路置桥梁。佛道若能依此教，号曰慈悲大道场。

晨昏早遣妻儿起，酒食先教父母尝。共住不遥还有别，相看非久即无常。

生前直懒供茶水，没后虚劳酹酒浆。志意顺从同信佛，美言参问胜烧香。

柔和谏要慈亲会，丑漏名须自己当。正酷热天须扇枕，遇严凝月要温床。

残年改易如流速，甘旨供承似火忙。若解在生和水乳，却胜亡后祭猪羊。

争无里巷明宣说，自有神祇暗记将。共树共枝争判割，同胞同乳忍分张。

如来演说五千卷，孔氏谭论十八章。莫越言言宣孝顺，无非句句述温良。

孝心号曰真菩萨，孝行名为大道场。孝行昏衢为日月，孝心苦海作梯航。

孝心永在清凉国，孝行常居悦乐乡。孝行不殊三月雨，孝心何异百花芳。

孝心广大如云布，孝行分明似日光。孝行万灾咸可度，孝心千祸总能禳。

孝为一切财中宝，孝是千般善内王。佛道孝为成佛本，事须行孝向耶娘。

见生称意免轮回，孝养能消一切灾。能向老亲行孝足，便同终日把经开。

善言要使亲情喜，甘旨何须父母催。要似世尊端正相，不过孝顺也唱将。

全文大体有三个层次的意思。首先，宣传"孝"是成佛积善之本，列举了许多孝子的行为，包括目连、释迦牟尼、舜、王祥、郭巨、老莱等等人物①。其次，对于孝的行为做了比较广泛的说明，即个人行为要检点（"休贪贿货耽淫欲，莫恼慈亲纵酒狂"等）、家庭关系要和睦（如不要将资财入私房，不要听信妇

① 《王梵志诗校注（增订本）》卷二《你若是好儿》提到孝子王祥、董永等孝子，说明当时社会上熟知此类故事。见第143页。

人之言，兄弟要团结不要相争）、为人要慈善（如要爱怜所使唤的人，接济穷苦亲戚，安恤孤孀亲友等）；此外，还要在日常生活中体现孝心，生前对父母的关爱远胜过死后的烧香祭祀。这些已经涉及到了世俗治家格言的一些主要问题。最后，强调孝是儒家和佛教共同的人伦准则（孔氏谭论十八章指《孝经》），奉行孝道能消灾、能成佛。

敦煌诗歌中还有云辩的其他一些作品，其中的《右街僧录圆鉴大师云辩进十慈悲偈》论君王、宰臣以下各色人等发慈悲心的好处，颇多劝善之言①。圆鉴大师云辩其人其事又见于《洛阳缙绅旧闻记》卷一《少师佯狂》和《佛祖统纪》卷四二《法运通塞志》、卷五二《国朝典故》。可知他是五代后唐至后周活跃于洛阳、开封一带的著名俗讲僧，后唐明宗天成元年（926）皇帝诞辰曾应邀赴内殿讲论，据说直到后晋时都如此②。敦煌发现的云辩的诗文是从内地传抄过去的。如此看来，云辩讲的《二十四孝》的变文其意义就超出了敦煌一地，而是当时社会的普遍情况。云辩也不是一般的僧人，而是上可以通天，中可以结交众多居士和读书人（云辩的诗文就是自称长白山人李琬受沙州和尚的请求而抄写去的），下则为一般读书郎所熟悉。佛教的这种广泛的宣传活动能力是儒家所未曾有过的。即使圆鉴大师云辩所讲的《二十四孝》可能与后世流传的《二十四孝图》中的人物有出入，但是圆鉴的押座文仍然使我们有理由推测，人们一般观念中儒家伦理教育通俗教材的二十四孝故事，极可能是佛教徒最早编纂的③，并且通过像云辩这样神通广大的僧人宣讲到群众当中去，最后通过国家权力的力量在全国提倡和推广。

仔细探究一下佛教编纂的孝道故事，可以发现如下三个特点。其一，佛经孝子故事被改造吸收进入《二十四孝图》故事，并且中国化。例如重庆大足山佛教孝道石刻第六则“释迦因地为睒子行孝”乃本于《睒子经》古印度迦夷国孝子睒子以孝感动天地的故事。它被《二十四孝图》的编者改写成郯子的故事。事亦见于《法苑珠林》卷四九《忠孝篇·睒子部》：睒子事失明的双亲至孝，一日，睒子披鹿皮在山涧取水，误被猎人射瞎双眼。睒子为从此无法照顾父母而痛哭。此事感动了天神，不仅使睒子眼睛转好，而且双亲也

① 徐俊纂辑《敦煌诗歌残卷辑考》，北京，中华书局，2000年，第612~614页。

② 参见徐俊纂辑《敦煌诗歌残卷辑考》，第605~607页按语。

③ 关于汉唐时期社会上流传的《孝子传》及孝子故事的情况，参见郑阿财《敦煌孝道文学研究》之《二十四孝探源》，台北，石门图书公司，1982年，第467页。

复明了。敦煌莫高窟第299、301、302、417、438、461窟都绘有这个故事的经变画。在二十四孝图中,它演变成春秋时期郯国的国君郯子以鹿乳奉亲的故事。此外如二十四孝中割股疗亲之类,也明显带有佛教割肉供父母的痕迹。

其二,佛教经典和变文中也吸收了许多儒家的孝道故事,并且广为铺陈。这里试举《佛说父母恩重经》的宣传为例。这个佛经最早的本子除睒子(闪子)外,还收入有三个《二十四孝图》中的孝子故事(丁兰、董黯、郭巨)。显然是中土所造作的经典。《开元释教录》卷十八因此而判断它为伪经,于是此后的经文删去了丁兰等三个中土孝子的故事。这些原本和删节本都出现在敦煌文书中。敦煌变文中有几份《佛说父母恩重经讲经文》,莫高窟有四铺《报父母恩重经变》壁画。甘肃博物馆收藏的还绘制了《报父母恩重经变》的绢画,以便在向世人宣传时,可以挂出讲解。敦煌变文中的董永、舜子的故事,也是俗讲僧人编纂演唱的。可见儒家宣扬的孝子,也被佛教广为吸收。

其三,儒家的孝道最重要的是祭祀、供养、后嗣,而佛教则把父母的种种恩情和儿女的孝道做了具体化的宣传。佛经中详细描述了父母恩德的种种细节。重庆大足石刻中父母恩重经变图中,有父母"十恩"图:怀胎守护恩,临产受苦恩,生子忘忧恩,咽苦吐苦恩,推干就湿恩(谓母亲在孩子尿床时推干就湿),哺乳养育恩,洗濯不尽恩,为造恶业恩(谓父母为儿女婚嫁操办酒席而杀生造业),远行忆念恩,究竟怜悯恩(谓父母即使百岁也为儿女操心)。这个经变的原本可能出自敦煌P.3919《佛说父母恩重经》①。宗密《盂兰盆经疏》卷上也有"十月怀胎"、"推干就湿"等内容②,可见是佛教一贯宣传的东西。

综合以上的论述,可见,不仅佛教针对在家和出家信徒所定的戒律和规约,确实包含了丰富的伦理价值和修身思想。而且即使是所谓典型的儒家伦理观念,也充满了佛教的伦理内容和思想烙印。与儒家伦理相比,佛教戒律及其他经典中的伦理思想主要特点是:

---

① 录文见黄征、张涌泉《敦煌变文校注》卷五《附录·佛说父母恩重经》,第996~998页。参见胡文和《大足宝顶〈父母恩重经变〉再研究》,载万本根、陈德述主编《中华孝道文化》,第325~329页。

② No.1792宗密《佛说盂兰盆经疏》卷上,《大正新修大藏经》39,第505~506页。

第一，佛教的伦理要求具有社会组织对其成员要求的约束性和强制性。早期儒家经典中的道德论述不具有这种规约性。儒家伦理比较多的经书，如《论语》、《孟子》、《礼记》、《孝经》等都是一般的礼仪规范和道德标准，不像佛教戒律那样具有强制性和约束力。唐宋以后的家法和族规恰恰接受了佛教戒律的这种规约性，把伦理要求变成了法律要求。从而完成了与《唐律疏议》等国家法律的一致。

第二，佛教的伦理规范具有系统性和具体化的特点。而儒家经书中的伦理要求，正如唐玄宗《孝经序》所说的："虽因心之孝已萌，而资敬之礼犹简。"即使孔子总结归纳出了繁缛的礼节条文，但是，还不属于伦理和修身规范方面的系统规定。而佛教戒律和经典中的伦理思想则具有很强的系统性。后世家法族规也是具有很强系统性的规范。

第三，佛教伦理具有普适性和平等性，与儒家伦理和博爱思想的等级性、不平等性形成鲜明的对比。佛教伦理强调众生平等，人人皆可成佛，所以，修身养性之学适用于一切人。佛教的伦理是以个人为本位的，而儒家修身则具有浓重的政治取向，是以治国、平天下为目标的。后世的家法族规也是具有普遍适用性的规范。总之，中古以后的世俗伦理中，包含了丰富的佛教内涵。内在的佛教（也包括道教）伦理意识，外显为儒家的教化形式，是中古以后中华世俗伦理意识和处世态度的基本特征之一。

六　佛教与礼法文化的下移

以上我们论述了中国佛教戒律中的伦理价值，揭示了佛教吸收和融变儒家世俗伦理问题。现在要进一步提出的问题是，佛教伦理是如何影响到世俗伦理的？佛法是如何影响到家法的呢？也就是要回答吸收了儒家世俗之后的佛教伦理，是如何回到世俗民众生活中去的问题。

我们观察到了自上而下和自下而上的双向运动模式。所谓自上而下的运动，是指儒家士大夫通过研习佛典和修持实践，乐于吸收接纳这些佛教规约，并将之纳入家规强制推行。他们儒佛兼通，援佛入儒，在关于孝悌、修身、门户、婚姻、立嗣、职业、上下（包括主奴关系）、丧葬等方面，援佛家思想入家训家规。佛教戒律与儒家伦理规范在中古时期这一相互吸收融合的过程，既是佛教自上而下逐渐中国化的典型表现，也体现儒家文化吸收外来文化的一种典型模式。

佛教典籍卷帙浩繁。要使佛典和戒律中蕴涵的伦理价值，变成世俗民众的道德信条，儒家士大夫的作用不可忽视。我们首先重点讨论的是，隋唐时代的儒家知识分子研习佛典及其戒律，并潜移默化地使之融入修身、治家的道德实践的情况。

以往关于儒家士大夫与佛教的关系，往往被简单化为反佛与崇佛两大类。如韩愈反佛，白居易崇佛，姚崇反佛，柳宗元崇佛。其实，除了道教徒（如傅弈）的废佛立场外，唐代士大夫中批评佛教的人都有特点的原因。如韩愈的废佛论针对狂热的迎佛骨活动而发，他本人与佛教高僧颇有往还①。大多数反对佛教的士人，只反对佛教的伪滥，反对佛事活动耗费钱财对国家和百姓的祸害。即使像辛替否②、姚崇③等人不信仰佛教，却认同于佛教的慈悲、清净思想，即不否定佛教的伦理价值。那些崇信佛教的士大夫也并不否定儒家的伦理，大多以儒家为本位，以佛教为补益。

《颜氏家训·归心》云："内外两教，本为一体，渐积为异，深浅不同。内典初门，设五种禁；外典仁义礼智信，皆与之符。仁者，不杀之禁也；义者，不盗之禁也；礼者，不邪之禁也；智者，不酒之禁也；信者，不妄之禁也。至如畋狩军旅，燕享刑罚，因民之性，不可卒除，就为之节，使不淫滥尔。归周、孔而背释宗，何其迷也！"④颜之推不仅推崇佛教的慈悲为怀，而且把佛教的五戒与儒家的五常相提并论。如果说一般认为成书于汉魏之际的《牟子理惑论》认为儒释道三教同源，以儒家纲常比附佛教的五戒还属于格义的范围的话，那么隋朝颜之推讥讽"归周孔而背释宗，何其迷也"，应该是对于佛教的本质有比较深切的体验了。牟子与颜氏都是饱读诗书的儒士，他们将儒佛类比

---

① 《全唐文》卷五五九收入韩愈在长安慈恩塔寺、洛北惠林寺、福先塔寺、嵩山玉泉寺、龙泉寺等题名。其《广宣上人频见过》云："久惭朝士无裨补，空愧高僧数往来。"见［唐］韩愈《韩昌黎全集》卷一〇《律诗二》，北京，中国书店，1991 年，第 157 页。

② 辛替否针对中宗武后时大兴佛寺，上书："夫释教者，以清净为基，慈悲为主，故当体道以济物，不欲利己以损人，故常去己以全真，不为荣身以害教。三时之月，掘山穿池，损命也；殚府虚帑，损人也；广殿长廊，荣身也。损命则不慈悲，损人则不济物，荣身则不清净，岂大圣大神之心乎！臣以为非真教，非佛意，违时行，违人欲。……"见《旧唐书》卷一〇一《辛替否传》，第 3156~3157 页。

③ 姚崇（650~721）的《遗令戒子孙》对于佛教持批评的态度，也不相信佛教因果报应之说，但是，他也肯定佛教提倡的慈悲、平等和善举："且佛者觉也，在乎方寸，假有万像之广，不出五蕴之中，但平等慈悲，行善不行恶，则佛道备矣。"

④ 《颜氏家训集解》卷五《归心第十六》，第 368 页。

代表了中古时代大多数士大夫的思想观点。比如隋末唐初的萧瑀，“好释氏，常修梵行，每与沙门难及苦空，必诣微旨”。但是，萧瑀又是一个坚决维护先王名教的人：

> 尝观刘孝标《辩命论》，恶其伤先王之教，迷性命之理，乃作《非辩命论》以释之。大旨以为，“人禀天地以生，孰云非命，然吉凶祸福，亦因人而有，若一之于命，其蔽已甚。”

他的文章据说获得了当时隋晋王府学士们的称赞：“自孝标后数十年间，言性命之理者，莫能诋诘。今萧君此论，足疗刘子膏肓。”①刘孝标的《辩命论》（《梁书》卷四四《刘峻传》作《辨命论》）站在儒家的立场上，用自然的命定论反对佛教的因果业报论。萧瑀当然是要为佛教辩护，但是，这里提的理由却是“恶其伤先王之教”，即萧瑀是从维护儒家“天命论”的立场来为佛教辩护。萧瑀不仅不反对儒家的天命论，而且标榜要捍卫正确的天命思想，其结果却是维护了佛教的祸福业报理论。萧瑀入唐官至宰相，以耿介知名。唐太宗知道他好佛教，特赐以锦绣佛像，并绣上萧瑀作为供养人的像，赐《大品般若经》一部，“并赐袈裟，以充讲诵之服焉”②。可见，萧瑀的糅合儒释得到了太宗的鼓励。

萧瑀糅合儒释的做法有互相关联的两点特别值得注意：第一，本来上是以释补儒。第二，却以恢复儒的正统的名义。这种做法得到了晋王府学士们即其他士大夫的称许。可见，唐代佛教吸收儒家的思想成分是公开的，而儒家吸收佛教的思想成分却是采取犹抱琵琶半遮面的态度。

像萧瑀这样兼通儒释的士大夫在唐代还有很多。比如，进士出身的上官仪，曾“私度为沙门，游情释典，尤精《三论》，兼涉猎经史，善属文”③。进士出身的严挺之“与裴宽皆奉佛”，“素归心释典，事僧惠义”，裴宽则奉事僧普寂④。玄宗朝进士出身的杨绾，早年家贫，养母以孝闻，“俭薄自乐，未尝留意家产，口不问生计，累任清要，无宅一区，所得俸禄，随月分给亲故。清

① 《旧唐书》卷六三《萧瑀传》，第2398~2399页。
② 《旧唐书》卷六三《萧瑀传》，第2402页。
③ 《旧唐书》卷八〇《上官仪传》，第2743页。
④ 《旧唐书》卷九九《严挺之传》，第3106页。

识过人,至如往哲微言,《五经》奥义,先儒未悟者,绾一览究其精理”。这是崇儒的一面。在另外一方面,“雅尚玄言,宗释道二教”,“凡所知友,皆一时名流。或造之者,清谈终日,未尝及名利。或有客欲以世务干者,见绾言必玄远,不敢发辞,内愧而退。大历中,德望日崇,天下雅正之士争趋其门,至有数千里来者。以清德坐镇雅俗,时比之杨震、邴吉、山涛、谢安之俦也。”①

韦处厚也是进士及第,位至宰相,“通《五经》,博览史籍”。穆宗朝曾“以其学有师法”,召入翰林为侍讲学士,改中书舍人。他觉得自己有责任有所规谏,“乃铨择经义雅言,以类相从,为二十卷,谓之《六经法言》,献之”,得到穆宗的奖赏。这样一位笃诚的儒者,也是信佛者:“雅信释氏因果,晚年尤甚。聚书逾万卷,多手自刊校。”②

归登是中唐著名儒学之士归崇敬的嗣子,崇敬在大历和建中时两度出任国子司业。归登在宪宗朝曾受诏与孟简、刘伯刍、萧免同翻译《大乘本生心地观经》。寻任东宫及诸王侍读,晚年曾以兵部侍郎兼判国子祭酒③。《大乘本生心地观经》一卷,今题僧般若等译。儒生与高僧共同翻译佛典,儒佛思想的沟通就在这种共同的工作中悄然完成。

同样是进士和制科出身,大中朝出将入相的裴休也很信佛。“家世奉佛,休尤深于释典。太原、凤翔近名山,多僧寺。视事之隙,游践山林,与义学僧讲求佛理。中年后,不食荤血,常斋戒,屏嗜欲。香炉贝典,不离斋中;咏歌赞呗,以为法乐。与尚书纥干皋皆以法号相字。时人重其高洁而鄙其太过,多以词语嘲之,休不以为忤”④。《全唐文》卷七四三收入了裴休多篇为释教文献写的序文如《大方广圆觉修多罗了义经略疏序》、《华严原人论序》、《注华严法界观门序》等等。其《华严原人论序》说:“余高枕于吾师户牖之间久矣,知者不言,则后代何以仰吾师之道乎?”⑤用“深于释典”来说明他的佛学造诣,决非虚言。

上面列举的信仰佛教的士大夫中,诸如裴休、杨绾,其生活方式乃至人生态度已经可以看出受到佛教的影响。这里再举几个处世方式受佛教影响

---

① 《旧唐书》卷一一九《杨绾传》,第3437页。
② 《旧唐书》卷一五九《韦处厚传》,第4187页。
③ 《旧唐书》卷一四九《归崇敬传附登传》,第4014~4020页。
④ 《旧唐书》卷一七七《裴休传》,第4594页。
⑤ 《全唐文》卷七四三,裴休《华严原人论序》,第7688页上。

的事例。关播，天宝末举进士，入邓景山淮南节度使幕府为从事，累迁右补阙，“善言物理，尤精释氏之学”。德宗建中朝为宰相。其致仕之后，“减去僮仆车骑，闭关守静，不萦外事，士君子重之”①。关播退休后简静的态度，当为得佛家熏陶之故。宰相王缙与兄弟王维，“皆笃志奉佛，食不荤，衣不文彩”。“丧妻不娶，孤居三十年。母亡，表辋川第为寺，终葬其西”②。可见其生前的生活方式和死后的丧葬安排都受到佛教影响。又如，李源“八岁家覆，俘为奴，转侧民间。及史朝义败，故吏识源于洛阳者赎出之，归其宗属。代宗闻，授河南府参军，迁司农主簿。以父死贼手，常悲愤，不仕不娶，绝酒荤。惠林佛祠者”，对于父亲生前所置别墅，他“依祠居，阖户日一食。祠殿，其先寝也，每过必趋，未始践阶。自营墓为终制，时时偃卧埏中”③。其生活态度固然与家庭和社会的变乱有关，也显然受到佛教的影响。

白居易自幼以聪慧闻，得顾况等赏识，少年得志。进士及第后，不次擢拔，很快被宪宗召为翰林学士、左拾遗。“居易自以逢好文之主，非次拔擢，欲以生平所贮，仰酬恩造”。他连续上了几个章疏，献计献策。虽然疏入不报，他还是为元稹、武元衡等事切谏，被当政者所不喜，被贬江州刺史。史言“居易儒学之外，尤通释典，常以忘怀处顺为事，都不以迁谪介意”④。可见，佛教的人生观使白居易在政治沉浮上变得比较达观了。他自称“予栖心释梵，浪迹老、庄，因疾观身，果有所得。何则？外形骸而内忘忧患，先禅观而后顺医治”⑤。这与他“仆志在兼济，行在独善”的儒家信条是并存不悖，互相通融的。

还有更突出的例子。“王友贞，怀州河内人也。父知敬，则天时麟台少监，以工书知名。友贞弱冠时，母病笃，医言唯啖人肉乃差。友贞独念无可求治，乃割股肉以饴亲，母病寻差。则天闻之，令就其家验问，特加旌表。友贞素好学，读《九经》皆百遍，训诲子弟，如严君焉。口不言人过，尤好释典；屏绝膻味，出言未曾负诺，时论以为真君子也。”⑥佛教割股疗亲的故事居然在这位儒者身上再现！王友贞读儒家九经皆有百遍之多，而治家约束子弟

① 《旧唐书》卷一三〇《关播传》，第3627～3628页。
② 《新唐书》卷二〇二《王维传》，第5765页。
③ 《新唐书》卷一九一《李源传》，第5511页。
④ 《旧唐书》卷一六六《白居易传》，第4345页。
⑤ 《旧唐书》卷一六六《白居易传》，第4356页。
⑥ 《旧唐书》卷一九二《王友贞传》第5118页。

又十分严谨,这不能不说与“尤好释典”有关。他“口不言人过”、不食腥膻之味,也可以看出佛教道德戒条的约束。而这样的人在人格上是被社会认同为“真君子”的。儒家的“君子”与佛教的德行在这里划上了等号!

崇奉佛教的士大夫之家治家以严格著称。王友贞“训诲子弟,如严君焉”已如上述。再看“崇信释典,常与僧徒往来,焚香礼忏,老而弥笃”的裴宽,就有一个讲究儒家孝悌的模范大家庭:“兄弟八人,皆明经及第,入台省、典郡者五人。”裴宽“性友爱,弟兄多宦达,子侄亦有名称,于东京立第同居,八院相对,甥侄皆有休憩所,击鼓而食,当世荣之”。是很符合儒家治家标准的①。

再举一个以家法严整著称的信佛者的例子。柳仲郢,元和十三年进士擢第,累践藩镇。史称:“仲郢以礼法自持,私居未尝不拱手,内斋未尝不束带。三为大镇,厩无名马,衣不薰香。退公布卷,不舍昼夜。《九经》、《三史》一钞;魏、晋已来南北史再钞;手钞分门三十卷,号《柳氏自备》。”这样一位精通儒家经典、又以礼法自持的官员,同样精通佛典:“又精释典,《瑜伽》、《智度大论》皆再钞;自余佛书,多手记要义。小楷精谨,无一字肆笔。”②撰《诫子书》传世的柳仳就是柳仲郢的儿子。史称“公绰理家甚严,子弟克禀诫训,言家法者,世称柳氏云”。柳公绰治家严整,在仲郢身上也有体现,所谓“仲郢有父风,动修礼法”。是以牛僧孺曾叹曰:“非积习名教,安能及此!”这个讲究礼法的家庭也同样是笃信佛教的家庭。《瑜伽师地论》和《大智度论》都是包涵着许多佛教戒律的佛典,而“自余佛书,多手记要义。小楷精谨,无一字肆笔”,说明仲郢对于佛教戒律的严格苛细应该是很熟悉的。他不可能不注意到佛教戒律对于治家的伦理价值。

唐代士大夫熟悉佛典,除了个人的原因外,还与社会上三教合流的总趋势有关。徐坚、徐彦伯、刘知几、张说等编纂《三教珠英》姑且不说③,唐代皇帝提倡三教辩论,也促进了儒道佛思想的融合。玄宗开元十六年,“悉召能言佛、道、孔子者,相答难禁中”。员半千的孙子,居然“九岁升坐,词辩注射,坐人皆屈。帝异之”④。可见不拘一格。“贞元十二年四月,德宗诞日,御麟

① 《旧唐书》卷一〇〇《裴宽传》,第3130~3131页。
② 《旧唐书》卷一六五《柳公绰传》,第4307页。
③ 《旧唐书》卷一〇二《徐坚传》,第3175页。
④ 《新唐书》卷一三九《李泌传》,第4631页。

德殿，召给事中徐岱、兵部郎中赵需、礼部郎中许孟容与（四门博士韦）渠牟及道士万参成、沙门谭延等十二人，讲论儒、道、释三教。渠牟枝词游说，捷口水注；上谓其讲耨有素，听之意动。数日，转秘书郎。”①五品的郎官与七品的四门博士同堂论讲，可见也不是论资排辈。

《新唐书》卷一六一《徐岱传》记德宗时的三教辩论说：“帝以诞日岁岁诏佛老者大论麟德殿，并召岱及赵需、许孟容、韦渠牟讲说。始三家若矛盾然，卒而同归于善。帝大悦，赉予有差。”②徐岱、韦渠牟等人是以儒臣参与辩论的，但参加辩论者只有对三教都有所了解，辩论时才能知己知彼③。由于三教辩论实际上是殊途同归，所以才会出现始异卒同，达到“始三家若矛盾然，卒而同归于善”的境界。辩论中，三教进一步走向互相融摄。徐岱治家谨严，“不谈人短，宗族孤孺者皆为婚嫁。然吝啬，自持家管钥，世所讥云。”④与前面几位兼通儒释的士大夫相似。

三教论衡和互相融摄对于朝廷官员执法也有影响。进士出身的王志愔，中宗时历任左台御史、大理正，以执法刚正闻名。鉴于大理官员以纵罪为宽恕，他作《应正论》上书皇帝说：“《慎子》曰：‘以力役法者，百姓也；以死守法者，有司也；以道变法者，君上也。’然则匪人臣所操。后魏游肇之为廷尉也，魏帝尝私敕肇有所降恕，肇执而不从曰：‘陛下自能恕之，岂足令臣曲笔也？’是知宽恕是君道，曲从非臣节。人或未达斯旨，不料其务，以平刑为峻，将曲法为宽，谨守宪章，号为深密。《内律》：‘释种亏戒，一诛五百人，如来不救其罪。’岂谓佛法为残刻耶？老子《道德经》云：‘天网恢恢，疏而不漏。’岂谓道教为凝峻耶？《家语》曰：‘王者之诛有五，而寝盗不预焉。’即心辩言伪之流。《礼记》亦陈四杀，破律乱名之谓。岂是儒家执禁，孔子之深文哉？此三教之用法者，所以明真谛，重玄猷，存天纲，立人极也。”⑤这里广引儒道佛的经典来论证执法要严的道理，得到皇帝的首肯。

如果说唐代的儒家士大夫融合佛教伦理，还没有走向理论形式的话，那么儒佛融合在宋代则进一步得到了理论化的发展。赵普曾经恭维太宗皇

① 《旧唐书》卷一三五《韦渠牟传》，第3728～3729页。

② 《新唐书》卷一六一《徐岱传》，第4984页。

③ 《新唐书》卷一六七《韦渠牟传》云：“渠牟有口辩，虽于三家未究解，然答问锋生。”见第5110页。

④ 《新唐书》卷一六一《徐岱传》，第4984页。

⑤ 《旧唐书》卷一〇〇《王志愔传》，第3120～3122页。

帝:“以尧舜之道治世,以如来之行修心”①。王安石与神宗的对话,也肯定儒佛为一:

> 安石曰:“臣观佛书,乃与经合,盖理如此,则虽相去远,其合犹符节也。”
>
> 上曰:“佛,西域人,言语即异,道理何缘异?”
>
> 安石曰:“臣愚以为苟合于理,虽鬼神异趣,要无以异。”
>
> 上曰:“诚如此。”②

即使在理学形成的南宋,孝宗皇帝仍然主张“以佛修心,以道养生,以儒治世”③。可见,以佛教指导个人心性的修养,被士大夫和皇帝所认可了。而佛教戒律正是身心修养的指导规范。

“以如来之行修心”主要是要求用佛教超脱达观、慈悲清净的心情去对待周围的事物,去处理日常生活中的人际关系。人类家庭伦理的基本准则具有普适性。例如,博爱(仁爱)思想、尊老爱幼意识等。这是儒佛相通的一个原因。但是,早期儒家修身理论与佛教伦理思想最大的不同在于其终究目的不一样。孔子、孟子等儒家的修身、齐家理论是从治国、平天下的政治目的出发的。先秦两汉的儒家伦理是从属于其政治社会哲学的。儒家修身宝典《中庸》说:“君子不可以不修身,思修身不可以不事亲,思事亲不可以不知人,思知人不可以不知天。好学近乎知,力行近乎仁,知耻近乎勇。知斯三者,则知所以修身;知所以修身,则知所以治人;知所以治人,则知所以治天下国家矣。”可见,儒家的修身是为国家政治服务的。赵普与宋孝宗都认识到儒佛有所分工,这样对于佛教的认识就发生了一个飞跃:“以尧舜之道治世,以如来之行修心”。这个命题包括两层意思:第一个方面是儒佛相合,都合于理,圭峰宗密从三点谈儒佛的融合,即五戒与五常的融合;乾四德与佛四德的融合;孝道的融合。这是比较浅的格义层次。第二个方面是儒佛分工互补,以佛修身养性,以儒治国安邦。家庭伦理规范主要是讲修身持

① [宋]李焘撰,上海师范大学古籍整理研究所、华东师范大学古籍整理研究所点校《续资治通鉴长编》卷二四,太平兴国八年十月甲申条,北京,中华书局,2004年,第554页。

② 《续资治通鉴长编》卷二三三,熙宁五年五月甲午条,第5660页。

③ No. 2035[宋]志磐《佛祖统纪》卷四七淳熙八年条,《大正新修大藏经》49,第430页上。

家的,中古佛教伦理被世俗家庭伦理所吸收便是自然而然的事情。

所谓自下而上的运动是指世俗大众通过宗教信仰与修行活动接受佛教戒律的约束,或者受到佛教宣传的影响而接受了儒佛混杂的道德意识和伦理观念。佛教强大的宣传能力和五花八门的宣传手段是佛教伦理对世俗大众产生巨大影响的重要原因。这种影响方式体现出佛教中国化的另一层面——世俗化,也表现出社会伦理如何自下而上影响至儒家主流意识。如果说魏晋南北朝时代,礼法门风是世家大族区别于庶族寒门的重要标志的话,那么隋唐以降,世族的衰落与礼法的下移同步发展,其伦理规范也像"旧日王谢堂前燕"那样,"飞入寻常百姓家"。在社会文化和儒家伦理下移的历史运动过程中,中国化的佛教扮演了重要的角色。

考察中古时期的民间童蒙教育是揭示佛教伦理世俗化和广泛普及的重要途径。因为大众化的童蒙教学用书不仅最贴近普通民众的思想和知识,而且直接反映了当时社会的普遍价值观念和信仰实态。中古时期的童蒙教材,大体被分为三类:一是识字教材,如千字文等;一是知识读本;三是思想品德教科书,如《太公家教》等。许多教材其实是兼有这几个方面的功能的①。唐代的大众读本兼童蒙教材《太公家教》云:"酒能败身,必须戒之。色能致乱,必须弃之。忿能积恶,必须忍之。心能造恶,必须戒之。口能招祸,必须慎之。"②这些词语虽然不是取诸佛经,但是,其思想精神则通于戒律中的戒酒、戒淫、戒嗔、毋妄语、毋两舌等戒条。

佛教编纂的大众通俗读本也是宣传儒家伦理的极好形式,这里再以《大正新修大藏经》卷八五收入的伪经《真言要决》为例。如《真言要决》卷一关于女人的一段话:"愚人娶妻,不求妇德,唯求门地、富贵、姿质为本。女人恃色,必恣骄淫。恃其门族,必怀欺侮。欺侮则不顺舅姑,骄淫则受人扇惑。不顺舅姑,则内外不睦。受人扇惑,则表里昏淫。耽欲愚人终不省觉。兼恐被夫嫌薄,无所不至。求巫厌□,不忧妇道。唯思声色,袨服靓妆。谄媚夫婿,诈将亲善。谗谮尊卑。夫纳妇言,疏薄骨肉,致使至亲同气,怨彻穹苍。如此之徒,岂唯三五!危身没命,实属妇人。丧国亡家,皆由女色。故周文之盛,先述德于后妃。殷纣之亡,卒归愆于妲己。自余群小,何可胜言!牝

① 参见郑阿财《敦煌蒙书析论》,收入氏著《敦煌文献与文学》,第237页。

② 此据高国藩录文,见《敦煌学辑刊》1984年第1期(总第5期),第71页。

鸡之晨，可不悟也。故《诗》云：妇为长舌，维厉之阶乱，匪自降天，生自妇人。”①这里的女人祸水论，出自儒家又不似儒家。其实如前引佛经的“女人八十四态”的部分内容倒有一些类似。这些语言被后来的家训、家规所吸取。《袁氏世范》卷一《睦亲·妇人之言寡恩义》中的一些看法就与此很是相似：“人家不和，多因妇女以言激怒其夫及同辈。盖妇女所见不广不远，不公不平。……非丈夫有远识，则为其役而不自觉。”②

《真言要决》为了宣说佛教义理，援引儒家道家经典释证之。如先引“《庄子》云：君子淡以亲，小人甘以绝。诚不谬矣。欢喜不及忍辱，多笑不及不嗔。不杀胜于放生，求福不如避罪。不悭胜于布施，心敬胜于足恭。故《遗教经》云：忍之为德，持戒苦行，所不能及。能行忍者，乃可名为有力大人。”随后再引《大智度论》，指出：“嗔为苦因缘，慈是乐因缘。”③如果说“和为贵”为儒家思想，那么“忍为高”则为佛教的思想。而从“和为贵”又可以引申出“忍”的哲学来，从而使儒佛合流。类似的例证很多。正如有的学者所概括的那样，“援引儒道经典粹语中有关修身、正己、明道、劝学、忍辱等处世真言，以与佛教经纶之此类嘉言互相比附。互证互释，借以引导世人，劝善惩恶。”④

又如，《新集文词九经抄》也是一本大众道德读本，该书顾名思义是一部新辑录的“九经”中有助于进德修身的佳言粹语集⑤，其序言开宗明义的说是：“包括九经，罗含内外，通阐三史，是要无遗，今古参详，礼仪咸备，忠臣孝子，由此而生；节妇义夫亦因此起”。这里以道德教养作为编者目的是很明确的。值得注意的是“罗含内外”即指包罗内典、外典一句，此“九经抄”很可能也是佛徒的作品。因为释氏以佛学为内典，其他为外书。虽然文中明提书名的不见佛教著作，可是言论却有出自佛教通俗文献的。如《父母恩重经讲经文》有：“所以书云，曾子曰：百行之先，无加于孝矣。夫孝者，是天之经，地之义。孝感于天地也，通于神明。孝至于天，则风雨顺序；孝至于地，

① No. 2825《真言要决》卷一，《大正新修大藏经》85，第1227页下。

② ［宋］袁采撰，贺恒祯等注释《袁氏世范》卷上《睦亲·妇人之言寡恩义》，天津，天津古籍出版社，1995年，第31页。

③ No. 2825《真言要决》卷一，《大正新修大藏经》85，第1228页上。

④ 郑阿财《敦煌写本〈真言要决〉研究》，载《敦煌文献与文学》，第234页。

⑤ 郑阿财《敦煌写卷〈新集文词九经抄〉研究》，台北，文史哲出版社，1989年，第22页。

则百谷成熟,孝至于人,则重译来贡,孝至于神,则冥灵佑助”①。这些话被“九经抄”引作《孝经》或《王阳》。而《父母恩重经讲经文》又引据《太公家教》、《论语》、《礼记·曲礼》以阐明孝道②。可见,儒、佛及通俗道德读本之间的相互融合的关系是错综复杂的。

《序言》又云:“故以群书纂义,且济时须。删简繁文,通阐内外,爰今引古,是要无遗,训俗安邦,号名家教,标题举目,示之云尔。”这里标明是要作为“家教”的功能。接下来又以屋漏为譬喻:“夫屋漏者,恒畏风雨;心邪者,常忧祸患,若补得屋,则风雨不入其室,心得意,则祸患不入其门。世人悉补屋以却风雨,不知正心以除祸患,何其愚惑矣。”这里特别强调“正心”的重要性,虽然这里上接儒家思孟学派《中庸》等的“正心诚意”思想,但是,这里更多的应该是佛教“修心”理论的影响。是与赵普和宋孝宗“佛以修心”的理论相通的。其实,《中庸》最早从儒家经典中被突出出来,作为科举考试的必读书,乃是受到佛教信徒的影响,关于此点,前以提及,此不具论。

总之,在佛教传入中国并逐渐本土化的过程中,曾经迎合和吸收儒家伦理,同时也丰富和发展了儒家伦理。中古以后的所谓中国传统文化,包含了丰富的佛教思想资源。唐宋及其以后的时代,家法、家训风行于世,教导人们基本的行为准则和伦理规范。“家法”原指汉代诸家经师各自治学之法,至唐代则成为治家之门风的代名词(宋代及明代以家法指祖宗之法,是这种用法的扩展),这种演变事实上反映出文化从贵族到平民的普及扩散,即一场礼法文化下移的社会运动。影响这一运动的因素是多方面的,如科举制刺激了民间教育的发展,纸的普遍使用和印刷术发明为图书的流通和教育的普及也提供了物质条件,新的艺术手段如俗讲、话本有助于普及伦理观念。在这一切因素之外,我们特别注意到作为家庭规范的“家法”之形成和普及与佛教的中国化和世俗化之间有密切的关系。佛教通过融和儒家伦理,向世俗家庭的治家规范渗透,并且使之具体化和普及化,成为全社会所接受的伦理价值观。

中国佛教对于中国家庭伦理规范的影响是多方面的。有些佛教伦理与儒家思想本来就是一致的;有些是佛教将儒家的伦理进一步系统化、具体

① 黄征、张涌泉《敦煌变文校注》卷五《父母恩重经讲经文(一)》,第972页。

② 黄征、张涌泉《敦煌变文校注》卷五《父母恩重经讲经文(一)》,第972~974页。

化;有些则是通过佛教独特的宣传手段使儒家伦理通俗化、使儒家的“礼”下移之于庶民百姓家,获得普及和被推广开来。佛教作为宗教具备一套实践和宣扬其基本教义的基层组织(寺院、社邑组织),这是儒教所没有的。佛教寺院介入童蒙教育、编纂大众道德读本等都是佛教介入世俗伦理再建的重要途径。佛教伦理价值被广泛接受具有三个递进的层次:善男信女对佛教的信仰——即使不信仰佛教也对于佛教观念有“不能免俗”的认同(如姚崇允许死后做七七斋①)——全社会都广泛认同于佛教戒律规定的慈善行为。此外佛教戒律的劝阻威吓作用也不可忽视。儒家的伦理只是正面疏导,没有反面阻吓;政府的法律只是禁奸止非,没有正面劝导。佛教戒律则是正面要求与反面禁止相结合。

科举也使文化由贵族下到平民,新的艺术手段如俗讲、话本对于伦理观念的普及有重要作用。过去是儒学在官,南北朝是学在家族(世家),隋唐以后,是学在民间(平民化)。孔子在中国教育史上的地位首先是改变了学在官府的局面,开办了最早的私人教育。但是儒家的传统,主张“礼不下庶人”,“三礼”中的那套制度并不能普及于一般民众。汉魏两晋南北朝,世家大族讲究礼法门风,因为这是他们维持家族地位的重要标志。隋唐以降,科举制度为平民入仕提供了现实的可能性,刺激了民间教育的发展,纸的普遍使用和印刷术的发明,为图书的流通和教育的普及也提供了物质条件。所以,唐末五代迄于两宋,出现了一场礼法文化下移的社会运动。佛教在这个文化下移运动中扮演了重要角色。

① 死后做七七斋在今天的台湾仍然是十分普遍的习俗,与是否信仰佛教无关。

第十一章　唐代世俗家庭的宗教生活

——跋房山石经题记《故上柱国庞府君金刚经颂》

家庭是世俗社会的基本单元，宗教是世俗生活之外的社会活动。家族以血缘关系为纽带，宗教组织以宗教信仰相联系。皈依佛门，号称“出家”，意思是走出家门，遁入“空门”。但是，家庭作为社会生活的共同体，从来就不是与宗教生活绝缘的，在佛教风靡全社会的唐代，宗教生活成为各阶层许多家庭的重要生活内容。有整个家庭的全体成员参与的佛事活动；有为家庭或家族成员祈福消灾而举行的佛事活动。宗教活动涉及到千千万万个家庭的经济、社会生活的方方面面。

一　内容分析

房山石经题记记录了当地行会和世俗家庭的许多宗教活动，其中《故上柱国庞府君金刚经颂》尤其引人注目。我们先移录原文如下：

> 公讳怀，字伯，其先南安郡人也。远祖因宦家于范阳焉。曾祖光，魏任雁门郡丞；祖安，齐任魏州昌乐县令；父谦，随任定州别驾。并价重连城，光融照乘，栖仁仗义，履顺居贞。公璧孕蓝田，珠生汉水。幼不好弄，长实多能。勋庸冠于朝伦，领袖标于士友。讵心门称武穴、室拟龙泉而已哉！岂其与善无徵，云亡奄洎。遽以光宅元年十一月遘疾，终于私第，春秋七十九也。
>
> 有子德相等扣地屠魂，号天泣血，想津梁之无据，思回向之有因，以为救助莫若于受持，施与不及于书写。今敬为亡父镌石造金刚般若经

一部，即以垂拱元年四月八日，雕饰毕功，兼设四部众斋，送经于山寺之顶也。重岩万仞，上亘有天，幽谷百寻，下临无地。缯黄接影，□梵连声，同钦祇树之风，共浃恒河之润，而为颂曰（下略）。

□□□上柱国庞德相□□。弟长上果毅上护军德立，弟柱国名立，弗（弟）左金吾翊卫元表，相妻杨，立妻张，名妻郑，表妻刘。相息谨忠、妻刘，谨泰、思（？克）谨，忠女二娘、十娘；立息谨信、克俭，女五娘；名息谨寂、克勤、谨约，女净心、八娘；表息郑宾、小宾，女豢儿、博儿、妃儿。夫涿城府队正郭神行，亡妻庞，妻胡，息奉祖、奉义，女三娘。妹夫何方海，妻庞，息天僧、天广、天保、天仞、天助，女提希、新希。□□上柱国史四郎，妻庞，息上护军承问、承□、□□、□儿、九儿、当□、四儿。上骑都尉郭神恭，母胡，妻梁，息朗，朗妻马。庞怀闰，妻孔，庞怀素，息义重，庞怀道，息小猪。史君昂，妻□，息僧端。月者仁旧，安（？妻）高，息燕□；猪元兴，亡父仁庆，母庞。刘天托，妻王，息元哲、元威、元节。飞骑尉刘山刚，妻唐。刘阿表，妻庞。张善登，息思谨。上柱国刘□相德（下缺）①

这则题记可以分为三段。第一段记载庞怀伯的家世源流，说他于光宅元年十一月（684）以79岁高龄于家中逝世。另一则房山石经题记《咸亨五年（674）庞怀伯等造象记》称，“大唐咸亨五年五月八日庞怀伯邑人等上为皇帝陛下、师僧父母及七世见存眷属等敬造阿弥陀佛像一躯”，其下署名的头衔是“都维那飞骑尉庞怀伯”。十年前庞怀伯是飞骑尉、都维那，很可能还是当地社邑的首领，所以题记中说他“勋庸冠于朝伦，领袖标于士友”。都维那是寺院的三纲之一。庞怀德似乎并不是僧人，他有妻室儿女，还有皇朝封的勋官，飞骑尉三转，上柱国十二转，已经是最高等级②。这个都维那，要么很可能不是僧官，要么就是以僧官充当地方佛教社邑的首领。究竟如何需要另加考证③。

① 《故上柱国庞府君金刚经颂》，《房山石经题记汇编》，第4～5页。按，原录文无标点，这里予以标点；部分缺失内容据文义予以补充；疑原录文不当处在括号内标出。

② 庞怀伯本人是飞骑尉，上柱国应该是其长子庞德相的勋官，颇疑《故上柱国庞府君金刚经颂》的拟题有误。

③ 有一种推测是，庞怀伯光宅元年（684）出世时79岁，则年轻时代正当贞观末年和高宗之世，可能他在那个时候服兵役立功，获得勋官，并娶妻生子。晚年才出家当和尚，出任僧官都维那。但是，北朝佛教石刻中世俗之人出任都维那或者维那的是相当普遍的情况。

第二段记长子庞德相等为此镌石造金刚般若经一部，并于垂拱元年（685）四月八日“雕饰毕功，兼设四部众斋，送经于山寺之顶”。后面还有三首四言八句的颂文。四月八日是佛诞日，在这一天做佛事是很普遍的事情。比如，房山石经题记《石浮屠铭并序》记造浮屠日期为“唐中兴七年岁次辛亥夏四月八日”，以下的几则造像题记分别为太极元年四月八日、开元九年四月八日、开元十年四月八日等①。

第三段是庞德相等亲属的题名。这是一个庞大的家族谱系图。亡者庞怀伯有子女庞德相等约七人。其中兄弟四人：大哥庞德相，弟弟德立、名立、元（当作“玄”）表。此据《咸亨五年庞怀伯等造象记》亦可证明。该《造象记》有“都维那飞骑尉庞怀伯，妻侯，息上柱国德相、德立、名立、玄表”的题记②。庞德相的姐姐嫁给了郭神行，一个妹妹嫁给了何方海，另一位史四郎很可能也是一位妹婿。

其他人员也与庞家有关系。首先是郭神恭，从姓名与家眷情况看，当是庞家姐夫郭神行之弟。庞怀闰、怀素、怀道，当是庞德相的远房叔父。史君昂，可能是妹夫史四郎的兄弟。猪元兴的母亲姓庞，其亡父为猪仁庆，故其父兄猪仁旧（？）也参加了这次活动。以下有刘天托、刘山刚、刘阿表，除刘阿表的妻子为庞氏外，还有一层关系是，庞玄表的妻子姓刘，诸刘可能是玄表岳父家的人。张善等可能是庞德立妻子张氏娘家人。最后残缺的一位上柱国刘某，情况不详，当也是姻亲之属。房山石经题记《金刚般若波罗蜜经》有：“垂拱元年岁次乙酉四月丙子朔八日癸未，幽州范阳县庞德相兄弟等为亡考及见存母敬造此经，合家供养。”③这与《庞府君金刚经颂》谈的是同一件事情，进一步坐实了前述题名者都是庞家亲属。

总之，参加这次礼佛活动的除了亡者的直系亲属外，还有姻亲、姻亲的兄弟和本家叔伯。姻亲中，姐夫郭神行之妻庞氏已亡，续弦胡氏。郭神行不仅率妻儿参加了这次活动，而且其兄弟神恭一家也列名其中。估计郭神行的几个孩子是他与庞氏所生的。但无论如何，姻亲的兄弟参加为亡者祈福的雕刻石经活动，说明了当时亲族之间的关系是很密切的。

---

① 《房山石经题记汇编》，第6~12页。

② 《咸亨五年庞怀伯等造象记》，《房山石经题记汇编》，第3页。

③ 《金刚般若波罗蜜经》，《房山石经题记汇编》，第203页。

二 写经的三种缘起

《庞府君金刚经颂》反映出唐代世俗家庭礼佛生活的一般情形。正如文中所言，本着“救助莫若于受持，施与不及于书写”的信条，德相等在父亲出世后刻石经为亡考祈福，并且还举行盛大法会：“雕饰毕功，兼设四部众斋，送经于山寺之顶也。重岩万仞，上亘有天，幽谷百寻，下临无地。缯黄接影，□梵连声，同钦祇树之风，共浃恒河之润”。所谓四部众，又称四部弟子，是指比丘、比丘尼、优婆塞、优婆夷，也就是出家和在家的佛门弟子。庞氏兄弟选择四月八日佛诞日，举行往山上寺院送刻好的佛经仪式，同时“兼设四部众斋”，招待僧俗信徒。在这个法会上，“缯黄接影，□梵连声。”那种幡幢耀眼，佛声震耳的热闹场面跃然纸上。

为了消灾祈福而写经，在北朝隋唐是十分普遍的现象，是当时民众宗教生活的主要形式之一。敦煌文书中的写经题记载反映出北朝隋唐时期的写经缘起大体可以分为普济主义、实用主义、家族主义三种情况。所谓普济主义，是指写经发愿为全体生灵求福，如北魏皇兴五年，张瓈“竭家建福，兴造素经《法华》一部、《金光明》一部、《维摩》一部、《无量寿》一部，欲流通本乡，道俗共翫。愿使福钟皇家，祚隆万代；祐例亡父亡母，托生莲华，受悟无生；润及现存。普济一切群生之类，咸同斯愿。若有读诵者，常为流通。”① 这里的发愿分为三个方面、两个层次：三个方面是皇家、已亡父母、现存者；两个层次是推己及人，“普济一切群生”。

所谓实用主义是指信佛者主要是出于某个很具体的目的而写经发愿。有父亲为患病的儿子写经发愿的。如辛未年(911)二月四日，皇太子暅，为男弘忽染痢疾，非常困重，遂发愿写此《金光明最胜王经》，“愿弘疾苦早得痊平，增益寿命”②。有为父亲患病写经求福的，如唐总章二年(669)，令狐石住因父病发愿写金刚经二部③。有为早日还家写经发愿的。如隋大业十二年(616)七月廿三日，信女刘圆净流落在敦煌，写经发愿。“愿刘早离边

① 黄征、吴伟《敦煌愿文集》，长沙，岳麓书社，1995年，第807页。
② 《敦煌愿文集》，第920页。
③ 《敦煌愿文集》，第893页。

荒，速达京辇；罪障消除，福庆臻集”①。唐代还有府兵官兵在府写经求平安还家的，如武周“久视元年(700)六月三十日，宁远将军守右武威卫晋州安信府左果毅都尉上柱国邓守琎，在府写《涅槃经》一部”，除了“为父母及身、兄弟妻子等无诸灾障”，请求“诸佛护助”外，还“愿守琎父子平安到家，共娘及弟并妻、子等相见，报佛慈恩”②。

这种出于实用目的而举行礼佛活动的也见于龙门石窟造像题记中。龙门石窟造像题记的施主们造像的缘由主要有：为疾病而造像祈求痊愈，为怀孕而造像祈求孕娠安吉，为北征而造像祈求平安返回，为生日而造像，为求长寿而造像，为有恶梦而造像，为家内鬼神不安而造像，为保今世的富贵安乐而造像，为仕宦顺遂而造像，当然，也有为了祈求来世的幸福、国祚的久长和亡故的亲人而造像的③。

所谓家族主义是指写经发愿者为了家人的幸福而举行佛事。有为丈夫或妻子写经祈福的。隋开皇十八年(598)四月八日，信女氾仲妃“减身口之分”，为亡夫写经发愿④。郭法姬为亡夫杨群豪写经发愿⑤。令狐阿咒“减割资财，仰为亡夫敬写《大涅槃经》一部卌卷，《法华经》一部十卷，《大方广经》一部三卷，《药师经》一部一卷”⑥。

有长辈为晚辈写经祈福的。如唐光化三年(900)张氏(疑是索勋夫人)“谨为亡男使君、端公、衙推，抄《金光明最胜王经》一部”⑦。唐天授二年(691)，菩萨戒弟子令狐兰为早夭孙女发愿写经⑧。

有晚辈为长辈写经祈福的。如唐景龙二年(708)，同谷县令薛崇徽与弟崇暕为亡考妣写经发愿⑨。如隋大业二年(606)，“比丘释善藏，奉为亡妣张夫人敬造此经，流通供养”⑩。又如隋大业四年(608)四月十五日敦煌郡大黄府旅率王海，奉为亡妣敬造《涅槃》、《法华》、《方广经》各一部，愿“世世生

① 《敦煌愿文集》，第878页。
② 《敦煌愿文集》，第896页。
③ 孙惯文《龙门造像题记简介》，《考古与文物》1983年第6期。
④ 《敦煌愿文集》，第858页。
⑤ 《敦煌愿文集》，第862页。
⑥ 《敦煌愿文集》，第864页。
⑦ 《敦煌愿文集》，第916页。
⑧ 《敦煌愿文集》，第894页。
⑨ 《敦煌愿文集》，第897页。
⑩ 《敦煌愿文集》，第871页。

生还为眷属"①。上两种情况当因父亲尚健在，所以发愿只是说为亡妣求福。

有为兄弟姐妹写经祈福的。如李季广北魏永平五年(512)，"有姊适王氏家，灾命早背。兄弟之情，悬心楚切，不任所感，为亡姊写《涅槃经》一部"②。又如北魏正光三年(522)，亡兄沙门维那慧超，倾资竭财，"图金容于灵刹，写冲典于竹素"，功未成而去世。"弟比丘法定，仰瞻遗迹，感慕遂甚。故莹饰图刹，广写众经，《华严》、《涅槃》、《法华》、《维摩》、《金刚般若》、《金光明》、《胜鬘》，冀钟福亡兄"③。

北京房山石经题记有许多类似的题记，如：

> 天宝元年二月八日范阳县人李仙药为亡过父母　敬造石经一条，合家供养。
>
> 大历五年二月八日建　佛弟子李义礼为亡妻敬造石经一条，合家供养。
>
> 大历五年二月八日建　尹晟弟进玉为亡过父母敬造石经一条，合家供养。

当然，以上三个方面并不仅不是可以绝然分开的，甚至经常是统一在一起的。他们突出地表明了"家"、"家庭"、"家族"及其幸福在中国佛教信徒的宗教生活中占有举足轻重的份量。

三　家庭宗教生活的形式

庞家在送石经时还举行了四部斋会，"斋会"也是当时家庭佛事活动的重要形式。

佛教在传入中国初期，曾经被认为是神仙方术家的一支。佛教本身也

① 《敦煌愿文集》，第877页。
② 《敦煌愿文集》，第810页。
③ 《敦煌愿文集》，第811页。

在传播中有意无意地披着道教的外衣。祭祀礼忏是佛教宣教的一种重要方式。因此，从一开始中国佛教就形成了不同形式的法会仪礼——一种集体礼佛活动。这些活动按照其内容分有斋僧、礼忏、超度等形式。

斋僧本来是给僧人供食，後来发展成俗人修行功德的一种形式。官府用斋僧的方式来为阵亡将士超度荐福，或者为求雨举行斋僧法会。民间因为病愈而斋僧，为报恩而举行法会的事也十分普遍。

水陆法会是超度死者罪孽最重大的礼忏法会，全称“法界圣凡水陆普度大斋圣会”。据《佛祖统纪》卷三三，唐高宗咸亨年间（670～674）长安法海寺禅师神英梦中得到异人指点，醒后从大觉寺得到梁武帝所撰水陆仪文，因常设此斋，遂流行天下①。但是，水陆仪轨中的文辞完全依据天台宗的理论撰述。其中所有密咒出自菩提流志于唐中宗神龙三年（707）译的《不空绢索神变真言经》。这么说，水陆法会在唐代应该已经流行，只是在宋代更加普遍化罢了。

北宋慈云寺遵式（964～1032）在《金园集》卷中《施食正名》载：“今吴越诸寺多置别院，有题榜水陆者，……有题斛食者，……有题冥道者。”尽管这是文献中最早提到水陆法会（根据宗晓《四明尊者教行录》序，可知《金园集》的撰者慧观是遵式的五世法孙，书成于绍兴二十一年（1151），其时距遵式圆寂120年），但是这并不能排除唐代就有水陆法会。日本最澄、圆仁先后到唐朝求法，最澄带回国的密宗典籍有《冥道无遮斋法》一卷，圆仁携回《冥道无遮斋文》一卷。现存《阿娑传抄》中有《冥道供》，其规模与水陆仪轨大致相仿，说明水陆法会是由唐代密宗的冥道无遮大斋与南朝梁武帝六道慈忏相结合而发展起来的。到了宋代杨锷又采取了密教仪轨而编写成《水陆仪》。总之，水陆法会虽然成熟于北宋，但是其渊源却在于唐，这是没有疑义的。

《金园集》一书的内容主要是集合遵式的遗文而成。其中包括北宋初年盛行的各种礼忏斋会上的仪式和文本，如修盂兰盆法九门、放生慈济法门、施食正名、施食法、施食文、施食观想、炽盛光道场念诵仪中诫劝檀越文、致祭修斋疏文、致祭修斋决疑颂、野庙志等。由于印刷术的广泛使用，使宋代的各种斋仪得以流传并且为后人所知，但是北宋初年流行的这些斋忏仪式

① 《佛祖统纪》卷三三“水陆斋”条，扬州，江苏广陵古籍刻印社，1992年，第3册，第1342页。

不可能凭空产生，只能是继承于唐代或者是对中古斋仪的进一步发展。例如不空译的《炽盛光大威德消灾吉祥陀罗尼经》就是遵式的《炽盛光念诵仪》的基础，后者所记述的是炽盛光佛顶法的坛场念诵法。有些斋仪本来在唐代已经流行，反而是宋代以后失传或发生了变异。如瑜伽焰口施食仪原来是密教的一种行仪，其源出于唐不空译《救拔焰口陀罗尼经》。日本入唐巡礼求法的各家都取得有关施饿鬼的仪轨。唐末密教失传，施食仪轨也失传了。

中古民间广泛举行的佛教斋仪还包括一些纪念性的法会。纪念法会是在节日期间举行的佛事活动。最早有唐玄宗的千秋节举行纪念性法会，请僧人讲经。宪宗、懿宗迎佛骨，都举行盛大的斋会，咸通十四年四月八日是佛诞节，佛骨到京城，“自开远门达安福门，彩棚夹道，念佛之音震地”①。这里的念佛之声实际上就是法会中的念佛声，所以《通鉴》记作：“富室夹道为彩楼及无遮会，竞为侈靡。”懿宗皇帝自己说，只要见了佛骨，死也瞑目，“上御安福门，降楼膜拜，流涕沾臆，赐僧及京城耆老尝见元和事者金帛。迎佛骨入禁中，三日，出置安国崇化寺。宰相以下竞施金帛，不可胜纪”②。

盂兰盆会也要举行盛大的佛事活动。盂兰盆会与目连救母的故事密切相关。传说目连的母亲在地狱受倒悬之苦，释迦牟尼教导给他的救母方法是供养十方僧人，于是盂兰盆会被演化成居士、施主们在农历七月向寺院供奉各种食品，并且举行节庆的活动。根据《法苑珠林》的记载，唐代的盂兰盆会场面热烈而壮观。该书卷七七《献佛部》称，“国家大寺，如似长安西明、慈恩等寺”，“每年送盆献供种种杂物及舆盆音乐人等，并有送盆官人，来者非一”。“外有施主献盆献供种种杂事。”于是，供佛供僧成为世人宗教生活的一项活动内容。

忏法是忏除所犯罪过的修行活动。中国佛教的忏法起源于晋代，南北朝渐盛，至隋唐时代大为流行。

据《唐高僧传·兴福篇论》中所说，忏悔罪过的仪则最早起于南朝刘宋时代的药师行事。梁陈之际已经流行着各种忏法，《广弘明集》卷三六载有10多种忏法。《唐高僧传·兴福篇论》又增加了普贤别行、佛名、般舟等忏。

① 《旧唐书》卷一九上《懿宗纪》，第683页。

② 《资治通鉴》卷二五二咸通十四年四月，第8165页。

这些忏法的行仪都已经失传，周叔迦先生推测，其内容当是读诵忏名所标的经典，以诵经的功德来消除罪孽①。一直到近代还通行着《梁皇忏》、《万佛名忏》和唐知玄所撰《水忏》。

佛教本来的教义主张“自力救济”，就是说各人通过自己的修行，结成善因，以成正果。忏法原本是僧人自我修持的一种办法。随着佛教在中国的发展，“他力救济”的观念也日渐流行，于是忏法也变成僧人为施主增益福德的手段。施主出钱财，请僧人修何忏法，诵何经文，都跟施主祈福的愿望连在一起。举行礼忏斋会成为俗人的一种宗教生活。

敦煌社斋文反映出当时社邑举行法会的热闹场面：“坐前施主，捧炉虔跪，设斋”，“是日也，开月殿，启金函，转大乘，敷锦席。厨馔纯陁之供，炉焚百合之香，幡花散满於庭中，梵呗啾流於此席”②。这样的斋会每年要举行多少次呢？另一首邑文写道：“座前［合］邑诸公”，“乃共结良缘，同崇邑义，故能年三不阙，月六无亏；建树坛那，聿修法会”③。也就是说每年的五、九、元月和每月的六天（即八、十四、十五、二十三、二十九、三十日）都要建坛修会，可见社邑活动中，佛事活动多么的频繁，也可见民间宗教生活在人们的社会生活中占有多么重要的位置！

四　余　论

庞怀伯死后，其子女及家族、姻亲一齐参加佛事活动，这对于一个大家族来说，固然是很普遍的情况。但也有相当多的佛事活动是通过建立佛事合作组织来进行。《涑水纪闻》载：“开元初，同州界有数百家，为东西普贤邑社，造普贤菩萨像，而每日设斋”。敦煌文书中有《唐光启三年（887）五月十日文坊巷社肆拾贰家剏修私佛塔记》④。诚如宋赞宁《大宋僧史略》卷下“结社法集”所言：“历代以来成就僧寺为法会，社也。社之法，以众轻成一

① 周叔迦《周叔迦佛学论著集》（下），北京，中华书局，1991 年，第 635 页。

② P. 3765+S. 5957+P. 4608《社文》，宁可、郝春文辑校《敦煌社邑文书辑校》，南京，江苏古籍出版社，1997 年，第 534～535 页。

③ P. 2058V（P. 2588+P. 3566）《邑文》，宁可、郝春文《敦煌社邑文书辑校》，第 552 页。

④ P. 4040V《唐光启三年（887）五月十日文坊巷社肆拾贰家剏修私佛塔记》，唐耕耦、陆宏基主编《敦煌社会经济文献真迹释录》第一辑，北京，书目文献出版社，1986 年，第 384 页。

重。济事成功,莫近于社。今之结社,共作福因,条约严明,愈于公法,行人互相激励,勤于修证,则社有生善之功大矣"①。庞怀伯等"邑人"咸亨五年五月八日造像记,看来也是以家庭为单位建立社邑的,因为像主题名中都是男性户主和妻子并列②。

一个家庭如果有出家者,出家人与世俗家庭仍然有着十分密切的关系。有许多出家僧尼为家人写经祈福,更有许多出家僧尼与在家的父兄们共同举行礼佛活动。如《云居石经山顶石浮图铭并叙》:

> 清信佛弟子刘玄望,弟定辽、弟文立,侄男陪戎尉志贞、侄男志敏,并出家妹法喜、法[澄]。
>
> 大唐开元[玖]年[肆]月捌日比丘尼法[喜]、法澄及昆季合家眷属等共建。③

这则题记体现的是出家的女子与世俗家庭的关系。刘玄望两个出家为尼的妹妹,与本家兄弟侄儿共同举行佛事活动。

佛教在历史上被视为"无君无父",即无视儒家的伦理价值。而家庭却处于儒家伦理价值的中心位置。"修齐治平"中,"齐家"处于关键地位。佛教追求的是解脱尘世的痛苦,认为四大皆空。而家庭追求的是生活的幸福,家庭生活是俗世社会生活的最基本形式。然而,在实际上,世俗家庭与佛教的宗教生活,这两个看似对立的东西,却在中古时代社会现实中表现出高度的统一性。

整个家庭或者以家庭为单位参加佛事活动在那个时代蔚然成风。这就必然把家庭伦理关系也带入佛事活动中,或者说佛事活动成为了一种世俗化了的社会活动。例如,忠孝成为佛事活动的目的和宗旨④。佛弟子们写经、刻经、造像、建寺,上为君国下为父母发愿祈福。斋僧、礼忏不是为了修

① No. 2126[宋]赞宁《大宋僧史略》卷下《结社法集》,《大正新修大藏经》54,第250页下。

② 关于北朝隋唐社邑与佛教的关系的研究,参见郝春文《隋唐五代宋初佛社与寺院的关系》,《敦煌学辑刊》,1990年第1期;《隋唐五代宋初传统私社与寺院的关系》,《中国史研究》1991年第2期;《东晋南北朝的佛教结社》,《历史研究》1992年第1期。

③ 《房山石经题记汇编》,第7页。

④ 王勃《为原州赵长史请为亡父度人表》即从忠孝的角度,"希开净福","赐许度人"。《全唐文》卷一七九,第1820页。

行，而是为了表达对父母的孝道。儒家的思想意识浓重地被带入佛教的法事中。

子弟出家无疑给家庭生活带来了浓重的佛教气氛。诸如写经、刻经、造像、建寺，举行法会、斋僧、礼忏，甚至“竭家建福”，人们把家庭生活的幸福建立在积极开展各项佛事活动上；若干个家庭或家庭的主要成员组成社邑，在婚丧嫁娶时举行佛事活动，并展开互助，以解决家庭生活中的许多实际问题。可以说，世俗生活与佛教生活已经难解难分了。

总之，从庞德相等刻经题记可以看出，唐代世俗家庭里有着丰富的宗教生活内容；唐人佛教宗教活动中充满了世俗家庭的气氛；即使是出家的僧尼也与世俗家庭保持着紧密的联系，所有这些编织出了唐代世俗家庭宗教生活的多彩画卷。

第十二章 《太平广记》所见中古民众的佛教信仰

佛教的传入中国及其逐步中国化是中古社会文化史上的重大历史现象。在浩繁的佛教学说之外,还有着丰富多彩的大众佛教信仰,成为中国中古社会史的奇妙景观。《太平广记》作为中国古代笔记小说的汇集,给我们提供了一个机会来了解中古时期广大民众所拥有的处世态度、观念形态和佛教信仰的资料。正是这些离奇的小说故事,给我们展示了那些渴望奇迹出现、上天恩赐、解脱苦难的广大世俗信徒心目中的佛教,以及佛的形象。

《太平广记》卷八七至九八《异僧》凡一二卷,述说的是具有超人本领的奇异僧人的事迹。卷九九至卷一〇一《释证》讲释教之不虚。卷一〇二至一一六有《报应》十四卷,讲奉持《金刚经》、《法华经》、《观音经》以及崇经像等的果报。念持佛经灵验的故事晋宋以来颇为盛行,唐代仍然有许多类似的故事以及其编纂物在社会上传播。《太平广记》卷一一一也收入隋唐时代的观世音灵验报应故事八条。此外,还有少数《法华经》灵验故事。《观世音经》即《法华经》的《普门品》,因此,《法华经》报应故事也可以归入观世音信仰。唐代的冥报灵验故事中以宣扬的《金刚经》故事明显增多。《太平广记》中的《金刚经》灵验故事最多,共有卷一〇二至一〇八共八卷(相比之下,《法华经》只有一卷,《观音经》两卷,当然故事不都是隋唐时代的内容)。卢求《报应记》(《金刚经报应记》)也是一本唐代志怪小说集,《崇文总目·释书类》著录为三卷,原书不存,《太平广记》引有五九条,内容多为唐朝僧俗念持《金刚经》的报应故事。

《太平广记》卷一一七至一三四有《报应》一九卷则是关于冤报、杀生等各类报应故事。卷一三五至一四五《征应》、卷一四六至一六〇《定数》、卷一六一至一六三《感应》共二十九卷也都是与佛教教义的宣传有关的内容（尽管其中涉及的一些人物如尧、周武王等的事迹纯属虚构）。此外卷三八七《悟前生》之类故事也多含有佛教意识。我们且以《太平广记》卷九九至卷一一五提供的资料为例，对其中所反映的民众佛教信仰的情况做一统计分析。

一　信众的构成分析

关于信仰的民众情况。段成式《酉阳杂俎》续集卷六《金刚经鸠异》收集了二十二条《金刚经》报应故事。这些故事的主人公即修持《金刚经》的当事人，分别是县尉（士人）、节度使、大将、小将（3 人次）、僧人（5 人次）、村姑、兵卒（3 人次）、州吏、商人妇、百姓、小商人、幕职、老母（烽子）、孝廉。归纳起来，藩镇高级文武将官 3 人，一般将士与兵卒 6 人，僧人 5 人，普通百姓 6 人，州县官吏 2 人。涉及到不同阶层的人士，但是以下层民众为多数，在一定程度上说明了其时信仰《金刚经》灵验报应的虽然涉及到各个阶层人士，但是主要是普通民众。

根据《太平广记》卷九九至一一五所统计的人群总数为 193 人，跨度时期为魏晋南北朝至隋唐，以唐代占多数。从人物的身份来看，上至“一人之下”的宰相群体，以及中央的高级官员，下至社会最底层的平民百姓，屠夫、佃农、囚犯、盗贼等等，中间还包括地方高官及各级中小官吏、武将、士兵、文人。从年龄十几岁的少年到七旬老翁，有“精进典籍”的读书人，也有市井粗猛之人，有人家富于财，有人家世贫贱，有为生病的妻子写经的丈夫，也有为远行的儿子造像的母亲，男女老少，高低贵贱，涉及了社会的各个层面，具有广泛的代表性。

图表 12-1　《太平广记》所见中古信众构成（193 人）

身份	王	中央高官	地方官及小吏	军人	内臣	百姓	表述不明
人数	2	16	57	28	1	40	49
比例%	1.03	8.29	29.53	14.51	0.52	20.73	25.39

中央官员中相当一部分为三品以上的高级官员，唐宰相裴休“留心释氏，精于禅律”①，隋中书令萧瑀“笃信佛法，常持金刚经”②；苻秦徐义曾为尚书，“少奉佛法”③；唐地官侍郎裴宣礼、御使任植“常持金刚经”。

人数最多是从州太守、刺史、别驾、司马到县令、县尉、县丞、主簿等各级官吏。睦彦通曾任隋武牢宰，“精持金刚经，日课十遍”④；唐邢州司马柳俭，隋任歧阳宫监，入狱后至心诵金刚般若经，得以释放，一生诵经五千余遍⑤；还有唐江南县尉刘弼、高邮丞李丘一、明州司马张嘉猷、德州司马李廷光、忠州司马薛严，刘宋太守王球、主薄彭子乔、参军伏万寿等等。

百姓这一项的涵盖面也很广，有富、市井百姓，还有山野至贫之人，猎户、屠夫、庄客、囚犯。唐有一富商，“恒诵金刚经，每以经卷自随”⑥；一贩薪者七十岁“常持金刚经”，读金刚经五十年⑦；孙明“世贫贱，为卢氏庄客”，“善持金刚经，日诵二十遍，经二十年”⑧；唐京城东长乐村有人家“素敬佛教，常给僧食”⑨；市井粗猛之人鱼万盈，“因断酒肉…日念经五十遍”⑩。

此外还有相当一部分是军将士兵，从军之人，有唐代镇边戍防的军士健儿，有藩镇的将领，也有戍卫京城的军官⑪。

佛教信仰是各阶层许多家庭的重要内容，有些人家世代奉佛，如晋周珰“家世奉法”⑫，于潜人董吉“奉法三世”，而董吉尤精⑬，晋车骑将军王懿“世信佛法”⑭。佛教活动成为家庭共同的活动，唐王弘之女婿崔轨死后，王家为其“数设斋供，并写法华、金刚、观音等经各三两部”⑮，唐司元少常伯崔义

① 《太平广记》卷一一五《裴休》，第804页。
② 《太平广记》卷一〇二《萧瑀》，第688页。
③ 《太平广记》卷一一〇《徐义》，第756页。
④ 《太平广记》卷一〇二《睦彦通》，第687页。
⑤ 《太平广记》卷一〇二《柳俭》，第688页。
⑥ 《太平广记》卷一〇八《贩海客》，第737页。
⑦ 《太平广记》卷一〇八《元初》，第735页。
⑧ 《太平广记》卷一〇五《孙明》，第708页。
⑨ 《太平广记》卷一〇〇《长乐村圣僧》，第667页。
⑩ 《太平广记》卷一〇七《鱼万盈》，第724页。
⑪ 《太平广记》卷一〇一《邢曹进》，卷一〇二《韦克勤》，卷一〇三《王陀》，卷一〇五《三刀师》、《崔宁》、《魏恂》，卷一〇六《孙咸》、《左营伍伯》，卷一〇七《王忠幹》、《董进朝》、《王丐》，卷一〇八《宁勉》，卷一〇九《李山龙》等。
⑫ 《太平广记》卷一一〇《周珰》，第750页。
⑬ 《太平广记》卷一一二《董吉》，第772页。
⑭ 《太平广记》卷一一三《王懿》，第783页。
⑮ 《太平广记》卷一一五《王弘之》，第798页。

起妻子萧氏死后,其家为其请僧修初七斋①,宋梁郡人魏世子奉佛精进,“儿女尊修”②。还有许多人从小就信奉佛教,“年少奉法”,“少持金刚经”③。宁州刺史女费氏“少而敬信,诵法华经数年”④,会稽人周珰十六岁便“蔬食诵经”⑤。唐衢州司户王琦“自童孺不茹荤血”,性好持诵观音经⑥,后周张元十六岁便为失明的祖父“请七僧,燃七层灯,七昼夜转读药师经”,以祈福佑⑦。

二 民众信佛的表现方式

关于民众信佛的表现方式。民众的崇佛信佛行动融入于生老病死、婚丧嫁娶的日常生活中,面对现实生活的困苦和生命的短暂,他们求助于佛,相信佛能够给予他们今生的幸福,来世的善报和亲属死后的安乐,为此作出了种种努力。

1. 念经诵经持经转经

这是最为普遍的一种方式,有的人动辄念诵成千上万遍,常要求自己每天念十几遍几十遍,《观世音菩萨救苦经》即云:

> 此经大圣,能救狱囚,能救重病,能救千灾百难苦,若有人诵得一千遍,一身离苦难,诵得一万遍,合家离苦难,……勤诵千万遍,灾难自然得解脱⑧

而且所诵佛经短小简洁,易于上口,如“观世音南无佛,与佛有因,与佛有缘,

① 《太平广记》卷一一五《崔义起妻》,第799页。

② 《太平广记》卷一一四《魏世子》,第789页。

③ 《太平广记》卷一〇二至一〇八《韦克勤》、《王令望》、《张玄素》、《陈利宾》、《李惟燕》、《宋恭军》、《兖州军将》,卷一一〇《潘道秀》、《乐荀》、《张崇》,卷一一二《董雄》,卷一一四《何昙远》、《费崇先》、《陈秀远》,卷一一五《王乙》。

④ 《太平广记》卷一〇九《费氏》,第739页。

⑤ 《太平广记》卷一一〇《周珰》,第750条。

⑥ 《太平广记》卷一一一《王琦》,第769页。

⑦ 《太平广记》卷一一二《张元》,第773页。

⑧ No. 34《观世音菩萨救苦经》,《大藏新纂卍续藏经》1,第469页下。

佛法相缘，常乐我净，朝念观世音，暮念观世音，念念从心起，念佛不离心”①之类。东魏孙敬德诵救生观世音千遍，即高王观世音经：

> 高王观世音，能救诸苦危，临危急难中，死者变成活，诸佛语不虚，是故应顶礼，持诵满千遍，重罪皆消灭，薄福不信者，专贡受持经。②

甚至只念诵观世音活菩萨的名号即可。“十方观世音，一切诸菩萨，誓愿救众生，称名悉解脱”③，念八大菩萨名号为：

> 南无观世音菩萨摩诃萨，南无弥勒菩萨摩诃萨，南无虚空藏菩萨摩诃萨，南无普贤菩萨摩诃萨，南无金刚手菩萨摩诃萨，南无妙吉祥菩萨摩诃萨，南无除盖障菩萨摩诃萨，南无地藏王菩萨摩诃萨，南无诸尊菩萨摩诃萨。……愿以此功德，普及于一切，诵满一千遍，重罪皆消灭。④

唐大理丞王忻被系狱中，即诵八菩萨名，满三万遍，枷锁自落。⑤

寄希望于佛祖、菩萨的人们“诵经满千遍，念念心不绝”，为的是冥冥中的偶像能够保佑他们一生的平安，“火焰不能伤，刀兵立催折”，“临危急难中，死者变成活”，以至“重罪皆消灭”⑥。

2. 写经画像铸佛

有的是自己写经，唐大理司直司马乔卿母亲死后“刺血写金刚般若经二卷”⑦；唐陇西李观父亲死后，“刺血写金刚般若心经、随愿往生经各一卷”⑧。大多是雇人写，有专门以写经为生的经生，唐朝时“坊巷之内，开铺写经，公然铸佛”，朝廷曾下《禁坊市铸佛写经诏》，规定“不得辄更铸佛写经为业”⑨。唐龙朔三年，长安城内通轨坊三卫刘公信的妻子陈氏，暴死之后

① 《太平广记》卷一一一《王玄谟》，第 761 页。
② 《太平广记》卷一一一《孙敬德》，第 765 页。
③ No. 33《高王观世音经》，《大藏新纂卍续藏经》1，第 468 页中。
④ No. 33《高王观世音经》，《大藏新纂卍续藏经》1，第 468 页下。
⑤ 《太平广记》卷一一二《董雄》，第 774 页。
⑥ No. 33《高王观世音经》，《大藏新纂卍续藏经》1，第 468 页中。
⑦ 《太平广记》卷一〇三《司马乔卿》，第 692 页
⑧ 《太平广记》卷一〇三《李观》，第 693 页。
⑨ 《全唐文》卷二六，玄宗皇帝《禁坊市铸佛写经诏》，第 300 页上～下。

见到亡母于地狱中受苦，母亲要陈氏为其写法华经，陈氏苏醒后，恰好妹夫赵师子处有一经生曾将一部新写的法华经抵押质钱，即将此经供养[①]。幽州节度使张仲武"出己所俸择吏之清洁者，厚给其家，使市纸于江南远佣，其善书者录其释氏之典，传之于人"。唐冀州封丘县一位七十岁老太太李氏，孤老无子，"雇诸经生，众手写经"[②]。

造像筑佛的风气更甚，桃林县令韩光祚为妾铸金观世音菩萨像，图菩萨像，且得复生[③]。平原聊城"乡里千余家，并奉大法，造立形像，供养僧尼"[④]。大量出土的南北朝唐宋时期的佛造像以及保存至今的写经题记也映证了民众崇佛的这一方式。大大小小的佛教石窟遍布全国各地，如龙门、云岗、敦煌、麦积山，以及四川巴中西龛石窟、剑川石窟、大足石刻，山西岩香寺石窟、石马寺石窟、石佛寺石窟、开河寺石窟，河南西沃石窟等等，不胜枚举。还有大量零星出土的佛造像，如山东地区惠民、博兴、高青、诸城等地出土的佛教造像[⑤]，四川及重庆地区的造像与碑刻等[⑥]，这些保留下来的窟洞佛像以及相应的造像题记、写经题记是当时人们信仰佛教的最真实的记录，与作为文学作品的笔记小说，遥相呼应，从不同的侧面为我们展示了历史的真实面貌。

3. 修佛事供僧饭僧。邢曹进曾为何朔健将，中箭之后，妻子家人为其广修佛事，果然得以伤愈[⑦]；长安乐邑坊里人张频曾经供养一僧，念法华经为乐[⑧]；京城东长乐村一户人家"素敬佛教，常给僧食"，自幼宗儒的韦氏子也认为"铸释饭僧"是"俗态"[⑨]。

4. 斋戒素食。隋人慕容文策，常持金刚经，不食酒肉[⑩]；唐鹰扬府果毅王陁断荤肉，发心每日诵金刚经五遍[⑪]；庄客孙明"自初持经，便绝荤血"[⑫]；

---

① 《太平广记》卷九九《刘公信妻》，第 665 页。
② 《太平广记》卷一〇九《李氏》，第 746 页。
③ 《太平广记》卷三〇三《韩光祚》，第 2399 页。
④ 《太平广记》卷一一〇《刘度》，第 755 页。
⑤ 刘凤君：山东地区北朝佛教造像艺术，载《考古学报》1993 年第 3 期。
⑥ 刘长久《中国西南石窟艺术》，成都，四川人民出版社，1998 年。
⑦ 《太平广记》卷一〇一《邢曹进》，第 675 页。
⑧ 《太平广记》卷一〇一《玄法寺》，第 679 页。
⑨ 《太平广记》卷一〇一《韦氏子》，第 676 页。
⑩ 《太平广记》卷一〇二《慕容文策》，第 687 页。
⑪ 《太平广记》卷一〇三《王陁》，第 697 页。
⑫ 《太平广记》卷一〇五《孙明》，第 708 页。

唐德州司马李廷光敬佛“不茹荤血，常持金刚经”①；唐忠州司马薛严“蔬食常斋，日念金刚经三十遍”②。

5. 随身带经。有些人为了表示自己的虔诚，常常以经卷佛像随身携带。唐陕州人幵行立，不识字，“常持金刚经一卷随身，到处焚香拜礼”③，九江贩薪之人，年七十，常负金刚经于背上④。唐一富商“恒诵金刚经，每以经卷自随”⑤。有的人甚至装入香函带在头上，唐巴州刺史苏长的小妾常读法华经，“头戴经函”⑥；始平人南宫子敖戍新平城，“造观音小像，贮以香函，行则顶戴”。

三　民众观念中的佛教

民众以自己的方式崇拜佛教神灵，以自己的观念与想象塑造着心中的佛。他们甚至不识字，无法接受深奥的佛教教义，那些教义是属于专职的信徒——僧侣们的。玄奥的理论难以解决大众的生活日用所面临的问题，只有那些平易近人的具体的信仰，才能真正激发民众的热情，成为构成社会大多数的庶民的信仰，乃至成为他们生活的支柱。这种中国庶民的佛教，才是中国人的宗教⑦。《太平广记》所表现的正是这种“庶民的佛教”。

就像农民种庄稼一样，种瓜得瓜，种豆得豆。庶民从事佛事活动，也可以得到福报，佛家叫做种“福田”。比如，修持《金刚经》法力的主要表现一是危难之时逢凶化吉；二是寿终之际得以从阴曹地府返回阳间，即增益年寿。唐末王毂《报应录》收录了许多因为念诵《金刚经》而逢凶化吉的故事。唐临的《冥报记》则有许多因为修持《金刚经》而被阎王从冥司放回、增益阳

① 《太平广记》卷一〇六《李廷光》，第714页。

② 《太平广记》卷一〇六《薛严》，第715页。

③ 《太平广记》卷一〇七《幵行立》，第727页。

④ 《太平广记》卷一〇八《元初》，第735页。

⑤ 《太平广记》卷一〇八《贩海客》，第737页。

⑥ 《太平广记》卷一〇九《苏长》，第745页。

⑦ ［日］牧田谛亮《中国近世佛教史研究》，索文林译，台湾，华宇出版社，1984年，第34页。

寿的故事①。所以，在《太平广记》的故事中，不论是想要读书的举子，还是戍边的官兵，或者富甲一方的商人，乃至普通老百姓，他们信佛的表现，他们对于佛的希冀，并无太大差别。正是这种普遍性才反映了作为社会最广泛人群的大众的思想。

佛教是民众在心理上解决现实问题的工具。民众对于佛的信仰是与所面对的现实紧紧相连的，反映了他们的现实关怀和愿望。他们对佛有着虔诚的信仰，对神灵有着完美的期望，但这种信仰与期望具有很强的功利性和实用性。中国古代的民间佛教信仰更象是一笔交易，一笔信徒与佛主之间的交易，一手交钱一手交货的交易。信徒以虔诚换取佛主的恩赐，佛以降福得到信徒的崇拜。

这一交易有两种形式：先交钱后交货与先验货后付款。

第一种，信徒通过种种方式向佛及各位神灵表示自己的虔诚，例如念佛经，写佛经，吃斋，供养佛像、佛经，铸佛像，凿石窟，供养僧人，为佛寺捐钱，舍宅为寺，建佛塔等等，根据自己的经济实力而采取不同的方式。不论什么方式，其目的非常明确，他们的虔诚不能白白给予，他们的金钱精力时间不能无偿奉献，他们希望佛回报以今生的幸福，来世的善报，使死去的先人升入天堂，使自己和家人消灾免祸，延年益寿、财源广进，使子孙后代平安发达。"布施一钱，希万倍之报。持斋一日，冀百日之粮。"②他们把佛教作为改善自己物质生活和精神生活的工具，"将彼岸之极乐世界作为此岸之苦难世界的慰籍，把人的信仰导向对神的'索取'"③。

第二种，信徒向佛祈求福降，同时也给佛许下种种诺言。卷一一一《高荀》：

> 高旬，年已五十，为杀人被收，……因始发心，适当舍恶行善，专念观音，不离造次，若得免脱，供养众僧。

---

① 贾二强《神界鬼域：唐代民间信仰透视》第三章《佛教与民间信仰》主要根据《太平广记》和《佛祖统记》的记载，分类介绍了各种因果报应故事以及因念诵《法华经》、《观音经》、《金刚经》而灵验的故事，可以参看。西安，陕西人民教育出版社，2000 年。

② 《旧唐书》卷七九《傅奕传》。

③ 郑立勇、林松光《试论中国民众的主体宗教意识特性》，《世界宗教研究》1996 年第 3 期。

卷一一〇《郭宣》：

> 太原郭宣、蜀郡文处茂，……同被桎梏，念观世音，……二人遂发愿，若得免罪，各出钱十万上明西寺作功德，少日俱免，宣依愿送钱向寺，处茂违誓不送，及卢循举兵，茂于香浦为流矢所中，未死之间曰，我有大罪，语迄而死。

卷一一一《释道冏》：

> 姚秦沙门释道冏，……遇一深流，……生念已尽，恸哭而已，犹固一心呼观世音。誓愿若蒙出路供百人会，表报威神，……于是见路得出岩下。

这难道不是跟佛主在讨价还价吗？如果你满足我的要求，达到我的目的，使我大病痊愈，将我放出监牢，给我指点迷途等等，我就建多少层的佛塔，捐多少钱，供养多少僧人，诸如此类，不一而足。

佛在人们心目中的形象到底是什么样的呢？

一面是大公无私、普渡众生的，只要你诚心拜佛祈祷，佛就会一视同仁地保佑你，满足你的愿望和要求。1. 死而复生型。生前信佛者，死后会因为所作功德而重返阳世。《太平广记》中记录了许多这样的“灵魂出窍”的故事，主人公“暴死”后，灵魂游历阴间、地狱，几天后复苏，延寿十几年或几十年①；2. 枷锁自脱型。遇到危难时虔诚念佛写经，也可以使自己免祸脱险，重病痊愈、刀剑棍棒不能伤害、迷途有火引路、猛兽不敢靠近、溺水能够得救、冤案可以澄清等等，出现最多的形式是囚犯念经枷锁自开②。总之，家有厄难，应念而消。3. 信佛者不仅自己可以得福，亲人也可以得到保佑，

---

① 《太平广记》卷一〇〇《李思元》，卷一〇一《许文度》，卷一〇二《赵文若》、《赵文昌》、《慕容文策》、《赵文信》，卷一〇三《宋义伦》、《李冈》，卷一〇四《李虚》、《卢氏》、《田氏》，卷一〇五《孙明》、《刘鸿渐》、《魏恂》，卷一〇六《孙咸》、《王氏》、《陈昭》，卷一〇七《鱼万盈》，卷一〇八《王翰》、《高涉》、《张政》、《李琚》，卷一〇九《赵泰》、《李山龙》，卷一一二《孟知俭》，卷一一五《张法义》、《李洽》。

② 《太平广记》卷一〇二《卢景欲》、《萧瑀》，卷一〇四《裴宣礼》、《崔文简》、《长安县系囚》，卷一〇七《赵安》，卷一一〇《窦傅》、《张崇》、《郭宣》、《王球》，卷一一一《张畅》、《彭子乔》、《张达》、《高荀》、《成圭》，卷一一二《董雄》。

《太平广记》中也讲述了不少这样的故事：妻子为病中的丈夫“弃资玩、铸二金人像”①，丈夫得以病愈；丈夫远行后，妻子“蓬头礼念，写经诚切”，丈夫舟中遇险而得救②；儿子被藩人抓走，母亲“唯念金刚经，寝食不废”，儿子得以逃回③；女儿为亡故的母亲写经，母亲得以出地府托生阳世④。4. 即使生前有罪，如杀生、吃肉，只要归心佛祖，写经念经，也可以免去死后下地狱的结果，托生善处。屠夫李回奴请经一卷焚香供养，死后枷锁自脱，得生善处⑤。赵泰游历地狱时问府君，“未奉佛时，罪过山积，今奉佛法，得过得除否?”，答曰得除⑥。

另一面是铁面无私、不讲情面的。你虔诚的心意稍有一丝疏忽，灾祸与报应就会降临于你。在《太平广记》中也反映出这样的思想观念：如果表现出对佛的大不敬甚至对佛的代言人——僧人的大不敬，如果许下的诺言没有实现，象前文所讲的文处茂的所作所为，佛也会毫不留情地惩罚无信之人，有时甚至是残忍的。据《太平广记》卷九九《侯庆》载：

> 宋南阳人侯庆有铜像一躯，可高尺余。庆有牛一头，拟货为金色。遇有急事，遂以牛与他用之。经二年，庆妻马氏忽梦此像谓之曰：“卿夫妇负我金色，久而不偿。今取卿儿丑多，以充金色。”……丑多亡日，像忽自有金色。⑦

诗云：“见佛不解礼，睹僧倍生瞋。五逆十恶辈，三毒以为邻。死去入地狱，未有出头辰。”⑧又云“纵不入镬汤，亦须卧铁床。不许雇人替，自作自身当。”⑨“阎罗使来追，合家尽啼哭。”⑩隋仆射高颖之孙高纸，唐龙朔二年，为鬼追至阴间，鬼王因其“曾毁谤佛法”，而“令生受其罪”，命左右拔其舌，以

① 《太平广记》卷一〇一《许文度》，第679页。

② 《太平广记》卷一〇六《宋衎》，第719页。

③ 《太平广记》卷一〇五《丰州烽子》，第712页。

④ 《太平广记》卷九九《刘公信妻》，第665页。

⑤ 《太平广记》卷一〇四《姚待》，第702页。

⑥ 《太平广记》卷一〇九《赵泰》，第740页。

⑦ 《太平广记》卷九九《侯庆》，第661页。

⑧ ［唐］寒山、拾得撰，项楚注《寒山诗注（附拾得诗注）》拾五〇《世有多解人》，北京，中华书局，2000年，第912页。

⑨ 《寒山诗注（附拾得诗注）》拾二六《闭门私造罪》，第873页。

⑩ 《寒山诗注（附拾得诗注）》拾〇二《嗟见世间人之一》，第825页。

犁耕之①。间州俚人勾龙义唐长庆中,无故毁弃金刚经后,“归即喑哑,医不能愈”,五六年后意识到是自己“前谤真经,得此哑病”,于是专心听经,须菩提前来为其治病,“乃写经,画须菩提像,终身礼拜”②。宋刘龄居晋陵东路城村,原本颇奉佛法,经常设斋,后来听信巫祝之言而罢不奉法,焚经像,结果为佛所殴,“痿躄不能行”③。这样的例子还有很多。通过种种恶报让人们明白“天堂在目前,地狱非虚说。努力善思量,终身须急结”。“欲得身长命,无过点续明”④。不尊不信佛,甚至讳谤佛经僧人者“将以宿世之罪根,身受恶报,或遭盗贼兵瘴之灾而死,或遭水灾恶疫的侵袭,或坐事而身系刑欲,受无量苦恼,入于地狱而万劫不复”⑤。相反,如有信徒诚心事佛,精心受持,不论身处何种困境,即使遭逢劫水、劫火、黑风、天暗,佛都会给以光明,化困除危。

总之,只要你虔诚信佛,拜佛,佛祖都会保佑你,给以你所追求的一切平安、富有、长寿、幸福。在《太平广记》中所涉及到的信佛人群,其身份可谓五花八门,佛总是给做了错事的人许多悔改的机会,让人感到佛判断是非的标准与现实社会的标准有所违背,与法律有所违背,法律在佛的面前也没有了力量,这就为反佛的人士提供了攻击的口实:“妄求功德,不惮科禁,轻犯宪章。其有造作恶逆,身坠刑网,方乃狱中礼佛,口诵佛经,昼夜忘疲。”⑥《太平广记》中有许多以佛力战胜法律的例子。但是,也有人不信佛家的功德。姚崇的《遗令戒子孙文》就说:

何必溺于小说,惑于凡僧,仍将喻品,用为实录,抄经写像,破业倾家,乃至施身亦无所吝,可谓大惑也。亦有缘亡人造像,名为追福,方便之教,虽则多端,功德须自发心,旁助宁应获报?递相欺诳,浸成风俗,损耗生人,无益亡者。⑦

① 《太平广记》卷一〇三《高纸》,第 695 页。

② 《太平广记》卷一〇七《勾龙义》,第 729 页。

③ 《太平广记》卷一一三《刘龄》,第 784 页。

④ 《王梵志诗校注(增订本)》卷七《道从欢喜生》,第 681~682 页。

⑤ 牧田谛亮《中国近世佛教史研究》,第 28 页。

⑥ 《旧唐书》卷七九《傅奕传》,第 2715 页。

⑦ 《旧唐书》卷九六《姚崇传》,第 3026~3027 页;又见《全唐文》卷二〇六《遗令诫子孙文》,第 2083 页。

但是话虽如此说,“假有通才达识,亦为时俗所拘”。姚崇本人也不能免俗,对子女说:“若未能全依正道,须顺俗情,从初七至终七,任设七僧斋。若随斋须布施,宜依吾缘身衣物充”。由是观之,《太平广记》所反映的庶民佛教确实是具有普遍意义的。

第十三章　唐代婚姻礼俗与礼法文化

法国著名启蒙思想家孟德斯鸠在仔细研究了耶稣会士和西方商人关于中国的报告后，在他的代表作之一《论法的精神》（即严复译作《法意》者）中说，中国人的法律、礼仪和习俗不分。他们的法律就是他们的礼仪，他们的礼仪就是他们的习俗。如果用这个看法来审视中国古代的婚姻制度，可以说也是中肯之论。单身男女通过结婚而组建成家庭，属于身份法范畴的行为。对于这个民事行为效果的法律确认，现今一般采取官方登记的制度。只要在官方登记为夫妇的，即使不举行结婚仪式，也是法律上认定的夫妻，可以合法地同居，组建家庭，过夫妻生活。但是，在古代中国，既没有像西方那样的宗教的婚姻缔结形式，也没有官府的婚姻登记手续。因此，结婚礼仪就成为合法夫妻的身份证。它不仅是一种风俗习惯，而且是一种法律行为①。孟德斯鸠当然不明白，礼法、礼法，亦礼亦法！这就是中国古代所谓礼法文化的奥妙所在。

礼法文化有十分复杂的形成过程和内涵，先秦儒家文献奠定了其本源，汉唐时代正值其发展形成的关键时期。对此，本文无法具体讨论。而传统礼法文化最主要是体现在婚丧制度之中。关于唐代的婚姻制度，迄今已经有许多论著进行过论述。它们或依据政典记载其“六礼”之仪式，或依据敦煌文献考察民间婚俗的各项节目，至于这些礼仪与礼法文化的关联则未遑具论。鉴于官方文本比如《大唐开元礼》和民间资料比如写本书仪之间有许多不一致，致使我们对于唐代婚姻礼俗的实际情态并没有统一的认识。为此我们打算利用小说资料来予以补正。当然，本文不打算讨论这些制度的具体仪节，只是想就唐代婚姻礼仪涉及的几个方面，结合唐代小说中的一些

① 参见滋贺秀三《中国家族法原理》，第 376 页。

典型记载,从一个侧面探讨一下那个时代人们的礼法观念及其所反映的中古社会变迁。

一　聘财与婚姻

唐代的婚姻礼仪,从文献上看,仍然是《仪礼·士昏礼》的一套程序。这套礼仪据说是周代的遗制——那是儒家礼法文化的本源。但是,在那个“刑不上大夫,礼不下庶人”的时代,士昏礼并不适用于普通民间。秦火以后,现存的经书不仅在文本上是汉代儒生重新编辑写定的,而且在内容上势必也在有意无意间有所发挥或者改易。汉代皇室嫁娶,大约遵行古礼。由于儒家经书在汉代广泛传授与研习,儒家礼制在士大夫知识阶层是广泛被接受的知识。因此,士昏礼在经过各自的理解和改造之后,不仅在士大夫之家逐渐推广,而且汉代一些地方官长,也据之以为民间制定婚姻嫁娶之礼。

魏晋南北朝时期,无论是标榜汉族礼法文化正统的南朝,还是推行“以夏变夷”的北朝,儒家礼仪都在不同程度上被保存或者强化。熟悉儒家礼仪的士大夫在北魏孝文帝这样的鲜卑朝廷里获得重用。但是,即使到了隋唐时期,士大夫仍然对于古代婚礼不甚了了①。就《唐律疏议》来说,它关于民间婚姻成立的条件其实很简单:“诸许嫁女,已报婚书及有私约,而辄悔者,杖六十。虽无许婚之书,但受娉财,亦是。若更许他人者,杖一百;已成者,徒一年半。后娶者知情,减一等。女追归前夫,前夫不娶,还娉财,后夫婚如法。”对“约”的解释是:“约,谓先知夫身老、幼、疾、残、养、庶之类。”②这说明唐朝官方认定的婚姻条件要么是有正式的订婚书(包括双方另有私约,即女方对于男方的身体和身份等情况已经有清楚的了解),要么是女方已接受男方的聘财,符合其中一条这桩婚事就算约定了。女方毁约要负刑事责任,男方毁约则不准追回聘财。

关于聘财或者彩礼在婚姻关系认定中的意义,《太平广记》卷三四二

① 参见陈鹏《中国婚姻史稿》卷四《婚礼》“六礼与俗礼的沿革”,北京,中华书局,1990年,第185~188页。

② 《唐律疏议》卷一三《户婚·许嫁女》,第253~254页。按,聘财的“聘”字,在唐律中作“娉”,凡引文一仍其旧。

《华州参军》记载的故事极具代表性。

名族之子华州柳参军在长安曲江邂逅绝色女子崔氏及侍女轻红，被崔氏的美貌所倾倒。崔氏亦对柳生颇生好感。但崔氏的舅舅金吾王某先向自己的妹妹（崔母王氏）为儿子提亲。崔母王氏不敢违背兄意，崔氏却不愿意嫁给表兄王生，且说非柳生不嫁。崔母王氏痛爱女儿，乃命轻红给柳生达意："今小娘子不乐适王家，夫人是以偷成婚约。君可三两日内就礼事。"柳生大喜过望，"自备数百千财礼，期内结婚。"及金吾来问，王氏反而抱怨说是侄子不待婚礼就把女儿抢走了："某夫亡，子女孤独，被侄不待礼会，强窃女去矣。兄岂无教训之道？"金吾之子王生白挨了父亲一顿鞭笞。及崔母王氏丧，柳生携夫人崔氏和轻红来奔丧。王生见之，急忙告诉父亲。事情于是被起诉于官府。柳生辩解说："某于外姑（案即岳母）王氏处纳采娶妻，非越礼私诱也。家人大小皆熟知之。"官府裁断："王家先下财礼，合归王家。"王生对表妹倾心已久，对以前的事毫无怨言。但是崔氏心里只有柳生，乃伺机与轻红偷偷跑出，投奔柳生。又被本夫寻得，"复兴讼夺之。王生情深，崔氏万途求免，托以体孕，又不责而纳焉。"这回柳生等于是私诱他室，乃被判刑"长流江陵"。小说的结局是，崔氏与轻红不久相继死去，其魂魄也追寻到江陵与柳生同居。而王生得知此事也不远千里相寻①。

这个故事中，崔氏与柳生三次同居，三次被拆散，都说有情人终成眷属，在唐代的崔柳婚姻中却不可能。官府在判决崔氏究竟是王生之妻，还是柳生之妻，是从来不会去询问妇方当事人的意见的。唯一的证据是谁先下彩礼先订婚。大约王生先下了彩礼，但是，王氏却与柳生"偷成婚约"——即偷偷地与柳生订立婚约。柳生虽然也是"纳采娶妻"，却被官府以王家纳采在先而把崔氏判给了王生。说明结婚的礼俗虽然复杂，但是，纳采（下彩礼）才是最关键的。柳生的"纳采"虽然不是公开进行，但是它对于确定柳崔结合乃夫妻关系、而非夫妾关系这一点上却至关重要！

柳生与崔氏的婚姻中还有一个失败之处是他没有获得崔家的许婚之书。许婚书就使婚姻当事人具有排他性的权利。前引唐律明确说有许婚之书就可以判定婚姻成立。敦煌文献里保留了婚书样本。大约男方先要通过媒人向女方提亲。即使是双方已经属意，也要有媒人的中介。男方通过媒

① 《太平广记》卷三四二《华州参军》，第2713~2714页。

人所送《通婚书》,女方家则有《答婚书》①。通婚书样本的正文虽然完全是客套之辞,别纸却清楚地写下关于求婚与允婚的内容。实际上的婚姻缔结过程中,在正式下通婚书之前,媒人需要往返穿梭于两家数遍。到递送婚书之时,只有程序上的象征意义。就像即使双方父母已经商量好的婚事,还要请媒人出面行使一下月老的作用。王家、柳家显然都没有通婚书、订婚书,因而也没有行媒穿梭,所以彩礼成为决定性的因素。正如唐律所云:“虽无许婚之书,但受娉财亦是。”

婚姻缔结一般有两个大的阶段,即订婚和成亲。传统“六礼”中的纳采、问名、纳吉、纳币(下彩礼)属于订婚的程序,择日、亲迎属于成亲的程序。其中订婚的四套程序是重点。成亲的过程根据敦煌文书、《酉阳杂俎》等资料的记载,主要表现为喜庆和祝福的气氛。正是通过一些热闹的程式和仪节,使婚姻当事人的结合成为男女双方亲友及邻里皆知的事实。但是,与订婚相比,成亲的程序反而显得不重要。只要订婚下彩礼,即使没有亲迎,婚姻也已经被认定。王生与柳生的情况就是如此。两人都下聘财订婚了,即使柳生已经完成了择日亲迎并且成礼的程序,唐代官府也拒绝承认柳崔的婚姻为有效,而只是单凭谁先下彩礼。也就是说,婚姻契约签订时间的先后比迎娶成礼的婚姻事实更为重要。这种法理在现在的婚姻制度中是不可思议的。大约唐朝人也不像后世那样有浓重的处女情节。所以,崔氏被判归王生,王生并不介意其是否处女。

总之,这个故事告诉我们,《大唐开元礼》中的“六礼”即纳采、问名、纳吉、纳币(或纳征)、请期、亲迎等,基本照搬古礼的记载,其实是具文而已。实际的情节则已大异其趣,民间更未必皆遵行不替。现存传世文献和敦煌文书中的有关资料显示,民间实际上实行的大约是在古礼的基础上,辅之以民间习俗,即所谓俗礼或者变礼者。而官府在认定婚姻有效性方面完全不会根据“六礼”的程式,也不会看是否构成事实婚姻关系,而是看谁最先签订婚姻契约!

① 见敦煌文书《张敖书仪》,P. 3284、P. 2646。录文见谭蝉雪《敦煌婚姻文化》,第12~13页。

二　礼法与婚姻

虽然唐代官府没有对于婚姻缔结的登记制度，其认定婚姻是否有效完全凭借订婚的时间先后，但是，对于婚姻缔结的限定条件，《唐律疏议》还是规定得比较具体的。比如，良贱不得为婚，同姓不得为婚，长幼不得为婚，居父母丧期间不得结婚。这既是“礼”，也被形诸于“法”。婚姻中类似的规定未必始于唐代，但《唐律疏议》作为现存的第一部中国完整的成文法典，使这些规定的礼法内涵更加明晰了。现在的问题是，在唐朝人的婚姻实践中，并不完全遵循类似的礼法约束。

例如，长幼不婚的问题。唐朝永徽年间曾经发生了一起郑州人郑宣道娶堂姨为妻的事件，虽然有人说不合适，官府还是判为合法成亲①。即使唐高宗立法禁止，但是唐玄宗宠爱的妃嫔中颇有与他不同辈者。此或以皇家特权乃至秉胡族血统者的积习来解释，姑且勿论，然而民间也有不同辈之间嫁娶结亲之事。例如，《太平广记》卷一五九《琴台子》记载：天宝末，赵郡李希仲有女儿曰闲仪。李希仲与临淮县令崔祈，“乃内外三从之昆仲也。时崔丧妻半岁，中馈无主，幼稚零丁。因求娶于希仲。希仲家贫时危，方为远适，女况成立，遂许成亲”②。同书卷一六〇《秀师言记》记载：“唐崔晤、李仁钧二人中外兄弟，崔年长于李。”后李仁钧娶崔之孤女为妻，并且说：“崔之孤女，寔余之表侄女也。余视之，等于女弟矣，彼亦视余犹兄焉……余固崔兄之夙眷也。”③遂订婚崔氏。

以上两件事都是少女嫁给父辈的老男人，而且还是中外表亲。从崔李二人的话来看，似乎当时侄女嫁给叔叔辈的长辈是司空见惯的事。这里的崔、李、赵都是著名山东士族，大约不可一概归之胡俗。这里也不存在所谓收继婚的问题。

又如，居父母丧不婚的问题。《旧唐书·张茂宗传》：张“茂宗以父荫累官至光禄少卿同正。贞元三年，许尚公主，拜银青光禄大夫、本官驸马都尉，

① 《唐会要》卷八三《嫁娶》，第1810页。

② 《太平广记》卷一五九《琴台子》，第1145页。

③ 《太平广记》卷一六〇《秀师言记》，第1148~1149页。

以公主幼待年。十三，属茂宗母亡，遗表请终嘉礼。德宗念茂昭之勋，即日授云麾将军，起复授左卫将军同正、附马都尉。谏官蒋乂等论曰：‘自古以来，未闻有驸马起复而尚公主者。’上曰：‘卿所言，古礼也；如今人家往往有借吉为婚嫁者，卿何苦固执？’又奏曰：‘臣闻近日人家有不甚知礼教者，或女居父母服，家既贫乏，且无强近至亲，即有借吉以就亲者。至于男子借吉婚娶，从古未闻，今忽令驸马起复成礼，实恐惊骇物听。况公主年幼，更俟一年出降，时既未失，且合礼经。”①但是德宗不采纳谏官和礼官的意见。按唐律：“居父母及夫丧而嫁娶者，徒三年；妾减三等。各离之。”②现在德宗皇帝在女婿居丧期间，居然亲自主持女儿的出嫁，而且，还透漏出民间早就有“借吉”之事。可见，这时的法律弹性有多大！

值得注意的是，这里讲的民间所谓“借吉”成婚，乃是穷人家女儿在父母亡故，家无“强近至亲”的时候操办的出嫁礼仪。我们在文献上了解到的都是贵族士大夫之家或者是农村富裕人家的婚姻礼仪。那些穷苦之家，特别是父母亡故、有室女待嫁者，则无人为之操办婚事。于是借此名仓促成亲。居丧期间的婚礼必然十分简单，甚至不摆宴会。③ 由此可以感觉到民间由于受到经济能力的限制，婚礼必然十分简约。相反，由于婚礼的开支无法负担，势必有一些贫家女儿无法出嫁。

唐代婚姻礼仪中有一个比较特殊也相对比较常见的现象是所谓男到女家成婚问题。敦煌文书《大唐吉凶书仪》中有“近代之人，多不亲迎入室，即是遂就妇家成礼，累积寒暑，不向夫家，或逢诞育，男女非止一、二”。此点已经有一些学者论及④。《太平广记》卷一五九《崔元综》条，记官至四品的崔元综 58 岁婚侍郎韦陟 19 岁的堂妹，“乃于履信坊韦家宅上成亲。”卷三二八《阎庚》条，阎庚与某村王家女儿的婚事，也是在女家成亲。卷四四八《李参军》条也是在女家卜吉日“入青庐”成婚。卷四五四《计真》条，计真在女家“卜日就礼。妻色甚姝，且聪敏柔婉。生留旬月，乃挈妻孥归青齐”⑤。总之，敦煌文书所谓“近代之人多不亲迎入室，即是遂就妇家成礼”，并非敦煌

① 《旧唐书》卷一四一《张孝忠附弟茂宗传》，第 3860 页。

② 《唐律疏议》卷一三《户婚·居父母及夫丧而嫁娶》，第 257 页。

③ 《唐律疏议》卷一三《户婚·祖父母、父母被囚禁而嫁娶》还规定祖父母、父母被囚禁的情况下也不得结婚。但如果是奉祖父母、父母之命而结婚的不论，“依令，不得宴会”。第 258 页。

④ 参见周一良《敦煌写本书仪中所见唐代婚丧礼俗》，载《文物》1985 年第 7 期。

⑤ 依次见《太平广记》第 1144 页、2604 页、3667 页及 3708 页。

一地的地方风俗，而是唐代婚姻中的一般情形。但是，这并不是入赘，而只是就近到岳丈家结婚而已。敦煌 P. 3284《张敖书仪》对于婚事程序的记述，包括下婿等（P. 3350）礼俗似乎是在女家举行婚礼的仪式，而另外一个吉凶书仪（S. 1725）所记奠雁等仪节以及所谓幛车之类习俗（P. 3909）则是适合在男家举行的婚礼。

为什么要到女家成婚呢？我们以一些具体事例来进行探讨。亳州鹿邑县主簿陇西李归厚与范阳卢氏是一对新婚夫妇。根据卢氏的父亲卢钢给女婿李归厚写的墓志称：李归厚的父亲是曾任京北陆运使的李象，“与余姻旧，为子求婚。余以第二女许焉。”两家是什么样的“姻旧”关系，已经难以稽考，陇西李家与范阳卢家结亲的事例是不胜枚举的。两家是门当户对。后来由于李象的病逝，推迟了婚期。“既免丧，明年棹流抵池，远赴嘉礼。期以双飞还洛，宁知舟旐引途。孀妇护丧，遗体在腹”，也就是说李归厚到丈人家来举行婚姻嘉礼。所谓“远就姻好，礼成六旬，秦晋既匹，刘范方睦”，即指在丈人家成亲并两个月后，夫妻正恩爱的时候。就是在归途中，新郎被强盗误伤杀害①。由此可见，所谓男到女家成婚，并不是招女婿进门，而只是把结婚仪式搬到了女方。根据卢钢撰写的墓志，与李归厚一同罹难的“其数八人，君之外姑，余之次子，咸遭肆毒”②。可见丈母娘（所谓“君之外姑”）和小舅子（所谓“余之次子”），也护送新婚夫妇而归，从而使得新婚夫妇回家的仪式显得很隆重，从中我们也可以看出婚姻仪式中亲戚往还的礼节。

男到女家成婚，青年男女新婚燕尔，夫妇不忍别离，荒废了功名的事情是所在多有的。但是，假如累积寒暑，乃至生儿育女，长居岳父家，却不免遭受白眼。例如，河东节度使王绪嫁女给元载，夫妇开始都住在老丈人家。“岁久而见轻怠”，时间长了，岳父家对于女婿就不那么尊重了，“亲属以载夫妇皆乞儿，厌薄之甚”。妻子王韫秀劝丈夫外出读书求功名，说：“妾有奁幌资装，尽为纸墨之费。”于是元载西入长安，终于在肃宗、代宗两朝任宰相。在这种情况下，女婿一家与原来岳父家及岳家诸亲属的关系便不会很融洽。例如，王韫秀在丈夫元载入相后就寄诗给娘家的诸姨妹云：“笄年解笑明机妇，耻见苏秦富贵时。”太原内外亲族前来谒贺，王韫秀竟然陈列衣服于庭

① 《大唐故李府君墓志铭》，中国社会科学院考古研究所编《偃师杏园唐墓》，北京，科学出版社，2001 年，第 352~353 页。

② 《大唐故李府君墓志铭》，载《偃师杏园唐墓》，第 353 页。

院，以展示当年"乞儿"的华美衣服，羞赧于诸亲戚。王韫秀每每把服饰分送他人，独不及于太原的亲戚，且说："非儿不礼于姑娣，其奈当时见辱乎？"① 如此看来，元载、王韫秀夫妇当初在娘家，可能没有少受白眼。这里特别提到娘家的姑姑、姨妹、娣姒等人，看来妇女们更会对于元载夫妇结婚后住在丈人家吃白食产生讥讽情绪。王韫秀这位小姑结婚后仍然赖在娘家不走，难免受王家媳妇们的气，并且因此而怀恨在心。

类似的事情还发生在韦皋夫妇身上。西川节度使张延赏嫁女给韦皋。韦皋夫妇在丈人家居住了两三年，张延赏觉得这个女婿没有出息，"稍悔之，至不齿礼。一门婢仆渐见轻怠。"只有夫人苗氏对女婿待之甚厚，认为女婿将来一定有作为。韦皋的妻子张氏垂泣道："韦郎七尺之躯，学兼文武，岂有沉滞儿家，为尊卑见诮；良时胜境，何忍虚掷乎？"韦皋随辞亲东游，"妻罄妆奁赠送"。后来韦皋衣锦还乡，取代丈人为西川节度使，"侍奉外姑，过于布素之时"②。

综合以上所述，男到女家成婚本来是不合乎礼法的，但是唐代出现这种情况的原因各有不同。或者是因为对女方的尊重与照顾，如崔元综以 58 岁娶韦家 19 岁的少女的场合；还有一处是由于技术上的原因，如山川阻隔，迎娶的路途比较远等，需要在女家成婚；或者由于男方羁旅在外，在女方家成婚比较方便，一般婚礼结束后，男女双方盘桓一些时日就会回男方家。另外一种情况是由于经济上的原因，男方家道中衰，暂时依附在女方家，从而在女家结婚，婚后还比较长时间居住在女家，等到男的仕宦有成再把妻儿接走。

以上这些种种不合乎礼法的婚姻礼俗，与其说是中古的一种变化，倒不如说中古以前原本的婚姻礼俗就不像古代儒家礼书上所描写的那么刻板，或者说，士族的礼法文化还没有像后来那么普及吧。

三　门第与聘财

唐朝人的婚姻讲究门第。婚姻讲究门当户对，这在家庭学也可以叫做

---

① 《云溪友议》卷下《窥衣帷》，第 1319～1320 页。

② 《云溪友议》卷中《苗夫人》，第 1279 页。

“同类婚”或者“地位族内婚”。婚姻看门第是一种习俗，也是一个传统，而习俗正是传统的积淀。门第婚姻使个人的行为，变成家庭乃至于家族的行为，使男女之间的性爱和感情问题，变成了社会政治问题。

门第观念是自古至今都或多或少就存在的影响到男女择偶的因素之一，不独唐代为然。唐朝门第观念在婚姻上的表现是，它并不完全以政治地位的高低或者家庭财富的多寡作为衡量门第高下的标准。这其实在南朝就已经如此。侯景求婚王谢，梁武帝认为：“王、谢门高非偶，可于朱、张以下访之。”①这些出身卑微而获宠致高位者都巴望与高门结亲。北朝则有卖婚之习俗②。这种状况延续到唐代。

唐朝法律规定良贱不得为婚，没有规定不同门第的男女不能结婚。良贱不婚，是法律的刚性规定，门第不对而不婚是习俗的弹性约束。唐朝人所谓名门或者高门，又称旧族，乃是指南北朝以来的士族，其中尤为突出的是所谓山东士族崔、卢、李、郑、王诸家。这些家族在政治上的地位并不是最显赫的，经济上也不是最富有的，但是，在门第上却被认为是最高的。《贞观政要》记载唐太宗对宰相房玄龄说：

> 比有山东崔、卢、李、郑四姓，虽累叶陵迟，犹恃其旧地，好自矜大，称为士大夫。每嫁女他族，必广索聘财，以多为贵，论数定约，同于市贾，甚损风俗，有紊礼经，既轻重失宜，理须改革。③

唐太宗这里是打着恢复礼经的旗号来批评山东旧族嫁娶中广索聘财的。但是，他所采取的实际措施则是下令重新编定氏族等级：“乃诏吏部尚书高士廉、御史大夫韦挺、中书侍郎岑文本、礼部侍郎令狐德棻等，刊正姓氏，普责天下谱牒，兼据凭史、传，剪其浮华，定其真伪，忠贤者褒进，悖逆者贬黜，撰为《氏族志》。士廉等及进定氏族等第，遂以崔幹为第一等。”从主持这项工作的大臣来看，都属于唐朝主管人事、监察、决策和礼仪等方面事务的最高领导人，其中如渤海高氏、城南韦氏、代北令狐氏也都属于名门望族，只有岑

---

① ［唐］李延寿《南史》卷八〇《侯景传》，北京，中华书局，1985年，第1996页。

② 有关事例可以参见王伊同《五朝门第》第七章第三节《婚姻》所列举的材料，香港，香港中文大学出版社，1978年，第190～198页。

③ ［唐］吴兢《贞观政要》卷七《礼乐》，上海，上海古籍出版社，1978年，第226页。

文本是普通庶族。他们都一致认为应该以山东士族崔氏为第一,就很耐人寻味。这说明朝野各方都公认山东士族的门第为天下第一。对此,唐太宗非常不满,愤愤地说:

> 我与山东崔、卢、李、郑,旧既无嫌,为其世代衰微,全无官宦,犹自云士大夫。婚姻之际,则多索钱物。或才识庸下,而偃仰自高,贩鬻松槚,依托富贵,我不解人间何为重之?

为此,唐太宗提出了自己对于门第高下的评定标准:

> 且士大夫有能立功,爵位崇重,善事君父,忠孝可称;或道义清素,学艺通博,此亦足为门户,可谓天下士大夫。今崔、卢之属,唯矜远叶衣冠,宁比当朝之贵?公卿已下,何暇多输钱物,兼与他气势,向声背实,以得为荣。我今定氏族者,诚欲崇树今朝冠冕,何因崔幹犹为第一等,只看卿等不贵我官爵耶!不论数代已前,只取今日官品、人才作等级,宜一量定,用为永则。①

按照这个标准编定《氏族志》后,皇帝之家被列为第一等,太宗下诏说:"氏族之美,实系于冠冕;婚姻之道,莫先于仁义。"②太宗虽然一再强调人伦(礼仪)名教,却把礼仪名教混同于冠冕。在他看来,失去官爵者也失去了礼仪名教。可见唐太宗实际上篡改了礼法文化的内涵。当然,用比较冠冕堂皇的理由,来推行自己另有图谋的政治主张历来是当权者的一种高明的政治技巧。唐太宗的本意是要加强新建朝廷的政治权威,打击旧的政治势力的"气势",但是,他却挂羊头卖狗肉,采取了维护仁义和名教的说法。

其实,北朝的士族乃以礼法而著名,可以说是礼法文化的代表。而帮助唐太宗打天下的那些以关中军功贵族为核心的新朝权贵,倒是比较缺乏礼法文化的底蕴。李唐皇室在婚姻上不讲礼法的糊涂账姑且勿论,在北朝,北齐崔㥄"一门婚嫁,皆衣冠美族,吉凶仪范,为当时所称。"娄太后为博陵王纳

① 《贞观政要》卷七《礼乐》,第226~227页。
② 《贞观政要》卷七《礼乐》,第227页。

悛妹为妃,敕操办婚事的中使曰:“好作法用,勿使崔家笑人。”①由此可见,礼法文化正是这些士族受到包括皇室在内的人尊敬的原因。公孙表的儿子轨娶渤海封氏女为妻,生儿子叡,叡之妻为崔浩弟女。叡的堂兄公孙邃的母亲是雁门李氏,地望悬隔,“吉凶会集,便有士庶之异”。所以,当时人说:“士大夫当须好婚亲。”②显然,这里的士庶之异,乃是在吉凶会集之时,由于受到不同的礼法门风的熏陶所表现出来的在吉凶礼仪上举止的差异。

究竟是山东氏族不讲礼法名教,还是被列为氏族第一的李氏皇族缺乏礼法文化呢?一两百年后唐太宗的后代做了最好的回答。文宗欲以真源、临真二公主降士,谓宰相曰:“民间修昏姻,不计官品而上阀阅。我家二百年天子,顾不及崔、卢耶?”③宣宗为公主求婚于士族,发现公主漠视小叔子患病,也不回家侍候婆婆,提出了批评。还有一位待嫁于士族家的小公主吃饭时发脾气折筷子,被宣宗大加呵斥,并且决定换上一位性情温顺的公主出嫁。这些情况都表明,唐太宗的后裔们已经用主动向士族求婚的做法,证明了唐太宗当初批评山东士族不讲礼法文化,是不符合历史事实的。

正是因为唐太宗对于山东氏族的指责不尽符合历史事实,所以,即使朝廷有意压抑,山东氏族仍然旧望不减。

但是,唐太宗对山东旧族的指责也不是完全无的放矢。他指责山东旧族不讲礼法固然不符合事实,但是,他批评山东旧族据门第自高,索取高额聘财则并非无据。问题是,对于门第与聘财之间的关系,需要作进一步的讨论。

试以唐人小说中的一些故事为例进行分析。《玄怪录》卷一《张老》记载了一个男子求婚的故事。说是士族韦恕有“长女既笄,召里中媒媪,令访良才”。扬州六合的菜农张老闻之,把媒婆请回家,且备酒食,百般央求媒婆为自己说媒。媒婆骂他是不自量力:“岂有衣冠子女肯嫁园叟耶?此家诚贫,士大夫家之敌者不少。顾叟非匹。”但是,在张某的百般请求下,媒婆硬着头皮向韦家提这门亲事。韦恕大怒,责怪媒婆:“以我贫,轻我乃如是!且

① [唐]李延寿《北史》卷二四《崔悛传》,北京,中华书局,1974年,第873~874页。
② 《北史》卷二七《公孙表传》,第976页。
③ 《新唐书》卷一七二《杜羔传》,第5206页。

韦家焉有此事,况园叟何人,敢发此议!”并发难说:“为吾报之,令日内得五百缗则可。”要一个菜农一日之内拿500缗钱的聘礼,这显然是在出难题,意思是要张某放弃自己的想法。故事的神奇在于,张某居然马上携500缗钱来订婚。韦家大为尴尬。女儿也默认了这桩婚事。“乃曰:‘此固命乎!’遂许焉。”张某娶韦女后依旧在扬州种菜,“园业不废,负秽锄地,鬻蔬不辍”,过着平静的农家生活。但是,韦家的内外亲戚觉得此门亲事有伤体面,指责韦恕说:“居家诚贫,乡里岂无贫子弟,奈何以女妻园叟?既弃之,何不令远去也!”①意思是即使把女儿嫁给一个贫穷的士族子弟也比现在强。其实这也是韦女家长当初的想法,应该说这个观念在当时是极具典型性的。门第比财富要强。

张老与韦氏女婚姻缔结的典型意义值得分析。首先,婚姻的缔结,需要有媒约之言,乡里似乎专门有从事婚介职业的媒婆:“召里中媒媪,令访良才。”媒婆当然要接受介绍费,尽管文中没有说。《玄怪录》还提到另外一位韦小姐的婚事。“京兆韦氏女者,既笄二年”,母亲告诉她,有秀才裴爽求婚,女儿笑而不允。“虽媒媪日来,盛陈裴之才,其家甚慕之,而终不谐。”过了一年,有前京兆府参军事王悟将来聘,媒人是京兆府司录、韦小姐的老舅张审约。韦女还是不允。再过了两年,进士张楚金求婚,“母以告之,女笑曰:‘吾之夫乃此人也。’母许之。”于是择吉日成礼②。结果韦女20岁才结婚。韦小姐15岁成笄,待字闺中五年,方答应嫁给如意郎君。这个故事反映出女孩子在择偶上还是有一定的自主权的,韦母也算比较开通。值得注意的是,最后韦女选定了张楚金为婿,故事没有忘记说“母许之”。清楚地点出了女儿同意了,也还是要家长同意不可。《户婚律》规定尊长拥有子女婚姻决定权。只有在特殊情况下可以不经过尊长的同意而成婚。“诸卑幼在外,尊长后为定婚,而卑幼自娶妻,已成者,婚如法;未成者,从尊长。违者,杖一百”③。即使已经订婚,但只要未成婚,尊长都有权终止卑幼自行选择的配偶。这当然是法律的规定。在实际情况下,像京兆韦小姐那样自己决定、父母同意,或者如张老所娶的那位韦氏那样,父母决定、女儿接受的婚姻,当为普遍的情形。

---

① 《玄怪录》卷一《张老》,第8~9页。

② 《玄怪录》卷二《韦氏》,第17页。

③ 《唐律疏议》卷一四《户婚·卑幼在外》,第267页。

根据疏议的解释，这条法律在尊长卑幼上有具体的适用范围："尊长，谓祖父母、父母及伯叔父母、姑、兄、姊。""卑幼，谓子孙、弟、侄等。"长辈对于子孙辈的人有婚姻决定权，自无疑问。但是，兄长对于弟妹的婚事恐怕没有决定权。敦煌判集有一则案例说，一位兄长代替寡居的妹妹去找婆家，妹妹不从，这位当哥哥的在婚约已成不履约将违法的情况下，被迫让自己的女儿代姑姑去成亲。结果吃了官司①。

女方究竟接受多少聘财才不是卖婚呢？唐朝甚至一度作出了法律上的规定。唐高宗显庆四年(659)十月诏："天下嫁女受财，三品以上之家，不得过绢三百匹，四品五品不得过二百匹，六品七品不得过一百匹，八品以下不得过五十匹。皆充所嫁女资装等用，其夫家不得受陪门之财。"②这等于从法律上为聘财规定了一个上限。考虑到唐代太宗高宗之世，正是打击山东士族"卖婚"行为的时期，这个限定多少有配合朝廷这一政策的政治含义。实际上是否执行则是要打问号的。从我们这里讨论的这则故事来说，500缗钱的价值恐怕超过了按规定平民之家所受聘财"不过五十匹"的许多倍③！

正式的法律对于聘礼的多寡其实没有硬性规定。《唐律疏议》中说："娉财无多少之限，酒食非。以财物为酒食者，亦同娉财。"也就是说聘礼在原则上只是一种信物④，不在数额的多少。特别规定酒食非聘财当是为了避免把男方宴请女家视为下聘礼，并不是说酒食之物不可以为聘财。所以，疏议中明确说"以财物为酒食者，亦同娉财"。而在实际生活中，聘财可能是影响男婚女嫁的一个重要因素。

比如《霍小玉传》言李益娶卢氏也提到聘财问题："未至家日，太夫人已与商量表妹卢氏，言约已定。太夫人素严毅，生逡巡不敢辞让，遂就礼谢，便有近期。卢亦甲族也，嫁女于他门，聘财必以百万为约。不满此数，义在不

---

①　P. 3813V《唐(七世纪后半?)判集》，见池田温《中国古代籍帐研究——概观·录文)》，第320页；《敦煌社会经济文献真迹释录》第二辑，第606页。

②　《通典》卷五八《礼典·嘉礼》，第1653页。

③　唐代的绢价格变化很大，最贱时不过三五百文，最贵者不过四千五百文，即四贯(缗)半。则50匹绢的价值在15缗到225缗之间。参见王仲荦《金泥玉屑丛考》，第135页、193页。

④　《唐律疏议》曰："婚礼先以娉财为信，故《礼》云：'娉则为妻。'虽无许婚之书，但受娉财亦是。"《唐律疏议》卷一三《户婚·许嫁女》，第254页。

行。生家素贫,事须求贷。”①“百万”就相当于千缗(贯)。婚姻贪财也不仅限于士族高门,《郭代公》记载某乡村为免灾,嫁送女孩给妖兽乌将军。某少女之父“利乡人五百缗”,暗地答应将女儿应选出嫁。后来该少女为郭元振所救,乃数落其父说:“今日贪钱五十万,以嫁妖兽。”②是五百缗为五十万。这里虽然是小说故事,贪心的父亲为了钱财把女儿出卖了,却也折射了买卖婚姻的背景。

回到我们故事上来说,媒婆本意是要寻找门当户对的人家。由于张身份低下且年老,尽管种菜所入,足够衣食之需,但是,媒婆即使吃了张老的酒食,也不愿意去做说客,说士大夫之家门第相匹的子弟多的是,韦家的小姐怎么能与种菜的农户结亲呢?后来韦家亲戚批评韦父,也是说即使家里穷也不至于以女妻园叟。既然没有办法嫁给了园叟,也不应该让他们夫妻在眼前种菜过日子,言下之意是有损士族之家的声望。这里提出了嫁女的两大原则,即门第与财富。一般来说婚嫁中有富与贵的问题,但是,士族之家并不是贵族,更多的是一种声望,唐太宗就说他们全无冠冕,只是贩鬻祖父坟上的松树,意思是凭门第来换钱③。这个故事在表面上告诉我们士族之家宁愿嫁女给穷困的士族,也不愿意与没有门第的园叟结亲。但是,韦恕提出一天内准备500缗钱的聘礼,虽然有故意为难张某之意,却分明透露了金钱可以改变门第的可能性。从一个具体事例上印证了唐太宗说的士族在婚姻关系中贩卖祖宗门第的现象的存在。这个故事中的张老是一个神仙式的人物,后来在与韦家的几次交往中,都是给予了大量的金钱,特别是在韦家生活困难需要金钱的时候,总是及时地获得张老的救助。

聘财的多寡其实还有更进一步的含义。某村王家的独生女儿,“先许适西村张家。”由于聘财不足而罢婚。但是,罢婚的原因不仅仅是聘财少,而是把聘财的多寡赋予了另外的意义:“今日纳财,非意单寡,此乃相轻之义,已决罢婚矣。”女方习惯把聘财的多少看成男方对自己是否尊重的表示。后来前来借住的阎庚求婚,“主人辞以田舍家,然有喜色。仁亶固求,方许焉。以马驴及他赍为贽,数日成亲毕,留阎侯止王氏。”④看来,农家王某也是愿意

① 《太平广记》卷四八七《霍小玉传》,第4008页。

② 《玄怪录》卷二《郭代公》,第20页。

③ 《贞观政要》卷七《礼乐》,第226~227页;又见《旧唐书》卷八二《李义府传》,第2769页。

④ 《太平广记》卷三二八《阎庚》,北京,中华书局,1961年,第2604~2605页。

攀附仕宦之家的。

就王家拒婚一事来看,女方重视的不仅仅是聘财,而是认为聘财的多寡说明了男方是否对女方及其家庭有足够的尊重,于是聘财成为衡量女方及其门第身份的砝码！衰落的山东士族从心理上说,仍然有很强的自尊心,最不愿意承认自己衰落的事实,更不愿意因此而受到别人的轻视。这就是韦恕以及整个韦氏家族对于张老求婚表示极度愤怒的重要原因。这种心理下,山东士族想通过对方以大量的钱财来表示对自己的门第的尊重和重视,其实是很自然也可以理解的补偿心理。唐太宗把这种行为说成为“卖婚”而大动肝火,埋怨在新王朝统治下人们竟然不重视本朝冠冕,反映了新权贵对于旧士族不满的心情,明显具有压抑山东旧士族的政治意味。

即使到了唐朝末年,也有人借口聘财过于丰厚而加罪于婚姻当事人的。“(李绅)镇淮海日,吴湘为江都尉,时有零落衣冠颜氏女,寄寓广陵,有容色,相国欲纳之,吴湘强委禽焉,于是大怒,因其婚娶聘财反(反字衍)甚丰,乃罗织执勘,准其俸料之外,有陈设之具,坐赃,奏而杀之,惩无礼也……颜寻归澧阳,孀独而终。”①因为聘财过丰而导致婚姻当事人罹罪,虽然只是借口,却也反映了其时婚姻观念和社会意识的复杂形态。

总之,士庶通婚的界限被金钱、官职等打破之后,突破了所谓身份内婚制。这种情况也可以借助西方家庭社会学的所谓价值交换理论来解释。这种理论认为婚姻当事人及其家族缔结一门婚事其实在进行某种价值交换。士族高门用他们的社会身份与拥有金钱和政治地位的新富新贵进行交换,从而达到一种新的心理的和社会的平衡。

根据以上几节的讨论,我们发现,唐代婚姻礼仪并不完全受礼法的约束。不仅结婚仪式未必是遵照《大唐开元礼》等礼仪制度的规定,即使《唐律疏议》关于不同辈分者不婚等规定也未必完全遵循不替。“不遵礼法”其实正是那个时代婚姻关系中的现实情况。这不是说没有礼法,而是由于唐太宗等开国统治者把礼教、门第和官爵等同起来,压制了旧士族为代表的礼法文化。统治集团内部旧族讲究礼法而新贵从不讲礼法到遵从礼法,这就是社会的一个变化。统治阶层讲究礼法,从而也逐渐地影响到民间遵从礼

---

① [五代]孙光宪撰,贾二强点校《北梦琐言》卷六《吴湘事》,北京,中华书局,2002年,第121页。

法,这也是社会的一个变化。这些变化背后所包含的历史意义,乃是社会对于士族的社会价值观、伦理观等所谓礼法制度的认同。士族的价值观念也由此而向整个社会普及,礼法文化出现了一个扩大传播范围的历史趋势,它构成了中古社会变革的重要基本线索之一。

第十四章　汉唐“家法”观念的演变

余英时先生《朱熹的历史世界》(三联书店 2004 年版)曾经着力探讨道学形成的历史缘由。与 20 世纪 30 年代以来哲学史家把继韩和辟佛作为道学产生的两大背景不同,余先生试图从北宋儒学复兴运动的实际过程中去把握道学起源的直接原因。这种研究道学的历史学取径方式无疑具有重要的启示意义。道学作为一种思想形态,在社会生活中一般被解释为儒家的纲常伦理或者说礼法文化,也被称为“礼教”。礼教贯彻在传统的家庭伦理中,就表现为长幼有序、男女有别等一系列老规矩,可以称为“家规”、“家法”或者“家训”。一些名门望族都有自己的家规、家法、家训,大多是治家格言一类的东西。这些东西其实是礼法文化的具体化形态,是道学最现实的土壤。因此,我们讨论道学或者礼法文化的形成还有另外一个途径,那就是礼法文化是如何形成?又是如何为中国社会各个阶层的人士自觉或者消极地接受的?儒家伦理从经典文本到世俗伦理规范必然有一个漫长的历史发展过程。

汉代关于儒家经典的专门学问,各位经师都有自己的学术个性和传统,号为“家法”,为什么这个家法在中古时代(魏晋隋唐)变成了家庭伦理规范呢?我的基本预设是,汉唐时代儒家伦理经历了一个逐渐从经典文本到士族的礼仪名教、再到社会规范的发展过程,家法也经历了从儒学世家的传统学问到士族门阀的礼教、进而融化到士庶之家的家规家训之中的发展过程。第一阶段,儒家经典礼教是国家提倡的学问;第二阶段,儒家礼乐文化是士族门阀的行为准则;第三阶段,礼仪文化向社会普及,成为士庶之家效法的规范。礼仪文化完成了从国家——门阀(贵族)——士庶(全社会)的发展和普及的过程。于是,以儒家经典为主要根据的礼教,成为家法族规的核心价值,也是北宋道学形成的重要土壤。

一　汉代推广儒家经书的章句之学:这种学问的传承被称为“家法”

董仲舒上书汉武帝“罢黜百家,独尊儒术”,儒家经书被确立为官方意识形态。汉代立五经博士以传授儒经,其后发展到十三四家,讲习传授经典章句之学,各有家法。这个“家法”其实就是对于经书的字句和内容的解释传统。

后汉徐防上书指出:“汉承乱秦,经典废绝,本文略存,或无章句。收拾缺遗,建立明经,博征儒术,开置太学。孔圣既远,微旨将绝,故立博士十有四家,设甲乙之科,以勉劝学者,所以示人好恶,改敝就善者也。”值得注意的是,这里强调各家博士学习儒家经典的意义不仅是“以勉劝学”,而且要“示人好恶,改敝就善”。因此,对于儒家经典的解释被严格限制在“家法”的范围之内:“伏见太学试博士弟子,皆以意说,不修家法,私相容隐,开生奸路。每有策试,辄兴诤讼,论议纷错,互相是非。孔子称‘述而不作’,又曰‘吾犹及史之阙文’,疾史有所不知而不肯阙也。今不依章句,妄生穿凿,以遵师为非义,意说为得理,轻侮道术,浸以成俗,诚非诏书实选本意。”①这里强调各位儒学研习者应该谨守“家法”,不可在解释儒经时穿凿附会。统治者要求严格遵循儒家经书的章句之学的目的在于:一方面是因为客观上“典文残落”②,要恢复可信的文本,必须讲求章句之学;另一方面,则是企图通过严格的“咬文嚼字”,要求对于儒家经典的学习不得学走了样,从而增添经典的神圣色彩。

汉代把儒家经书列为官学,不仅仅是一个学术事业,而且是意识形态上的重大举措。董仲舒《春秋繁露》提出“循三纲五纪”③。《白虎通义》又发展成六纪:“敬诸父兄,六纪道行。诸舅有义,族人有序,昆弟有亲,师长有

① [宋]范晔撰《后汉书》卷四四《徐防传》,北京,中华书局,1965年,第1500页。

② 《后汉书》卷七九上《儒林传上》,第2545页。

③ [汉]董仲舒撰,苏兴注,钟哲点校《春秋繁露义证》卷一〇《深察名号》,北京,中华书局,1992年,第303页。

尊，朋友有旧。”[①]董仲舒还提出五常之道：仁、义、礼、智、信。统治者选定以儒家礼仪作为国家政治和典礼设计的基本标准，而儒家伦理也就被奉为家庭与社会的道德教科书。董仲舒的“天人合一”和“三纲五常”理论，就是为了论证儒家伦理的天然合法性以及它向全社会推广的必要性而设计的政治社会蓝图。如果说先秦时期儒家伦理还只是存在于思想家的论说中，先秦的伦理思想还比较粗简，那么汉代的发展就是进一步把它提高为官方的意识形态。但是，离实践层面还很有距离的。“举孝廉，父别居”[②]，这就表明国家标榜的“孝廉”仍然处在提倡阶段。

二　“家法”如何内化为儒家的家庭礼法：直接把读经与做官挂钩

根据马端临的说法，汉代举孝廉要求有实际的德行，要求行为上符合儒家礼法文化的规范，但是实际上很难做到，于是朝廷就采取了考试儒家文献的办法。东汉不仅把儒经的研修与示人好恶、改敝就善的个人修身相结合，而且将儒经的研习与个人的政治前途联系在一起，亦即把经学考试与做官直接挂钩。如东汉顺帝时期，“初令郡国举孝廉，限年四十以上，诸生通章句，文吏能笺奏，乃得应选”[③]。这个措施大约出自左雄的建议：“请自今孝廉年不满四十，不得察举，皆先诣公府。诸生试家法，文吏课笺奏，副之端门，练其虚实，以观异能，以美风俗。”[④]魏明帝太和二年六月也“申敕郡国，贡士以经学为先”[⑤]。察举制度增加了考试经书的环节[⑥]。

把经术的研习与入仕做官挂钩的做法在魏晋时期更为明显。有人说，“士病不明经术；经术苟明，其取青紫如俯拾地芥耳”[⑦]。尽管也有人提出

① ［汉］班固撰，［清］陈立疏证，吴则虞点校《白虎通疏证》卷八《三纲六纪》，北京，中华书局，1994年，第374页。

② ［晋］葛洪《抱朴子·审举》，《诸子集成》本，上海，上海书店，1986年。

③ 《后汉书》卷六《顺帝纪》，第261页。

④ 《后汉书》卷六一《左雄传》，第2020页。参见阎步克《察举制度变迁史稿》第三章，沈阳，辽宁大学出版社，1997年。

⑤ ［晋］陈寿撰《三国志》卷三《魏书·明帝纪》，第94页。

⑥ 参见阎步克《察举制度变迁史稿》第三章。

⑦ 《汉书》卷七五《夏侯胜传》，第3159页。

“举孝廉本以德行,不复限以试经”,但马上遭到华歆的反驳:“丧乱以来,六籍隳废,当务存立,以崇王道。夫制法者,所以经盛衰。今听孝廉不以经试,恐学业遂从此而废。”[①]《全魏文》还收入杜恕的《体论》[②],把德行修身、经术、才能与入仕联系在一起。

取士的要求是“经明行修”,虽然未必经明就行修,似是经不明则行是必不能修的。为什么呢?因为所谓“行修”就是要按照儒经的规矩做人。儒家的道德要求和人伦规范并不是先天就会做的。儒家的许多规矩需要有学习的过程。通过明经考试,就是为了使人们懂得规矩之所在,并在行动中加以实践。东汉迄魏晋南北朝时期,儒家思想家包括玄学家极力提倡要把实践儒家伦理与入仕做官联系在一起。夏侯玄就说:“夫孝行著于家门,岂不忠恪于在官乎?仁恕称于九族,岂不达于为政乎?义断行于乡党,岂不堪于事任乎?三者之类,取于中正,虽不处其官名,斯任官可知矣。”[③]九品中正制度更是为把儒学世家转变成仕宦世家作出了制度上的保证。

儒学世家转变为仕宦世家是汉魏以来历史发展的一个趋势。东汉时期出现了世代公卿、世代传经而又世出名士的家族,他们愈益表现出鲜明的文化色彩[④]。“士”与“族”的结合,对于官僚选拔制度是一个挑战,而且对于文化的传承也是一个新的契机。陈寅恪说:“所谓士族者,其初并不专用其先代之高官厚禄为其惟一之表征,而实以家学及礼法等标异于其他诸姓。”[⑤]也就是说,世代高门只是士族形成的外在政治标志,礼法及家学的传承乃是士族的内在文化特征。城南杜氏家族有杜预,清河和博陵崔氏家族有崔骃、崔寔,范阳卢氏家族有卢植,都是著名的学者或经学大师。钱穆先生还说:魏晋南北朝的士族希望门第中人,一则希望其有孝友的内行,一则希望其有经籍文史之学业。前者表现为家风,后者表现为家学[⑥]。尤其精到的是,钱先生明确指出:“当时极重家教门风,孝弟妇德,皆从两汉儒学传来。”[⑦]认为

---

① 《三国志》卷一三《魏书·华歆传》,第403页。

② 《全三国文》卷四二,收入[清]严可均辑《全上古三代秦汉三国六朝文》,上海,上海古籍出版社,2009年。

③ 《三国志》卷九《魏志·夏侯玄传》,第295页。

④ 参见阎步克《察举制度变迁史稿》,第91页。

⑤ 陈寅恪《唐代政治史述论稿》中篇《政治革命及党派分野》,北京,生活·读书·新知三联书店,2001年。

⑥ 钱穆《略论魏晋南北朝学术文化与当时门第之关系》,《新亚学报》第5卷第2期。

⑦ 钱穆《国史大纲》,北京,商务印书馆,1996年,第309页。

儒家经学与家庭伦理有直接关系。

对此,《宋书》卷五五《傅隆传》提出了强有力的证明:“诸儒各为章句之说,既明不独达,所见不同,或师资相传,共枝别干。故闻人、二戴,俱事后苍,俄已分异;卢植、郑玄,偕学马融,人各名家。”对于文本解释的不同已经涉及到对于国家和世俗礼仪设计上的差异了,后文接着说:“义后之学者,未逮曩时,而问难星繁,充斥兼两,美文列锦,焕烂可观,然而五服之本或差,哀敬之制舛杂,国典未一于四海,家法参驳于缙绅,诚宜考详远虑,以定皇代之盛礼者也。伏惟陛下钦明玄圣,同规唐虞,畴咨四岳,兴言《三礼》,而伯夷未登,微巨窃位,所以大惧负乘,形神交恶者,无忘夙夜矣。”①从这里可以清楚地看出儒家章句之典礼如何向国家和民间(缙绅)应该遵行的礼法转化!如果说“国典未一于四海”表明当时全国范围内国家法定的典礼仪式尚未统一的话,那么“家法参驳于缙绅”则表明,士族门阀之家以其独特的家法和规约独立于国家权力之外。作者在这里主要强调的是分歧来自于对于经典的理解和遵从上的差异。比如,在婚礼及丧服制度上,对于经传理解的不同“家法”(章句之学的家法)就会影响到实际的士族之家采用不同的礼仪形式并形成各自不同的“家法”(伦理仪范的家法)。

儒家经典内化为士族的家法门风的过程并非一帆风顺,曾经有很大的争议,其中最有名的讨论就是关于“名教”与“自然”的讨论。究竟是去名教而任自然,还是相反?魏晋时代风流名士的种种不合礼法的言行可以看做是对儒家伦理向私家空间不断推进中遇到的反抗。最后的结果其实是名教战胜了自然!士族之家的礼法文化最终得以形成!江南的梁武帝不仅是以崇尚佛教知名,而且还以制礼作乐见称于世!士族的风貌产生重大变化,魏晋时期放荡的名士风气在南朝后期开始改变。当儒家伦理逐渐推进到私人领域的时候,魏晋风流终于成为中国历史上的绝响!

三　士族家法的文本化:从分散走向统一

儒家经典内化为士族家法,士族之家甚至各自以独特的家法相标榜。

① 《宋书》卷五五《傅隆传》,第1551页。

《晋书》卷四五《刘暾传》载：“暾妻前卒，先陪陵葬。子更生初婚，家法，妇当拜墓，携宾客亲属数十乘，载酒食而行。”①《晋书》卷五〇《庾敳传》载：“王衍不与敳交，敳卿之不置。衍曰：‘君不得为耳。’敳曰：‘卿自君我，我自卿卿。我自用我家法，卿自用卿家法。’衍甚奇之。”②可见各有家法还是一种标新立异的意味。

魏晋南北朝后期，士族的家法已经有文本化的倾向。南朝王俭，“少撰《古今丧服集记》并文集，并行于世”③。王俭年轻时撰写的礼仪著作风行，说明儒家伦理被社会所接受。要注意的是，它不是强行接受，而是风行于世，是一种自觉和自发的态度。颜之推的《颜氏家训》也是士族家法文本化的表现。

隋唐时代统一南北，儒家经典作为学校教材和科举考试的内容，有必要有统一的注疏，于是有《五经正义》定本编纂，儒学经典意义上的“家法”一词终于因此而绝迹，家法除了一般意义上的家传学问外，更多的指士族家庭的行为规范，于是家法又被称为门风④。在这里儒家经典的伦理资源价值仍然发挥着重要作用。比如《全唐文》卷四六四《册杞王妃文》虽然是套路上的文章，但它强调了儒家经典如何从书本的教义变成行为的准则：“《礼》以大婚崇继嗣，本人伦之教；《诗》言淑女配君子，系王化之纲。”“柔婉禀乎天和，礼乐成于家法，明章妇顺，虔奉姆仪。克茂《鹊巢》之规，叶宣《麟趾》之美。”⑤

唐代的士族之家也是各有家法，是治家的行为准则。例如，樊泮九岁丧父，其母亲齐“夫人哀而抚之，思期勤斯，以慈以惠，示以家法，俾有见焉”⑥。柳玭《戒子孙》云：“莅官则洁己省事，而后可以言家法。家法备，然后可以言养人。”⑦徐铉所撰王夫人墓志云：“初先姑之治家也，严而有惠，通而得礼。夫人观刑禀教，莫不率循。故三十余年，门风家法，凛然如旧。”⑧“朱泚之乱，（崔）祐甫妻王氏陷于贼中，泚以尝与祐甫同列，雅重其为人，乃遗王氏

① 《晋书》卷四五《刘毅附暾传》，第1281页。

② 《晋书》卷五〇《庾峻附敳传》，第1396页。

③ 《南齐书》卷二三《王俭传》，第438页。

④ 《全唐文》卷四八六，权德舆《谢追赠表》言：“微臣虔守家法，只荷门风。”将“家法”与“门风”对举。第4968页下。

⑤ 《全唐文》卷四六四，陆贽《册杞王妃文》，第4745页上~下。

⑥ 《唐代墓志汇编续集》贞元029《大唐赠兵部侍郎樊公墓志铭》，第753页。

⑦ 《全唐文》卷八一六，柳玭《戒子孙》，第8593页下。

⑧ 《全唐文》卷八八七，徐铉《唐故文水县君王氏夫人墓铭》，第9272页上。

缯帛菽粟,王氏受而缄封之,及德宗还京,具陈其状以献。士君子益重祐甫家法,宜其享令名也。”①此外还有穆氏家法、柳氏家法在当时也很有名。

由于士族之家各有家法,在婚丧礼仪活动中各行其是,于是要求家法统一的呼声开始出现。

《新唐书》卷一九七《卢弘宣传》载:“弘宣患士庶人家祭无定仪,乃合十二家法,损益其当,次以为书。”②这里清楚地指出,卢弘宣看到士庶之家在祭祀礼仪上各行其是,感到担心,于是把十二种流行的“家法”(当已形成“文本”)加以重新增删修订,编纂成新的家法书籍。这样的书我们没有看见。但是我们看到,这里的“家法”已经成为一个新的书籍化的范本了。我们至今没有看见卢弘宣编纂的重新统一吉凶礼仪的范本,但是《隋书·经籍志》、《新唐书·艺文志》的史部仪注类都有许多书仪,作者包括郑余庆、裴茝、裴度、杜友晋等人。文献上的书仪只有目录,而敦煌地区更发现了张敖、郑余庆、杜友晋等书仪文本十余种。家法成为士庶之家日常礼仪往来中的行为仪范,更有《太公家教》一类家庭伦理教科书,教人以做人的道理。宋代的士大夫之家也制定自家的家法,诸如“司马温公家法”、“袁氏世范”以及朱熹订立的“家法”,但是这些家法在内容上已经没有多大差异。“家法”的文本化和普及化借助印刷术等科技成果而更加风靡全社会。明清时代的《朱柏庐治家格言》流行极广,几乎成为统一的治家格言,很少有人再固执于一家之家法了。

综合以上论述,我们可以对“家法”的演变形成如下的认识:家法最初是指研究儒家经典的章句之学,是一种根据家学传统讲述的经学解释文本和解释传统。家法在魏晋隋唐时代成为士族的礼法门风,士族的伦理行为和礼仪规范被推定为家法。魏晋隋唐士族的家法原本是具有个性化的,士族之家各有各的家法,但是随着儒家经典文本及其解释的规范化,随着士族家法的文本化,社会上有整齐家法、规范吉凶礼仪的呼声和要求。于是,家法仪范的统一化成为历史的趋势。正是通过这样的演变,儒家伦理完成了从国家意识形态向社会和个人伦理规约的转变,国家的意志最终变成了社会和家庭的意志。

---

① 《旧唐书》卷一一九《崔祐甫传》,第 3441 页。

② 《新唐书》卷一九七《卢弘宣传》,第 5633 页。

第十五章　唐代乡村基层组织及其演变

自秦汉建立统一的中央集权的帝国体制以来，如何解决中央政府对于广袤地区的基层社会的统治问题，一直是一个重要的政治与社会课题。相对于分封制度和西方的采邑制度，中央政府实施对于基层社会编户齐民的直接统治，构成了帝制时期中国历史的一个重要特色。

就中古时代而论，自北魏冯太后采取李冲提出的三长制，取代此前宗主都护制，北方乡村地区就开始摆脱强宗豪右的控制，回归于中央政府的掌控之中。李冲的建议是："宜准古法：五家立邻长，五邻立里长，五里立党长，取乡人强谨者为之。邻长复一夫，里长二夫，党长三夫；三载无过，则升一等。其民调，一夫一妇，帛一匹，粟二石。大率十匹为公调，二匹为调外费，三匹为百官俸。此外复有杂调。民年八十已上，听一子不从役。孤独、癃老、笃疾，贫穷不能自存者，三长内迭养食之。"①三长的职责主要是户口控制与户籍编造、赋役征调与派发，当然，也承担乡里社会保障的部分职能。这种制度接续了秦汉的乡治传统，也奠定了隋唐乡里制度的雏形。

关于隋唐时代主要是唐代的乡里制度的研究，中外学术界结合敦煌吐鲁番出土文书和唐令都有过充分的讨论，其中不乏精湛的成果②。本文在

---

① 《资治通鉴》卷一三六，南齐武帝永明四年(486)二月。设立三长的年代，诸家颇有争议，最近的讨论见侯旭东《北朝三长制》，其考订的年代为北魏太和十年(486)，收入氏著《北朝村民的生活世界》，北京，商务印书馆，2005年，第108~112页。

② 早期的研究有陈国灿《唐五代敦煌县乡里制度研究》，《敦煌研究》1989年第3期；王永曾《试论唐代敦煌的乡里》，《敦煌学辑刊》1994年第1期；齐涛《魏晋隋唐乡村社会研究》，济南，山东人民出版社，1994年。近年的研究有林文勋、谷更有《唐宋乡村社会力量与基层控制》，昆明，云南大学出版社，2005年，第133~243页)；谷更有《唐宋国家与乡村社会》，北京，中国社会科学出版社，2006年；张玉兴《唐代县官与地方社会研究》，天津，天津古籍出版社，2009年。相关博士论文有李浩《唐代乡村组织研究》，济南，山东大学博士论文，2003年；刘再聪《唐代"村"制度研究》，厦门，厦门大学博士论文，2003年。日本同行的论著有宫川尚志《唐五代的村落生活》，载《冈山大学法文学部学术纪要》五，1956年；曾我部静雄《中国及ぴ古代日本における乡村形态の变迁》第二章第四节《唐の乡里制と村制》，吉川弘文馆，1963年；中村治兵卫《唐代の乡》，载《铃木俊教授还暦纪念东洋史论丛》，1964年；佐竹靖彦《唐宋期における乡村制度的变革过程》，载《新しい历史学のために》104，1965年。与此相关的还有柳田节子《宋元乡村制の研究》，创文社，1986年。

以往研究的基础上，主要讨论如下几个问题：第一，乡制的特色；第二，里正及其职能；第三，邻保与村正；第四，乡治的困境。

一　乡制的特色

隋文帝即位之初，规定以五家为保，保五为闾，闾四为族，各置长正；京畿之外则置里正（相当于闾正）、党正（相当于族正），“以相检察焉”①。这些制度是与人口、赋役制度一起颁行的，与北魏“三长制”的内容大同小异。唯一的变化是把三长中的最高一级（北魏为“党”，隋为“族”或“党”）的标准户数从一百二十五家变成了一百家。

开皇九年（589）二月，苏威建议设置统领五百家的乡正，理词讼之事。遭到了李德林的反对。反对的理由是：“本废乡官判事，为其里闾亲识，剖断不平，今令乡正专理五百家，恐为害更甚！”朝廷之中，支持李德林看法的官员甚众。但是，由于宰相高颎的支持，李德林的意见没有被采纳。第二年，全国统一之后，虞庆则到关东巡视考察，回来报告说：“五百家乡正专理词讼，不便于人，党与爱憎，公行货贿。”“乃废之。”废除了乡正的诉讼之职权②。乡正又称乡长，大业末年依然设置③。

无论是李德林反对的理由，还是虞庆则反映的问题，都说明乡级行政听取词讼，很难摆脱人情爱憎，难免会有权钱交易。

关于唐朝乡里组织的完整记载，据《通典》卷三《食货三·乡党》引大唐令：

> 诸户以百户为里，五里为乡，四家为邻，五家为保。每里置正一人（原注：若山谷阻险，地远人稀之处，听随便量置），掌按比户口，课植农桑，检察非违，催驱赋役。在邑居者为坊，别置正一人，掌坊门管钥，督

① 《隋书》卷二四《食货志》，第680页。

② 《通典》卷三《食货三·乡党》，第63页。参见滨口重国《所谓隋的废止乡官》之说，载刘俊文主编《日本学者研究中国史论著选译》，北京，中华书局，1992年；参见谷更有《唐宋国家与乡村社会》，第107页。

③ 《唐故蓬州安固县令孙君墓志之铭》：“父长迁，隋清德乡长。君隋大业八年被举辽西郡书佐。”《唐代墓志汇编续集》咸亨008，第190页。

察奸非。并免其课役。在田野者为村,别置村正一人。其村满百家,增置一人,掌同坊正。其村居如[不]满十家者,隶入大村,不需别置村正。①

据此,唐代乡里基层组织基本继承了隋代的制度。主要变动有二:一是对于"乡"级组织进行了改造;二是设置了村坊组织。这里先谈"乡",关于村坊,后面再谈。

图表 15-1　北魏隋唐基层组织简表

时代	乡	里	村、坊	邻保
北魏	无	党长(125 家)	里长(25 家)	邻长(5 家)
隋代	乡正(500 家)	党正/族正(100 家)②	里正/闾正(25 家)	保正(5 家)
唐代	耆老(500 家)	里正(100 家)	村正/坊正	邻保(5 家)

如上表所示,北魏时代的三长制度没有"乡"的组织。隋代统一全国,宰臣苏威和高颎力主在"三长"之上设置管理五百家的乡正,很可能是考虑到,在废除乡官及郡级机构,并省州县之后,需要加强基层的统治。虽然不久其司法职能被废止,但是,终隋一代乡正(长)的职位仍在。李渊晋阳起兵,就得到晋阳富豪乡长刘龙的支持③。唐代初年大约是废除了隋代的乡长制度。否则,就不会出现贞观年间新设乡级行政主管,几年后又废罢的事情。《通典》卷三云:"贞观九年,每乡置长一人,佐二人,至十五年省。"④贞观年间的乡长居然配置两名"佐官",可见当时确有强化其职能的意图⑤。贞观十五年废罢乡长之后,乡级组织依然存在:"乡置耆老一人,以耆年平谨者,县补之,亦曰父老。"⑥乡级的司法行政事务收归了县司,耆老负责礼仪教化

① 《通典》卷三《食货三·乡党》,第 63~64 页。

② 根据《隋书》卷二《高祖纪下》的记载,开皇九年颁布"制五百家为乡,正一人"的法令的同时,还有"百家为里,长一人。"这个记录不见于《通典》和《隋书·食货志》。很可能此时乃是把原来的族长和党长改称里正。

③ [唐]温大雅《大唐创业起居注》卷一,第 7 页。此刘龙当即《旧唐书·刘文静传》中的刘世龙,记云:"大业末,为晋阳乡长。"

④ 《旧唐书》卷三《太宗纪下》。

⑤ 咸丰五年增修《太谷县志》收入《乡正马君墓志》(见《唐代墓志汇编续集》,第 226 页,注云"首题似非原文"),这位名叫马恽(599~675)的前乡正,上元二年(675)去世时 77 岁,隋亡时不足 20 岁,不可能任乡正职务;贞观九年(635)为 37 岁,故推测马恽就是贞观时期设置的乡正(长)之一。

⑥ 《通典》卷三三《职官十五·乡官》,第 924 页。

之类的工作。

那么,这样的乡级组织,有乡而无长,究竟是什么性质的一种机构?研究者有几种不同的看法。一种意见认为,“乡”只是名义上的基层组织,实际上并不存在这样一级基层政权,只有“里”才是名副其实的基层政权机构,在基层行政中起重要作用①。另外一种意见认为乡与里是上下二级关系,一些学者明确提出唐代的乡里制是“县以下的两级管理体制”②。还有比较多的学者对以上看法有所折中,他们虽然不否定乡的存在,但是倾向于把“里”看成是县以下的乡村社会的中心,或认为“里”是乡的派出机构,而不是乡的下级组织;也有的主张乡只是一个户籍管辖区或财政供役区,而不是作为一级行政区存在③。还有研究者认为唐代基层组织实行“乡”实“里”虚而以乡行政为主的基层管理体制④。

导致以上对于唐代县以下基层行政机构产生种种不同看法的主要原因,是西域出土文献资料中,五百户的乡作为户口和赋役征发单位始终存在,却没有设置乡级干部,里正实际主持乡政工作却只是百户之长。换言之,“乡”是土地户口赋役等工作的申报单位却没有乡级主管干部;里正主持土地户口赋役申报工作,是以“乡”而不是“里”为操作平台进行。这样一种矛盾的关系,从不同的角度进行分析,就会有不同的解读。在基层行政运作中,你若强调执行官员,那么就是以“里”为主;你若强调操作平台,那就是以“乡”为主。这种体制其实正是唐代乡制的特点所在。

这一特点包含两个方面的内容:

首先,在唐代中央政府的制度设计中,乡毫无疑问是最基层的一级实体政务组织。《唐六典》卷一记载中央政府与地方的文书传达方式说:“尚书(省)下于州,州下于县,县下于乡,皆曰符。”⑤这就表明,全部政治制度设计中,乡具有地方上基层政务实体的意义,一点也不虚。考察一下天宝年间的

---

① 参见孔祥星《唐代的里正——敦煌吐鲁番文书的研究》,《中国历史博物馆馆刊》1979年第1期。

② 参见赵吕甫《从敦煌吐鲁番文书看唐代“乡”的职能》,《中国史研究》1989年第4期;王永曾《试论唐代敦煌的乡里》,第24页。

③ 齐涛《魏晋隋唐乡村社会研究》,第67页;李锦绣《唐代财政史稿》上卷,北京,北京大学出版社,1995年,第105~106页;谷更有《唐宋国家与乡村社会》,第108页。

④ 张玉兴《唐代县官与地方社会研究》,第198页。

⑤ 《唐六典》卷一《三师三公尚书都省》。

官方统计资料，天宝元年的情况是："天下郡府三百六十二，县一千五百二十八，乡一万六千八百二十九。户部进计帐，今年管户八百五十二万五千七百六十三，口四千八百九十万九千八百。"大体平均每乡五百户。天宝十三载统计资料中，郡府和县数都没有什么变化，乡也依然是一万六千八百二十九个，但是，全国的户口数却已经达到了九百六十一万九千二百五十四户，平均六百户一乡①。所谓"县成于乡"，乡的行政主体位置十分明确。

白居易《钱塘湖石记》云："若岁旱，百姓请水，须令经州陈状，刺史自便押帖，所由即日与水。若待状入司，符下县，县帖乡，乡差所由，动经旬日，虽得水，而旱田苗无所及也。"②此处措辞，"（州）符下县，县帖乡"，符、帖的用法略有差异。许多情况下也把州县下行到乡的文书称为帖或者文帖，盖帖与符有相通之义。比如，吐鲁番出土文书中高昌县下太平等乡主者的文书称符，而圆仁《入唐求法巡礼行记》中却也有"县帖青宁乡"的文书③。可见乡作为县政的承接者，终唐之世都没有改变。县以下政务工作的施展，是以乡而不是里为操作平台进行的。白居易说"县帖乡，乡差所由"，到了乡级，就无法再发帖文，因为乡就是最基层的行政组织。

其次，虽然乡政府是实体运作，但是乡长却是虚位，主持五百家乡政的却是其下一级、掌管一百家的里的负责人——里正。五里正共管乡务，里正因而就成了实际上的乡官。这是唐代乡级行政的另外一个特点。

唐代户令云："诸户籍三年一造，起正月上旬，县司责里正收所部手实，具注家口、年纪、田地。若全户不在乡者，即依旧籍转写，并显不在所由。收讫依式勘造，乡别为卷，总写三通，其缝皆注某州、某县、某乡、某年籍。州名用州印，县名用县印，三月三十日纳讫。并装潢，一通送尚书省，州县各留一通。所需纸笔装潢，并皆出当户，县司勘量多少，临时斟酌，不得侵损百姓。其籍至省，并即先纳后勘。若有增减隐没不同。随状下推，州县承错失，即于省籍具注事由，州县亦注帐籍。"④

仔细分析这一段关于户籍编造的法令中县司与乡里的关系，可以发现，乡的出现在两种场合，一是户籍编造的场合：县司责成里正收取各家各户的

① 《旧唐书》卷九《玄宗纪下》，第216、229页。

② 《白居易集笺校》卷六八《钱塘湖石记》，第3668页。

③ ［唐］释圆仁《入唐求法巡礼行记》，上海，上海古籍出版社，1986年，第65页。

④ 宋家钰《唐代户籍法与均田制研究》，郑州，中州古籍出版社，1988年，第46~47页。

手实，是以乡为单位进行的，手实是户籍编造的基础档案。二是户籍制作和保管的场合：编造百姓户籍之时，以乡为单位（“乡别为卷”）装表在一起，并在其上写明某州、某县、某乡、某年籍，其中，州县直接盖印，而乡无印。这就是政府机构和基层民户管理组织的差别。这个管理组织的负责人不是别人，就是五位里正①。所以，吐鲁番文书中高昌县下于太平乡的符采用“太平乡主者”来称呼当值的里正②，这代表了官方的称谓。墓志中也有“安西乡里正”的提法③，并不是说某里里正，反映了民间的看法。

王梵志诗云：“当乡何物贵？不过五里官。县局南衙点，食并众厨飡。文簿乡头执，余者配杂看。差科取高户，赋役数千般。处分须平等，併檑出时难。职任无禄料，专仰笔头钻。管户无五百，雷同一概看。愚者守直坐，黠者驱驱看。”④“文簿乡头执”，这个乡头是谁呢？就是那个号称“五里官”的里正，是里正们在主持乡务。他们在县衙当差，甚至在县司吃饭堂。

如此看来，所谓乡、里只是县司为了便于全县管理工作而作的一种行政区分。五百户一乡、百户一里，县司把全县户口按照规定的数字作一划分。根据《元和郡县志》的记载，开元时期的乡数与户数之比，大体保持在每乡五百户左右，也有超过五百户的。元和时期的乡数与户口之比则多数有错误，而且每乡户口数普遍很少⑤。显示唐代后期乡制已经陷入混乱。

总之，唐代的乡是县以下的最基层管理组织。“乡”以下的“里”不是承接县政的独立管理单位，里正作为乡务的实际主持者，并不以里的负责人在

---

① 唐长孺在研究了西州户口帐后，指出“诸帐都是以乡为单位的、由五个里联合申报的当乡”。他得出的结论说：“唐代籍帐都是以乡为单位，但乡却不置主管租调力役的乡官，这些职务分属所管五个里的里正。”见氏著《唐西州诸乡户口帐试释》，收入唐长孺主编《敦煌吐鲁番文书初探》，武汉，武汉大学出版社，1983年，第149、166页。

② 64TAM35：24《唐永淳元年（682）西州高昌县下太平乡符为百姓按户等贮粮事》，《吐鲁番出土文书》［叁］，第487页。张广达指出：“从现有资料来看，高昌县下给武城、宁戎、宁吕、太平诸乡符中之各位当乡主者，几乎均指各乡里正而言，诸乡事务牒具，也由里正具名。里正地位极为重要，这一情况和敦煌、内地相同，证实了唐代在有些时候乡级政权由里正行使。”见氏著《西域史地丛稿初编》，上海，上海古籍出版社，1995年，第120页。

③ 《唐代墓志汇编续集》：“惟永徽六年岁次癸卯十二月丙申朔十三日戊申，故安西乡里正阳士通春秋廿四，殡葬斯墓。”（第83页）这里只说安西乡里正，不说某里里正。

④ 《王梵志诗校注（增订本）》卷二《当乡何物贵》，第109页。

⑤ 如华州条：“开元户三万七百八十七，乡七十。元和户一千四百三十七，乡二十二。”有的版本元和乡作七十二，校点者贺次君注引《考证》云：“按户数减于开元二万九千余，乡不宜更增于旧。诸州率多脱错，无左证者不具录。”见李吉甫《元和郡县图志》卷二，北京，中华书局，1983年，第33及注32。即使按照二十二乡计算，元和乡平均也只有60多户，而开元乡平均超过500户。

县司活动，而实际上是以乡的名义在进行管理。

二　里正及其职能

里正是乡务的实际主持者，已经如上所述，那么里正如何履行自己的职责呢？

如前所述，唐代乡里制度较之于北魏三长制的第二个变化，是村坊制度的设立与完善。所谓“在邑居者为坊”、“在田野者为村”，是指那些被编入乡里的民户，按照其居住地域的不同，又有坊村的小区组织相约束。里是按照民户之数量划分的，大体以百户为限①。村（坊）是以居民生活聚落来划分的，聚落大小多数在十至一百户之间。假如有某村超过百户，也许该村就有两个以上的村正。

唐代取消了邻保（五家）与党正（一百二十五家）或族正（即唐代的里正，管一百家）之间的那一级组织，而用坊村取代了北魏三长中间的第二“长”②。但是，村坊并不构成里的自然下级。简单说来，乡里是依据行政原则划分的基层行政组织，坊村是按照居住地域原则划分的小区管理单元。在这种小区管理单元下，居民按照家庭所在地被划分为乡村居民户和坊郭居民户。下面，从里正与村正（坊正略同）在人选、命名以及职责上的不同，来讨论乡村行政与小区组织的差异，进而论述唐代县以下基层行政的特点。

首先是里正与村正的人选资格上的差别，里正的角色显得比村正更重要。《通典》卷三《食货三·乡党》引“大唐令”说：

> 诸里正，县司选勋官六品以下、白丁清平强干者充。其次为坊正。若当里无人，听于比邻里简用。其村正取白丁充。无人处，里正等并通取十八以上中男、残疾等充。③

① 杜佑《通典》卷三在“每里置正一人”的令文之下有小注：“若山谷阻远，地远人稀之处，听随便量置。”这样的变通措施，表明每里实际户数和里正职数因实际情况会有所变通。

② 据《隋书·高祖纪下》记载，开皇九年把原来统领百家的族长和党长改称里正的同时，把作为二十五家的里正或闾正废除了。唐代当是继承了此一制度。

③ 《通典》卷三《食货三·乡党》，第64页。

这里明确县级政权(所谓"县司")负责基层干部的选拔。选拔物件是勋官六品以下即骁骑尉、飞骑尉、云骑尉、武骑尉,以及白丁中有德(清平)有才(干练)之人。这类人选要优先满足里正的要求,其次是满足坊正的要求。如果当里没有合适的人选,可以从相邻的里中简拔。至于村正,则取白丁充当。其实,勋官六品以下,也与白丁差不多,但是,毕竟是有过军人经历,而且立有军功,与地道的乡村农民相比,应当更有行政工作能力。

"令"文不说村正从邻村简拔,只说从白丁甚至是中男和残疾人口中选任。里正与村正选取条件的这点细微区别,乃是因为里正是行政官员,可以不在同里居住,村正则必须是本村之人,否则就无法管理小区事务。至于最后一句"无人处,里正等并通取十八以上中男、残疾充",是考虑到缺乏合适的白丁人选,或者现有白丁急需承担必不可少的赋役(首先是兵役)的情况下,可以取十六至二十二岁的中男(唐代中男和成丁年龄颇有变动)①以及轻度残疾之人来担任里正、坊正和村正。敦煌文献唐天宝差科簿残留名单中,有十二人的身份是村正,其中十七至二十二岁的中男十人(唐初以十六岁以上为中男,玄宗开元二十九年改中男年龄为十八以上,则十七岁尚未及法定中男),三十五岁的白丁和三十六岁的白丁残疾各一人;而在该差科簿所记十名里正中,年龄为二十九至四十岁的上柱国子、上柱国或品子共有五人,三十至四十岁的白丁五人②。从这样一些任职者的条件就可以看出,天宝年间敦煌地区,多数里正的年龄较大,身份较高;而村正相对来说比较年轻。这说明当时当地的里正比村正的任务更为繁重,职权更为重大。

其次是村与里在命名方式上有差别。村的名称以自然形成的方式为主要特征,里的名称以人为命名的方式为比较常见。我们知道长安的坊都有美名③,唐代的里也各有佳名,例如,相州邺县万春乡绥德里④,京师通轨里⑤,神

① 唐朝初年,十六岁以上为中男,二十一岁或二十二岁入丁,开元二十九年改以十八岁以上为中男,二十三岁入丁,前后有所变化,具体情况参见《唐会要》卷八五《团貌》,第1843~1844页。

② 敦煌天宝差科簿有村正若干,有中男或白丁残疾为之。参见王永兴《敦煌唐代差科簿考释》,《历史研究》1957年第12期。

③ 参见杨鸿年《隋唐两京坊里谱》,上海,上海古籍出版社,1999年。

④ 《唐代墓志汇编续集》麟德009《唐□前朔州善阳县丞乐君墓志铭并序》,第401页。。

⑤ 《唐代墓志汇编续集》麟德010《翟那宁昏母康波蜜提》,第402页。

都弘敬里①，东京毓德里②，洛州洛阳县上东乡嘉善里③。此外，还有怀德里④、静恭里⑤、德懋里⑥，等等。出土文书记载的西州有静泰里、安乐里、六乐里、忠诚里、仁义里、归政里、德义里、成化里、礼让里、和平里、顺义里、吕邑里、淳风里、长善里、安义里、慕义里、归化里、高昌里、投化里、永善里、净化里、积善里、尚贤里、弘教里、依贤里、淳和里、柔软里、长垣里、高泉里、独树里、新坞里、新泉里、横城里等⑦。这些“里”名，绝大多数都寓有美好意义，应非自然形成的行政区域，而是由行政当局命名，按照人口的多少而整齐划定的。

相反，村的名称则十分多样化，其中尤以姓氏命名最为普遍。《入唐求法巡礼行记》中留下了圆仁所过的许多村名⑧，此处且以河南县平乐乡为例，墓志中见到的村名有：翟村、王晏村、李村、王村、郝村、杜郭村、陶村、马村、王赵村、杜翟村、景业村、伯乐村、朱阳村、晏村等等⑨。我怀疑，其中王晏村也许是王村和晏村的合称。但不管如何，用姓氏命名是非常普遍的情况。

村与里名称的这种差异表明，与自然形成的村落不同，里是一种人为划定的行政区。制度规定五里组成一乡，平乐乡在墓志中已知“里”名有：

河南县平乐乡缠佐里⑩

河南县平乐乡张阳里⑪

---

① 《唐代墓志汇编》上元003《大周游骑将军左武威卫永嘉府左果毅都尉长上直营缮监上柱国孙阿贵夫人故成都县君竹氏墓志铭》。

② 《唐代墓志汇编》天宝124《唐故河南府洛阳县尉顿丘李公墓志铭并序》，第1619页。

③ 《唐代墓志汇编续集》麟德016《唐故张君墓志铭并序》，第405页。

④ 《唐代墓志汇编续集》麟德019《洛中处士孟君墓志铭并序》，第408页。

⑤ 《唐代墓志汇编续集》麟德024《□□□王君墓志铭并序》，第411页。

⑥ 《唐代墓志汇编》天宝186《唐故朝议郎平原郡长河县令卢府君墓志铭并序》，第1661页。

⑦ 参见张广达《西域史地丛考初编》，第117～120页。

⑧ 参见齐涛《魏晋隋唐乡村社会研究》，第69～71页；李浩《唐代的村落与村级行政》，收入张国刚主编《中国社会历史评论》第六辑，天津，天津古籍出版社，2005年，第93～96页。

⑨ 均见《唐代墓志汇编》。

⑩ 《唐代墓志汇编》显庆020《大唐故程君墓志铭并序》，第241页。

⑪ 《唐代墓志汇编》开元350《唐故朝散郎行潞州长子县尉太原王公墓志铭并序》，第1398页。按《唐代墓志汇编》龙朔079《唐故定襄参军古君墓志铭并序》，第有张相村，估计此处村与里同名。

河南县平乐乡安善里①

河南县平乐乡安川里②

河南县平乐乡河东里③

假如严格按照制度规定的五里为一乡，也许平乐乡就是由以上五里组成④，其下至少有十四个以上的村庄⑤。平均大约一里有三个村，平均每村大约三十户左右。村的民户多少不作硬性规定，就凸现了以居民自然生活空间为管理单元的划分原则。但这个平均数字与三长制中的第二“长”（管辖二十五户）很接近。由此也可以解释，唐代废除北魏和隋初的二十五户那一级管理机构，乃是因为设置了村正和坊正这样的自然聚落来取代。

最后，是里正与村正坊正各自对于下属民户在管理职责的分工有所不同。里正的职责是“按比户口，课植农桑，检察非违，催驱赋役”。它包含四项内容：一是民户家庭人口的登录；二是农业生产的奖劝；三是治安与秩序的管理；四是催督农户的赋税徭役。这些职责的核心是催驱赋役，其他三条都是为这一条服务的。

坊正与村正的职责则有异于是：坊正“掌坊门管钥，督察奸非”，村正“掌同坊正”。唐代城中的“坊”乃一封闭的居民区，乡下的“村”也是一相对封闭的居民聚落。坊正和村正的职责主要在维持本小区的治安秩序，虽然“督察奸非”与“检察非违”的字面差异不大，但是，由于它是与小区的管钥工作联系在一起的，更凸显的是其保安责任。

举例而言。吐鲁番文书《唐永淳元年（公元六八二年）坊正赵思艺牒为勘当失盗事》：

1　□坊

① 《唐代墓志汇编》上元 042《大唐袁氏故柳夫人墓志》，第 623 页。

② 《唐代墓志汇编》贞观 124《大唐右宗卫大都督杨君墓志并序》，第 86 页。

③ 《唐代墓志汇编》开元 166《大唐故太子仆寺丞王府君夫人陇西李氏墓志铭》，第 1271 页。

④ 平乐乡又有杜翟里（见《唐代墓志汇编续集》咸通 089《唐故御史中丞汀州刺史孙公墓志并序》），又有杜翟村（见《唐代墓志汇编》开元 503《大唐故赵府君墓志铭》，第 1501 页），村名与里名完全相同，与张相村情况相似。估计是该村户数符合成立一里的条件。

⑤ 陈国灿的研究曾提供敦煌地区 13 个乡名、18 个里名，但未有村名，见氏撰《唐五代敦煌县乡里制度的演变》，第 39~50 页，第 110 页。齐涛的书提供了许多村名，但是过于分散，看不出与里的关系。

2　麴仲行家婢僧香
3　　右奉判付坊正赵艺专为勘当
4　　者，准状就僧香家内检，比邻全无
5　　盗物踪迹。又问僧香家口云：其铜钱
6　　耳当等在厨下，怶子在一无门房内
　　　(珰)　　　　(帔)
7　　坎上，并不觉被人盗将，亦不敢
8　　加诬比邻。请给公验，更自访觅
9　　者。今以状言，
10　□状如前。谨牒。
11　　　　永淳元年八月　日坊正赵思艺牒
12　　　　　　　　　　　▭　方①

这则文书涉及永淳元年(682)一个叫僧香的女佣(某人家婢)报了失窃案，县衙的判司责成坊正赵思艺去调查。本文书就是赵思艺的调查报告。大意谓失主家的铜钱在厨下，被子在一间没有房门的炕上(原文的"坎"疑即"炕")，并没有失盗的迹象；比邻也没有入室行盗的踪迹。于是，坊正检查后请官府给予鉴定报告("公验")。这个案件处理居民失窃问题，符合坊正维护治安秩序的职责，故县司责成坊正出面处理。

与村正主要负责本村治安不同，里正是县司的吏职，要经常到县衙办公。唐朝末年，僖宗幸蜀，有张升摄涪州衙推，"州司差里正游章当值"②。这是少数州司直接给里正派差的事例。涪陵里正范端，办事干练，"充州县任使"③。无论是"充使"，还是"当值"，都表明里正要在州县(主要是县)承值公务。此外还有一些间接材料，说明里正是县司办案工作的主要协助者。唐朝开元年间，东光县令谢混之，因为苛暴而吃官司，中书令张九龄派御史张晓前往按问。告发者也被带去同往。谢混之不知告发者究竟是什么人，乃"遍问里正，皆云：不识有此人"。后来在整个案情发展中，里正都作为在

① 64TAM29:89(b)《唐永淳元年(682)坊正赵思艺牒为勘当失盗事》，《吐鲁番出土文书》[叁]，第341页。

② 《太平广记》卷四三〇《张升》，第3494页。

③ 《太平广记》卷四三二《范端》，第3506页。

县衙服役的“吏人”忙前忙后①。

《广异记》载:开元年间,“有卢氏者,寄住滑州,昼日闲坐厅事,见二黄衣人入门。卢问为谁。答曰:是里正,奉帖追公”②。下文说是卫县发的帖文。县司派里正追捕寄住之民,类似的事例并不鲜见。有一个叫朱同的十五岁少年,父为瘿陶县令,“暇日出门,忽见素所识里正二人,云判官令追,仓促随去”③。后来朱同被送到阴司及遣回阳间的过程,都是二里正相随。可见,里正在地方抓捕人员的事件中,充当执法的角色。

官府特别之需索,也靠里正去办理。“唐何泽者,容州人也,尝摄广州四会县令,性豪横,唯以饮啖为事,尤嗜鹅鸭。乡胥、里正,恒令供纳”④。县尉也是向里正征索官府需要财物的县司官员。滑州灵昌县尉梁士会就曾经判道:“官需乌翎,何物里正,不送乌翎!”⑤这两个例子,前者鹅鸭是县令个人的需求,后者乌翎是官府的需求,都要依靠里正去获取。

综合这些材料,我们感觉到,里正的主要工作内容之一是轮流到县衙里当差听调,而不仅仅在乡里办公。

吐鲁番出土文书里也发现了两件有关里正当值的材料。

文书(一),阿斯塔那376号墓《唐西州高昌县诸乡里正上直暨不到人名籍》:

1 昌:康达、令狐信、樊度、汜惠直 仁

2 检不到人过。思仁

3 白。

4 六日

……………………………………………………………

5 二月六日里正后衙到

6 化:尉思 严海 张成 宋感 仁

7 西:巩才 马才 曹俭丞直 仁

① 《太平广记》卷四四九《谢混之》,第3676页。
② 《太平广记》卷一〇四《卢氏》,第704~705页。
③ 《太平广记》卷三八四《朱同》,第3062页。
④ 《太平广记》卷一三三《何泽》,第948页。
⑤ 《太平广记》卷二六〇《梁士会》,第2029页。

8　顺:曹感　贾提　严似　仁

9　平:赵信　史玄　牛信　张相　仁

到

10　戎:阴永　仁

11　大:慈弥□　康洛令直　李艺　仁

到

12　昌:令狐信　樊□　仁①

文书的左边是高昌县各乡的乡名简写,右边是各乡里正之名字,值得注意的是,这里第五行"二月六日里正后衙到"中的"后衙"字样,与王梵志诗歌中反映乡头催征纸张"后衙空手去,定是搦你勒"②中的"后衙"可以互相印证,证明里正(乡头)是要到县衙听差的。而第七行的"丞直"、第十一行的"令直"字样,也许是说这些里正由县令、县丞处当差,而其他里正按照通常情况应该在县尉的统领下,在诸曹处理相关事务。因为县尉负责征收赋税③,所以文书中所发现的"抄"上有尉(县尉)、典(佐、史)的署名。

文书(二),阿斯塔那 91 号墓出土《唐西州高昌县宁大等乡名籍》:

1　十一月十八日　[　　　]

2　宁大翟隆欢　□□□　邢达　令狐建

3　宁戎乡　沙伏洛　康丰海　康才

4　武城乡　赵延洛　夏尾信

5　[　　　]　令狐文欢　□□隆　严其延　张轨端

6　宁昌　孟定　曹贞　氾阿柱

7　崇化　索延信　氾信　马武贞　王才欢

① 67TAM376:03(a)《唐西州高昌县诸乡里正上直暨不到人名籍》,《吐鲁番出土文书》[叁],第 291 页。

② 《王梵志诗校注(增订本)》卷二《村头语户主》,第 113 页。

③ 《唐六典》卷三〇《三府督护州县官吏》:"县尉,亲理庶务,分判众曹,割断追催,收率课调。"第 753 页。

8　[安]西[乡]□□□　[张]伏海　祁[胡]　高士通①

本件文书的结构与文书(一)相似,左侧是诸乡名,右侧人名中的赵延洛等在其他文书中的身份是里正,所以研究者大多认定这份文书也涉及里正上直问题②。

以上这两件文书涉及两个时间,一个是二月六日,一个是十一月十八日。《唐律疏议》卷一二规定:"里正之任,掌案比户口,收手实,造籍书。"③居民有向里正定期申报家庭人口的义务,这种居民自己申报家庭人口的文书被称为"手实"。里正依据居民提供的"手实"编造户籍。在西域出土文书中保存了若干唐代居民自报家庭人口的手实残本。唐代户籍的编造是每年的正月到三月,此处文书(一)签署的二月八日,正处在户籍编造期间,这说明造籍期间里正需要上直,协助县司共同完成户籍的编造工作。《唐律疏议》卷一三又规定:"应收受之田,每年起十月一日,里正预校勘造簿,县令总集应退应受之人,对共给授。"④说明每年十月开始的土地还授,是在县衙由县令主持进行的,里正只是这项工作的助手,具体从事本乡里簿籍的勘造工作。此处文书(二)签署的十一月八日,正处在勘造簿籍期间,故里正应该上直。总之,在县司进行全县土地还授或户籍编造工作时,县下各乡的里正均需要到县衙协助办公,所以西域出土文书中往往有多名里正签署的户口帐、欠田授田文书等,说明这些档的签署是里正在县衙共同完成的,在乡里并没有里正固定的办公场所⑤。也许里正上直期间,还能享受厨餐,如前引王梵志诗所写的那样,"县局南衙点,食并众厨飧"。

在户籍登记、土地还授等重要工作之外,里正未必需要全部到县衙办公上直。因为在当地了解居民实际的户口变动情况,是里正履行职责的基础。

里正对于城乡居民家庭现状及其动向的掌握,以"户"为单位进行。

---

① 67TAM91:4(a)《唐西州高昌县宁大等乡名籍》,《吐鲁番出土文书》[叁],第8页。

② 参见张广达《唐灭高昌国后的西州形势》,收入氏著《西域史地丛稿初编》,第124页;李方《唐西州诸乡的里正》,《敦煌吐鲁番研究》第9卷,北京,中华书局,2006年,第190页。

③ 《唐律疏议》卷一二《户婚·里正不觉脱漏增减》,第233页。

④ 《唐律疏议》卷一三《户婚·里正依令授人田》,第249页。

⑤ 参见赵璐璐《里正与唐代前期基层政务运行研究》,北京,中国人民大学历史系硕士论文,2007年,第49页。

《通典》卷七云："诸户主皆以家长为之。"居民家庭被划分为两大类别："户内有课口者为课户，无课口者为不课户。"居民的各类人口按照年龄被划分为不同类型："诸男女三岁以下为黄，十五以下为小，二十以下为中，其男年二十一为丁，六十为老。无夫者为寡妻妾。"其中，中男（女）的年龄范围是十六至二十岁，丁男的年龄是二十一至五十九岁（丁中的年龄，前后有所变动）。确定人口年龄、身份的工作过程，叫作团貌，是里正的重要职责。

除了家庭人口现状的登录，还有对家庭人口变动的审查，也是基层政权的职责。所谓家庭人口变动主要包括新生、死亡和成长三个方面。

家庭成员无故脱离家庭，户主不仅要予以如实申报，而且要设法加以阻止，否则就会犯罪。"诸脱户者，家长徒三年，无课役者减二等，女户，又减三等。"脱离户籍的，家长要判三年徒刑。假如脱户者是无须承担课役之人，家长的徒刑可以减为二年。若该家庭没有男夫，以女为户主，则减刑至一年。从这一点可以看出，民间婚嫁虽然无需政府机关出具证明，但是，户口的更动却是必须报请基层政府备案的。

《唐律疏议》卷一二《户婚》："诸里正不觉脱漏增减者，一口笞四十，三口加一等；过杖一百，十口加一等，罪止徒三年。（原注：不觉脱户者，听从漏口法。州县脱户准此。）若知情者，各同家长法。""诸里正及官司，妄脱漏增减以出入课役，一口徒一年，二口加一等。赃重，入己者以枉法论，至死者加役流；入官者坐赃论。"总之，居民家庭人口的现状记录及其变动，国家都要通过基层政权来加以掌控。掌控的办法就是完善的户口登录制度，并通过这个办法实施着国家权力对于居民家庭生活的干预。

三　邻保与村坊

如上节所述，唐代村正的主要职责是小区治安，但是随着时间的推移，其职能在逐渐扩大化。

唐代的村是有村门的。《旧唐书》卷三七《五行志》："隋文时，自长安故城东南移于唐兴村置新都，今西内承天门正当唐兴村门。今有大槐树，柯枝森郁，即村门树也。有司以行列不正，将去之，文帝曰高祖尝坐此树下，不可去也。"①大约正因为有村门,所以村正手上有管钥可以掌握。这使人联想到村落与中古坞堡组织之间的某种历史痕迹。唐诗有"绿树村边合,青山郭外斜"之句,至少可见一些村会带"郭"(墙)。

村治的基础是邻保。邻保本置于村坊之中,里正之下,"四家为邻,五家为保",就是要家庭与邻里之间互相监督,组成一个有互保连带责任的居民小组。"四家为邻,五家为保"的意思,就是说五户人家中,每家以相邻的其他四家为"邻",加上自家,一共五家,构成一保,故又称"伍"或"伍保"。一里就大约有二十个称为"保"的居民小组②。设置邻保的意义除了治安秩序的检察外,还有一种赋役上的连带责任,即在户口、田地登记中,邻保有互相担保记录真实的义务;在户口逃亡的情况下,邻保有分摊逃户租税的义务。唐户令:"诸户逃走者,令伍保追访,三年不获,除帐,其地还公。未还之间,邻保近亲(或四邻伍保三等以上亲),均分佃食,租庸代输。户内口逃者,同户代输,三年(或六年)不获,亦除帐,地准上法。"③敦煌出土文书中,有里正解决逃户税钱问题的案例。

《唐景龙三年(709)十二月至景龙四年正月西州高昌县处分田亩案卷》有一宗案件是:

112　▭□分常田二亩
113　右上件大女先已向北庭逐粮在外,死活不知。昨
114　被前里正左仁德逐追阿弥分地入收授出给,比来
115　阿弥所有户内□钱,恒是本里代出。其户内更两
116　人,户见未绝,地未出,望乞处分。④

这件文书大约是逃户阿弥所在的里正给县司的报告。内容为大女阿弥逃亡后,其应缴纳的户内口钱此前由同里代为交纳。前里正左仁德要求收回阿

① 《旧唐书》卷三七《五行志》,第1375页。

② 《唐代墓志汇编续集》光化002《唐故扶风郡马氏夫人墓志并序》,第1166页,云:"明州慈溪县上林乡石仁里三渎保。"这个"三渎保"颇似邻保之名称。但后文又有"当乡湖内山北保",似乎为地名。

③ 参见宋家钰《唐代户籍法与均田制研究》,第44页。

④ 75TAM239:9/13《唐景龙三年(709)十二月至景龙四年(710)正月西州高昌县处分田亩案卷》,《吐鲁番出土文书》[叁],第562页。

弥的土地，现任里正以其户内尚有两人，并未成绝户，也没有退还土地，请求县司如何处理。前里正要求把土地收回，其法律依据就是上述“唐律”中的规定。文书此处有“恒是本里代出”。究竟逃户所欠钱是里正代出，还是邻保代出？不太清楚。事实上两种可能都存在。按照“唐律”应该邻保摊付，王梵志诗则说“租调无处出，还须里正倍（赔）”①。

邻保组织是帮助里正实施职责的有力助手。《全唐文》卷二七〇收录席晋《对移乡判》之判题曰：“丁适他邑，伍谓其叛，追之。遽出旌节以徇，伍诉诸邑吏，将内之。圜土曰：来有授也。”判文作者的态度肯定人民可以自由走动，因为这个到邻县去的某丁有走动的凭证（旌节），并不是逃户：“今则旌节有凭，伍人何逐捕之有？”②这里出现了伍人和邑吏。邑一般指县邑，邑吏则为县中之吏人，这只能是里正。里正或称某县里正，如吴清居住在湖城天仙乡车谷村，称为“湖城小里正”③。又有“赣县里正”④。伍保追逃亡之户，其直接报告的负责人就是邑吏（里正）。

邻里关系本来是居民小区中的最基本关系，当邻里中的伍保成为里正的下层或助手，那么，小区之中的村正、坊正又扮演什么角色呢？《唐律疏议》卷二四《斗讼》：“诸强盗杀人，贼发，被害之家及同伍即告其主司，若家人同伍单弱，比伍为告。”疏议解释说：“被害之家及同伍共相保伍者，须告报主司者，谓坊正、村正、里正以上。”在这里坊正、村正与里正放在同一系列，都是伍保的“主司”。因为这件事涉及居民治安问题。治安问题既是村坊长正之责，也是乡里行政官员里正之责。《旧唐书·食货志》有“村坊邻里，递相督察”一句，也可以印证在安全问题上，村坊与邻里具有互动之关联。但总体而言，坊正或村正大约相当于寝室的“楼长”那样的角色，甚或小区物业保安兼管理员的角色，而里正才是街道或居委会的“行政干部”。

我们注意到，唐代中后期，村正和里正之间的关系有所变化。变化的方向是，村的地位显得越来越重要。

首先，由于村是居民生活小区，王梵志诗：“遥看世间人，村坊安社邑。

---

① 《王梵志诗校注（增订本）》卷五《贫穷田舍汉》，第558页。

② 《全唐文》卷二七〇，席晋《对移乡判》，第2741页上。

③ 《太平广记》卷六七《吴清妻》，第418页。

④ 《太平广记》卷二一八《杨玄亮》，第1672页。

一家有生死,合村相就泣。"①居民点有社邑互助性质的民间组织。朝廷发布的一般民间公共活动规范,都以村为单位发布,鲜有提"里"者。

如开元十七年八月五日千秋节(玄宗皇帝生日),朝廷定为法定节假日,民间活动有"士庶以丝结承露囊,更相遗问,村社作寿酒宴乐,名赛白帝、报田神"。德宗贞元五年,制以二月一日为中和节,"士庶以尺刀相遗,村社作中和酒,祭句芒神,聚会宴乐"。直到元和二年,皇帝生日时"士庶村社宴乐"的活动才被停止②。从这里可以看出,乡村中的宴乐活动以村社为单位,不以里的名义安排。又如,玄宗开元二年十月六日敕云:"散乐巡村,特宜禁断。如有犯者,并容止主人及村正,决三十,所由官附考奏。其散乐人仍递送本贯入重役。"③散乐就是指雅乐之外的一般大众音乐。"散乐巡村"就是指歌舞下乡巡回演出的活动,这种活动的出现,也是因为村是居民点。朝廷不允许散乐巡村,受到处罚的人就是村正而不是里正。

唐玄宗开元二年七月规定:"如闻坊巷之内,开铺写经,公然铸佛。自今已后,村坊街市等不得辄更铸佛、写经为业。"④唐宣宗大中五年,虽然提倡佛教,也禁止在"村坊"设置佛堂兰若⑤。但是,这只是官方的规定罢了。唐宣宗本人在大中九年,就亲眼看见"近县父老于村寺设斋",为地方官醴泉县令李君奭祈福⑥。可见乡村的寺庙照样实际存在。无论是禁止敕令,还是实际存在的规定,都表明村坊愈益成为国家政策的关注重点。

又如学校的设置情况。开元二十六年正月十九日敕:"其天下州县,每乡之内,各里置一学,仍择师资,令其教授。"但是到了安史之乱之后,贞元三年正月,右补阙宇文炫上言:"请京畿诸县乡村废寺,并为乡学。并上制置事二十余件。"由于乡村废寺其实都设置于"村",因此在废寺设置乡学,就是把学校建立在村这一级居民点之上。尽管这条奏疏并未获得批准,其实却道出了当时的实际情形,如在敬宗和文宗朝为宰相的窦易直,幼年家贫,就是"受业村学"⑦。里学向村学的转变,也昭示了唐代后期乡村基层组织的

① 《王梵志诗校注(增订本)》卷一《遥看世间人》,第9页。

② 《唐会要》卷二九《节日》,第631页、第633~635页。

③ 《唐会要》卷三四《杂录》,第734页。

④ 《唐会要》卷四九《杂录》,第1007~1008页。

⑤ 《唐会要》卷四八《寺》,第1001页。

⑥ 《唐会要》卷六九《刺史下》,第1435页。

⑦ 《因话录》卷六《羽部》,第112页。

发展方向。

一般人提到自己的出生地、葬地和籍贯,多数情况下习惯“乡—村”连称,与唐代前期多数称乡或者乡、里,形成鲜明对比。如《太平广记》卷六三:“唐元和十二年,虢州湖城小里正吴清,妻杨氏,号监真,居天仙乡车谷村。”①这位里正的住地已经不用某乡某里,而是说某乡某村。房山石经题记咸通年间的《巡礼碑题名》有:“固安县政和乡程村正”李弘琳,程村正即程村之村正;又有“归义县得化乡西杨村突将杨方谏”、“东杨村突副李匡实”②;这里提到居住地都用县—乡—村的结构。《李府君墓志铭》:“君讳让,本贯魏州莘县太平乡北孙村人也。”③介绍志主的籍贯也用某县某乡某村,而不说某县某乡某里。

这不是个别现象,笔者系统地搜集了一下《唐代墓志汇编》、《唐代墓志汇编续集》中的记载,在唐代开元之前的墓志中,绝大多数墓志记载葬地的为某某乡,或者某某乡某某里。比如“洛州洛阳县清风乡月城里”(续集贞观 007);“兖州任城县黄山乡定丘里”(续集贞观 018)。但是,开元之后特别是安史之乱以后,多数葬地记为某某乡某某村,比如:“洛阳县清风乡五品子赵思忠,葬于吕乐村之平原里也”(汇编开元 211);“河南县平乐乡崔村”(汇编开元 010);“江阳县嘉宁乡五乍村”(续集贞元 052);“蓟城东南八里会川乡从善村”(续集太和 004);“易县西南候台乡北韩村”(续集咸通 022)等等。

在住地以及葬地表示方法中,从“乡—里”结构到“乡—村”结构的这种变化,清楚地告诉我们,唐代中后期,村的重要性已经超越了“里”。

再看唐代官方面向基层社会发布的朝廷公文,一般使用村坊或者乡村(村乡),鲜有称乡里者。这在玄宗时代就已经出现,之后更形普遍。兹举《唐会要》中的若干事例如下:

天宝四载三月敕:……自今已后,每至定户之时,宜委县令与村乡对定。审于众议,察以资财,不得容有爱憎,以为高下,徇其虚妄,令不均平,使每等之中,皆称允当。(卷八四《定户等第》)

---

① 《太平广记》卷六三《吴清妻》,第 418 页。
② 《房山石经题记汇编》,第 52 页。
③ 《唐代墓志汇编续集》咸通 010《李府君墓志铭》,第 1040 页。

天宝五载八月敕:朕所撰《广济方》,宜令郡县长官,选其切要者,录于大版上,就村坊要路榜示;仍委采访使勾当,无令脱错。(卷八二《医术》)

其年(元和十三年)六月,京兆尹李游奏:诸司使诸军所由官徒等共九十四人挟名。伏检元和二年三月敕,并委京兆府,比从十年更无逃亡补替等处,遂使影占文牒,散在村坊,凡欲差役,皆无凭据。臣祈请诸司案旧名额。自元和二年,其逃亡补替挟名,乡县牒臣当府,令别与。(卷七二《京城诸军》)

(长庆)三年正月,新罗国使金柱弼进状:先蒙恩敕,禁卖良口。使任从所适,有老弱者栖栖无家,多寄傍海村乡,愿归无路。(卷八六《奴婢》)

(长庆)四年三月制敕:应属诸军诸司诸使人等,于城市及畿内村乡店铺经纪,自今已后,宜与百姓一例差科,不得妄有影占。(卷七二《京城诸军》)

太和二年二月,宰臣李绛进则天太后删定兆人本业记三卷。宜令诸州刺史写本。散配乡村。(卷六九《都督刺史以下杂录》)

会昌元年正月制:……自今已后,应州县开城五年已前,观察使刺史差强明官就村乡,指实检会桑田屋宇等,仍勒令长加检校,租佃与人,勿令荒废,据所得与纳户内征税,有余即官为收贮,待归还给付,如欠少,即与收贮,至归还日,不须征理。(卷八五《逃户》)

上述这些诏敕或者奏表,涉及的事务,并不限于治安工作,而是广泛及于乡村生活的各个方面,包括户口和赋役方面这些以往只是里正掌管的内容。总之,村与里的关系在逐渐变化,变化的方向是,唐代基层管理愈益按照自然村的模式进行。因为居民的实际家庭生活,都是以自然村落为单位而进行的,对于整齐划一的“里”的认同感比较薄弱。

但是,这并非说里正被村正取代了,相反,里正的职能集中到了“乡”的事务上,“里”的事务倒是被弱化,而由村正取代了。圆仁的《入唐求法巡礼行记》中村正对于外来人口入住本村问题要向里正请示和报告,不仅因为涉及村坊治安的本职工作,而且因为里正实际上是乡司的负责人。

在唐代前期已经有村头协助里正去催征赋役的情况。王梵志诗云:“村头语户主,乡头无处得。在县用纸多,从吾相便贷。我命自贫穷,独办不可得。合村看我面,此度必须得。后衙空手去,定是搦你勒。”①这里的乡头可以看作就是主持乡务的里正。“乡头”在县衙当差,用纸甚多,要从村头那里借贷纸张,村头自己无力置办,于是召集全村户主征集。乡头(里正)在县衙需要较多的办公用纸,就是因为他们在县司当差的缘故。

王梵志诗又云:“里正追庸调,村头共相催。……里正被脚蹴,村头被拳搓。駈将见明府,打脊趁回来。租调无处出,还须里正倍。”②里正的催征赋役工作,需要有村头(正)的合作。催征不上来的话,里正要负赔偿之责。王梵志一般认为是隋末唐初之人,庸调等的征收也是唐代前期的制度。这说明在村正设立之初,村正就自然而然成为里正催片赋役的帮手。

玄宗时期,里正、村正共同承担赋役征催似乎已经制度化了。唐玄宗《安养百姓及诸改革制》:“其天下百姓,有灼然单贫不存济者,缘租庸先立长行,每乡量放十丁,犹恐编户之中,悬罄者众,限数既少,或未优洽。若有此色,尚轸于怀。特宜每乡前放三十丁,仍准旨条处分。待资产稍成,任依恒式。其所放丁,委县令对乡村一一审定,务须得实。仍令太守子细案覆,本道使察访。如有不当者,本里正、村正先决一百,配入军团,县令解,太守、本道使不举者量贬降。”③这则诏书发布于天宝五年(746)正月,“委县令对乡村一一审定”的具体对象,就是里正、村正。里正相对于乡而言,村正相对于村而言。唐制,凡一村超过百户,增置村正一人,则一村正所管最多不超过百户,这一点已经与里正所管相似。在里正掌管一乡之同时,村正似乎成了里正掌管百户的代理人。乡村、乡村,乡与村所对应的负责人分别是里正与村正。这则诏书等于是中央政府在现实中承认了“乡—村”体制在基层管理中的实际作用。

如果说以上还只是村正协助征收赋役或者放免租庸的话,那么,中唐时期杜甫《东西两川说》就提到村正直接出面催征赋役了:“邨(村)正虽见面,不敢示文书取索,非不知其家处,独知贫儿家处。”④杜甫的话凸显出,在这

---

① 《王梵志诗校注(增订本)》卷二《村头语户主》,第113页。

② 《王梵志诗校注(增订本)》卷五《贫穷田舍汉》,第558页。

③ 玄宗皇帝《安养百姓及诸改革制》,《文苑英华》卷四三三,第2190页;《全唐文》卷二五,第284页。

④ 《杜少陵集详注》卷二五《东西两川说》,第十册第16页;又见《全唐文》卷三六〇,第3656页。

个时期一般村官很难履行赋役催征的职责。于是,选择“有力人户”担任村官便成为自然的选择。杜牧在黄州刺史任上,就提到“乡正村长,强为之名,豪者尸之”①。这里的乡长其实就是“五里官”的里正②。

到了五代时期,乡、村成为县司下属基层组织,甚至不提及里了。后唐左补阙王延长兴元年(930)十二月上奏建议:“一县之内,所管乡、村,而有割属镇务者,转为烦扰,益困生民,请直属县司,镇唯司盗贼。从之”③。后周显德二年(955)五月诏:“诸道州府、县镇、村坊,应有敕额寺院,一切仍旧。”④这些材料都表明,“乡—村”已经取代“乡—里”成为县司以下的基层行政机构。

四　乡治的困境

“民惟邦本,本固邦宁”。“民本”的意思,不仅因为国家的财政税收依赖于农民提供,而且也因为有“载舟覆舟”的警示。中央政府要依靠乡村基层组织控制人民,又要防止他们鱼肉人民。这本身就矛盾。

王梵志诗:“早死无差科,不愁怕里长。”⑤可见,里正在民户心中的形象极其糟糕,里正催驱赋役是很可怕的一件事。国家赋予基层政权以干预居民家庭生活的权力,难免会出现滥施权力的贪官污吏,于是,为了长治久安,国家又在一定程度上限制基层政权的胡作非为,剥夺乡村长正差派赋役的权力,扮演保护农村居民的角色。这就是中央集权下乡治的困境。

在唐朝前期,正如王梵志诗《富饶田舍儿》所说:“里正追役来,坐著南厅里。广设好饮食,多酒劝遣醉。追车即与车,须马即与马。须钱便与钱,和市亦不避。索面驴驮送,续后更有雉。官人应须物,当家皆具备。县官与恩泽,曹司一家事。纵有重差科,有钱不怕你。”⑥富裕人家在受到里正追役

① 《樊川文集》卷一四《祭城隍神祈雨文・第二文》,第203页。

② 刘再聪在其博士论文《唐代村制度研究》中认为唐代后期又恢复了乡长的设置,其实这里的乡长(正)依然是“五里官”的代名词。

③ 《册府元龟》卷四五七《台省部・奏议六》,第5674页。

④ 《旧唐书》卷一一五《周书・世宗纪》,第1529页。

⑤ 《王梵志诗校注(增订本)》卷五《不见念佛声》,第499页。

⑥ 《王梵志诗校注(增订本)》卷五《富饶田舍儿》,第553页。

的情况下，可以交纳钱物，并用钱财打点里正和县司官员，不必应差。差役于是落到了贫穷百姓身上。开元时代已经制定法令，防范此类事情发生。

依据宁波天一阁新发现《天圣令》复原《唐令》云："诸县令须亲知所部富贫、丁中多少、人身强弱。每因收手实之际，即作九等定簿，联署印记。若遭灾蝗旱涝之处，任随贫富为等级。差科、赋役，皆据此簿。凡差科，先富强，后贫弱；先多丁，后少丁。凡丁分番上役者，家有兼丁者，要月；家贫单身者，闲月。其赋役轻重、送纳远近，皆以此以为等差，豫为次第，务令均济。簿定之后，依此差科。若有增减，随即注记。里正唯得依符催督，不得干豫差科。若县令不在，佐官亦准此法。"①

这条令文要求各县县令要亲知部内人丁贫富、多寡、强弱等情况，在收受手实的基础上，编造九等定簿，"联署印记"，这个联署者是谁？既然是在里正收受手实的基础上制作的，联署者中很可能就有五位里正。按照研究者目前的理解，"天圣令"是以"开元令"为基础编制的，那么这个规定就是唐朝前期的制度。制度的目的，是防止里正等基层乡官在差役分派中上下其手。但是，这样做的结果，又发生了另外一个问题，即豪强之家拒绝当差应役。

著名的《唐天元二十四年(736)九月岐州郿县尉□勋牒判集》有一则判文提到：

23　初里正朱本据户通齐舜着幽州行。舜负恨至京，诣台讼朱

24　本隐强取弱，并或乞敛乡村。台使推研，追摄频至。再三索上，

25　为作此申。牒使曰：

……………………………………………………………………………

26　此县破县，人是疲人，一役差科，群口已议，是何里正，能作过

27　非？如前定行之时，所由简送之日，其人非长大不可，非久

28　行不堪。在朱本所差，与敕文相合，类皆壮健，悉是老

29　行。简中之初，十得其四，余所不送。例是尫羸，不病不贫，

① 天一阁博物馆、中国社会科学院历史研究所天圣令整理课题组校证《天一阁藏明钞本天圣令校证(附唐令复原研究)》，北京，中华书局，2006年，第467~468页。

即伤

30　即荐，役者准敕不取，交（较）贫者于法亦原。其中唯吕万一人，

31　稍似强壮，不入过簿，为向陇州，且非高勋，又异取限。如齐舜

32　所讼，更有何非。或云，遍历乡村，乞诸百姓，昨亦令人访问，兼

33　且追众推研，总无所冯，浑是虚说。至如州县发役，人间

34　难务，免者即无响无声，著者即称冤称讼。此摇动在乎

35　群小，政令何关有司，众证既虚，朱本何罪！昨缘此事，追

36　摄亦勤，廿许人数旬劳顿，农不复理，身不得宁，忝是职

37　司，敢不衔恤。具状，牒上御史台推事使。①

这里已经不是差遣贫弱的问题，而是根据“户通”征派符合条件的民丁，遭到了豪强的抵制。强势的里正或许会欺凌弱势村民，弱势的里正又不能威慑地方豪强，乡治的困难，于此可见。

实际上，开元令文规定的派役方法，实际操作起来相当困难，所以恐怕未必真正能做到，唐代后期一些地方官反类似的措施当作“新政”来推行。

杜牧《与汴州从事书》记述襄邑县令李式往下派发牵船夫役的作法云：“某当县万户已来，都置一板簿，每年轮检自差，欲有使来，先行文帖，克期令至，不拣贫富，职掌一切均同。计一年之中，一县人户，不著两度夫役，如有远户不能来者，即任纳钱，与于近河雇人，对面分付价直，不令所由欺隐。一县之内，稍似苏息。……富豪者终年闲坐，贫下者终日牵船。今即自以板簿在手，轮转差遣，虽有黠吏，不能用情。”

然后杜牧又谈到自己的行政体验：“某每任刺史，应是役夫及竹木瓦砖工巧之类，并自置板簿，若要使役，即自检自差，不下文帖付县。若下县后，县令付案，案司出帖，分付里正，一乡只要两夫，事在一乡遍着，赤帖怀中藏却，巡门掠敛一遍，贫者即被差来。若籍在手中，巡次差遣，不由里胥典正，无因更能用情。”②

---

① P.2979《唐开元二十四年（736）九月岐州郿县尉□勋牒判集》，《敦煌社会经济文献真迹释录》第二辑，第616~617页。

② 《樊川文集》卷一三《与汴州从事书》，第198页。

以上李式和杜牧的行政经验总结，道出了州县以下派遣赋役的行政运作模式问题。这里略作分析。

以往的派遣夫役程序，是州司发文帖到县司，县令作出批示，交由相关的判司制作成派遣夫役的正式帖文，交给里正办理。要注意的是，这个帖文是面向全乡的。以乡为单位征点夫役。帖文虽然是交给里正办理，但是，差发工作却要遍及于全乡，这是因为里正就是乡司的实际主持者。李式的改革办法是，他作为县令自己制作一个掌握全县丁额的“板簿”——差役名簿。轮流差派，不分贫富，这样每年最多不超过两次轮差的机会，防止了“所由”的上下其手。

杜牧在担任刺史期间，也学习李式的做法。除了夫役之派遣外，凡是征发竹木瓦砖工巧等工匠当差，他也制作了一个板簿，如要使役，就自己检阅板簿进行差点。否则，像以往那样，先下文帖到县，县里再付判司成案，交由里正去面向全乡征点，里正典正就会从中作弊。显然，这个办法与《开元令》(《天圣令》)的差别在于，开元令强调按照贫弱来征派役事，而李、杜的做法只是按照人头顺序来差派役事，不管居民有贫富的差别，后者反而被认为更公平。其原因就是只要有差别地征役，就会给基层胥吏上下其手的机会。

唐宣宗大中九年(855)诏：“以州县差役不均，自今每县据人贫富及役轻重，做差科簿，送刺史检署讫，锁于令厅，每有役事，委令据簿轮差。”①这个诏书中的差科簿与《天圣令》中的“九等定簿”在立意和方法上也是完全一致的。那么其能否公平实行，也就可想而知了。

李式和杜牧改革夫役或丁匠差派方式，都是为了防范基层胥吏在决定差役人选时做手脚，由州县长官直接按照预定的差科簿点派，可以保证派役的公平和公正。唐代后期迄于五代，兵荒马乱，人口逃散，政府的控制局面的能力也日益削弱，社会财富与民户土地的转换加速，州县设定的差科簿更加难以及时反映居民真实的家庭情况，于是，为了保证服役的征发，强有力的乡村基层组织自然必不可少。

后唐长兴二年(931)六月敕：“委诸道观察使属县，于每村定有力人户充村长，与村人议，有力人户出剩田苗，补贫下不迨顷亩者。”②县司直接选

① 《文献通考》卷一二《职役一》。

② [宋]王溥《五代会要》卷二五《租税》，上海，上海古籍出版社，1978年，第401页。

任村长，由村长与村民协议摊派。后周显德五年十月诏："诸道州府，令团并乡村，大率以百户为一团，选三大户为耆长。民家之有奸盗者，三大户察之；民田之有耗登者，三大户均之。仍每及三载，即一如是。"①三大户担任的"耆长"，与唐代前期乡官耆长完全不同，在这里，耆长是共同掌管百户之事的村官，也负有均摊民户损耗之责。显而易见，这样的村官，非豪而且富不可。

总之，乡治的责任越来越落到豪民身上，而基层社会的治理依然在沿着从"乡—里"到"乡—村"这样一个模式前进。

五　结　　语

唐代在县政权以下乡村基层社会设置有两类组织，一个是乡、里，一个是村、坊，这两类组织都建立在居民的家户之上。百户为里，五里为乡，这是基层行政组织，带有基层政权的性质；在城居者为坊，在乡野者为村，这是居民小区组织，主要负责治安责任。连接两者的是邻保。邻保一方面在治安上为坊村服务，另一方面在赋役摊派上又为乡里服务，从而使其具有双重身份。其实，这种双重身份是因为他们建立的在础都是当地的居民家庭。

在唐代乡、里机构中，"乡"是县以下按照人口多寡划分成的政务管理实体，里正是协助县令管理这些区域的负责人，其任务是提供相关区域的民户数据，监控其数据的变动。一方面，里正是县司的胥吏，承担着县司派遣的任务，里正在县司服务期间，多数情况在县尉及其诸曹（佐史）当值，协助编造本乡户籍材料。另一方面，里正又是乡司的实际主管。这已经暗含了"里"功能的弱化。

"里"的功能的弱化以及里正主持"乡"务的制度化，是中唐以后唐代乡村基层组织发生变化的重要推手。这种变化的基本方向就是"县—乡—里"结构让位于"县—乡—村"结构。具体表现为整齐划一的"里"的功能在逐渐退缩，而自然居民点"村"的功能在扩张和强化。发生这种变化的社会背景是随着户口增长（玄宗开元天宝之际的户口数较之于贞观增加了将近四

① 《五代会要》卷二五《团貌》，第405页。

倍)，乡和村的人口都在扩张，村与里的法定户数之间的差别愈益缩小，村取代里的可能性在提高，村的独立性增强，作为居民实际生活的自然聚落，在管理上也有诸多便当之处。于是，唐前期的"乡—里"结构向后期的"乡—村"结构转变。不管是涉及赋役和户籍问题，还是涉及居民生活秩序的内容，管理层大多数情况直面乡村或村乡。"村落"作为管理实体，愈益进入了统治者的视野。

唐代中央集权制度下乡治的困境在于，乡村胥吏既是中央政府控制乡村的爪牙，又是残害村民、危害乡村稳定的元凶。中央政权如何在这两者之间操控得当，其实是至今都没有完全解决的难题。

附录：论“唐宋变革”与中国历史分期

一 学术史的回顾

关于“唐宋变革”（Tang Sung-Transition）作为一个学术问题提出来，一般认为始于日本京都大学教授内藤湖南。1910年内藤湖南在《概括的唐宋时代观》中初步提出了他的看法，认为唐代是中世，而宋代为近世①。1925年他在京都帝国大学讲课时这样归纳“中国近世史的意义”②：

> 所谓近世的内涵，与中世相比，大体有哪些不同呢？首先，从政治上讲，是贵族政治的衰落，君主独裁政治的兴起。
>
> 与此同时，人民的地位也有了显著的变化。
>
> 君主与人民之间的阶层——官吏，其录用法也改革成为科举制了。亦即选用官吏的方法，由从贵族阶级中推举一变为通过考试录用了。

内藤湖南对于唐宋变革论的把握，明显受到基佐《欧洲文明史》的影响，内藤的唐宋变革论是从社会性质上来观察唐宋之间的变化，从西方文明史观的角度来解读唐宋之间的变革。对此日本学者葭森健介已经有清楚的论述③。内藤之后，宇都宫清吉的《东洋中世史的领域》虽然对内藤观点的细

---

① 载《日本学者研究中国史论著选译》第一卷，北京，中华书局，1992年，第10~18页。

② ［日］内藤湖南《中国史通论》上，北京，社会科学文献出版社，2004年，第323页。

③ ［日］葭森健介《唐宋变革论成立的背景》，《史学月刊》2005年第5期。

节提出一些批评，但是，总体上并没有否定唐宋变革观①。宫崎市定《东洋的近世》②，更加进一步发展了内藤湖南的看法。他不仅继承了内藤关于唐宋变革是贵族政治向君主独裁政治转变的观点，而且十分突出地强调宋代作为近世的意义，认为，与西方相比，东洋的进入近世的历史要更早。很显然，从内藤湖南到宫崎市定，日本学者明显主张唐宋之间的变革是一种社会变革，所以，他们把自己的观点用英文“Tang Sung-Transition”来表达。其后学谷川道雄《试论中国古代社会的基本构造》③虽然试图修正或者减弱内藤湖南“格义”史学的痕迹，淡化社会性质变迁的内容，但是，从总体看来，至今的日本学者还是主张唐宋是中世和近世的分界线。

近年来美国学者也关注唐宋变革问题。赫若贝(Robert M. Hartwell)④、包弼德(Peter Bol)⑤等学者也提出了自己的模式。与日本学者从君、臣、民的关系来建立自己的理论架构不同，美国学者更注重人口、地区、精英之间的关系模式来进行考察。从这种角度看唐宋之间的变化，那就不是社会性质的改变，而是看成一个长期发展过程的一个阶段，其基本观点包括：人口增长和政府控制力下降、社会发展导致财富精英进入政府已经精英的地方化，从而构成了“唐—北宋—南宋”这样一个变化模式。正是由于美国学者的唐宋变化只是一个内部的变化过程的一环，因此，他们采用了“Transformation of China”来说明这个过程⑥。

中国学者也谈唐宋变化。尽管中国学者的看法也许受到日本唐宋变革观的影响，但是，中国学者从来不认为这种变化是类似于西方近代社会变革的那种性质。从陈寅恪、钱穆到侯外庐、胡如雷等中国学者，都谈到唐宋之间的历史变化。陈寅恪先生1954年发表《论韩愈》一文的末尾说：“唐代之

① 载《日本学者研究中国史论著选译》第一卷，第122~134页。

② 载《日本学者研究中国史论著选译》第一卷，第153~241页。

③ 载张国刚主编《中国社会历史评论》第4卷，北京，商务印书馆，2002年。

④ Hartwell, Robert M. “Demographic, Political, and Social Transformations of China, 750~1550.” Harvald Journal of Asiatic Studies 42, No. 2(1980): 365~442. “Financial Analogism, Examinations, and the Formulation of Economic Policy in Northern Sung China.” Journal of Asian Studies 30 (1971): 281~314.

⑤ [美]包弼德《斯文：唐宋思想的转型》，南京，江苏人民出版社，2001年；《唐宋转型的反思——以思想的变化为主》，《中国学术》第三辑，北京，商务印书馆，2000年，第70页。

⑥ 参见罗祎楠《模式及其变迁——史学史视野中的唐宋变革问题》，《中国文化研究》2003年第2期。

史可分前后两期，前期结束南北朝相承之旧格局，后期开启赵宋以降之新局面，关于政治社会经济者如此，关于文化学术者亦莫不如此。”①钱穆先生《中国文化史导论》认为中国文化分秦汉、汉唐、宋元明清四个时期，唐宋是第二、第三期的分界线②。这些看法可以说与古人的观点一脉相承，明人陈邦基在《宋史纪事本末》的《序》中就说：“宇宙风气，其变之大者为三：鸿荒一变而为唐虞，以至于周，七国而为极；再变而为汉，以至于唐，五季而为极；宋其三变，而吾未睹其极也。今国家之制，民俗之俗，官司之所行，儒者之所守，有一不与宋近乎？”把中国历史发展看成一个连续的演变过程，有阶段性的差异，其中唐宋之际的变化只是一个阶段与另外一个阶段的转折点。就这一点来说，中国的古人与今人是一致的③。

综合以上论述，可见关于唐宋变革其实有三个不同的观察角度。陈寅恪虽然谈论唐朝前后期有变化，但是，并没有给这种变化定性。这其实是继承了明清时期的顾炎武这些学者的观察，中国学者早就已经注意到唐宋历史的连续性与转折性的问题。现代中国学者关于唐宋历史的看法并不直接来源于日本学者。此是一种情况。第二种是从社会性质上来观察唐宋之间的变化，比如上节提到的内藤湖南，从西方文明史观的角度，来解读唐宋之间的变化。三是侯外庐、胡如雷等用唯物史观来解读唐宋变革，但是，大多认为是封建社会内部的变革。

二　唐宋变革与历史分期

究竟如何来给唐宋之际的历史变化定位？有必要从中国历史分期中去考察。尽管内藤湖南在学习西学（兰学）的过程中，把西方近代的变革套用在唐宋时期的变化上。但是，他的唐宋变革论一开始就是与中国历史分期

---

① 陈寅恪《论韩愈》，载《金明馆丛稿初编》，北京，生活·读书·新知三联书店，2000年。

② 钱穆《中国文化史导论》，北京，商务印书馆，1994年，第203~204页。

③ 侯外庐、胡如雷先生等马克思主义史学家从土地制度和阶级关系的变革上讨论唐宋变革，但也都不涉及到社会性质的变革。如胡如雷认为：“唐宋之际的历史变革阶段可以从公元八世纪中叶，即开元、天宝间均田制基本破坏算起，直到公元十世纪末叶，即北宋建立和王小坡、李顺起义提出‘均贫富’口号为止。”见胡如雷《唐宋之际中国封建社会的巨大变革》，载《隋唐五代社会经济史论稿》，北京，中国社会科学出版社，1996年。

联系在一起的。内藤湖南把从开天辟地到后汉中期定义为“上古”(后汉后期到西晋,中国文化暂时停止向外扩张);从五胡十六国到唐中期是“中世”(唐后期到五代,外部力量在中国达到顶点时期);进而把宋元作为“近世”前期,明清作为“近世”后期。“内藤在这种时代区分法中,精巧地整理了繁难的史实,建立了自己的体系,发挥了稀有才能。”①Hartwell 的唐宋变革观也是放在一个长的历史时段中理解的,是他对于 750 年至 1550 年长时段研究的基础。

我曾经在一次笔谈上提出用上古、中古、近古等中性的概念来标识中国历史的分期②。现在我仍然坚持这个主张,原因是这些用词是中性概念,具有世界可比性,但是其具体内涵要加以客观确认,而不是简单地按照西方的分期法来加以套用。上古、中古、近古是一套时间概念,一般的社会历史总是从古代到发展到近代,而古代又可能依据其不同的内容划分为若干阶段,因此,上古、中古、近古概念本身是没有社会性质内涵的。这些概念用于不同的社会形态分析,就会有不同的性质界定。

就中国文化发展的历史阶段而论,先秦时期应该可以构成一个独立的发展阶段,可以算上古,晚清以来开始的近现代史也基本是史学界没有疑义的共识,可以算近代。于是从秦汉以降,迄于明清,是一个完整的历史阶段。上古是中华文明的早期形态,秦汉到明清是中华帝国时期,可以称前近代时期。它们是否可以用中古(汉唐)、近古(宋元明清)来界定?当然可以讨论,但是,我们说唐宋之际的确实发生了变化,而且中华帝国时期(前近代时期)这个完整历史阶段之内的变化,完全无法套用基佐《欧洲文明史》中所展现的中世纪到近世的革命性转变。中国的唐宋变革只是中华帝国时期的一种阶段性变革。

我把唐宋变革看成是从中古前期向中古后期(或称近古)的变化(先秦是上古时期)。在这里,我虽然也采取了上古与中古的提法,但是,与内藤湖南的看法并不相同。我只是把上古、中古作为一个时间概念,没有社会性质的内涵。我把汉唐时代定位为中古,与内藤湖南把汉代作为上古不同。

我观察到中古的变化内涵乃是,士族门阀形成并走向解体,中国传统文

① [日]宇都宫清吉《东洋中世史的领域》,载《日本学者研究中国史论著选译》第一卷,第 126 页。

② 见《历史研究》2000 年第 4 期关于社会形态问题笔谈。

化从思想经典形态逐渐演变成社会行为规范。日本和美国学者都提到唐宋时期从贵族文化向平民文化的转变,从世袭或半世袭的精英向大众精英的转变。但是,如何来说明和解释这种变化呢?都没有令人信服的答案。其实,答案就在士族的变化中。

三　中国历史分期的两条线索

中国历史其实是由两条线索构成的。一条线索是中原汉族文明的发展,另外一条是中原地区与周边少数民族地区的战争、和平和统一等关系的发展。这样两条线索合成在一起组成了中国历史起伏跌宕的发展路线。因此,我们讨论中国历史分期,既要考虑中原地区主体文化发展的过程,也要考虑周边少数民族地区与中原王朝关系发展的过程。非常凑巧的是,这样两条线索在唐宋之际都发生了变化。关于第二条线索,在此不能详谈。我的简单提示就是,唐宋之前(包括唐),凡是统一的王朝都是由汉族为主导建立的,比如汉朝和唐朝,而分裂的王朝北方是少数民族,南方是汉族。唐宋以后(包括宋),统一的王朝都有少数民族建立,比如元朝、清朝。而汉族的统一王朝都不能臣服周边少数民族,比如北宋和明朝,其实用今天的眼光来看,依然不是完全统一的国家。为什么这样?恐怕与中华文化发展到这个时代需要吸取新鲜的血液以补充和完善自己有很大关系。

再谈第一个问题,即中华文化发展的阶段性问题。

我认为从士族及其文化的形成和解体就是唐宋变革的奥秘所在。我的基本预设是,汉唐时代儒家伦理经历了一个逐渐从经典文本到士族的礼仪名教、再到社会规范的发展过程,家法也从儒学世家的传统学问,到士族门阀的礼教,进而融化到士庶之家的家规家训之中的发展过程。第一阶段,儒家经典礼教是国家提倡的学问,这相当于汉代以前的社会;第二阶段,儒家礼乐文化是士族门阀的行为准则,这相当于东汉末年到南北朝前期;第三阶段,礼仪文化向社会普及,成为士庶之家效法的规范,佛教的中国化在其中起到了积极的推动作用,这相当于南北朝到唐代末年。礼仪文化完成了从国家——门阀(贵族)——士庶(全社会)的发展和普及的过程。在这个过程中,佛教的中国化发挥了重要影响。于是,以儒家经典为主要根据的礼教,成为家法族规的核心价值,并成为中国传统文化的重要特征。

儒学世家转变为仕宦世家是汉魏以来历史发展的一个趋势。根据马端临的说法,汉代举孝廉要求有实际的德行,要求行为上符合儒家礼法文化的要求,但是实际上很难做到,于是朝廷就采取了考试儒家文献的办法。东汉不仅把儒经的研修与示人好恶、改敝就善的个人修身相结合,而且将儒经的研习与个人的政治前途联系在一起,亦即把经学考试与做官直接挂钩。世代传经、世代做官,于是,经学、仕宦、家族紧密结合在一起,从而形成为士族。陈寅恪说:“所谓士族者,其初并不专用其先代之高官厚禄为其惟一之表征,而实以家学及礼法等标异于其他诸姓。”①也就是说,世代高门只是士族形成的外在政治标志,礼法及家学的传承乃是士族的内在文化特征。从士族家学而言,城南杜氏家族有杜预,清河和博陵崔氏家族有崔骃、崔寔,范阳卢氏家族有卢植,都是著名的学者或经学大师。钱穆先生还说:魏晋南北朝的士族希望门第中人,一则希望其有孝友的内行,一则希望其有经籍文史之学业。前者表现为家风,后者表现为家学。② 尤其精到的是,钱先生明确地指出:“当时极重家教门风,孝弟妇德,皆从两汉儒学传来”③。认为儒家经学与家庭伦理有直接关系。对此,《宋书》卷五五《傅隆传》提出了强有力的证明④。因此,就家风而论,士族是那个时代主流精神文化的代表。

门阀士族认为自己掌握了文化上的优势,不屑与庶族为伍。这一点甚至得到了皇帝的认同。《宋书》卷五七《蔡廓传附子兴宗传》记:“中书舍人王宏为宋太祖所爱遇,谓曰:卿欲作士人,得就王球坐,若往诣球,可称旨就席。及至,球举扇,若不得尔。宏还启闻,帝曰:我便无如此何。”《南史》卷三六《江夷传附曾孙敩传》云:“纪僧真幸于宋孝武帝,曰:臣小人,出自本州武吏。愿就陛下乞作士大夫。帝曰:此事由江敩、谢瀹,我不得措意。纪承旨诣敩,登榻坐定,敩命左右移吾床让客。纪丧气而还。帝曰:士大夫固非天子所命。”可见,南朝的时候,“士大夫”特指门阀士族。一般文人官僚并

---

① 陈寅恪《唐代政治史述论稿》中篇《政治革命及党派分野》,北京,生活·读书·新知三联书店,2001 年,第 259 页。

② 钱穆《略论魏晋南北朝学术文化与当时门第之关系》,原载香港《新亚学报》5 卷 2 期,收入《中国学术思想史论丛》卷三,合肥,安徽教育出版社,2004 年。

③ 钱穆《国史大纲》,北京,商务印书馆,1996 年,第 309 页。

④ 关于此点分析见张国刚《汉唐家法观念的变迁》,《史学月刊》2005 年第 5 期。

不是士族①。而士族为什么看不起庶族？还是觉得自己有文化上的优势。

北朝后期颜之推在《颜氏家训》中说："吾观《礼经》，圣人之教：箕帚匕箸，咳唾唯诺，执烛沃盥，皆有节文，亦为至矣。但既残缺，非复全书；其有所不载，及世事变改者，学达君子，自为节度，相承行之，故世号士大夫风操。"可见士大夫风操就是实践的礼法文化。但是，各家的具体家法有所不同。"而家门颇有不同，所见互称长短；然其阡陌，亦自可知。昔在江南，目能视而见之，耳能听而闻之；蓬生麻中，不劳翰墨。汝曹生于戎马之间，视听之所不晓，故聊记录，以传示子孙。"②从颜之推的这番话来看，不仅说明士族高门就是所谓"士大夫"，而且指出，士大夫就是礼仪名教的典范，是代表礼教文化的，只有行为方式符合于礼仪名教的标准，才算士大夫风操。颜之推希望把这些礼教传授给子孙。

之所以出现这种情况，就是因为世世代代的经学教育熏陶出来的礼仪名教，逐渐形成了家法门风。于是，士大夫成为礼仪名教的承担者和代表者，就如颜之推所标榜的士大夫风操那样。一般舆论都认为南朝士族子弟，敷粉涂朱，不通人事，腐朽没落，其实不然。士族的文化与一般庶族相比，也许有矫揉造作之处。但是，南北朝时期的士族的主流仍然是统治集团政治和文化的主要代表。

唐朝士大夫的概念已经在发生微妙的变化③。唐朝初年，唐太宗对宰相房玄龄说：

> 比有山东崔、卢、李、郑四姓，虽累叶陵迟，犹恃其旧地，好自矜大，称为士大夫。每嫁女他族，必广所聘财，以多为贵，论数定约，同于市贾，甚损风俗，有紊《礼经》，既轻重失宜，理需改革。④

唐太宗这里提到的"士大夫"和《礼经》，与上引颜之推《家训》那段话相同。值得注意的是，唐太宗对于山东士族自称士大夫很反感，说明他心目中士大

---

① 对此，阎步克《士大夫政治衍生史稿》(北京，北京大学出版社，1996年)已经指出，见该书第477页。

② 《颜氏家训集解(增补本)》卷二《风操第六》，第59页。

③ 关于唐代"士大夫"的含义，可以参见黄正建《唐代"士大夫"的特色及其变化》，《中国史研究》2005年第3期，119~124页。然该文对于士大夫内涵的论述与笔者的理解仍有所不同。

④ 《贞观政要》卷七《礼乐》，第226页。

夫有另外的标准;但是,唐太宗的评价仍然是以是否违背《礼经》谓准绳的。可见,礼教是深入人心的。唐太宗对于世人迷信山东士族既迷惑又愤怒,说:

> 我与山东崔、卢、李、郑,旧既无嫌,为其世代衰微,全无官宦,犹自云士大夫。婚姻之际,则多索财物。或才识庸下,而偃仰自高,贩鬻松槚,依托富贵,我不解人间何为重之?

唐太宗自己提出衡量门第高下的标准是:

> 且士大夫有能立功,爵位崇重,善事君父,忠孝可称;或道义清素,学艺通博,此亦足为门户,可谓天下士大夫。今崔卢之属,唯矜远叶衣冠,宁比当朝之贵?公卿以下,何暇多输钱物,兼与他气势,向声背实,以得为荣。我今定氏族者,诚欲崇树今朝冠冕,何因崔干犹为第一等,只看卿等不贵我官爵耶!不论数代以前,只取今日官品、人才作等级,宜一量定,用为永则。①

按照这个标准编定《氏族志》后,皇帝之家被列为第一等,太宗下诏说:“氏族之美,实系于冠冕,婚姻之道,莫先于仁义。”

唐太宗定义士大夫仍然是着眼于官爵和礼仪名教,但实际上,对于山东士族来说,礼法门风的意味已经超过了官爵。唐太宗认为门阀会与礼仪名教有必然的联系。他企图把官爵与门阀、礼仪挂钩,也就是说,把官爵与士大夫直接挂钩。把门第与士大夫脱钩是新做法,但把礼法文化的承担者与士大夫挂钩是南北朝的老规矩,把官爵与士大夫挂钩则是酒瓶装新酒的亦新亦老的规矩。士大夫或者士人在魏晋南北朝时期,只是指门阀士族,并不指官员,南朝中书舍人王宏应该属于文官,但并不是士大夫。可见士族与官爵不构成必然联系,只是那个时候的士族都有官爵,才构成了二者的相关性。唐太宗强调官爵对于士族的意义,是针对南北朝的旧士族失去官爵之后的情况而发的,所以是旧瓶(士族门阀都有官爵)装新酒(新王朝的显

① 《贞观政要》卷七《礼乐》,第226~227页。

贵)。于是,士大夫概念的内涵就在逐渐演变,到宋代就是泛指士人做官者,其独特的门阀内涵已经完全消失了。

以上关于士大夫概念内涵变化的考察,是基于中国历史文化特征的形成与发展实际所进行的分析,不是用简单的贵族制崩溃和平民社会兴起所能概括的。后者不仅有比附西方社会之嫌,而且把历史的复杂内容过于简单化了。过去虽然人们也都谈中古士族的变化,但是,只是从士族被庶族所取代来讨论,而我则认为要从士族所承担的中华文化形成和发展中去讨论。这是根本的区别所在。

唐宋变革就是中国文化本身的一次阶段性变化。以儒家伦理为中心的礼法名教,在先秦时期只是百家中的一家。汉代通过独尊儒术,把经学变成了官方意识形态。东汉末年,世代读经、世代做官的名士世家,逐渐成为士族。魏晋南北朝时期,世家大族形成了自己独特的家法和门风,号称士大夫。他们把儒家经典内化为自己的家法门风。他们是礼法文化的承担者和实践者,正是通过他们才使儒家伦理成为社会大众的行为规范。只是到了唐宋之际,士族开始与官爵脱钩,礼法文化也为更多的社会阶层所接受。"旧日王谢堂前燕,飞入寻常百姓家"。门阀士族不再独占文化上的优势,实际上是士族把文化传递给了社会其他阶层,所有文人官僚都可以成为士大夫了。

最后我要说明的是,中国历史分期在不同的视野下会有不同的标准。从礼法文化的发展进程所作的历史分期,并不是否认学术界以前的其它分期标准,比如从经济和赋役制度上关于从租庸调到两税法的变化之类的探讨。至于这二者有何内在关联,需要我们大家一起来进行研究和探讨。

主要征引文献

一　历史文献

1.《史记》,[汉]司马迁撰,北京,中华书局,1959年。
2.《汉书》,[汉]班固撰,北京,中华书局,1962年。
3.《后汉书》,[宋]范晔撰,北京,中华书局,1965年。
4.《三国志》,[晋]陈寿撰,北京,中华书局,1959年。
5.《宋书》,[梁]沈约撰,北京,中华书局,1974年。
6.《魏书》,[北魏]魏收撰,北京,中华书局,1974年。
7.《南齐书》,[梁]萧子显撰,北京,中华书局,1972年。
8.《北齐书》,[唐]李百药撰,北京,中华书局,1972年。
9.《周书》,[唐]令狐德棻撰,北京,中华书局,1971年。
10.《北史》,[唐]李延寿撰,北京,中华书局,1974年。
11.《南史》,[唐]李延寿撰,北京,中华书局,1975年。
12.《隋书》,[唐]魏徵等撰,北京,中华书局,1973年。
13.《旧唐书》,[五代]刘昫等撰,北京,中华书局,1975年。
14.《新唐书》,[北宋]司马光、宋祁等撰,北京,中华书局,1975年。
15.《资治通鉴》,[北宋]司马光等撰,北京,中华书局,1956年。
16.《续资治通鉴长编》,[南宋]李焘撰,北京,中华书局,2004年。
17.《册府元龟》,[北宋]王钦若等编,北京,中华书局,1960年。
18.《文苑英华》,[北宋]李昉等编,北京,中华书局,1966年。
19.《太平广记》,[北宋]李昉等编,北京,中华书局,1961年。

20.《太平御览》,[北宋]李昉等编,北京,中华书局,1960 年。

21.《贞观政要》,[唐]吴兢撰,上海,上海古籍出版社,1984 年。

22.《唐律疏议》,[唐]长孙无忌等撰,刘俊文点校,中华书局,1983 年。

23.《唐六典》,[唐]李林甫等撰,陈仲夫点校,北京,中华书局,1992 年。

24.《通典》,[唐]杜佑撰,王文锦等点校,北京,中华书局,1988 年。

25.《唐会要》,[宋]王溥编,上海,上海古籍出版社,1991 年。

26.《宋会要辑稿》,[清]徐松辑,北京,中华书局,1957 年。

27.《宋刑统》,[宋]窦仪撰,北京,中华书局,1984 年。

28.《元典章》,[元]佚名撰,陈高华等点校,北京,中华书局;天津,天津古籍出版社,2011 年。

29.《文献通考》,[元]马端临撰,北京,中华书局,1986 年。

30.《周礼注疏》,[汉]郑玄注,[唐]贾公彦疏,[清]阮元校刻本《十三经注疏》,北京,中华书局,1980 年。

31.《春秋繁露义证》,[汉]董仲舒撰,苏兴注,钟哲点校,北京,中华书局,1992 年。

32.《盐铁论校注》,[汉]桓宽撰,王利器校注,北京,中华书局,1992 年。

33.《氾胜之书辑释》,[汉]氾胜之撰,万国鼎辑释,北京,农业出版社,1963 年。

34.《白虎通疏证》,[汉]班固撰,[清]陈立疏证,吴则虞点校,北京,中华书局,1994 年。

35.《齐民要术》,[北魏]贾思勰撰,北京,农业出版社,1963 年。

36.《颜氏家训集解(增补本)》,[北齐]颜之推撰,王利器集解,北京,中华书局,1993 年。

37.《备急千金要方》,[唐]孙思邈撰,北京,人民卫生出版社,1955 年。

38.《蛮书校注》,[唐]樊绰撰,向达校注,北京,中华书局,1962 年。

39.《神机制敌太白阴经》,[唐]李筌撰,四部丛刊,上海,商务印书馆。

40.《四时纂要校释》,[唐]韩鄂撰,缪启愉校释,北京,农业出版社,1981 年。

41.《玄怪录》,[唐]牛僧孺撰,程毅中点校,北京,中华书局,2006 年。

42.《续玄怪录》,[唐]李复言撰,程毅中点校,北京,中华书局,2006 年。

43.《隋唐嘉话》,[唐]刘餗撰,程毅中点校,北京,中华书局,1979 年。

44.《朝野佥载》,[唐]张鷟撰,赵守俨点校,北京,中华书局,1979 年。

45.《大唐新语》,[唐]刘肃撰,许德楠等点校,北京,中华书局,1984年。
46.《唐国史补》,[唐]李肇撰,上海,上海古籍出版社,1979年
47.《因话录》,[唐]赵璘撰,上海,上海古籍出版社,1979年。
48.《独异志》,[唐]李冗撰,张永钦等点校,北京,中华书局,1983年。
49.《云溪友议》,[唐]范摅撰,北京,古典文学出版社,1957年。
50.《唐摭言》,[五代]王定保撰,上海,上海古籍出版社,1978年。
51.《北梦琐言》,[五代]孙光宪撰,贾二强点校,北京,中华书局,2002年。
52.《唐语林校证》,[宋]王谠撰,周勋初校证,北京,中华书局,2008年。
53.《齐东野语》,[宋]周密撰,北京,中华书局,1997年。
54.《类说》,[宋]曾慥辑,上海,上海古籍出版社,1993年。
55.《说郛》,[明]陶宗仪撰,北京,中国书店,1986年。
56.《王梵志诗校注(增订本)》,[唐]王梵志撰,项楚校注,上海,上海古籍出版社,2010年。
57.《寒山诗注(附拾得诗注)》,[唐]寒山、拾得撰,项楚注,北京,中华书局,2000年。
58.《李太白全集》,[唐]李白撰,[清]王琦注,北京,中华书局,1997年。
59.《孟浩然诗集笺注》,[唐]孟浩然撰,佟培基笺注,上海,上海古籍出版社,2000年。
60.《杜少陵集详注》,[唐]杜甫撰,[清]仇兆鳌注,北京,文学古籍刊行社,1955年。
61.《元稹集》,[唐]元稹撰,冀勤点校,北京,中华书局,1982年。
62.《白居易集笺校》,[唐]白居易撰,朱金城笺校,上海,上海古籍出版社,1988年。
63.《刘禹锡全集编年校注》,[唐]刘禹锡撰,陶红等校注,长沙,岳麓书社,2003年。
64.《元次山文集》,[唐]元结撰,四部丛刊,上海,商务印书馆。
65.《李文公集》,[唐]李翱撰,四部丛刊初编集部,上海,商务印书馆。
66.《韩昌黎全集》,[唐]韩愈撰,北京,中国书店,1991年。
67.《樊川文集》,[唐]杜牧撰,陈允吉点校,上海,上海古籍出版社,2009年。
68.《昆陵集》,[唐]独孤及撰,四部丛刊,上海,商务印书馆,1935年。
69.《范文正公集》,[宋]范仲淹撰,四部丛刊本,上海,商务印书馆。

70.《温公家范》,[宋]司马光撰,王宗志注释,天津,天津古籍出版社,1995年。
71.《袁氏世范》,[宋]袁采撰,贺恒祯等注释,天津,天津古籍出版社,1995年。
72.《戒子通录》,[宋]刘清之撰,文渊阁四库全书,第703册。
73.《镡津集》,[宋]契嵩撰,《禅门逸书》初编,台北,明文书局,1981年。
74.《全唐诗》,[清]彭定求等编,北京,中华书局,1960年。
75.《全唐文》,[清]董诰等编,北京,中华书局,1983年。
76.《八琼室金石补正》,[清]陆增祥编,北京,文物出版社,1985年。
77.《睡虎地秦墓竹简》,睡虎地秦墓竹简整理小组编,北京,文物出版社,1978年。
78.《唐代墓志汇编》,周绍良主编,上海,上海古籍出版社,1992年。
79.《唐代墓志汇编续集》,周绍良、赵超主编,上海,上海古籍出版社,2001年。.
80.《金石续编》,北京,中国书店,1985年影印《金石萃编》附。
81.《房山石经题记汇编》,北京图书馆金石组、中国佛教图书文物馆石经组编,北京,书目文献出版社,1987年。
82.《偃师杏园唐墓》,中国社会科学院考古研究所编,北京,科学出版社,2001年。
83.《敦煌社会经济文献真迹释录》第一辑,北京图书馆敦煌吐鲁番资料研究中心主编,唐耕耦、陆宏基编,北京,书目文献出版社,1986年。
84.《敦煌社会经济文献真迹释录》第二辑,北京图书馆敦煌吐鲁番资料研究中心主编,唐耕耦、陆宏基编,北京,全国图书馆文献缩微复制中心,1990年。
85.《英藏敦煌文献》第1、3、4、6、9、11、17册,成都,四川人民出版社,1990~2009年。
86.《法藏敦煌文献》第17、22、24、27、28、33册,上海,上海古籍出版社,1990~2011年。
87.《俄藏敦煌文献》第16册,上海,上海古籍出版社,2001年。
88.《吐鲁番出土文书》[壹~肆],中国文物研究所、新疆维吾尔自治区博物馆、武汉大学历史系编,唐长孺主编,北京,文物出版社,1992年、1994

年、1996年。

89.《大谷文书集成》[贰],龙谷大学佛教文化研究所、小田义久编,日本,法藏馆,1990年。

90.《大正新修大藏经》,日本1934年版,河北省佛教协会印行。

91.《大藏新纂卍续藏经》,日本平成元年(1989年)版,河北省佛教协会印行,2006年。

92.《天一阁藏明钞本天圣令校证(附唐令复原研究)》,天一阁博物馆、中国社会科学院历史研究所天圣令整理课题组校证,北京,中华书局,2006年。

93.《令集解》,日本,东京吉川弘文馆,1967年。

94.《大唐开元礼》,日本,汲古书院,2003年。

二　研究专著

1. 鲍晓娜《耕耘集》,北京,中共中央党校出版社,1998年。

2. 陈鹏《中国婚姻史稿》,北京,中华书局,1990年。

3. 陈寅恪《金明馆丛稿初编》,北京,生活·读书·新知三联书店,2001年。

4. 陈寅恪《元白诗笺证稿》,北京,生活·读书·新知三联书店,2001年。

5. 陈寅恪《唐代政治史述论稿》,生活·读书·新知三联书店,2001年。

6. 陈寅恪《金明馆丛稿二编》,生活·读书·新知三联书店,2001年。

7. 邓小南主编《唐宋女性与社会》,上海,上海辞书出版社,2003年。

8. 冻国栋《唐代人口问题研究》,武汉,武汉大学出版社,1993年。

9. 葛剑雄主编,冻国栋著《中国人口史·隋唐五代卷》,上海,复旦大学出版社,2002年。

10. 董家遵《中国古代婚姻史研究》,广州,广东人民出版社,1995年。

11. 杜正胜《古代社会与国家》,台北,允晨文化实业股份有限公司,1992年。

12. 段塔丽《唐代妇女地位研究》,北京,人民出版社,2000年。

13. 冯尔康等《中国宗族社会》,杭州,浙江人民出版社,1994年。

14. 费成康主编《中国的家法族规》,上海,上海社会科学出版社,1998年。

15. 高明士主编《唐代身份法制研究——以唐代名例律为中心》,台北,五南图书出版股份有限公司,2003 年。

16. 高世瑜《唐代妇女》,西安,三秦出版社,1988 年。

17. 谷更有《唐宋国家与乡村社会》,北京,中国社会科学出版社,2006 年。

18. 顾明远主编《教育大辞典》第 1 卷,上海,上海教育出版社,1990 年。

19. 韩国磐《隋唐五代史论集》,北京,人民出版社,1979 年。

20. 郝春文《唐后期五代宋初敦煌僧尼的社会生活》,北京,中国社会科学出版社,1998 年。

21. 侯旭东《北朝村民的生活世界》,北京,商务印书馆,2005 年。

22. 黄征、张涌泉《敦煌变文校注》,北京,中华书局,1997 年。

23. 黄征、吴伟《敦煌愿文集》,长沙,岳麓书社,1995 年。

24. 黄正建《唐代衣食住行研究》,北京,首都师大出版社,1998 年。

25. 贾二强《神界鬼域:唐代民间信仰透视》,西安,陕西人民出版社,2000 年。

26. 劳圣武《佛教戒律学》,北京,宗教文化出版社,1999 年。

27. 李斌城等《隋唐五代社会生活史》,北京,中国社会科学出版社,1998 年。

28. 李锦绣《唐代财政史稿》上卷,北京,北京大学出版社,1995 年。

29. 林文勋、谷更有《唐宋乡村社会力量与基层控制》,昆明,云南大学出版社,2005 年。

30. 刘长久《中国西南石窟艺术》,成都,四川人民出版社,1998 年。

31. 刘磐修《盛世探源:汉唐农业发展研究》,南京,江苏古籍出版社,2001 年。

32. 罗宗涛《敦煌变文社会风俗事物考》,台北,文史哲出版社,1974 年。

33. 麻国庆《家与中国社会结构》,北京,文物出版社,1999 年。

34. 马镛《中国家庭教育史》,长沙,湖南教育出版社,1997 年。

35. 毛汉光《中国中古社会史论》,台北,联经出版事业公司,1988 年。

36. 宁可、郝春文《敦煌社邑文书辑校》,南京,江苏古籍出版社,1997 年。

37. 宁可主编,杨际平著《中国经济通史·隋唐五代卷》,北京,经济日报出版社,2000 年。

38. 牛志平《唐代婚丧》,西安,陕西师范大学出版社,1996 年。

39. 彭立荣主编《婚姻家庭大辞典》,上海,上海社会科学院出版社,1988 年。

40. 彭卫、杨振红《中国风俗通史·秦汉卷》,上海,上海文艺出版社,

2002 年。
41. 齐涛《魏晋隋唐乡村社会研究》,济南,山东人民出版社,1994 年。
42. 钱穆《中国文化史导论》,北京,商务印书馆,1994 年。
43. 钱穆《国史大纲》,北京,商务印书馆,1996 年。
44. 沙知《敦煌契约文书辑校》,南京,江苏古籍出版社,1999 年。
45. 尚秉和《历代社会风俗事物考》,北京,中国书店,2001 年。
46. 善导《善导大师全集》,台北,和裕出版社,2000 年。
47. 沈家本《历代刑法考》,北京,中华书局,1985 年。
48. 沈善洪、王凤贤《中国伦理学说史》,杭州,浙江人民出版社,1985 年。
49. 圣俨《戒律学纲要》,台北,佛光文化事业有限公司,1997 年。
50. 史成礼等《敦煌性文化》,广州,广州出版社,1999 年。
51. 宋家钰《唐朝户籍法与均田制研究》,郑州,中州古籍出版社,1988 年。
52. 孙昌武《柳宗元评传》,南京,南京大学出版社,1998 年。
53. 谭蝉雪《敦煌婚姻文化》,兰州,甘肃人民出版社,1993 年。
54. 唐长孺《魏晋南北朝隋唐史三论》,武汉,武汉大学出版社,1992 年。
55. 万本根、陈德述主编《中华孝道文化》,成都,巴蜀书社,2001 年。
56. 王利华《中古华北饮食文化的变迁》,北京,中国社会科学出版社,2000 年。
57. 王伊同《五朝门第》(上册),香港,香港中文大学出版社,1978 年。
58. 王永兴《敦煌经济文书导论》,台北,新文丰出版公司,1994 年。
59. 王月清《中国佛教伦理研究》,南京,南京大学出版社,1999 年。
60. 王政、杜芳琴主编《社会性别研究选译》,北京,生活·读书·新知三联书店,1998 年。
61. 王仲荦《金泥玉屑丛考》,北京,中华书局,1998 年。
62. 吴存浩《中国农业史》,北京,警官教育出版社,1996 年。
63. 吴丽娱《唐礼摭遗》,北京,商务印书馆,2002 年。
64. 吴玉贵《中国风俗通史·隋唐五代卷》,上海,上海文艺出版社,2001 年。
65. 项楚《敦煌变文选注》,成都,巴蜀书社,1990 年。
66. 项楚、郑阿财主编《新世纪敦煌学论集》,成都,巴蜀书社,2003 年。
67. 向淑云《唐代婚姻法与婚姻实态》,台北,商务印书馆,1991 年。
68. 熊铁基《汉唐文化史》,长沙,湖南出版社,1992 年。

69. 阎步克《察举制度变迁史稿》,沈阳,辽宁大学出版社,1997 年。
70. 阎步克《士大夫政治衍生史稿》,北京,北京大学出版社,1996 年。
71. 杨际平《中国经济通史》第四卷,长沙,湖南人民出版社,2002 年。
72. 杨际平《北朝隋唐均田制新探》,长沙,岳麓书社,2003 年。
73. 杨际平、郭锋、张和平《五—十世纪敦煌的家庭与家族关系》,长沙,岳麓书社,1997 年。
74. 章楷、余秀茹《中国古代养蚕技术史料选编》,北京,农业出版社,1985 年。
75. 张锡厚校录《敦煌赋汇》,南京,江苏古籍出版社,1996 年。
76. 张玉兴《唐代县官与地方社会研究》,天津,天津古籍出版社,2009 年。
77. 张泽咸《唐代阶级结构研究》,郑州,中州古籍出版社,1996 年。
78. 张泽咸《汉晋唐时期农业》,北京,中国社会科学出版社,2003 年。
79. 赵和平《敦煌写本书仪研究》,台北,新文丰出版公司,1993 年。
80. 赵守俨《赵守俨文存》,北京,中华书局,1998 年。
81. 郑阿财《敦煌文献与文学》,台北,新文丰出版公司,1993 年。
82. 郑阿财《敦煌孝道文学研究》,台北,石门图书公司,1982 年。
83. 郑阿财《敦煌写卷〈新集文词九经抄〉研究》,台北,文史哲出版社,1989 年。
84. 周凤五《敦煌写本太公家教研究》,台北,明文书局,1986 年。
85. 周叔迦《周叔迦佛学论著集》,北京,中华书局,1991 年。
86. 朱大渭等《魏晋南北朝社会生活史》,北京,中国社会科学出版社,1998 年。

三 研究论文

1. 陈国灿《从吐鲁番出土质库帐看唐代的质库制度》,唐长孺主编《敦煌吐鲁番文书初探》,武汉,武汉大学出版社,1983 年。
2. 陈国灿《唐五代敦煌县乡里制度研究》,《敦煌研究》1989 年第 3 期。
3. 陈鲲化《唐宋时代家族共产制度和法律》,《朝阳大学法律评论》第 12 卷第 1、2 期,1934 年 11 月。

4. 陈弱水《试探唐代妇女与本家的关系》,台湾中研院《历史语言研究所集刊》1997年第68卷第一分。
5. 陈尚君《唐代的亡妻与亡妾墓志》,《中华文史论丛》2006年第2辑。
6. 冻国栋《北朝时期的家庭规模结构及相关问题论述》,《北朝研究》1990年第1期。
7. 冻国栋《读姚崇〈遗令〉论唐代"财产预分与家族形态"》,朱雷主编《唐代的历史与社会》,武汉,武汉大学出版社,1997年。
8. 高国藩《敦煌写本〈太公家教〉初探》,《敦煌学辑刊》1984年第1期。
9. 韩国磐《根据敦煌吐鲁番发现的文件略谈有关唐代田制的几个问题》,《历史研究》1962年第4期。
10. 郝春文《东晋南北朝的佛教结社》,《历史研究》1992年第1期。
11. 郝春文《隋唐五代宋初佛社与寺院的关系》,《敦煌学辑刊》1990年第1期。
12. 郝春文《隋唐五代宋初传统私社与寺院的关系》,《中国史研究》1991年第2期。
13. 胡戟《唐代粮食亩产量》,《西北大学学报》1980年第3期;收入《胡戟文存》,北京,中国社会科学出版社,2000年。
14. 胡如雷《唐宋之际中国封建社会的巨大变革》,《隋唐五代社会经济史论稿》,北京,中国社会科学出版社,1996年。
15. 黄正建《唐代"士大夫"的特色及其变化》,《中国史研究》2005年第3期。
16. 姜伯勤《上海藏本敦煌所出河西支度营田使文书研究》,北京大学中国古代史研究中心《敦煌吐鲁番文献研究论集》第二辑,北京,北京大学出版社,1984年。
17. 蒋爱花《唐代家庭人口研究》,天津,南开大学硕士论文,2004年。
18. 李伯重《唐代江南地区粮食亩产量与农户耕田数》,《中国社会经济史研究》1982年第2期。
19. 李浩《唐代乡村组织研究》,济南,山东大学博士论文,2003年。
20. 李润强《唐代依养外亲家庭形态考察》,张国刚主编《家庭史研究的新视野》,北京,生活·读书·新知三联书店,2004年。
21. 李树桐《唐人的婚姻》,氏著《唐史索隐》,台北,商务印书馆,1988年。

22. 李贞德《汉隋间的“生子不举”问题》,台湾中研院《历史语言研究所集刊》第六十六卷第3分。
23. 李正宇《敦煌学郎题记辑注》,《敦煌学辑刊》1987年第1期。
24. 李正宇《唐宋时代的敦煌学校》,《敦煌研究》1986年第1期。
25. 刘燕俪《从法律面看唐代的夫妻与嫡妻关系》,高明士主编《唐代身份法制研究——以唐代名例律为中心》,台北,五南图书出版股份有限公司,2003年。
26. 刘再聪《唐代“村”制度研究》,厦门,厦门大学博士论文,2003年。
27. 刘增贵《魏晋南北朝的妾》,《新史学》第2卷第四期,1991年。
28. 罗祎楠《模式及其变迁——史学史视野中的唐宋变革问题》,《中国文化研究》2003年第2期。
29. 钱穆《略论魏晋南北朝学术文化与当时门第之关系》,原载香港《新亚学报》5卷2期,收入《中国学术思想史论丛》卷三,合肥,安徽教育出版社,2004年。
30. 孙彩云《唐代屯田、营田费用与效益的量化分析——以官营粮食生产为中心》,《中国社会经济史研究》2003年第3期。
31. 孙惯文《龙门造像题记简介》,《考古与文物》1983年第6期。
32. 唐刚卯《封建法律中同居法适用范围的扩大》,《中国史研究》1989年第4期。
33. 万国鼎《区田法研究》,《农业遗产研究集刊》第一册,北京,中华书局,1958年。
34. 万军杰《从墓志看唐代女性佛道信仰的若干问题》,武汉大学中国三至九世纪研究所编《魏晋南北朝隋唐史资料》第十九辑,武汉,武汉大学出版社,2002年。
35. 王寿南《唐代公主之婚姻》,载《第一届中国历史与社会变迁(中国社会史)研究会论文集》,台北,1985年。
36. 王永曾《试论唐代敦煌的乡里》,《敦煌学辑刊》1994年第1期。
37. 魏承思《唐代家庭结构初探》,《社会科学研究》1986年第2期。
38. 吴震《吐鲁番出土契券文书的表层研究》,《敦煌吐鲁番研究》第1辑,北京,北京大学出版社,1996年。
39. 邢铁《唐代家产继承方式述略》,《河北师大学报》2003年第3期。

40. 邢铁《我国古代庶生子的继产权》,《文史知识》1995 年第 2 期。
41. 邢铁《均田制与租庸调关系的辨析》,《云南民族学院学报》1991 年第 2 期。
42. 杨际平《唐田令的“户内永业田课植桑树五十根以上”——兼谈唐宋间桑园的植桑密度》,《中国农史》1998 年第 3 期。
43. 杨际平《敦煌吐鲁番出土雇工契研究》,《敦煌吐鲁番研究》第 2 辑,北京,北京大学出版社,1997 年。
44. 余欣《新刊俄藏敦煌文献研读札记》,《敦煌学辑刊》2004 年第 1 辑。
45. 张国刚《墓志所见唐代妇女生活探微》,《中国社会历史评论》第 1 卷,天津,天津古籍出版社,1990 年。
46. 张国刚《唐代家庭与家族关系的一个考察——一份敦煌分家析产文书的学习札记》,《中国社会历史评论》第 3 卷,北京,中华书局,2001 年。
47. 张国刚、蒋爱花《唐代男女婚嫁年龄考略》,《中国史研究》2004 年第 2 期。
48. 赵超《由墓志看唐代的婚姻状况》,《中华文史论丛》1987 年第 1 期。
49. 赵璐璐《里正与唐代前期基层政务运行研究》,北京,中国人民大学硕士论文,2007 年。
50. 赵吕甫《从敦煌吐鲁番文书看唐代“乡”的职能》,《中国史研究》1989 年第 4 期。
51. 郑阿财《敦煌童蒙读物的分类与总说》,郝春文主编《敦煌文献论集——纪念藏经洞发现一百周年国际学术研讨会论文集》,沈阳,辽宁人民出版社,2001 年。
52. 周一良《敦煌写本书仪中所见唐代婚丧礼俗》,《文物》1985 年第 7 期。收入氏著《唐五代书仪研究》,北京,中国社会科学出版社,1995 年。
53. 周一良《论梁武帝及其时代》,氏著《魏晋南北朝史论集续编》,北京,北京大学出版社,1991 年。

四 国外论著

1. [日]池田温《中国古代买田、买园券的一个考察》,《西嶋定生博士还历记念·东亚史上的国家和农民》,日本,山川出版社,1984 年。

2. [日]池田温《中国古代籍帐研究——概观·录文》,日本,东京大学出版会,1979 年。

3. [日]池田温《唐研究论文选集》,北京,中国社会科学出版社,1999 年。

4. [日]大泽正昭《唐宋时代的家族·婚姻·女性》,日本,明石书店,2005 年。

5. [日]北原薰《唐代敦煌的三状注记所见兄弟之间的析户和合户》,载《中嶋敏先生古稀记念论集》上卷,日本,汲古书院,1980 年。

6. [日]宫川尚志《唐五代的村落生活》,《冈山大学法文学部学术纪要》五,1956 年。

7. [日]葭森健介《唐宋变革论成立的背景》,《史学月刊》2005 年第 5 期。

8. [日]柳田节子《宋元乡村制の研究》,日本,创文社,1986 年。

9. [日]牧田谛亮著,索文林译《中国近世佛教史研究》,台北,华宇出版社,1984 年。

10. [日]内藤湖南著,夏应元编译《中国史通论》上,北京,社会科学文献出版社,2004 年。

11. [日]中根千枝《家族の構造》,日本,东京大学出版会,1993 年。

12. [日]仁井田陞《唐宋法律文书の研究》,日本,东京大学出版会,1983 年。

13. [日]仁井田陞《中国身份法史》,日本,东京大学出版会,1983 年。

14. [日]仁井田陞《唐令拾遗》,日本,东方文化学院东京研究所,1933 年。

15. [日]仁井田陞、池田温《唐令拾遗补》,日本,东京大学出版会,1997 年。

16. [日]仁井田陞《补订中国法制史研究》,日本,东京大学出版会,1980 年。

17. [日]日野开三郎《日野开三郎东洋史学论集》,日本,三一书房,1993 年。

18. [日]日野开三郎《玄宗时代を中心として见たる北支禾田地域の八、九两等户について——主として土地关系を中心に》,《社会经济史学》21 卷 5、6 号,1956 年 4 月。

19. [日]翁育瑄《七世纪—十世纪初の中国における上流阶级の家族形态——墓志な中心に》,《お茶の水史学》44 号,2000 年 9 月。

20. [日]翁育瑄《唐代における官人阶级の婚姻形态——墓志な中心に》,《东洋学报》第 88 卷第 2 号。

21. [日]伊藤正彦《七、八世纪吐鲁番的田主佃人关系》,载《中嶋敏先生古稀记念论集》上卷，日本，汲古书院，1980 年。
22. [日]中村治兵卫《唐代の乡》，载《铃木俊教授还历纪念东洋史论丛》，1964 年。
23. [日]中田薰《法律史论集》第 III 卷，日本，岩波书店，1943 年。
24. [日]曾我部静雄《中国及び古代日本における乡村形态の变迁》，日本，吉川弘文馆，1963 年。
25. [日]滋贺秀三著，张建国、李力译《中国家族法原理》，北京，法律出版社，2003 年。
26. [日]佐竹靖彦《唐宋期における乡村制度的变革过程》，《新しい历史学のために》104，1965 年。
27.《山本博士还历纪念东洋史论丛》，东京，山川出版社，1972 年。
28. 刘俊文主编，高明士等译《日本学者研究中国史论著选译》第一卷，北京，中华书局，1992 年。
29. [美]包弼德著，刘宁译《斯文：唐宋思想的转型》，南京，江苏人民出版社，2001 年。
30. Hartwell, Robert M, "Demographic, Political, and Social Transformations of China, 750~1550." *Harvald Journal of Asiatic Studies* 42, No. 2(1980).
31. Hartwell, Robert M, "Financial Analogism, Examinations, and the Formulation of Economic Policy in Northern SungChina." *Journal of Asian Studies* 30(1971).
32. Peter Laslett(ed.), *Household and Family in Past Time*, Cambridge, 1972.
33. Wolfram Eberhard, *Social Forces in Medieval China*, Leiden, 1965.